U0126676

唐君毅全集　卷十

中華人文與當今世界補編（下）

臺灣學生書局印行

目錄

中華人文與當今世界補編（下）

東西文化與時代問題

人物紀念與書評序跋

中華人文與當今世界補編

（下）

本書乃全集編輯委員會輯集作者歷年關於學術、文化、教育問題之單篇著述、演講詞及若干未發表之文稿編成，內容與作者自編之「中華人文與當今世界」相近，故以「補編」名之，並分爲上下册四輯：「人文學術與歷史文化」、「人文教育」（上册）；「東西文化與時代問題」、「人物紀念與書評序跋」（下册）。每輯中之文以寫作或發表之先後爲次序（「人文教育」則分通論與新亞教育兩組）。全書經全集編輯委員會校訂。

東西文化與時代問題

中國今後所需要介紹之西洋思想

中國學術界近數十年來的努力，大部都是消費在西洋思想的介紹。這種不同地域思想的介紹，無疑是必須的。但是過去所介紹的西洋思想，是否都是中國所需要，或現在仍然需要；如其不然，什麼是中國現在需要介紹的西洋思想，卻是一個問題。因此，我選擇了這一個題目。

我以為，一個原有高尚文化的民族，牠所需要介紹的其他民族的思想，至少應該合乎下列兩條件之一：㈠這種思想是該民族中所感缺乏的；㈡這種思想是其他民族的思想重心。只有合乎這兩條件的思想，才值得介紹給這原有高尚文化的民族。不然，則與其空勞精力去作無用的介紹工作，到不如專從發揚舊有的文化努力！

假如這兩條件可以作介紹思想的標準，則過去國人所努力介紹的西方思想，很難說是中國需要，至少很難說是中國今後還需要的。

中國近數十年對於西洋思想的介紹，可以分為三個時期：一、清末時期；二、民國八年以後新文化運動時期；三、民國十六七年革命潮流高漲時期。在第一時期中以嚴幾道之介紹斯賓塞、赫胥黎、穆勒、孟德斯鳩爲最有系統的介紹。張之洞等提倡之西學爲用思想，林紓之翻譯小說，梁啓超新民叢報中之西儒思想述略，都不能眞算思想介紹。在第二時期中以胡適之介紹杜威實驗主義爲最有影響。其他學者之介紹羅素、杜里舒、柏格孫、倭鏗、太戈爾、佛洛特均不及其影響之大。在第三時期以上海馬克思主義者之介紹馬克思主義爲最有成績，其他主義信仰者在出版界均無多大思想介紹之工作表現。但是這三時期所介紹的思想均很難說是合乎上列兩條件的。斯賓塞、赫胥黎、達爾文、穆勒不過是十九世紀英國功利主義（廣義的功利主義）思想之一派。此派思想自來即非西洋思想之主潮。在英國十九世紀後半卽以卡萊爾、格林等之介紹德國思想而逐漸失其勢力，在廿世紀英國思想界已全失其領導之地位，其非西方思想重心可知。至於說到此種思想爲中國所缺少，亦不然。中國人正爲世界上最重實利之民族，學以致用之思想早普遍於中國人之心，至於物競天擇、弱肉強食之口號，至高之價值不過使當時國人警覺中國前途之慄慄可危而已，並說不上學術思想之本身價値。杜威一派實用主義之思想只不過盛行於美國，且以純粹學術思想言，美國之思想重心亦不全在杜威。詹姆士、羅哀士及後起之新實在論均可與杜威共分思想界領導權。亦不足云西方思想之重心。何況胡適之等所介紹之杜威思想尚只限於其方法論、倫理學、教育學之一部。至此派思想之非中國人所需亦與功利主義同，因實用主義根本是與功利主義大同小異的。實用主義之方法論雖與中國國故整理之工作不無幫助，然其方法應用之結果，功罪孰多，亦是問題。至於馬克思主義更說不上西洋思想之重心。馬克思之經濟學不過德國經濟學之一派。辯證法唯物論，在歐洲思想界除俄國外，並無特殊地位，唯在文化較落後之日本始多此項著作。一般馬克思主義者因多係留學俄日之故，遂竟誤認此爲西洋思想最主要之成果，實大誤特誤。至於中國是否缺少這種思想，則中國學術思想中所原有的辯證法，至少不見得不及近年國人所介紹的。辯證法與唯物論合成的辯證法唯物論，雖非中國所有。然中國所缺乏之思想，尙多重要於此者。所以我們可以說這三時期中所介紹的西洋思想，都不是最需要介紹的；都是走錯了介紹的路。誠然路之走錯是有其時代背景，然而錯總是錯了。爲了糾正已往的錯誤，求今後所介紹的西洋思想能合乎上述的二標準計，我主張以後國人對於西洋思想的介紹，應從下列數方向努力：

一、**正統派思想的介紹**　所謂西洋正統派之思想，即指自柏拉圖、亞里士多德以降至康德、歌德、黑格耳一派之思想。此派思想自始爲西方思想之主潮，西洋一般人之宗教道德藝術之觀念，均由正統派思想導引而來。欲了解西洋文化之本質，蓋非從正統派思想之研究入手不可。所以姑無論此派思想之價值如何，然以此派思想爲西洋思想重心之故，即已有努力從事介紹之必要。雖然此派思想與中國正統派之儒家思想多有契合之結論。然根本精神終有不同：如中國正統派思想家係由人生到自然，而西洋思想家則由自然到人生。至少達此結論之途截然迥異。如西洋正統派之思想家多據嚴刻之推理而中國正統派則在直覺之證悟，即顯而易見者。而中國今後學術之方法正須採取一部份嚴刻之推理，嚴刻推理之著作正爲中國所缺乏之者。所以無論以第一條件或第二條件來講，此派思想均有多介紹至中國之必要。

二、生命哲學純正浪漫主義之介紹　西洋思想雖結晶於正統派，然近代西洋人之生命情調實表現於西洋之生命哲學、浪漫主義。此二派思想雖不無小異，然根本精神自全同。此二派思想均以生命之意不在於享受而在於追求與創獲；不在於撫摩愛玩，而在於讚嘆崇拜；不在充實平凡與庸常，而在發現新奇與神聖；不在於欣賞現在，而在於擁抱將來；不在體驗有限的空間，而在開闢無限的空間；人非一固定物，而爲一過程——向無盡之意義價值境界探險之過程。所以此二派思想家常被人交錯稱呼，故今併爲一派。如歌德、席勒 Schiller、黑德耳 Herder、諾伐里斯 Novalis、席勒格 Schlegel、尼采、倭鏗、柯律己、雪萊、華茨華斯均可屬於此派。此派思想實爲西洋近代人內心生活之源泉。卽近代西洋人之外部之各種活動，如科學上之研究無限天空中星球之位置，無窮時間中生物之進化；政治上、經濟上、社會上之各種鉅大之改造熱烈之革命，殆均不無此種生命哲學與浪漫主義思想之背景。所以此種思想實亦西洋思想之重心。欲了解西方思想非了解之不可，並且中國現在所最缺乏者卽爲生命力。中國一般人在社會生活、政治生活中所表現之無量弱點，如消極、頹廢、懶散、易滿足、偷巧、貪鄙、目光短淺、冷漠無熱情、幸災樂禍，蓋均由生命力缺乏而來。中國先秦之思想雖多積極有爲之思想，如孔子之發憤忘食，子思之至誠無息，孟子之浩然之氣，荀子之制天而用，墨子之否定命運，均促進人生命力之發揚之思想。然自秦以後，中國思想卽漸淪於主靜枯索；積極有爲之思想，日就消失。以至文化無進步，社會無變革，而成就現在充滿沉沉死氣之民族。爲今之計，欲救此中國民族之沉痾，實應自恢復民族先秦時代蓬蓬勃勃之積極有爲之精神始。此所賴於先秦思想之提倡者，誠甚大。然只提倡先秦思想而不同時貫注以新鮮活潑之新思想之血液，久病之軀仍不能起。所以西洋生命哲學浪漫主義精神之介紹實爲最需要者。不過生命哲學浪漫主義之精神實在於提高人生，使人突破現實之牢籠，而向靈魂飛馳。此乃爲西洋生命哲學浪漫主義之神髓，且可與中國舊有之儒家思想調合者（其詳須細論。），我們現在介紹西洋生命哲學浪漫主義亦應自其神髓處着眼。然而近年中國人所了解之生命哲學則純爲肉之膜拜，如李石岑等所提倡者是。浪漫主義則純爲醉生夢死，如張資平等所提倡者是。此實非眞正之生命哲學與浪漫主義。決非中國現在需要提倡的，到反而是應爲我們所深惡而痛絕之的。

三、科學思想之介紹　科學思想之介紹工作，似乎近數十年來國人已努力了不少。然而國人之介紹科學思想之動機，仍多由於羨慕西洋之國富兵強，實未能眞了解科學思想之價值。此吾人但觀國際文化協會出版之中國教育之改進一書，便已可知道。所以中國人過去所作之科學思想介紹工作仍太狹窄，眞正講來西洋之科學思想，最具體之表現，仍在西洋之論理學，及科學的哲學。現在要介紹西方思想，自應從西洋之論理學及科學的哲學努力。然而論理學之重要，國人知之者已少；科學的哲學，國人更以爲與科學思想風馬牛不相及。不知科學之結論，不過科學方法運用之結果；科學前提與假設，純由科學的哲學所供給。現在西洋物質文明最初無不導源於論理學者、科學的哲學者之抽象的思辨。現在西洋物質文明蓋不過過去論理學及科學的哲學產物之一種。然而國人竟只知舍本逐末，而以各特殊科學之介紹即盡科學思想介紹之能事。進而以為實用工程之介紹，已可概括西洋科學思想之介紹工作，眞錯誤已極。而且中國所需於西洋科學思想之介紹者，並不只使中國國富兵強而已；中國人生活之無秩序、無條理，思想之混亂紊雜，學術之無組織、無系統，均無不需加以科學之訓練。且其需要之急迫，實不下於物質文明之推進。然此決非介紹各特殊科學所能為功，而非多介紹西洋論理學、科學的哲學以根本訓練中國人之頭腦不可者。所以我所謂科學思想之介紹，實包含更大的範圍與更深的意義！

我們相信中國民族，為了充實牠過去的文化，為了提起牠新的生機，為了繼續牠過去融合其他文化底努力，為了擔負世界未來文化創造的使命，必然應努力於介紹西洋文化。然而如何介紹卻是一大問題。此文不過提出西洋文化的主要部份——西洋思想——的介紹問題，隨便一談。我切盼著海內學者對此問題的注意！二月廿二日

（一九三四年三月「文化通訊」半月刊第一卷第三期）

赴西南評論社歡迎夷族代表宴會後之感想

我希望讀者用同情的態度去看此文的上篇，
保留你的批評的態度去看此文的下篇

上篇

昨夜西南評論社歡宴西南夷族赴京向中央請願的兩位代表高玉柱女士、喻杰才先生，與夷族文化促進會的兩位委員嶺光電先生、王奮飛先生。文思兄約我去參加。我最初不過只想去隨便看看，然而去後，卻得了意外的收穫。從他們的態度、他們的談話，與我精神以極深的感動，同時重新激發了我對於中國民族、中國政治、中國文化的信心。這是不能忘去的一夜。所以我拉雜的寫這一篇感想。

夷族的人我一向未見過，我只知道夷族與苗族同源。苗族原來是住在中國本部的民族，所謂蚩尤氏的民族是。因爲漢族的壓迫，使他們最初離開了黃河流域，後來離開了長江流域，退出湖南，到了貴州、雲南、川、康的邊境。我知道上溯我家門前的江水——金沙江——便可以到苗族的領域。但是苗族人是什麼樣子，我卻不能想像。小孩子時代，叔父們遙指著我家門前的江水之上流，一望去只見雲山綿亘，說那就是夷族苗族等蠻子的居住地。

他們就住在那幽鬱凄寂的山凹中嗎？他們如何生活呢？一種驚疑神秘夾帶著畏懼的情緒，不禁湧上心來。蠻子二字首先使我想著他們一定是像人又像猩猩類的動物。蠻子一定是凶蠻無情，一定是蠻橫無理，這不很可怕嗎？這一種對夷族苗族的心理，一直到昨天以前，還多多少少的殘留著。因為雖然從書報中及他人談話中，知道夷民族實有很高的智慧，但到底不曾見過眞正的夷族。然而昨天卻接觸了眞正的夷族。經文思兄的介紹，說這幾位是夷族的代表。最初我只想著遺族，後來才知是夷族，蠻夷的夷。他們就是我們小時候所謂蠻子嗎？他們不是穿著與我們同樣的衣服，談著我們同樣的話嗎？他們的心靈不是可以直接同我們的心靈交通嗎？我把他們一一仔細端詳，我得著一種發現眞理的歡喜。我發現了「蠻子並不是蠻子」。我雖然聽見他們自己講他們文化程度之低，他們只有極簡單表現具體事物的語言；他們的宗教尚停留在拜物教時期；他們拜大樹，拜大石，拜水，拜太陽；但是我對於他們一點莫有輕視的心理。假如簡單的語言已够用，愈簡單不愈好嗎？拜大樹，拜大石、拜水，拜太陽……，在一切自然物中都發現生命，發現神，這是何等富於詩意的世界觀！把自然處處都用擬人的觀點去看，處處都發見與我們相同的生命，相同的精神；豈不比現代科學家所採取的機械的自然觀，把自然視作受冷酷無情的自然鐵律支配的物質，更親密得多嗎？我覺得他們的世界觀比我們的世界觀更可愛，並且就一意義講更近於眞實。他們的世界觀歷史更老，他們的世界觀更原始；從一方面講，愈原始的東西不是愈眞嗎？同時我又想到他們的文化從蚩尤直到現在不曾改變，他們實是今之古人。我用兩眼凝視著他們，我的意識似乎一直綿延到五千年前的草昧初開的時代去。我幻想著黃帝與蚩尤戰爭的情況，幻想著一個民族被黃帝戰敗，從中原向荊楚的崇山峻嶺黑黝黝的森林中馳去。後來他們各自繁衍他們的子孫，一代一代的連綿下去。一個民族承繼另一個民族的文化，復更加發皇，於是霸佔中原，向另一民族步步進逼。我似乎又看見一羣羣的面孔，帶著被壓迫的憂鬱，踏著歷史的腳步，向著雲南、貴州、川、康的邊界遷移。另一羣羣的面孔，帶著勝利驕矜，目送著他們遷移。一種對於壓迫民族的憤怒，與對於被壓迫民族的同情剛踱上心來，立刻想到我同我的朋友們就是這壓迫民族的子孫，而對面坐的帶著誠懇的謙恭，似乎完全忘了過去的仇恨的四位先生，就是這被壓迫民族的子孫；馬上這憤怒又轉成慚愧，同情又轉成敬愛。我確實覺得他們値得敬愛，他們四位都是青年，他們受他們二千萬同胞的囑託向中央請命。他們深切覺得他們的同胞現在尙時時要受漢人的壓迫，他們的同胞缺乏智識，時時受漢人的欺侮。蔣先生前次到雲南去，允撥給他們的教育文化費，因爲邊省政府的扼制，他們不能實在領得。英、法帝國主義者在雲南邊界用種種威迫利誘的方法，迫他們的同胞歸順，他們又深切覺到他們民族分裂的危機。此外還有種種的問題，都賴他們來同中央政府直接交涉解決。他們的使命確很重大，但是他們都是三十歲未滿的青年。他們的智識有限，漢語亦不十分熟練，他們對於政治情形的複雜也不一定十分了解，然而他們卻周身充滿了勇敢與無畏的精神。他們每人的態度都很誠篤，他們的力量含蓄著團聚著在他們生命的核心。他們說話時，每一句話都很眞切表示從心之深處中流出。他們不知道虛僞，他們自己眞實，也相信他人的眞實，所以對於我們說的話，也從不露懷疑的辭氣。信仰主宰著他們的心靈，信仰自己，自然也信仰他人。他們說他們同胞直到現在尚處處奉祀諸葛孔明，他們稱孔明爲孔明爺爺，孔明老子。因爲孟獲說過「南人不復反矣」，所以他們永遠記著這句話，一直過千多年還奉祀著孔明。而且據他們說，從前英國的耶穌教徒宣傳他們信基督徒的方法，也是用耶穌是孔明爺爺的哥哥的話來宣傳，可見他們對於孔明之尊崇到了如何的程度。這一方足見孔明的德化，同時亦表現夷民族的堅貞的信仰。我忽然感到人類道德行爲的崇高與莊嚴，我幾乎感動到流淚。他們又說，只要中央眞相信他們，肯扶助他們，他們可以從夷族中選出十萬以上的健兒來作國防的軍隊，絕對服從中央的指揮。他們說他們的人民腦筋很單純，他們不惜爲他們的信仰而死。不過他們語氣間，似乎慨嘆中央迄今尚未能十分誠意的表示幫助他們。他們似說，他們今日攜帶著二千萬同胞的熱誠來懇請中央的扶持與領導，假如中央竟不接受他們一些意見，那他們也就無所謂了。在這一種惋嘆口氣中所含蓄的堅決，又何等的使人肅然起敬！不過我相信中央必能對於夷民族幾位代表的請願與以相當滿意的答覆。我希望幾位代表能靜心的安待。

下　篇

以上一部，一定有許多人認爲太幼稚，太誇張，對於夷民族表示過度的重視與同情。拜物教決不會可愛，他們的道德不會如何的高尙。這些我都知道。不過以上一段只是實記當時的聯想，我的目的並不在過度的爲夷民族宣揚，我的目的是在矯正一下一般人對夷民族的態度。無論如何說，夷民族與漢民族比總是處於較受壓迫的地位。根據孫中山先生扶助弱小民族的遺教，我們對於他們確實應採相當同情的態度。假如有人愛說民族與民族間只有利害的關係，聯絡與鬪爭都只能站在利害的立場，無所謂道德的同情。那我只能回答，我同你根本住在兩個不同的宇宙中，我同你不能有辯論的餘地。但是這一點仍是確定的，就是縱然從純粹利害的觀點，我們對於夷民族也須求更進一步的聯絡。無論從國防上、經濟上、政治上講，漢民族與夷民族的關係都須切實加以調整，這樣對於兩民族都是有利的。不過關於這一類的問題自有專家來研究，我不必在此地多所論列。我此地願意從文化上著眼，來論與夷民族切實的聯絡，對於我們的文化之復興也是有利的。因這比較是我常注意的問題。

中國民族最大的危機在那裏？中國民族現在處在極險惡的國際環境中；國家內部不曾統一；天災匪患，幾遍全境；國民經濟已瀕破產；教育與社會不相聯繫；學術文化，膚淺幼稚；每一項都足以亡中國，每一項都可以說是最大的危機。然而在這一切表面的危機後面，卻藏著一個眞正根本的危機。

這眞正根本的危機，就是國家道德的墮落與生命力之衰弱。我希望這句話不被認爲太哲學，因爲一切社會現實，歸根到底，人是最後的負責者。環境自然能逼迫人，但人只能責備他自己。一切還須由自己發動，自己下手。成功是自己成功，失敗是自己失敗。個人如此，民族亦如此。所以中國民族所遭遇的一切內憂外患，都是自己不好造出來的。根本的危機在內，尤不在外境。這樣我們便可看出，國民道德的墮落與生命力的衰弱，實是中國民族最根本的危機。一切團結力、組識力、感化力的根源在道德。一切聰明、智慧、氣魄、意志的根源在生命力。道德的精神與生命力是人一切心力的發源之所。中國人現在因爲道德的墮落，所以處處表現詭譎、欺詐、排擠、自私、冷酷、幸災樂禍的氣習。因爲生命力的衰弱，所以處處表現萎靡、怠惰、畏難、苟安、懷疑、猶豫、莫有信仰、取巧、投機、莫有創造精神。由此於是經濟、政治、教育、文化都弄不好。主義、政策、方案、計劃愈多，愈是莫有力量推動，愈莫有人肯拿眞心去幹。這實是中國民族最根本的危機。至於如何治療此根本的危機，這問題誠然極複雜，然而與原始民族融化，卻是一極好的辦法之一。

中國民族現在道德之墮落與生命力之衰弱，也不能專責備中國民族。一切民族的文化的時期過久，都有衰敗的現象。斯賓格勒把一民族文化比如一棵樹，也有他的生壯衰老。他分析世界一切民族的文化，過了千多年，無不老死。他看中國文化，在漢代已算死了。然而中國文化由漢至今，又二千年。其所以尚能維持二千年的原因，在我看來，主要的就是因爲有新民族來承繼舊文化，增加民族的新血液之故。關於這個問題，講起來太複雜，今姑不論。但是一件顯明的事實，人人都可以看出的，就是中國歷史上文化中心地的遷移。譬如最初黃河流域是文化的中心，逐漸長江流域是文化的中心，現在又有逐漸以珠江流域作文化中心的趨勢。總是原來莫有什麼文化的人民，反轉來作文化上的領導者。這決不是偶然，因爲愈是原無文化的人民，生命力愈充實，道德愈好。愈原始的人民道德愈好，似乎不近情理，但這是克魯泡特金及其他初民道德學家早已證明了的。生命力充實，道德好，便是一切文化創造的根源。所以一個野蠻民族一朝受了舊文化的洗禮之後，馬上顯出極優越的文化創造能力。在歐洲如南下之後的諾爾曼人，在中國如元代、清代開國之初的諸君臣，都同樣表現卓越的文化創造力。一面看來野蠻民族的道德標準極簡單，他們最需要的是公正與眞實。因他們的強烈的生命力所發出的信仰不過是信仰自然宗教——拜物。殊不知原始民族的精神是團緊的，正如像小孩的精神，但能順自然的發展，便立刻進於光明與偉大。譬如原始民族雖只知公正眞實等簡單道德標準，但是一推出去，則一切美德良行都如由此產生。又如原始民族雖只知拜物，但他那種處處發現生命、發現神的心靈，便含蓄著無盡的創造精神。所以我認爲中國本部民族如能與諸尙未十分開化的民族融合，一定可以促進整個民族的道德並加強民族的生命力，這實是中國民族一副起死回生丹。

中國民族中除漢族外，蒙族與滿族從前都曾經濡染過漢族的文化，但是他們竟不能繼續的開創新文化，只能開國時各出了一些文武蓋世的君臣。這原因大約由於他們統治中國後，便讓他們的子孫養尊處優，養成驕奢淫佚之習，所以後來便不出什麼人才，一蹶亦遂不復振。因此現在滿族蒙族二民族，均昏惰而少生氣，我認為最少希望。回族人民生活清潔整齊，嚴肅認眞，富團結力。藏族原重篤實，有頗深的宗教哲學之訓練。將來均可作中國民族的中堅。至於夷族過去國人不大注意，因其文化太低。但是夷族正是純粹的原始民族，正當是最富於原始民族的道德觀念與生命力的民族。就是他們的智力亦並不低，據我昨天所接觸的幾位代表，卽均頗聰明。他們說漢語雖尙未嫻熟，然而學習時進步非常之快。他們的像貌在樸質中均含有優秀。據說在雲南的好些地方的夷民都非常美麗，在各地的中國人之上。美麗的身體多多少少含有美麗的靈魂，——其中包含伶巧的智力。這樣推去，夷族的智力決不會低。再加以他們又是最原始的民族，所以夷族實可能是漢族外最有希望的民族，最値得漢民族同他們融合的。

至於如何使漢民族與其民族融合，我以為首先應使漢民族認識：

（一）未開化的民族的價値。須知文明人不一定比較野蠻之人更好，孔子說：「先進於禮樂野人也……，如用之則吾從先進。」這句話的意義，實値得我們細想。

（二）現代中國民族需要更原始之民族來刺激。須知中國現在文化已成殭殼，毫無生氣，其故由於文明之瘀積太多，人民之習染太深，急須更原始之民族來刺激。

（三）漢族與其他民族之經濟上、政治上、國防上之密切關係。須知漢族與其他民族之關係已不能如過去之相安無事，卽是非求密切之聯絡，不能共存。

(四)與其他民族聯絡須先表示誠意。其他民族對於漢民族素存防備畏懼之心理，夷民族此心理尤甚。故與之聯絡，須先表示誠意。

至對於其他民族則應使之知漢族之誠意，勿存敵視之心。須知中國政治素重王道。春秋之義：「夷狄進於中國則中國之。」完全平等待遇。所謂「大道之行也，天下爲公」。只有中國人才執持著這種政治理想，中國的政治永遠是向此目標做的。所以對於漢族之敵視心理，務必取消。又應使之知中國文化之優良處，他們應盡量接受，不可固步自封。不過要使其他民族認識此二點，亦如要使漢民族認識上四點，同須賴於大量的善意宣傳才行。

至於漢族與其他民族融合的方法，最主要的是文化的融合，其次是構成政治經濟上的聯絡，最後一項是逐漸求漢族與回族、藏族、夷族通婚。但是每一項中都包含許多困難的問題，須待專家來討論同研究。第三項尤不易作到，因如回族便是最怕漢人同化他們的，漢人對於藏族、夷族也常不屑通婚。不過眞正要求中國民族幾成一整個的有機體，全民族彼此通婚卻是必需的。

(一九三六年七月「西南評論」第三卷第二期)

抗戰之意義

中國現在實際上已走入長期抗戰的過程中，抗戰已成不容已的客觀形勢。但是我們要抗戰的力量能够加強，決不中途妥協，須人人均能直接間接參與抗戰工作，須人人均能認識此次抗戰的意義。但是此次抗戰的意義，是多方面的；我們應當從多方面去作綜合的觀察，始能使人對於此次抗戰有具體的認識，而增進其參加抗戰的決心。關於此次抗戰多方面的意義有好些比較顯著的，早經人論列，但有些方面尚未爲人所注意。本文的目的，就在將此次抗戰多方面的意義，用較扼要的話條列出來。其次序乃由較顯著的到較隱微的。

一、從九一八事變而上海協定，而塘沽協定，而何梅協定，而冀東防共協定，中國節節退讓屈服，蘆溝橋事變起後，日軍進攻平津，謀奪華北，欲再屈服而不能再屈服，則由華北而華中而華南，只有亡國滅種之一途，現在中國已經忍無可忍，所以不能不抗戰以求民族之生存，這是此次抗戰之第一重意義。

二、日本軍閥之所以侵華，一方面是制俄，侵華制俄的目的在完成其東亞帝國之迷夢，此與意大利慕沙里尼之謀重建羅馬帝國，德意志希特拉之謀恢復大日耳曼帝國，同屬世界和平之公敵。而日德意三國相互間之協定，逐漸形成堅固之法西斯蒂國家之壁壘，與之對待者爲英美法俄之比較民主的國家，中國是重和平的國家，所以中國必須站在反法西斯蒂國家的陣線，直接抵抗暴日之侵略，間接卽是爲世界和平而戰，爲人類正義而戰。

三、中國數十年來不斷的內爭，軍閥政府時代不必說，國民政府以來，反共、討唐、討馮、討閻、討桂、討人民政府、剿共、討陳，直到最近過去的地方與中央的矛盾，國民黨與共產黨的對立，國民黨內部各派的紛爭，仍處處有引起內戰的危機。兄弟鬩于牆，外禦其侮。不去禦外侮，兄弟依然鬩于牆。安內所以攘外，不共同攘外，內終不得安，力量不外用便要內用耳。這是中國目前的情勢。自政府決心抗日以來，各黨各派各地方的軍隊，均統一於中央政府之下，這一方面自然是大家能化除意見，中央政府態度變寬大之故，但同時卽是抗日的效果。抗戰以來中國人力財力的損失誠然很大，但是不抗戰而任內戰之繼續，人力財力之損失其數目亦未必小。

四、中國社會近數十年在一劇變之過程中，此一劇變之過程中，一方爲舊有農村本位社會之崩潰，一方爲資本主義社會逐漸取而代之。但中國決不可走上資本主義社會之路。而在未來理想社會中，舊有之農村本位之社會，雖當加以改造，然根本上仍須保存梁漱溟先生之鄉村建設運動，卽爲由現在社會以達未來理想社會之階梯。但以中國近年實際上因工商業已相當發達之故，中國社會文化之中心仍在都市，此實爲鄉村建設運動不易發展之阻礙。但長期抗戰的結果，工業必向內地發展，都市被破壞，社會中心自然逐漸移至鄉村。於鄉村建設運動之推行，實一極大之幫助。

五、中國始終是農業國家，但要成爲現代的國家必須引發工業。關於如何引發工業的問題，是中國經濟上近來的一個大問題。但是我們若眞能對日作長期抗戰，卻又間接引發工業。因抗戰戰事上之需要，許多重工業非次第舉辦起來不可，同時內地資源非逐漸開發不可。所以此次抗戰同時是使農業之國的中國達到工業化的階段。

六、中國社會最大之弱點，是缺乏組織，所以社會的力量不能達到政府，人民不能監督政府，因而整個國家不能成一有機體，這是大家所感覺到的。此次抗戰要持久，必需組織民衆，組織民衆直接增強抗戰的力量，間接卽使社會的組織嚴密起來，使社會的力量能達到政府，人民能監督政府。

以上六層意思，第一層從中國當前的情勢上說，第二層是從國際情勢上說，第三層是從抗戰使國內軍事政治統一上說，第四五層從抗戰使中國社會中心從城市轉移到鄉村方面說，第六層是從抗戰使中國社會組織嚴密上說，這都比較顯而易明，所以我皆不多解釋。但是此次抗戰還有幾種更深的意義，卻不能不稍加多解釋幾句。

七、中國近數年來的社會雖表現不少的生機，但以政府含垢忍辱，一般人隨之而生苟且偸安之心，反更習於奢靡邪侈，一切都浮在外面，內部生活日益空虛。此種道德上之危機，有心人雖感觸痛切，而以勢之所趨，終無可奈何。人類放肆於物欲時，最好的治療就是吃苦。吃苦就是阻塞向外馳求的路，使精神往內斂，而認識其道德的自我。就我個人說，我常苦於病，但每次病後總覺心靈上有所開闢，而內部生活一時覺充實許多。此次抗戰是一個整個民族的吃苦，從前一切比較可以優游自在的上層社會階級，以抗戰之持久，終於要與一般下層民衆同樣的吃苦。這實是使中國社會風氣由浮靡而著實的關鍵。

八、從一方面說此次抗戰可以洗刷國人浮靡之習，從另外一方面說，此次抗戰又能引發中國民族潛伏的力量，而所謂潛伏的力量，乃指中國民族精神中潛伏的力量。原來中國民族表面看來是性質極和柔的，但是這種和柔的性質，從其優良的質素看，乃是一種韌的柔，就是說柔裏含剛。當這柔中的剛未顯出時，其表現便是深厚的忍耐力，這從中國農民之堅實耐勞最看得出來。然而這種質素卻普遍於中國民族的血液中（關於此點在中國人本身或許還不很注意，而在西方人則公認這是中國民族特具的優良的性質。羅素「中國問題」、凱塞琳之「哲學家旅行日記」言之尤切）。但是唯因中國民族這種韌性的柔，只是表現爲忍耐力之故，所以中國民族不覺缺乏積極的創造精神。現在要使中國民族有積極的創造精神，唯有從中國民族忍耐力中認取其中潛伏的剛。把牠翻轉過來，由潛剛於柔而潛柔於剛。這就是由老子的至柔而轉爲孔子的至剛，然而這種轉變必須以外緣爲引發之資，這種外緣不能只靠思想上的提倡，而必須是一種客觀的脅迫，使中國人覺非把其中潛伏的剛健的力量提出來不可，而現在繼續抗戰便正是這一種客觀的脅迫，使中國民族表現其潛伏的剛而爲最富於積極創造精神的民族之絕好外緣。

九、由抗戰而引發中國民族潛伏的剛健的力量，再進一層說，就是由抗戰而引起整個民族精神的自覺。究竟中國特殊的民族精神，就全體說是什麼，這是另一個問題，但是中國民族在世界上立國五千年，必有其優良的民族精神則無可疑。在從前中國人只需生活於這種民族精神中。然而現在卻需自覺這種民族精神，而有意識的發揚光大之，因爲從前在中國周圍的其他民族之文化，均遠較我爲低，所以不須自覺其民族精神之所在。其他周圍之民族以文化較低之故，自然會爲我民族精神所陶鎔。但是現在與中國接觸的其他民族，其文化之在一方面多比我高者。所以若對我民族自己的特殊精神無自覺，則常有羨慕他人而失自己之危。這大約也是近年許多人提倡民族文化的意思。但是民族精神之必須自覺，唯在一民族感受最大力的侵略而努力反抗時方感得親切。反抗侵略捍衞民族必須覺得自己民族之可愛，要覺得民族之可愛，便必須反觀自己民族有何種優良精神之所在，然後覺自己有保存此優良之民族精神之責任，而肯努力捍衞民族。所以此次長期抗戰之結果，必會使許多人回頭認識自己民族精神之優良之點，而爲發揚民族文化之先聲。

十、我們還應當認識中國是世界唯一存在的文明古國。世界只有這一個民族的文化綿延到數千年之久，世界只有這一個民族最早認識人之所以爲人；最早認識人類，應當相扶持、不應相殘殺的道理。而且在實際上是最不肯侵略其他民族的一個最道德的民族。我們這一個民族就其本身所具的客觀價值上說，是應當生存於世界，應當繼續發揚其文化，綿延於無窮的。而我們這個民族當前所遇著的侵略者所用的精神武器以訓練其人民的，所謂王道、儒教思想、佛教思想，卻正是我們這個民族給他的。中國文化中最寶貴的王道、儒教思想、佛敎思想，完全被這侵略者殘暴的野心所褻瀆，這是中國民族所絕對不能忍的。我們爲保存中國文化的眞實性，絕不能讓這卑汚的盜竊者以贋亂眞。所以中國現在必須爲保存中國文化的眞實性而抗戰，求中國民族的生存，卽所以求眞實的中國文化精神之發揚光大。求眞實的中國文化之發揚光大，卽所以建樹世界之和平。中國存在而後世界和平、而後人類存在，這並不是一句浮誇的話。

以上四層意思（第七至第十），第七層自抗戰可以挽救人心之浮靡上說，第八層自抗戰可以引發中國民族潛伏的剛健之上說，第九層自抗戰可以使我們對於自己的民族精神有明顯的自覺方面說，第十層自抗戰所以繼續發揚中國文化於未來方面說。總而言之，都是就道德文化上說此次抗戰的意義。至於中國民族精神是什麼，未來中國文化如何繼續發揚；則本不在此文之列。我不過約略指出抗戰的道德文化意義而已。

總觀以上抗戰之十種意義，可知此次抗戰之重要性決不在一方面，同時我們要完成這十種意義，必須自各方面努力。至於關於完成這十種意義的實際工作如何作法，則問題自極多，惟賴有志之士之共同研究爾。　十一月十五日

（一九三八年一月「重光月刊」第一期）

宣傳民衆者應有之認識

——再論抗戰之意義

中國今日救亡之道在全面抗戰，全面抗戰之道在發動民衆，發動民衆之道在組織民衆，組織民衆之道在先宣傳民衆，此皆人而知之矣。然請問將何以宣傳民衆，則今世爲論者之恒言曰：不抗敵則民族不能生存也；抗敵終可得世界之同情而得國際之援助也；抗敵則最後勝利終屬於我也。人之好生，出乎天性，虎狼在室，怯者亦勇。今以戰則生，不戰則死之義，宣傳民衆，誠能激發其同仇敵愾之心。而凡人之情，勝敗不可期則疑，孤立無援則怖；疑怖之念，交迫於中，則因循不進，寧忍辱以苟全。故又不可不以國際之援助，最後勝利屬我之辭，以祛其疑怖之念，用堅抗敵之心，而無容其反顧。以此宣傳民衆，吾何能獨恝然。雖然，以此爲宣傳一般民衆之必需理論則可，負此宣傳民衆之責者，欲自居於領導民衆之地位之政府諸公及知識份子唯賴此爲宣傳之資，所以自信者亦唯在此，則不可。曰不抗敵則民族不能生存，而後抗敵，則敵而允吾人生存之權利、與吾人以生存之幸福，吾人將不抗敵乎?此委曲求全之論所由生也。曰抗敵終可得國際之援助，得最後之勝利，勢則誠是。然國際之援助何時始能切實而有效，最後之勝利在何日，孰能確切言之?以倭人無盡之野心，終必招致其自身之崩潰，夫復何疑。然以國際關係之複雜錯綜，謂之鉅變卽在目前，徒臆測耳。夫人之專待乎外也，待久則懈。屢望外援而不至，則於已成之勢視若固然而苟安求全之心生。然則專信求民族生存、求國際援助得最後勝利之言，不足自勵吾人長期抗敵之心明矣。故宣傳民衆者必須於此三者之外，對抗戰之意義另有其認識。本此認識，建樹其眞正之自信。蓋惟有此自信方能先激勵其自己之精神，以此精神，感發民衆、鼓舞民衆，而不竭宣傳之辭特其媒介耳。認識唯何，一言以蔽之曰；卽「中國此次之抗戰，乃義所當爲」。舍此而外別無他言。然所謂義之所當，爲其旨非僅一端，在人自識。爰本舊聞，羅列數者：

一，當知此次抗戰，乃由中國受日本數十年之屈辱。此仇非一日，此恥非一朝，報仇雪恥，所以維持民族之人格，卽所以維持宇宙之正義。宇宙可滅，正義不可滅。無禮相加，則拔劍而起，挺身而鬥，此匹夫之勇，而賢者猶貴之。以其義憤塡胸，能不顧生死也。個人如是，民族何獨不然。故中日兩國可同歸於盡，而屈辱不能再忍。生以辱不如死以榮之義然也。此而不明，徒曰求生存求生存，則今日前方犧牲將士數十萬，難民死亡者又不知凡幾，是不如早訂屈辱條約，更能多保全同胞之生命，諸同胞今之犧牲殉難復何價値之有。誠以其犧牲殉難乃爲中國民族爭人格，此其精神之所以垂天壤而不朽也。

二，當知此次抗戰，乃所以保存世界唯一悠久博大之民族。世界民族，唯中國民衆土廣而立國最久，其餘古國已淪爲丘墟，而中國巍然獨存。斯賓格勒謂世界各民族之文化，皆有生老病死，而中國民族之文化獨不然。縱貫時間至於數千年，横亙空間至於數萬里，若無中國，則人類之歷史皆斷而不續，人類安居地皆裂而不全，時間斷而空間裂，宇宙之統一爲之毁矣。故保存中國者人類共有之天職。中國人之當愛中國，非徒以其爲我之國家而已，中國人而爲人卽當愛此悠久博大之國也。吾人豈必念中國存，吾人可得安居樂業始愛中國哉！吾人但念此萬里河山，縱横相屬，五千年史，綿延至今，吾人已當不勝其睠懷愛戀之情，而不忍其淪於異族矣。

三，中國民族文化乃人之文化，而日本之文化乃禽獸之文化。余於日本之若干特殊人物亦頗致敬禮，然就整個而言，則日本之文化終不免爲禽獸之文化，而與中國之人的文化迥異。此非意氣之言也。「天下爲一家，中國爲一人」，於內則求相安，於外則「夷狄而中國也，則中國之」，求人類之相親相愛，此中國之人的文化也。其祖先爲海盜，專以侵奪殺戮爲事，今則狼嗥虎視，呑噬無厭，此日本之禽獸文化也。安人在於修己，修己在於學有自得。學貴自得，故反求諸己而重心悟。故中國哲人輩出，咸足以爲天地立心，爲生民立命。此中國之人的文化也。欲攻伐他人在於襲人之所長，故學貴模倣，初則學華，繼則效歐。學貴模倣故惟得人之形式，學華之儒學佛學千餘年，而不能出一第一流之儒學家佛學家；學歐之科學哲學五六十年，而不能出一第一流之科學家哲學家。盜襲他人之學，靦顏自謂曰儒學佛學在日本，世界學術在日本，與鼠竊狗偸何以異？此日本之禽獸文化也。中國古代亦嘗伐人之國矣，惡其樸鄙，疾其無道，撻伐之師，義正詞嚴。及其賓服，則一視同仁。啓其民智，育其民德，故中原文教，光被四表。蠻夷同化於華夏，而中國今日之泱泱大國以成。此中國之人的文化也。日本先橫據我之朝鮮，繼攻取我之東省，無不以愚民政策爲主，毒化其身體，頹喪其精神。今則鐵騎縱橫境內，毀我文化機關，殺我無辜同胞，明欲致中國於萬刼不復之地。而近衞之言猶曰促起中國之自覺，求中日之共存共榮，謀東亞之和平。其險狠狡詐，如虺蜮，如狐狉。此日本之禽獸文化也。夫以人的文化與禽獸文化較，其相去遠矣，豈有人的文化反被征服於禽獸文化者乎？故中國今與日本戰，乃中國人爲保存其人的文化而戰也，乃中國人爲抗拒禽獸之奪取其文化而戰也。顧亭林曰：「改姓易代，謂之亡國。仁義充塞，率獸食人，謂之亡天下。」今日中國而亡國，卽亡天下。爭民族之生存卽爭人類之生存，若徒曰此我之民族，我當爭其生存，則氣衰而志微矣。

四，日本之民族日就死亡之民族也。中國民族當爲世界創建新文化之民族也。曷言乎日本之民族，乃日就死亡之民族？於日本民族性可以證之。日本之民族性復由日本人之相貌，可知其端。日本之成年男子一見而覺其陰森沉闇，若永無撥雲霧而見青天之日者。蓋其貪欲重而心量狹，故多所恐懼而鬱憂深。此可以日本神道教之神皆森嚴可畏，而日人信之綦篤爲一最好之象徵。唯其多所恐懼而貪欲又不可遏，故內虛怯而外反故作不可一世、強暴凌人之態。擴充軍備，侵略異邦，任情狂噬，知進而不知退。蓋其生命衝動之盲目，唯知勃勃發散之爲足貴，正如其所崇拜之櫻花，但美其雲蒸霞蔚於一時，而不顧其轉瞬殘謝但餘空林也。故日本民族之終必歸歿落者，其恣縱而不知反之民族性所注定也。然中國民族則必能爲世界創建新文化，此亦由中國往昔之民族性而見。蓋世界唯中國民族最善於養其太和之識生人道之氣，不祈福於天神，不馳逐於外物，力蓄於內故不竭，用而知反故不窮。此雖惟聖賢能盡其道，而中國愚夫愚婦皆有與能焉。故中國民族獨富寬容博大之精神，能融納一切不同之文化而陶鑄之。此於中國往史已得其證。其所以必能創建世界未來之文化者，亦以此。今人唯知嘆中國當前人心之墮落腐朽，而不知此乃一時之變態，而吾潛伏之民族精神寄託於中國人之本性者，終必賴古先聖哲之遺言所昭示，而一朝舒展其所蘊蓄，發揚光大而表現爲燦爛之未來文化。此吾人之所當深信而不疑者。夫以日就沒落之民族與將創建世界未來文化之民族較，相去亦遠矣。又豈能以此創建世界未來文化之民族屈服於日就歿落之民族乎?斯又此次抗戰之神聖的意義，而吾人不可不知者也。

故此次中國之抗戰乃爲報仇雪耻而戰也，爲保存此世界唯一博大悠久之民族而戰也，爲保持人的文化而與禽獸之文化戰也，爲保存負創建世界未來文化之責之民族而戰也。故此次抗戰之意義之神聖，遠過於人類史上任何民族間之戰爭。吾人能直接間接參與此神聖之戰爭乃吾人無上之光榮。故必須以此爲義所當爲而竭力以赴之。此乃宣傳民衆者所同應本以建樹其自信，而後自己精神方先有所激發，以感召民衆作育民氣耳。

附註：關於抗戰意義余於本刊第一期曾舉十點，乃純自中國本身說，與此文全異，然相補足。又本刊上期李源澄兄所望於全國同胞者一文與此文相發之處，並可參看。　一月二十七日

（一九三八年二月「重光月刊」第二期）

「理想與文化」發刊辭（註）

本刊是發起於我們少數大體上思想路數相同的朋友們。在發刊之始，我們可以簡單的說明我們一些基本的信念及辦此刊的旨趣。

一，我們相信人之所以爲人，在其有理想，時時總有一遙望見到的生命遠景來領導其現實的生命行程。比人高的存在或比人低的存在，都可以不需要理想，然而人不能不需要理想。理想是人類生命發展的動力。

二，因爲我們相信人是有理想的，所以我們認爲學術文化的作用，在開闢我們的理想，充實我們的理想，提升我們的理想，使之日趨於廣大深厚高卓，而爲其所領導的現實生活有更豐富的意義與價值。因此我們不贊成唯物主義、功利主義的學術文化觀。

三，我們相信人的理想是自發的，自動的，出自心之所不容已的。只有出自心之所不容已的，才是眞理想。而且只要我們之理想是出自心之所不容已，我們之狹小的理想自會開闢而廣大，貧乏的理想自會充實而深厚，卑下的理想自會提升而崇高。而且人生的理想是各方面的，所以我們立言務在眞實的各抒其所見，不求強同。我們絕對尊重人的精神自由。我們相信必須人各有其精神自由以建立其理想，人人的理想之光互相映發，然後學術文化才能發展。

四，我們絕不鄙棄政治、經濟、實用科學在文化中的地位，但是我們相信文化的核心是哲學、文學、藝術、宗教、純理科學。現在中國社會所流行的淺狹的功利主義的學術文化觀，使人太忽略後者的重要。我們願意施一點矯枉之力，所以我們登載的文字希望是偏於這幾方面的。

五，在此世界人類淪於浩刧，中華民族堅苦抗戰建國的時代，我們不能直接的從事以戰爭維持正義的工作，但是我們不能不想到戰後的整個人類文化問題，中西文化的關係問題。關於這問題，我們相信可以有各種不同角度、不同深度的看法。但是無論從那角度看，只要有相當深度，都是值得提出供他人參考。所以關於此方面的文章，我們希望能多多登載。而橫的文化問題之討論，基於縱的歷史之認識，所以我們希望多有些歷史研究的文章。

我們只有這些共同的信念及辦此刊的旨趣；而無任何之固定的教條。我們希望此刊成一絕對純潔公開的園地，歡迎與我們同情的人贊助。

（一九四〇年十二月「理想與文化」第一期）

註：本篇發表時無署名。——編者

當前時局之回顧與前瞻

一

人類如以理性支配其生活，人類本可無戰爭。人類不幸而有戰爭，戰爭之後本應有和平。而一國家在對外戰爭之際，藉對付敵人之共同的意志，本可使一國家內部更團結，而促成一統一的國家之實現。則中國在此次對日戰後，理宜走上統一和平建設之路道。誰知人民十年抗戰期間所積蓄的對於戰後之和平統一之期望，在日本受降以後以內戰，而全然幻滅。而在此次內戰中，戰事的慘酷，人民之流離傷亡之多亦空前所未有。自己同胞互相殘殺所爲何來，亦說不清楚。無怪數年來一般社會意識不斷企望和平，不斷發爲呼籲和平之口號。現在戰事，雖已止無可止，呼籲和平之聲音已漸息，然而許多人仍盼望和平之來臨。其認爲和平不可能者，則或存與汝偕亡之心，或抱絕對之絕望而坐以待國家之沉淪，或者只對當前所感受之不滿發爲憤懣怨懟之氣，以求逞一朝之忿。然而，時局愈壞，國是愈非，我們應按住感情，平心一反省過去，瞻望將來，而純粹的悲觀煩悶憤激之情緒之傳染，常正是促進民族之自殺的。人總要賴希望而過活，從歷史上看中華民族從未走到山窮水盡的時期。現在如似乎走到山窮水盡的時期，這未必不是另一柳暗花明的時期之開始。內戰自然是慘酷的，但是我們如眞了解此次之內戰是必然的不可免的，同時了解此次內戰之潛伏的意義，而努力求有以實現之，則我們即可建立一絕對的對未來中國之樂觀於對和平的絕望之上。在本文中我將說明之點，一是和平之勢不可能，戰爭之將長期化；二是此種長期之戰爭之潛伏的意義。我將指出此次之戰爭將必然的把中國逼上一條正確的路道。目前的政府或共黨無論其在一時之實際勢力之大小如何，均勢須經一內部之自己改造走上正確的路道，否則絕對不能成功。從長遠處看歷史，黑格耳的話是對的。即一切現實的是合理的，與一切合理的必將實現的。前一句話的意義中，包含一切現實的衝突矛盾戰爭，都有一種潛伏的價值。後一句話中包含無論在一時期，現實如何眞正與應有的理想相違，而眞正應有的理想，終將在不合理的現實，自相衝突矛盾而自己否定時，實現出來。關於我要說的二點意思，可以簡單的說明如下。

二

關於當前局面中和平之勢不可能之理由，可以有不同之說法。一種是說戰爭實際已開始了，國內並無第三種力量來阻止戰爭，而國外則有美俄分別支持雙方的戰爭。這是最流行的說法。亦是一種無所偏袒的說法。另二種有所偏袒的說法，一則是說政府是維持既得利益階級的，既得利益階級，絕對不肯放棄其利益，所以政府絕不願和；又一種是說共黨是奉俄國之命令以顚覆政府完成其世界革命的，所以共黨絕無誠意言和。此外還有許多人從中國人民之無組織，不能自己起來阻遏傷害其自身的戰爭，來講和平之不可能之等等說法。關於這各種說明和平之不可能之理由，我們都不否認。但是這都是戰事實際進行之原因之陳述，而未能眞認識此次戰爭之源遠流長的歷史原因與社會文化思想的原因。唯有由此歷史原因社會文化思想的原因之認識，乃能眞知和平所以勢不可能之故。

三

我們論此次戰爭之歷史原因與社會文化思想之原因，可先提示一下二十年來之國民黨與共產黨之相互關係史。請大家回想回想從國民黨十三年之容共，到十六年之淸共，以後之剿共，以後之共同抗日，以後之摩擦，勝利後之協商，與協商後之破裂，這二十年來之兩黨糾纏史，便知除了在有共同之外敵時——此外敵或爲北洋軍閥，或爲日本帝國主義——此二黨根本未嘗和平相處過。而其所以不能和平相處，不僅有一種表面的看法，認爲由於兩黨之各欲統治天下，兩黨領袖與黨員之野心與貪欲之大，或各欲求得其自身之利益。持此說者恆以爲只要他們自制其野心，任何一方讓一步，容人民喘息，或人民能自動起來作主，覺悟和平之需要，則戰爭可停息。於是只從事於對二黨之攻擊諷刺，並喚醒人民作消極性的拒絕戰爭之運動。但是照我們的看法，一個人或一集團或一政黨之所以能左右國是，在社會上佔巨大的勢力，均由有社會意識爲之支持。而社會意識之所以支持之，皆由其被認爲或假定爲能實行某一種客觀之公共理想或願望。至少亦是被認爲或被假定爲與客觀公共理想或願望不相違悖。否則該個人或該集團或政黨，絕不能存在而保持其勢力。所以我們以爲只攻擊諷刺有勢力之個人或集團或政黨之主觀之意志之壞，是不必的。恰巧相反，我們所需要的，正是問何以如是之壞，而能在中國數十年歷史中佔如此重要之地位，造成如此之勢力？究竟他是被認爲或被假定爲能實現某一種公共之理想或願望，爲什麼一種社會意識所支持？如果我們能在此多多深切的反省，便知要求當前之戰爭停息，與喚醒人民作消極性拒絕戰爭之運動之不會有效果。而我們眞正的期望，只能期諸未來。我們只能希望通過戰爭來促進一更高之中華民族的公共願望或理想之實現。但現在我們所要先說的，是什麼一種社會之公共理想或願望在支持國共二黨。

關於此問題，說來亦很簡單。卽國民黨在五十年來始終是代表中華民族之求獨立解放之運動，而以民族之獨立達建國之目標的。國民黨在領導此運動，以打倒滿清，打倒北洋軍閥與抗日亦均曾成功。無論我們現在如何說國民黨所領導的現政府之腐敗無能，然而從歷史上看來，國民黨之革命運動，始終是中華民族所自發的，有中國之歷史文化的淵源的，而且始終是以中華民族之解放與自救與建國爲中心目標的。這點比起共產黨之以中國革命爲世界革命之一環，將中國問題隸屬於世界問題，而其主義與政策明顯是自外移殖而來，到底不同。所以一個眞正以中華民族之解放自救與建國爲中心問題，並濡染在中國之歷史文化學術之氣息中的讀書人，以至老百姓，二十年來總希望國民黨成功，希望現政府變好。而此希望，與此希望所由生之中國社會各分子之民族意識，國家意識，及寶愛中國歷史文化學術之意識，集合起來看，卽是一支持國民黨或現政府與一切反共勢力之社會意識。而此諸種意識一日不消滅，則國民黨或現政府終可存在。縱然國民黨崩潰，現政府垮臺，其他反共勢力仍將繼之而起。縱然共黨在中國獲致全勝，仍將出現中國派以自別於純粹唯俄國馬首是瞻之共黨。而且只要中國人之國家民族要求眞正獨立之意識不泯滅，共黨勝利以後，中國派必然產生。因而內戰仍可繼續存在。

至於從共黨方面說，則共黨之革命運動雖是將中國問題隸屬於世界問題，而不能眞眞心心以中華民族之問題，及如何建國之問題爲中心，以致循其所爲有違反祖國利益之可能。而且其主義與文化理想之實現，皆勢須與中國之歷史文化之傳統全然截斷。所以他們對中國歷史文化之傳統，常不免由批判而進至加以誹謗曲解抹殺。而其革命手段亦與陶冶於中國文化下之民族心理相違。如其對於舊倫理之破壞，與鬪爭方式之殘暴，均爲眞正之中國人所難忍受。然而共黨之所以能存在亦自有其另一方面之社會意識爲之支持。而此社會意識，亦有根源於中國之歷史文化與中國民族之心理者。原共黨之革命運動，與北伐時之國民革命運動，同出於一反軍閥，與反帝國主義與資本主義侵略之意識。所以國共最初是合作的。國民黨在北伐成功後，將工作之重心放在求國家內部之統一，根本未從事於所謂民生主義之實現，縱容買辦階級與資本家，浸至在其內部產生所謂豪門資本。而共黨則始終著眼在中國土地問題之改革及平均財富，始終反對資本主義，以社會主義為號召。而中國之傳統的歷史文化在經濟政策方面，正是一向趨向社會主義，而歷代的儒家亦無不注重均田，並壓制商賈以平均財富。清末西洋勢力侵入，首先以通商要挾。西洋人憑其富強之勢力凌弱中國；中國人本其素來輕視商賈，鄙倪富強之文化素養與心理習慣，卽有所不服。此種反商賈之心理，一直演變為數十年來一切反對國內外之資本主義之社會主義思潮，形成一般知識青年之社會主義意識。而共產主義雖只是一種社會主義，然共產主義者以外之社會主義者皆無有如共黨那樣之實際勢力。由是而共黨逐漸為一切有社會主義意識之人所寄托希望之所。而「社會主義意識」，無形中遂成為共黨之支持者。所以除非中國人之社會主義之意識另有寄托，現政府或國民黨能眞正實現均貧富之經濟制度，共產黨必將繼續有其存在之根據。縱然共產黨戰事失敗而消滅，亦將有以社會主義為號召之其他反政府反國民黨之勢力出現。因而政府之統一國家的願望，仍不能達到，戰爭仍不能終止。

四

所以照我們的看法，現在中國政府與共黨的戰爭，根本是二種社會意識、二種客觀的社會政治理想，分途發展，各走極端，而抹殺另一面之重要之必然結果。而此二種社會政治理想，一爲國家民族之獨立與統一，一爲社會主義經濟制度之實現，本可不衝突，勢至於竟相衝突者，則由於數十年來之社會政治思想之始終未能眞建立健全的國家觀念、國家意識。此點說來話長，我在其他之文章另有討論。在其中我曾論到中山先生之民族主義，卽對於國家不了解。所以國民黨雖實際是作的民族獨立之運動，並嚮往國家之統一，然而國民黨中的人，卽少有眞知國家觀念之重要者。國民黨的人仍喜高談大同，而跨越過國家觀念。而廿年訓政之以黨治國，口口聲聲黨國，又使人以黨在國家之上，擁護與攻擊皆只以黨爲目標。所以在國民黨之社會政治思潮中，國家總落在第二義。因國家落在第二義，所以在北伐成功後便一直搞黨爭。中央與閻馮戰，與桂系戰，閩變粤變，連綿不斷。同時黨外要無黨，黨內便只好分派。其他各黨要求自由，於是提出民主與結束訓政之要求。中日戰事起，鞏固了國民黨之領導權。抗戰期間，一面抗戰，一面建國，本可處處以國家爲第一義，以凝合民族之意識。然而在抗戰期之政府，藉人民心理之嚮往政府，反處處握緊政權不肯放。致抗戰剛完，人民對政府向心力又逐漸分散。而各黨各派遂均要向政府爭民主自由。共黨則獨立「叛變」。試想國民黨以二十年來之訓政，如果眞能知國家民族之高於黨，則無論在對日戰爭前與戰時，均可搶先認識人民之重要，人民經濟問題之重要，以致搶先實行民生主義，或社會主義。何致等共黨來以民主與社會主義之經濟改革相號召，造成現在的困難情形?所以國民黨及政府之所嚮往之國家統一，所代表之數十年之中國民族求解放自救以建國之運動，本身並沒有錯，錯是在未能眞正把國家放在第一義，將國家意識放在黨的意識之上，人民之求民主自由之要求，與以適當安頓；同時以國家政治之力實行經濟上之社會主義。然而在反國民黨與政府的共產黨，則只著眼經濟上財富之如何平均分配問題，但促進爭民主爭自由之社會運動，以減低國民黨與政府之統治力，並以世界性的共產主義之宣傳，沖毁國家民族之意識，誹謗曲解攻擊中國之歷史文化，以削弱中國民族之自信心；截斷現代中國與古往之縱的連繫，而造成中國民族與蘇俄之世界性的連繫以從事世界革命。此則與中國數十年來繼續不斷求伸展求實現之民族的解放自救運動與建國運動之主流，目標根本不同。試想在這兩種不同的政治理想各走極端，而且各有支持之社會意識時，這衝突與戰爭如何能免？如何能停得下？所以在我們的看法，除非此二種政治理想能趨於融合，中國民族之求獨立、求建國之運動，與所謂社會主義之經濟改造運動能合流；除非求國家統一之社會意識與求平均財富之社會意識，凝而爲一；除非中國人能以國家政治的力量，一面重建中國文化，一面改革經濟時；中國之內戰將必然繼續下去。縱然一方全勝而此二種意識未趨統一，此一方之勢力仍將順此二種意識之分化而分裂。而戰事仍將再起。這就是我對於目前中國時局之一絕對悲觀的看法。依此看法中華民族還要繼續受苦受難。

五

但是除了我對目前中國之絕對悲觀的看法之外，還有一對未來中國之絕對樂觀的看法。卽我們雖然承認中國目前戰爭的雙方，各有其所走極端之政治社會理想，不能相容。然而從整個中國文化與歷史來看，中國自來的文化理想中，都明顯的是可以同時肯定國家與社會主義之經濟的。孔子與整個儒家文化傳統，卽是一方要講春秋大義，一方要講均財富的。而這傳統源遠流長，根深蒂固，結在中華民族的心裏。現在所謂社會主義之意識與民族國家之意識，根本卽是從此傳統流出而互相分裂成之二種意識。因其分裂而各走極端，遂亦忘其本，於是造成社會意識之自相矛盾，以致形成戰爭。然而我們只要眞知此本之存在於中國之歷史文化之長流中，則知分裂之流之終將滙合。而各走極端之政治理想，終將自覺其本之同而趨於統一。這是我們的根本出發點。

我們這一種說法，並不只是以古老過去之學術歷史推論未來。我們尙有理論的根據，與當前事實的根據。所謂理論的根據，是我們看不出民族之獨立國家之統一與社會主義之經濟有何不相容之理論根據。我們假定說社會主義之經濟，是一世界的潮流。而中國民族國家之統一建立則是中國數十年之歷史的使命。我們看不出此一種横的潮流與歷史使命何以不能交會，而同時實現。我們亦看不出我們社會主義何以要與中國之歷史文化截斷，何以必須否認國家民族之意識。我們也看不出中國共產黨何以定要崇奉俄國爲社會主義的祖國。以致我們亦看不出中國共產黨，何以必然不能成爲在國家之下的一政黨，如德國之社會民主黨。最後我還看不出要講社會主義，何以定要是馬克斯式，一定要在唯物論唯物史觀下講。社會主義不過一經濟制度，此經濟制度可接上不同的哲學體系，接上不同的文化傳統。英國工黨的社會主義，可以接上英國的文化傳統。中國的社會主義，何以不能接上中國文化傳統？關於這些問題自然說來太長。但是我可以斬截的斷定，社會主義之實現與中國民族之求獨立與國家之統一，在理論上絕無不相容性。將來在中國實行的社會主義必須接上中國之歷史文化，而化為中國式的。所以我們說中國民族之求獨立與建國之運動與社會主義之經濟制度之實現，在理論上必可統一。

其次是說事實的根據。此即謂從事實上看，現在互相衝突戰爭的政府與政黨，雖一方著重在經濟的改革，一方著重在國家的統一，然而事實所逼成，是政府必須逐漸認識不施行經濟的改革，不能使政治安定，國家統一。無論這次之經濟改革成功或失敗，然而上海蔣經國氏的經濟措施之裁抑奸商與豪門，終是劃時代的一大事。此次也許失敗，但是社會意識所趨，終必向成功之路走。至於在共黨方面則雖然以世界革命為目標，但是共黨卻實際未嘗不知中國人之民族意識國家意識之力量。所以抗日之統一戰線，共黨先提出。前年之反美運動，共黨要支持。你說他是存心利用也罷，但是他必須利用，即必須適應。所以共黨中明明有國際派與中國派之分。而現在共黨亦正在用新民主義或革命的三民主義，來爭取人民的同情。凡此皆證明他之知中國人之民族意識，求建國之意識之不容抹殺，故不能不求適應之。由此我們便知眞正中國之政治社會思想之潛流，中國整個人民之所眞正嚮往的，是一種以國家民族爲本位之社會主義經濟制度，並非隸屬於俄國之共產主義。

但是話再說回頭。我們可以說政府雖知經濟改革之重要，但是經濟改革尚未成功，而且距離平均財富的目標，尚遠得很。現在的政府還不能深知經濟改革之重要，改革的魄力還不够，還是偏於相信只要有強大之力便能求國家的統一，對於如何求國家統一之經濟條件、政治條件重要性之認識還不够。而共黨則始終未能去掉與俄國之關係，未能一切以國家民族爲本位，化爲中國式的社會主義。所以政府與共黨仍各代表一部份社會勢力，各有不同之政治理想，爲不同之人民之希望所寄托。因而此衝突與戰爭仍將繼續。這眞是一中華民族的悲劇。

但是我們有一種衝突與戰爭的哲學理論。卽在懷抱不同理想之人，如果其智慧不足認識對方的眞理時，只有互相衝突，才可以使雙方的眞理互相投注而互相認識。言語上的爭辨與行動上的打架與戰爭，只是不同的衝突方式。其效用亦可以相同。辯論不通，則不打不能相識。打了以後，誰了解對方的長處，實踐了對方所包含的眞理，誰勝利。所以戰爭固然殘酷，但是在人們智慧不足時、人不肯受理性的領導時，戰爭卻成逼迫人開拓其智慧之必需工具。所以照我們的看法當前中國之戰爭之所以不能止，乃因爲不同的政治理想要求統一的被認識，而尙未統一的被認識。故只有通過戰爭來使戰爭的雙方，各去求認識對方的眞理，而同走向以獨立的中華民族去建立國家政治，而行均財富的經濟制度之一條大路。在當前的情形下，誰先認識先實踐此一條大路，誰勝利。如眞都認識了，則亦用不著戰爭。如一方不認識而只專恃武力則縱然此方在軍事上一時勝利，其自身亦將再分裂，而最後勝利者只是在此大路上走的人。這是我對於中國政治前途的預言。本此預言我們對於中國的未來絕不悲觀，只是戰爭長此蔓延，卻苦了人民。所以我們只有希望戰爭的雙方，覺悟其由今之道皆不能澈底勝利，國民黨與政府發憤實行經濟政治之改革，共黨則必須肯定國家民族之至上，與中國之歷史文化接上，根絕依恃俄國之心理，則棄戰言和，使人民少得甦息，亦造福無盡。如其不然，則只有讓戰爭之繼續來逼迫雙方，看誰先走上我們所說之大道，則誰勝利。如雙方皆不能走此大道，則依於「合理的必定實現」這一原則，中華民族中自將會有第三種勢力來實現這一合理的路道。

十月二十七日於南京中大

（一九四七年十一月「新生月刊」）

唯物論之文化效用平論

壹、宇宙觀唯物論

一

唯物論本是一種哲學學說。但本文不擬專從哲學上討論其是否眞理，而將從此學說對于整個人生文化之影響，以論其文化效用。

將唯物論作一種哲學學說來看，本義應是一種宇宙觀之學說。此種學說即主張宇宙最根本的眞實存在只是散佈在時間空間之物質。物質本身是非生命性精神性的。而所謂宇宙間之一切生命精神之存在皆是此非生命性精神性之物質之結合的產物。宇宙間只有物質是自己存在的，原始的，永恒的，普遍的存在：而一切生命、精神、與精神所創造之人類文化，都是依物質之存在而存在的，派生的，在地球之一段歷史中存在的，屬于某一種特殊的有機體之存在的，因而在根本上說是不眞實的。這一種學說之必然結論，是否定神之存在，否認靈魂不朽，否認道德意志之自由，否認人類價值理想之客觀眞實性，以人類之知識只是對客觀物質之反映，以人類之認識活動最先全是被動的，否認眞正之創造的智慧。所以東西古今之一切宗教家，與有德之聖賢肯定人有創造的智慧之哲學家文學家，自覺其創造智慧活動之科學家，如凱蒲勒、牛頓、愛因斯坦，無人願相信唯物論。而在哲學上指出唯物論之困難與錯誤亦是極容易的事。但是我在本文中將不直斥唯物論之違悖人類之宗教意識，道德意識，否認人之創造的智慧，爲罪過，其對文化之破壞作用，爲萬惡不赦。我亦不復述哲學史上對唯物論的批評，以顯出物質爲最根本之眞實一命題之不能成立與膚淺。我將以寬恕的心情，去看唯物論對于人生文化之最好的效用，然後再指出其限制之所在，希望今後企圖以唯物論統制文化的人有一自反與覺悟。

二

我們雖不贊成唯物論之以物質爲最根本之眞實而抹殺生命精神人類文化之同等眞實性，或更高眞實性；但是唯物論之肯定客觀物質世界之眞實性，無疑是對于人生文化有效用的。但我不說這效用之最高者最重要者是人由此思想而更注重其物質環境之改善、經濟生活之促進。這效用之最高者只是人在相信一客觀物質世界之眞實性時，人才開始不復只有一動物的自我，而有一意識的自我、精神的自我。動物可以接受物質的刺激，可以于物質有所感覺，但是他所感覺之物質之感相卽屬于他之生命，黏附於他之主觀的感覺活動。他不會將其所感覺之物之感相，推其原因于刺激其感官之外物；並以此感相表述外物，說外物是離他自己而客觀存在，此感相亦附屬於外物而客觀存在。人之能推其所感覺之物之感相之原于刺激感官之外物，並客觀化此感相而附屬之于外物自身，這是人性之理性一面之初現，人由動物的自我化爲意識的自我、精神的自我之始。當人能說外物世界客觀存在時，人卽不似動物之祇直覺其機體之主觀存在，只關切其機體之存在之保持與延續，只生活于其變化無常的主觀的感覺世界之內，而開始擴大其存在意識，以「客觀外物之存在之置定」，破除「對其機體之存在之直覺」之限制，越過由求其機體之存在保持與延續而生之食色之欲之限制，而產生對于客觀外物之存在求眞實的了解之理智的興趣；同時在其變化無常的主觀的感覺世界之外，開始建立一爲一切人所可共同感覺而具普遍性，不隨一人之存亡而存亡、具永恒性之存在世界，以爲開拓個人之生活範圍，以進而與他人通情，共同生活以組織社會、創造文化、顯現人性之各方面之場所。所以人之肯定一客觀物質世界之眞實肯定，較其自己之機體廣大至無量倍，較其自己之機體之存在時間悠久至無量倍之物質世界之眞實，而形成一物質的世界觀，乃人之自其動物的自我超拔，而展示其意識的自我精神的自我，人之在其動物性外，顯其人性之第一步，所不能不經過之思想。由此而此種思想是應當有的，不應加以禁止的。

但是我們既知客觀的外物的世界之置定，物質的世界觀之形成，是依于我們之要求自動物自我展示出意識自我、精神自我，是依于人性之理性之一方面之顯現之開始，以爲人性之進一步之顯現開其先路，則我們不能由物質的世界觀過渡到唯物的世界觀。因爲當我們有一物質的世界觀時，我們直接自覺我們之有此「觀」之存在，卽證明一超物質的意識自我精神自我之存在。我們之所以要去形成一物質的世界觀，乃由于我們之人性之理性一方面之開始顯現。而人之理性之進一步之顯現，卽可于世界中發現生命與精神之存在，並可依人對于其意識自我精神自我之自覺，知此自我爲物質之世界觀之所依，并客觀化此自我而視之爲宇宙中之客觀存在；由是卽可建立出種種生命之世界觀、精神之世界觀。這樣一來人之停滯于物質之世界觀並過渡至唯物之世界觀者，無論其理論如何廻環曲護，我們就其產生之根原上說，總是不曾回頭來眞自覺其「觀」之存在與此觀之深遠的意義，其意識自我、精神自我之存在，與此意識自我、精神自我之深遠的意義。其所以未能自覺，一句話說完，只是其意識精神之陷于物，滯于物而物化，而自限其理性之進一步之表現，以形成更高之世界觀。我們認爲人之生活應是自覺的。人一自覺卽可自證其意識自我、精神自我之存在。在念念自覺者，則念念皆覺有意識自我、精神自我之存在于其對世界之觀中，則彼將不致落入唯物的世界觀。人之落入唯物觀原于物化而自限其理性之發展，則不願物化之人性、不願自限其理性之發展者，卽有一不容己之反唯物論或對唯物論存疑之傾向。而人一時落入唯物之世界觀者必逐步超升其世界觀，乃能眞顯現其不願物化之人性而完滿發展其理性。此是我們之所以要反對唯物論之最高理由。自此最高理由上說，唯物論是一種在開始點卽是不可寬恕之一種思想。

三

但是我們可不自上所謂最高理由上說，以斥唯物論之思想。因人雖然一念物化，而相信了唯物論，視一切生物人類均不外物質之複合物，其理性之活動只應用于物質之存在之肯定，與物質之性質關係之認識，並否定物質以外之存在之有同等或更高之眞實性；然而在一種情形下，此種唯物論之信仰仍可對人生有極高之精神價值或道德價值。此由于人運用其理性之活動于物質之性質關係之認識時，可以逐漸使人相信一切物質性質關係之變化，均服從絕對必然之定律。由此而又相信人是一物，則可相信人之一切性質、人之命運亦如物之爲必然定律所支配。我們可以說，當人眞正相信了一種必然論的唯物宇宙觀時，人便可把他個人之一切遭遇，一切得失、禍福、利害、毀譽、死生，都視作獨立于他主觀之欲望之外的宇宙間無量數古往今來之其他物質勢力所必然的決定者。而當人眞相信其遭遇與命運爲一整個的物質世界之無量數古往今來的物質勢力所決定，而不依主觀意欲而轉移時，人便可逐漸擺脫一切個人之得失利害毀譽死生之打算，減少一切勉強的營求與多餘之恐怖。當人一眼看，天地間日月星辰之輪轉，水之流，花之開，而相信其皆遵必然律以運行，而復自視如一片石一滴水之同遵一物質之必然律以運行時；人在這時是更能自其生物之本能超拔，有更高之心靈之寧靜與舒適，亦將更能虛心的去了解宇宙之眞理，欣賞天地之大美，而有一更廣濶的胸襟去與人相處了。這種唯物論的信徒不信精神的神，因爲他于神無求，可不須信神。不信靈魂不朽，因爲他無所求于靈魂之不朽。他不信神不信靈魂不朽，亦免除了死後靈魂的苦惱與對神之懲罰之憂怖。如此他的唯物論，他之自視如物，反使他更謙卑，更安穩的生活于宇宙之中，了解一切，欣賞一切，容受一切。這一種唯物論之價値只有希臘之伊辟鳩魯派、斯多葛派中之唯物論者最能體驗，而促進了他們之精神生活。現代哲學家桑他耶那自認爲當今之唯一唯物論者，而他所稱許之唯物論卽希臘之唯物論。而在現代哲學家中亦只有桑他耶那眞認識唯物論之此種價値。並知唯此種價値是唯物論對人生之至高價値。此實具很深之慧眼。唯物論之重視客觀之物質世界之精神貫澈到底，必歸于絕對之人物平等觀，人物之一切活動皆絕對之必然觀，因而形成一無求于世，隨緣任運以靜觀一切之精神，唯物論對于人生之最高之價値，亦卽在其可以促進引現人之此種精神。我們雖然可向具此精神之唯物者說，你之此精神之涵蓋性、虛明性、容受性，卽非物質所能具備之性質，你之此精神之價値，你之此精神所了解之眞理與美等，亦非物質之概念之涵義中所必包含，以指出其思想之矛盾。但是當此種唯物論者未能作如是更深之反省，依據其唯物論以過其靜照無求之生活的，唯物論都對他表現了極高之工具價値，由此而唯物論之哲學可以在哲學中被寬容被尊重。

四

但我們所承認之唯物論之最高價值，不是近代之唯物論者自霍布士以至馬克思恩格斯等，所認爲之唯物論之價值所在。近代初期的唯物論者，被辯證法唯物論者斥爲機械的唯物論者的，相信一切身內身外之物之爲同一的必然律所支配，表面看與希臘之唯物論者無殊，而所依之精神背景根本不同。希臘人之物質世界之必然觀，以希臘人之阿波羅精神爲基礎。阿波羅之精神本身，卽爲一觀照之精神。而希臘人之唯物論卽表現此精神而成爲完成希臘哲人之靜觀靜照之生活之一理論工具。近代西洋人之精神根本上是一求征服之精神。近代之唯物論者之相信物質世界爲必然律所支配，而強調了解其必然律之科學研究之重要，恒是依于一求征服自然之動機。培根所謂知識卽權力，尼采所謂求知意志卽權力意志是也。征服自然之意志，從底子裏把人之主觀之欲望與自然界其他之物劃分爲二，使人在自然界不能安穩。由是而近代之唯物論雖得了自然科學的許多幫助，使人似乎更能用物理化學之變化來解釋生理的變化，用生理的變化來解釋心理的變化而形成更細密有系統之根據科學的唯物論，更顯出宇宙萬物之爲在基本上同一之物質的必然律所支配。然而此種唯物的必然的世界觀，並不被人視爲寧靜精神之學說。近代之唯物的必然的世界觀，並不使人因想着人之一切遭遇乃受比人之身體廣大悠久無限倍之物質世界之決定，而減少其在物質世界征服欲及繼起之佔有欲與享受欲；反因相信了整個世界屬于一物質體系，遂相信人之改造征服自然之努力，可以通過身體之活動以作用于人造的機器，人造的機器再作用于自然，賴重重疊疊之機器以爲人與自然之媒介，而人卽可撥動當前的機器，使之依物質的必然律而轉動，動力再傳到其他機器到廣大的自然，而人之對自然之征服力可以無遠弗屆，而人之征服欲之所嚮往亦無遠弗屆。希臘人的阿波羅精神，在近代爲斯賓格勒所謂浮士德之精神所代替，而希臘的唯物論對于希臘哲人之生活所表現之精神價值，近代的唯物論皆不承認其爲有價值。而唯物論對人生文化之價值遂被唯物論者認爲在促進自然科學之研究，促進人之對物質環境之改造與征服努力上去了。

五

唯物論者說唯物論促進了自然科學之研究，促進了人之對自然之改造征服之努力，我們不全加否認。唯物論愈肯定物質之客觀眞實，卽愈呼喚我們智慧之光輝向客觀之物質凝注，而求了解之。唯物論強調物質之重要性，卽使人更注目于物質環境與人之關係，愈多發現物質環境與人之意志之相違，卽使人愈欲求改造征服物質環境以符合人之理想，由是而促進了自然科學應用于生產技術之改進，工業之革命，近代物質文明之建設，亦是可以說的。然而唯物論之此種對人生文化之價值，我們卻不能過分重視，或進而說唯物論是科學之基礎，工業革命之哲學根據，遂宣傳要講科學便須講唯物論，尤其錯誤。我們可說科學之基礎之一，是客觀存在之肯定，然而須知各種不同之科學，各有其所須肯定之客觀存在。如生物學須肯定有生命之生物之客觀存在，心理學須肯定人類心理之客觀存在，社會科學須肯定社會之客觀存在。每一科學皆必須以其所肯定之客觀存在爲眞實。唯物論則只強指物質爲最根本之眞實，此並非一切科學所必須有之肯定。科學成立唯一須肯定者，只是「有客觀存在」，而非只有物質是最眞實之客觀存在。只有物理科學才以客觀物質之存在之肯定爲條件，而物質之客觀存在之肯定亦只物理科學成立之條件之一。只此條件，亦並不能建立科學。客觀物質存在之肯定，只可使我們去研究物質之智慧之光輝得其凝注之所，而我們之智慧之作用本身，研究物質時所用之理解性之範疇形式，爲解釋客觀物質之性質關係而提出之假設，規定物質之性質關係之數學系統幾何系統皆原自吾人之自身，自內而出，非自外而入，皆爲科學研究成爲可能，科學知識成立之必須條件，非皆可推附于吾人所肯定之客觀存在之物質而爲其屬性，而另有其成立之根據者。則以「肯定物質爲最根本之客觀眞實」之唯物論爲科學之基礎，並非切合之論。

六

至于說西洋近代注重改造物質環境而產生之生產技術之改進、工業之革命之哲學基礎是唯物論，亦爲同樣不切合之論。我們曾說唯物論強調物質之重要，卽使人更注目于物質環境與人之關係，卽使人愈欲求改造征服物質環境以符合人之理想，因而唯物論于生產技術之改進、工業之革命有促進之效。但是嚴格說起來唯物論之所以有促進工業革命之效，只在強調物質之重要一點。至于物質之所以重要，係于人有對物質之需要；物質環境與人之關係認識，係于人之智慧；人之改造物質環境，所以合于人之理想；改造環境之努力，乃人之意志。人之需要，人之智慧，人之理想意志，在本質上之意義，在物質環境一名之意義之外。促進人去認識物質之重要，唯物論之宣傳雖有其功，然人之需要，人之智慧，人之理想，人之意志，乃人之生命精神之表現；陶養規範鼓勵此各種生命精神之表現，主要賴哲學以外之文化，如道德政治法律文學藝術，而最能切合對象之本性而說明人之生命精神之表現，強調人之需要、人之智慧、人之理想意志之重要，乃近代之生命哲學、唯心哲學、理想主義。西洋近代之生產技術之改進、工業之革命，雖是經濟方面的事，其外表之成就，是人之物質環境之不斷改變，而其所以致此物質環境之不斷改變者，則有近代歐洲人之各種文化力量，人生理想、精神要求作爲背景。此種背景之文化力量、人生理想、精神要求，非皆依哲學的唯物論而建立，亦非唯物論所得一一而說明，則我們何得說近代西洋之生產技術之改進工業之革命之哲學基礎在唯物論？

七

還有一種唯物論之價值在促進社會主義之說法。如果其所謂唯物論仍是指哲學的唯物論，則我們認爲唯物論之促進社會主義之價值，亦極小。說哲學的唯物論促進了社會主義，其歷史的證據是近代許多哲學的唯物論者常是社會主義者，但哲學的唯物論，何以必歸宿于社會主義之理由，則哲學的唯物論者並無說明。近代西洋社會主義之產生，最先的理論基礎乃人道主義，乃人與人應平等，人對人應博愛之理想。西方人道主義之遠源是基督教，而基督教是唯心論。人與人應平等，人對人應博愛之理想，在近代之鼓吹者乃洛克一派之經驗主義，斯賓諾薩、康德等之理性主義，並非唯物論。人道觀念人與人之平等，人對人應博愛之觀念，直接原于人之心，人之公平的理性、無私的情感。從唯心論理性主義之立場以說明社會主義之應當，遠較視人如物之哲學的唯物論爲易。從哲學的唯物論，我們可以知道人是原子電子之結合而進化的物產，然而從此命題，並不能推出人對人應平等人對人應博愛之觀念，亦推不出社會主義何以爲應當之理由。後來之歷史的唯物論者批評近代之哲學的唯物論者，說其社會主義之思想仍以人道博愛爲基礎，乃在社會哲學上取了唯心論的立場，與其在哲學之宇宙論上之唯物論，打成兩截，此種批評與我們用意雖不同，然實有見于自彼等之唯物論在理論上推不出其社會主義之理想。彼等之唯物論，在理論上推不出其社會主義之理想，則彼等社會主義之理想與其唯物論無關，亦不需以其唯物論爲哲學基礎。而其所以一方面相信唯物論宣傳唯物論，一面又相信社會主義，可純由偶然之原因。如以爲此二者間有必然之聯繫，純依于彼等本人或社會之人之思想上之混淆，而作了一不自覺的錯誤推理，將二者聯繫。此錯誤推理似爲唯物論既然強調了物質之根本眞實性，則我對于物質之需要亦是物質而是眞實的。我對物質之需要是眞實的，因而是應滿足的，則一切人對物質之需要皆是眞實的，亦應滿足。近代之生產革命雖表示人對于物質的需要之眞實性，更能認識而更能求滿足之，然而以生產物之分配之不當，使多數人不能與少數人同等滿足其物質需要。所以繼物質環境之改造之後，應有一改造人之社會經濟環境公平分配人之生產所得之社會主義運動。

此種推理之錯誤之顯然處不在後一段而在前一段，卽從物質之眞實本身推不出物質之需要亦是物質而是眞實的。因需要物質者可不須是物質。如需要女性者可是男性。從物質之眞實自可使人更重視物質之需要之眞實，如吾人前之所論。然從物質之需要之眞實，推不出物質需要之應滿足，除非我們先承認凡需要皆應滿足，或物質需要之滿足爲人實現其應當者所必需。而此後二命題皆非哲學的唯物論所能建立。至于由我之物質需要之應滿足，更推不出他人之物質需要應滿足，除非說滿足他人之物質需要卽我之仁心所要求我之理性所自能肯定。而人之仁心，人之理性之如何可說亦是物質的屬性，則哲學的唯物論者終未嘗證明。由是而可見唯物論者之爲社會主義，一般人之將唯物論與社會主義聯結並非二者間眞有邏輯之必然。而唯物論對社會主義運動促進之效，不過唯物論強調物質之重要而社會主義之理念之複雜內容中有一物質之需要之重要肯定而已。

貳、歷史唯物論

一

我們上文所論之唯物論對文化之效用都是指純哲學的唯物論，亦卽宇宙觀上的唯物論。我們上所說唯物論對於近代西洋之科學之硏究生產之革命與社會主義運動，無重要之關係，亦指此種唯物論說。但是西方唯物論之發展，在近一二世紀有所謂歷史的唯物論，所謂唯物史觀經濟史觀，此卽馬克思之學說。馬克斯本人是經濟學家而非哲學家。其哲學的興趣，亦不在了解世界，而在如何改變世界。以前之哲學的唯物論者之建立唯物論，乃出於了解世界之動機，欲以物質之原理說明一切存在之原理，其所成就者乃依於自然科學之發現之輔助所成之一宇宙觀。而馬克斯對於宇宙觀之構造，根本未嘗用力。只是其學術上之同志恩格斯在自然辯證法中曾有構造一宇宙觀中之唯物論之嘗試。而馬氏之歷史哲學最後仍是企圖接上宇宙論中之唯物論的。所以我們仍可稱馬氏爲哲學上之唯物論者。馬氏之唯物史觀，簡單說卽以人類歷史中，生產力之變化決定生產關係經濟關係之變化，以生產經濟關係之變化，決定人類之社會政治法律關係之變化，再決定宗敎道德哲學文學之變化。以生產關係中生產工具之所有者，對於勞働者之剩餘價値之榨取，說明社會階級之成立與鬪爭。以大量生產資本集中，資本家財富之累積，說明中產階級之淪於無產階級，形成日益尖銳化之勞資對立。以資本家之追求利潤，必減少工資，增加工作時間，致生產過剩之恐慌引起失業人數之增加，勞動之價格之低落，預言無產階級之生活之日淪於困苦；社會主義之有計劃的生產制度之必然通過階級鬥爭以來臨；而去除近代機器之生產力之無盡增加，與桎梏生產力之增加之資本主義經濟制度中之社會經濟關係間之矛盾。馬克斯從黑格耳之哲學中獲得一切存在的東西內部潛伏著使之消滅之力量，而含內在矛盾之觀念，取得人類自造之社會文化，恆轉成歷史進展之阻礙，而須加以揚棄，以達更高階段之觀念，取得共同之勞動爲個人之社會化之歷程之開始之觀念。而最重要的是從資本主義之經濟學所依之英國的自利主義心理學與達爾文之生物進化論，取得一切生物皆爲自己生存而競爭，爲自己利益而奮鬪之觀念，以爲馬氏之人性論。馬氏去掉黑格耳哲學之唯心論的立場，不以人類歷史文化爲人類之精神之社會化客觀化，以使人類之價値理想逐步實現之行程，亦卽上帝在世界之行程；而以人類之文化之產生，由於人在自然中爭生存。人各爲了其自身之生存之物質資料之取得，而必須共同使用生產工具而共同勞働，而由少數人爲生產工具之所有者，遂迫使其餘之人只能出賣勞働而成被剝削階級。剝削者與被剝削者皆不願放棄其生存權利，而將各爲其利益而奮鬪，乃唯物史觀之人性論之根據。亦卽馬克斯之預言勞働階級與資本家必有一生死鬪爭之理由。馬克斯從人各爲其自己之利益而奮鬪之人性論出發，而言每一階級之必爲其同一階級之人之利益而奮鬪，亦不須依於同一階級之人之同情心正義感以立言，而只須依於同一階級之人有同一之利害關係，人各爲其自身之利害打算，卽不能不與同階級之人在一條戰線以立言。由此而馬克斯之預言其社會主義之必然通過階級鬭爭以實現，並不須假手人道理性同情仁愛正義之觀念，而對以前之從此等觀念講社會主義者，皆斥之爲空想的社會主義，而自稱爲科學的社會主義。空想的社會主義從當然之觀念出發，從價值之觀念出現；而馬氏自許之社會主義乃從分析歷史之事實，而揭示一歷史事實之必然演變，以指出社會主義之將實現。此種必然演變之最後動力，卽人從生物遺傳下來爭生存之本能，人在任何社會關係下，要爲其自身利益而奮鬭之本能。一切人之此本能之完全滿足，只在生產工具不復私有而屬於社會，亦卽屬於任何人，而人可盡量利用之以取得物質利益之時。所以人類之階級鬭爭與必然之社會演變，不到社會主義不會停止。只有到社會主義實現時，必然的世界才向自由的世界飛躍。在此階段以前，人類之經濟社會既是一有剝削之社會，而社會之剝削階層恆成爲統治者。統治者爲維護其利益而製定之法律，形成政治形態與所提出之道德之標準，亦必與其所欲維護之經濟利益相應。而所謂從事精神文化之科學家、哲學家、宗教家、文學家、藝術家，之本人之存在於社會，既必屬於一社會之階級，則必有意識或無意識的，主觀上是，或客觀上是爲其階級利益辯護。而在各時代不同之社會中，其中社會中各階層之社會關係不同，則其所決定之科學哲學宗教文藝之形態亦不同，此之謂唯物史觀。由此看來，則馬克斯之學說雖表面爲經濟現象之分析，歷史事實之分析，而底子裏之一根本觀念，卽一絕對只知自利之人性論，而此自利之人性論有一宇宙論之根據，卽此自利之人性乃根於人之自生物進化來之本能。馬克斯之社會主義不假手於以前宗教家道德家哲學家所提出之人道理性仁心正義等抽象觀念；而其唯物史觀則把人類一切所謂精神之文化，所謂宗教哲學道德藝術之神聖的外衣，一概剝掉，而指示人以古往今來之各時代之一切文化之形態，皆實受人之尋求其經濟利益，人之生物本能之決定。馬克斯所謂生產力決定一切爲歷史之動力，乃其表面的話，其裏面的話，卽上所謂人之求生存之本能決定一切，人之胃爲歷史文化之動力，爲一切秘密之泉源。這樣一來，唯物史觀便似接上哲學上之唯物論，因人生之求存乃求身體之生存，人之身體固是一物質也。

二

但是馬克斯思想之企圖通過唯物史觀原始社會之討論生物進化論中生物爭生存之觀念，而上接哲學之宇宙論上的唯物論；通過剩餘價値階級鬬爭歷史必然之觀念，而下接社會主義之實現，在理論上有兩個大間隙。其一是生物學中之生物之求其自身之生存本身是一生命現象而非物質現象。生物之求生存之要求與活動有潛在之目的，有意義，有苦樂等價値，此與物質之運動通常被認爲無目的無意義無苦樂等價値不同。如說物質之運動亦有目的等，如現代之懷特海之哲學所講，則是以生命之概念融解物質之概念而成就不了傳統之唯物論。如要成就傳統之唯物論，必須用物質之原理解釋生物之求生存，而純用物理化學上之物質之原理以解釋生物之求生存，是以前哲學的唯物論嘗試過，而終於失敗的。其所以失敗，在物理化學上之物質的原理，根本不能供給解釋生命之活動之欲望目的連續之進化等概念。而離開此等概念，生命活動之全部解釋又是不可能的。此中的話，自可相當的長。實則其不可能，只要看生物學與物理學化學二名之不同，所研究領域之不同，便已注定的。而要從生物之求生存之活動到人類之自覺的求自利之活動，又有一間隙。卽無自覺之心之其他生物如何進化出有自覺之心之人又是一大困難。如說生物亦有潛在之自覺，則又成以心之概念解釋生物之活動而輔助了唯心論。這一種將人類求自利而生生產活動溯源於原子電子之變化以成就哲學的唯物論，所遇之困難通常卽迫人走上更高之哲學思維，而跳出唯物論之窠臼。而對於不肯放鬆此名詞之恩格斯，則進而從宇宙觀上之辨證唯物論之樹立，以自然界之突變量變到質變之原則，說明物質之進化出生命，生命之進化爲意識，乃一突變。因而承認了生命現象、意識現象之說明，有普遍的物質的原理以外，增加特殊之生命原理、意識原理之必要。但是，此種向唯心論或其他哲學退讓，修正所謂機械唯物論而成之宇宙上之辨證唯物論，對於自然之兩種突變之所以可能，均不能純從物質之原理以爲解釋，則應放棄唯物論之名詞。其不肯放棄使其必需負擔說出「生命之原理何以要隸屬於物質之原理？心靈之原理何以要隸屬於物質之原理？或由物理引出生理，由生理引出心理」之理由。敍述事實的突變，籠統說由量變質，經不起哲學家的理性的考驗。由是德國以後的馬克斯主義如社會民主黨一派，卽主張專就唯物史觀講馬氏之哲學，而截斷自然辨證法宇宙觀中之唯物論不講，此實是一比較聰明的辦法。

三

至於由馬氏之唯物史觀剩餘價値階級鬪爭等學說，通過歷史必然以連接於社會主義之理想之實現，亦有大間隙。我們以前已說過社會主義之理想直接自明之根據，應在人之理性仁心正義感，而最早之社會主義者亦實是依理性仁心正義以講社會主義。少數人對多數人之剝削壓迫，經濟分配之不均，爲有理性仁心正義之人所同不忍，而欲加以改造者。而一般人以至馬克斯之所以同情社會主義運動，最初動機亦在於此。而社會主義亦爲古今東西大哲思想中同有之一成份。不過社會主義只表示人之經濟方面之理想，而東西大哲之理想，尙包含其他之人生文化理想，尙有比社會主義更高更重要者而已。尅就近代之社會主義運動之思潮而言，馬氏所斥爲空想的社會主義者，機械的唯物論者之社會主義思想，與無政府主義者，之直就理性人心以鼓吹社會主義，亦不失古往大哲之遺風，而爲社會主義之正宗。社會主義之眞精神所在，亦當於此中求之。此精神乃以價值、理想、當然，之觀念爲首出之觀念，以人性之向光明一面能超出其動物性之一面爲首出之觀念。社會主義之所以應實現，乃以人性之向光明一面必須伸展，有價値之理想須貫澈。然而馬克斯之爲人，雖亦是依其天性之向光明一面而愛社會主義，然其學術之整個精神乃一純客觀之科學精神。其研究經濟、社會、文化之目的在事實之分析，不在價值之估量。以存在先於價值，實然必然先於當然，不宣傳社會主義之當然實現，以要人從事社會主義運動，只指出人之尋求其自身之利益而形成之階級鬪爭史，將必然走到社會主義。歷史的車輪是如此運行，所以我們便只得如此去擔負歷史的使命，不然便是反動，而爲歷史車輪所輾碎，此根本不需問應不應當願不願意。而馬克斯的貢獻卽在以一套唯物史觀經濟學之理論，顯示一人類歷史運行的機括，經濟組織如何變蛻的機括，預言一大事件之鐵定歸宿點，恰適合於大多數依於理性熱情慈心以希望社會主義實現人們之願望，由是而使馬克斯享了大名。但在馬克斯之理論中，人類歷史之推動之動力，乃人尋求自身利益之動機。人之依於理性熱情慈心而相信社會主義之人，縱假定全不站在其個人階級利益說話（依馬氏理論應是不可能的），在人類歷史之運轉中，亦並無什麼作用。這些人與一切宣傳人道理性慈心之宗教家、哲學家、聖賢、先知文學家、藝術家，亦假定他們都能超出其階級利益說話作人，在歷史運轉中亦無什麼作用。縱然這些人全然不曾存在，從今日起完全死絕，亦無傷於歷史的車輪之向必然的社會主義之實現路上轉動，而且亦不會因此而減少多少轉動之速度。因而這些之存在反可使人躭於空想，削減應當鬪爭時之鬪爭力量，以致遲緩轉動之速度，因爲推進歷史之動力只須生產力之變化，與人類爲其自身利益而鬪爭，所以馬克斯之科學的社會主義，根本是一獨立自足的系統。與我們前說之以理想理性人道等觀念爲本之社會主義之思想，本爲二物。唯後者能承認馬克斯之學術之價值，因覺馬氏乃企圖指示人以社會主義之實現之歷史事實根據；而馬克斯則可根本不承認後者之價值。故唯後者之思想能涵蓋馬氏之思想，而馬氏之思想並不能涵蓋後者之思想。由是而馬氏之社會主義思想若欲領導世界，必須打擊一切所謂空想之社會主義者，而要人看輕所謂「依理性人道理想之觀念，以宣揚宗教之福音，哲學智慧之思想」之重要，除非此種宣揚之內容，屬於迎接必然來臨之社會經濟之新階段者。這樣一來，馬氏之科學社會主義遂自外於人類社會主義之正常的理論根據，自外於人類之正統文化正統思想而加以敵對與之脫節。而亦為一切正統之宗教家哲學家道德家文學家所攻擊。

四

這一種馬克斯派之思想，與反馬克斯的思想之表現為各種形態以攻擊馬克斯之情勢之造成，在馬克斯派之人之淺薄者，恆以為彼等皆為屬於既得利益階級，或袒護其利益者，因畏馬克斯思想之預言無產階級之勝利，而將喪失其利益，所以必需用各種詭辯來打擊馬克斯。這種淺薄的思想，乃原自馬克斯之人之自利動機決定其思想形態之唯物史觀之理論之推類至極。這實是簡單看了問題。平心而論，馬克斯之經濟史觀並不失為一種歷史觀。生產力之決定生產關係社會關係政治法律之形態，如寬泛的說亦有許多可取之處。說一切從事精神文化之創造者，其自覺或不自覺之自利動機，恆影響支配其文化之創造工作，其說過去人類經濟社會中皆有剝削現象之存在，說經濟變革之進行，要賴感切身利害關係，爲其自身利益而奮鬪之羣衆之力量，都未嘗不可以說。至於其說社會主義之經濟制度之將實現，亦正是一切有理性有仁心之古往今來一切哲人詩人宗教家所喜歡，卽一普通人在其不爲自己之利害縈思之時，皆無不以人類物質利益之分配趨於均等爲正當。因此本是人性之自然要求。馬克斯派如稍平心反省，便知道只有人類之人性之本來有的大公無私之嚮往或理想，人類之正統文化正統思想本來有社會主義之理想成份，爲馬克斯之預言爲人所嘉許之理由，馬克斯之學說取得地位之理由，而並非因無產階級已從其學說取得物質利益加以推尊之故。而馬克斯之所以被人攻擊，平心而論，錯亦在馬克斯自己。馬克斯及馬克斯派之人，都不了解馬克斯之思想獲得地位之人心背景與文化思想之背景，而馬克斯之唯物史觀之學說，偏要只強調人性之依於其生物性一面而生之自利動機；以之解釋社會階級之分野猶未足，並欲說明由人類之一切文化創造之動機、人本有的大公無私之求眞求美求善求神聖之動機，而創出之宗教道德科學哲學文學藝術之文化，皆依文化創造者所隸屬之階級而分陣營，而其文化創造之目的均在維護其階級利益，亦卽其自己之利益。由此而不從人性之光明一面，文化之創造本身目的一面去看過去之歷史文化，曲解了人類歷史文化之價值，侮辱了人性之尊嚴，並企圖要現在及未來之文化工作者皆只依於馬氏所示之歷史之車輪之轉動方向，以稍爲加速社會之經濟變革，並以社會主義之實現，人人皆能盡量享受物質之幸福，卽人生最高理想，而不肯定更高之人生理想之價值，亦不以不作社會經濟變革之用之文化創造爲有本身價值，然後馬克斯的思想成爲一切獨立的眞正的文化工作者所批評攻擊以至於討厭。如果馬克斯在此處能平心自反，而自知經濟史觀不過一種歷史觀，而虛心學習其他之歷史觀，試從人性之光明一面，各種文化創造者本身目的，去看過去之歷史文化，並肯定各種文化創造之本身價值，抱一以人人皆得其物質利益以上之人生理想社會文化理想，不復要一切文化工作者皆只爲社會之經濟變革而工作，並自視其文化工作只有促進經濟變革之工具價值，而自唯物史觀之獨斷性解放出來，而自覺的將生產力之應當不受生產關係之桎梏，剩餘價值之應還諸社會與生產者，皆依理性正義之觀念以爲之說明；階級鬭爭如果過去確有過，其價值亦在：人之理性將由人與人之私欲相衝突相抵消而顯現，而將來之階級鬭爭應說在原則上可以避免，因人原是可以智慧德性感情調協其將發生之衝突。而通過社會之控制政治之控制來削弱去除階級之對峙，亦是可能的。如果不可避免，則從事鬭爭者亦應求自覺的秉抱實現雙方之理性之動機，而不能一味激發自己或同階級之人之自利動機仇恨意識爲事。如果馬氏之徒能如此，將其專從實然必然之事實之分析，與人類社會主義之眞精神，重當然重理性重價值協調起來，而不只展示人以一冷酷無情之歷史機括經濟組織機括，則馬氏之思想將更能與人類數千年之正統文化學術配合，亦與社會主義之眞精神更能一貫，馬氏之思想亦不致招致如許多之攻擊。惜乎馬氏之智慧未能及此。

五

馬氏之智慧之未能及我們之所論，對馬氏之爲一經濟學家言，並無多大罪過。馬氏之預測人類必將有更公平之經濟制度之出現，使人相信更合人性之經濟理想社會主義之嚮往，行將實現達其目的，終是有功的。一個人對人類文化之貢獻本是有限的，一個人的思想之過激處錯誤處，本要待後人來修正批判，後人對前人之責任亦當如此。這一點在德國之後來之馬克斯派與受馬克斯思想刺激的人，是相當的作到的。德國的社會民主主義者，承認馬氏在經濟學上之貢獻，承認唯物史觀之部份的眞理，但是接受了新康德派的哲學。此種哲學之接受，使他們一方面將馬氏之宇宙論中之唯物論截掉，如我們前所論，一方面將馬氏注重實然必然之事實發展之精神，與新康德派人注重當然之理想價值之精神連接，因而與人類正統之思想社會主義之眞精神連接。更相信人類之理性之力量智慧之力量可以形成一社會之控制政治之控制，以避免馬氏所預言之最困苦的無產階級之命運之來臨，與那時之階級鬪爭之慘酷，因而參加了議會，從事一種改革的社會主義運動。

至於英美之社會經濟政治之學者與政治家，亦多少受馬克斯之預言之警惕，同時亦相信人可以通過理性來以社會政治文化之力量，來主宰其經濟之命運，而推行各種改良工人生活，勞働立法，產出控制對資本家利潤之累進稅制遺產稅制，以求財富分配之趨於均等，而使馬氏之預言共產主義之革命當首見於英國，證明失敗。同時一般文化學術界對馬氏之唯物的宇宙觀，根本認爲不值一論，其唯物史觀則加以各種之限制，使之不致違害到人類之正統文化學術之價值之肯定。他們之想憑藉社會政治文化之力量以逐漸實現社會主義之努力，自尚不能說有多少成績。如果成績尚少，只是所憑藉之社會政治文化之力量不够，還須更使增加，我們並不能憑藉馬氏之歷史必然論而先驗的斷定其成績增多絕對不可能。德國社會民主黨固然失敗，然而俾斯麥之政策，與希特勒之國家社會主義中，均多少有社會民主主義之影響在內。德國人將來儘可能通過其他社會政治文化之力量，用馬克斯所說方式外之方式，來實現社會主義。而且我們現在所討論的不是社會主義實現之方法問題，如階級鬪爭不只建基於利害，且建基於理性，亦非絕對不可。我們之所以稱許馬氏以後之社會民主主義者英美之改良主義者，正是他們之精神，即自馬氏之學說之獨斷性解放，將馬氏之唯物宇宙觀，不重人類之價值理想，削弱人類之理性之力量，經濟以外之文化之力量等之唯物史觀中之偏見取掉，使馬氏之學說對人類之正統文化學術不生違害之作用之精神。此種精神是更偉大更合乎人性之要求與價值之標準之精神。人在這精神涵蓋之下以看馬氏之學說，則馬氏之學說之系統自必須破壞，其許多部份自必須被捨棄，然而其有價值之處亦被保留。而馬氏之學說之偏激處，刺激人去修正他限制他，使人更要去想如何加強社會政治文化之力量，以控制經濟，避免馬氏之預言之惡劣情況之來臨，則馬氏之預言之失敗，正是馬氏之預言以表現其人類文化之效用處。人類其他的思想學說常是因其眞而對人類文化有效用，馬氏之學說則是因其錯誤而對人類文化有效用。因爲馬氏說了一個應當錯的預言，於是反而激發人去阻止此預言之實現盡量求應當眞者之實現，而更重視經濟力量以外之社會政治文化之力量。這就是馬氏對於人類文化之貢獻。上帝使耶穌承擔罪惡，以爲人贖罪，亦使許多學者，承擔錯誤以使後人獨得眞理。而後人以馬氏之錯誤爲眞理，而不能進而求更高之眞理，則辜負上帝之意旨，亦將不能了解馬氏之唯物史觀對人類文化之眞效用在何處了。

（一九四九年九、十月「民主評論」第一卷第六期、第八期）

述本刊之精神兼論人類文化之前途

——「理想與文化」代續刊辭（註）

一

本刊始創於民國二十九年十二月，到現在已十年，平均算來每年未能出一期。其所以如此，乃由於此刊之經費無基礎，而最初發起此刊之朋友，皆不善作發行宣傳之工作之故。然而儘管此刊十年只出九期，而最初發起此刊之幾個朋友，雖一方專注於各人之學術研究工作、其他著作之完成，或分心於其他刊物之發起，然對此刊之繼續維持，總有一一直貫注之意願。儘管從外面看來，此刊是若斷若續，若有若無，而在此幾個朋友心中則此刊是永恒存在的。現在此刊之同人，雖形駭分離，然而我們仍深信其精神不隔。現在能有朋友，捐助出刊一期印費卽暫出一期。或可望以此一期之出，續得人贊助，又繼續出刊。我願在此將此刊之精神，略加以說明解釋，並一說我們希望此刊今後應負之使命。

此刊之精神在此刊之名字中卽可顯出。在第一期之發刊辭中，我們曾標出重視人生理想與重視人在宇宙之地位及人類文化之二義。如加以主義二字，則可稱之爲理想主義與人文主義。理想主義、人文主義與現實主義、自然主義、功利主義、唯物主義等相對。重視理想之態度與一往順應現實，以一切當前時代之現實皆爲合理之態度相反。重視人文之態度，必別人於物，異人性於物性，同時表示一對人類一切文化都加以尊重，尤其尊重人類之純粹文化——如哲學、宗教、道德、文學、藝術、純粹科學——之精神。由此而片面的重視一種人類文化，如宗教或政治或經濟或工業技術，以之統制一切人生之文化態度或哲學，均在被簡別之列。至於在作文章的態度方面，則當時在發刊辭中所說明者是：尊重作者的自由，不求強同亦不求強異。所載文章長短，亦不一致。有長至四五萬字者，亦有短至一二千字者。在文章之體裁風格方面，亦與一般雜誌不大同。大率本刊所載之文字，都不望人之立受一感動鼓舞、獲得一啓示；而望人能沉抑下其浮動之心情，作一深思與反省。本刊之著者，作文並不求故意晦塞隱曲，但亦不大著重如何說服讀者、影響讀者之一般技巧。兼不願使許多道理，說得太淺露，而使人輕易的自以爲了解。我們立言之體制，是寧肯說得沉重一些，似乎難解一些，讓有耐心看的人耐心看；而不願讓讀者隨便滑過。本刊之著者，常在其他刊物寫文時，亦不免依一般論文之風格。然在本刊中所載之文字，則一直是要求讀者沉抑下其心情，而加強其閱讀之負擔的。這原因現在我們可以坦白的說，一方卽是因爲我們所願宣揚的眞理，所要向人們指示的文化與思想之方向實是越過時代的。我們的路程是遙遠的，我們要負擔的精神使命原是沉重的。我們常感我們力量之微弱，而在一蒼涼悲感之情調下，相勉於負此沉重之精神使命。所以我們的文字體裁，不能不是沉着而嚴肅的，或沉抑而凝斂的。另一方面我們認為此時代之病痛之一，卽在輕浮而不沉着，漂亮而不嚴肅，只一往發散揚厲，而不能沉抑凝斂。我們希望補偏救弊，不僅在思想學術上我們須有一超時代現實的嚮往，在文字風格、作人態度上，我們亦希望如此。我們以前在許多朋友間，只相約相勉在實際上作些什麼工作。在工作未作成前，我們並不擬標榜我們之志願，以資號召。一個人的志願最好是藏在心中，在不斷的工作中慢慢透露的。然而不幸，十年夢覺，中國大陸已無容人自由研究學術、自由發表對文化之理想之餘地。朋友星散了，平日所用之書籍亦不易再見了。海角天涯，尚有數人相聚。此心此志，未容或昧。既一方求復刊，則不能不一昭告吾人之懷抱於邦人君子之前，求其友聲與人之贊助。雖言之近乎誇誕，與本刊之著者一向為文之態度不類，亦望見恕於賢哲。

二

本刊之精神是一著重理想與人文之精神，此前已說。理想與人文二名，人所常見。理想主義與人文主義亦是一老名詞。在過去與現代，有同樣思想方向之思想家亦不少。自此而言，我們應不感到孤獨與寂寞，亦不應太感到負擔之沉重，更不應太強調我們之工作之重要性，而近乎誇誕。但是我們要說明，理想與人文之名詞雖普通，理想主義與人文主義之思想家，在過去與現在雖不少；然而以我們所遭逢的時代際遇言，我們所感觸的問題言，與感觸問題的深切程度言，我們是期望在此時代對此之名詞賦與更高遠更深厚更廣博更切實之意義，以透露一更偉大莊嚴神聖之精神嚮往，以迎接人類眞正的新時代的。我們的學問知識，並不必豐富。但是十數年來，我們曾一方各不相師，一方互相交換所見，在人類之文化之發展之問題上用心。我們可說已有一堅確不移，可以百世以俟之信念。人類遭遇的災害實早在我們預見之中。如唯物主義之將橫流於中國，我們早已感到。而眞正的光明正大之方向，亦就從我們對於災害之根源之反省中，逐漸顯示出來。我們通觀人類在地球上之文化活動之歷史，我們深知人類之創造文化的艱難。卽一點一滴之文化成就，無論人之知與不知，都是有永恒的價值的。如果我們沉下心出同情的理解想像，人類之如何創造文化之心境，卽如我們去想像那最初造一石斧的人之心境。都可使我們感動到流淚的。而世界不同的民族，在不同的時代，所表現之文化精神，更不用說，一一都有永恒的價值。創造古老的埃及文化的民族已死亡，希臘的民族與文化亦永遠過去，但巍然獨存於大漠平野之金字塔獅身人像，與希臘之一切遺物，及埃及希臘流傳下之著作，終將引起人們對埃及人希臘人之文化精神之永恒價值的懷念。然而從現實存在眼光去看宇宙事象的流轉，人類歷史的變遷，我們亦當說過去的便永遠過去永不會再來。人類文化的不斷成就的歷史，亦卽人類文化之不斷向過去之無底壑流注而消失之歷史。於此，我們可以與佛家無常的感嘆。但亦可因而想着每一時代的人，都必須對於人類文化創造點什麼。過去人類文化的光榮，不能塡補在現在時代的人所感到之空虛。過去的古人所已盡的責任、所負的使命，不能代替我們所當盡之責任或使命。人類文化每進一步，每表現一新精神，每有一完成，卽顯一缺憾或流弊。當時代過去時，文化精神的優良的方面已消退而流弊在文明的軀殼中沉澱積累，使缺憾更昭著。於是後一時代的人便更必須表現新精神負擔、新責任、新使命。從現實存在上看宇宙總是未濟，人類之文化歷史總是有塡不滿之缺憾的。但這正是人類可以有所創造、有所貢獻的條件。而在一充實飽滿之創造精神下看宇宙與人類之文化歷史，一切未濟與缺憾都是待世代的人們去完滿，而必然被繼續完滿的。由此我們當說人類文化歷史又是悠久無疆、永恒存在的。由此我們可以在任何艱難的時代，皆悲而不失其樂，以自強不息。而我們在此時代亦必須本我們對於人類文化歷史之通觀，知道過去之人類文化歷史最迫切待補救之缺憾在何處，我們所應創造的是依什麼一種方向。而我在本文以內亦將著重在說明過去世界人類文化之缺點。我們要有所推倒才能開拓，而顯示我們的新責任使命之方向所在。

三

我們現在雖生在中國，但是我們所遭遇的文化潮流是世界的。世界的文化潮流之影響我們，在實際上已強過於中國之歷史文化之傳統之影響我們。論現代文化，必先論世界文化，主要是西洋文化。

西洋文化中，希臘文化是一精神，羅馬文化是一精神，希伯來文化是一精神。近代西洋整個來說是一精神，當然其中英法德俄各有差異。希臘文化之精神，通常說是表現在科學哲學藝術方面。羅馬文化精神，表現在法制方面，希伯來文化表現在道德宗教方面。近代西洋文化，承三方面之精神及阿拉伯之一部文明而形成。至近代西洋文化之特殊精神，如斯賓格勒在「西方文化之衰落」中稱之爲一追求無限權力之浮士德精神。懷特海在「科學與近世」中，則從自然之二分化或兩截化以形成主觀與客觀之對待，物我之對待，天人之對待，價值與事實之對待，以論究近代西洋文化。凱塞琳則從一往之外在化客觀化以論近代西洋人之意識情調。在一般文化史家則或從科學與工業文明之影響一切，以論近代西洋文化之特徵，在人之求絕對主宰自然。或從自文藝復與以來之尊重個人自由說：個人之自由之逐漸在宗教學術文化之活動中被尊重，在政治經濟活動中被尊重，而稱近代爲一自由主義逐漸實現之時代。這許多見解，我們無暇作詳細討論，我們都可由之以得許多啓示。但是我們無論採斯賓格勒或懷特海、凱塞琳之觀點，我們對近代西洋文化皆須取一批判的重造的態度，以求繼續其生命。而祇從近代科學與工業文明之發達，個人自由之被尊重，而對近代文化一往加以讚美的人，我們則要提醒他們認識科學與工業文明之弊端：工業文明可機械化人生之弊端，工業文明與資本主義帝國主義結合之弊端，及個人自由主義之弊端。近代之社會主義潮流，我們須承認他是想補救工業文明與資本主義帝國主義結合之弊端，並以集體之觀念代替個人自由主義觀念，補救個人自由主義之弊端的。但是近代之社會主義潮流，遠源雖是一宗教道德上之一觀念，然而社會主義的思想運動家，其眼光常只限制在經濟生活方面上。單純的一個財富分配問題，常把他們全部精神佔據。他們對於近代之科學精神與工業文明之精神，大皆只全部接受。而社會主義之發展至唯物主義的共產主義，直是要把工業文明之精神，一直推類至盡；由自然的機械觀到人類社會的機械觀，由以機械的方法控制自然，到以機械的方法控制人類社會，至使「使用機械的方法控制人類社會」之一部份有政權之政黨或民族，集中一切權力以滿足其權力欲。這就是一般所謂極權主義之俄國共產黨對現代人類之威脅所自生。我們在此如眞有對近代西洋文化之發展有一全盤之洞識，便知其發展之方向實有不極不止者。此點我們試稍詳細一說。

我們常說西方文藝自復興以來，一方表現進步之勢，一方亦表現一退步之勢。說其表現一進步之勢，是言其文藝復興後人類之各種文化如科學哲學藝術政治經濟，均自中世宗教中解放出來，而各成一獨立之領域，容各種不同性格之人在不同文化領域中自由創造，各得其所。從進步之勢上看文藝復興後之文化發展，是通俗流行的看法。羅素最近著的「西洋哲學史」，實是以一文化觀點論西方的思想發展的書，亦是偏重從進步之勢上看文藝復興以來之西方文化精神，而貶抑中世精神的。然而從另一觀點看，我們亦當說由中世到近代文化精神之發展表現一退步之勢。所謂退步之勢，即由向上凝合的精神之爲向外分散的精神所代替；而致超越現實時空求神化之精神之逐漸轉爲沉陷現實時空而物化之精神。中世紀文化中有種種社會階級；教會之組織，有不同之層次，亦宛若一階級。經院哲學神學之宇宙觀，劃分宇宙為各種不同種類性質之存在層次。其社會觀亦承認不同之社會階層是世俗地可當有的。但丁的「神曲」，則是表現中世之將人生境界劃分為不同之上升下降之層次之一最好象徵。人常從此等處，責難中世紀之有階級或階層之社會之組織下，人之不平等、個人無自由之各種罪惡。而馬克思主義者，則輕易的以一封建社會之名目，把中世紀之社會與文化貶斥到人類社會之未大進化的階段。他們全不知中世紀之表現在宗教哲學文學社會上之階層觀念，乃由承認各種存在價值之層次上之不同，有性質高下之不同來。這一種思想，遠源自希臘之亞里士多德，上可上溯至柏拉圖。（不過柏拉圖之思想之此方面，對中世影響不及亞氏。）這一種思想之是非，我們可暫不論。但這一種思想，另有一積極的文化效用，卽使人了解人必須經過價值較低的存在層次，到價值較高的存在層次。人必須逐漸超越他自己，以上升，最後上升至與神接、與天通。人不是存在於平面的世界，而是存在於立體的世界。宇宙與社會不是一圖畫，而是一種積疊而上上摩霄漢的建築。人在升降機上可以不斷上升，一層樓有一層樓的不同境界，到了最高一層，卽脫離塵世與天神合一。這一種存在之價值性質之層次觀念，使人不安於下墮，而要人上升；使人不安於沉陷現實，而求有超越精神；使人不安於物化而求神化。這種文化意識之價值，近代人與現代人漸全不理解。因為中世紀之精神與現代人愈隔愈遠了。中世精神之本身早已過去了。其所以過去當然由其自身有毛病。其毛病之深的方面，在不能眞透人眞正之人性善義，人之本心卽天心之義。此點須另說。淺的方面在中世紀之宗教家思想家不注意人類社會階級或階層之實際形成之歷史，常並非眞依人格價值之層次。而自覺的依人格價值層次之觀念，以改造人類自然形成之社會階層，使之不成今人所謂階級，但求使社會之組織表現一等級性，與人格之價值相應者；人類史上只中國之儒家曾眞形成此理念，而在此用工夫。然而此理念在中國史上具體實現至何程度，尙難說。中世紀之宗教家思想家，其精神所向，一往在天國，其對塵世之安排自不免有忽略。一般文化史家及羅素在近著之「西洋哲學史」中，皆曾舉示許多此類事實，我們亦不能否認。而中世紀之教會後來之不免順應社會勢力，以推行教義，進而本身世俗化，以貪取社會權力、政治權力、虐害異教、摧殘文化，更使宗教精神逐漸崩壞。所以中世紀之後，必有近代之文藝復興。

近代之文藝復興以來西方文化之進步於中世紀者，是使宗教與社會政治權力首先分家，學術文藝自宗教中獨立。此點實恢復了耶穌之精神。耶穌說：凱撒的事還之凱撒，上帝的事還之上帝。耶穌不參加猶太人復國運動，其上十字架，卽因其違悖了猶太人之國族意識，其精神原是超政治的。凱撒的事還之凱撒，是政治還政治。推而廣之，應當科學還科學，文學還文學，藝術還藝術，哲學還哲學。此便是文藝復興以來之尊重各種文化之獨立，尊重個人之從事各種文化自由之精神。此點實並不錯。錯在自文藝復興以來之文化發展之結果，各種學術文化部門中之人與一般人之逐漸全忘了信上帝的事。十六世紀之科學家，如牛頓、凱蒲勒、蓋律雷，皆不忘上帝。哲學家到十八世紀、十九世紀上半期尙極少忘上帝者。文學家在古典主義、浪漫主義潮流下者亦大均肯定上帝。但是方向所趨，總是向忘卻上帝之路上走。到十九世紀後半期，一方有工業文明之長足進展，一方有資本主義帝國主義之戰爭，一方有科學之日益分工化專門化，科學家終身在顯微鏡、望遠鏡、實驗室、工場、農場中生活，才日覺上帝之不重要。此種科學家精神之影響到哲學文學，遂有全不管上帝之哲學上之自然主義唯物主義之產生，與文學上寫實主義自然主義之流行。從整個社會看，則有極端功利主義現實主義之興盛，由是而近代文化走到與中世全相反之方向而去。這個方向之轉易，整個抽象地來說，即是人類精神之由向上凝合變爲向外分散；求由下升上、由低至高，變爲平面的擴展；由重視存在價值性質之層次，到平等齊觀萬物。把一切價值性質之差別，化爲存在數量之差別，忽略存在本身上內在的價值、性質之高下，而只重視存在之外在效用之數量；喜歡變化與花樣之繁複，而厭棄恒常與厚樸。時間之感增強了，永恒之感莫有了；空間之觀念增強了，安定之感莫有了。人類的精神之向外求擴展膨脹，如吹胰子泡，在泡上花紋，次第展開，若與趣無窮，而實際上內部之空虛愈來愈大。

以上的話，說得抽象一些。如具體點說，則由中世到近代精神之轉易，卽上所謂由超現實時空求神化轉到沉陷現實時空中而趨於物化。亦卽是由着重控制自己，去除自己之罪惡，承擔苦痛；到追求幸福快樂，注重控制外界，否認自己之罪惡。在中世紀之宗教道德之觀念下，自然之災害亦由人之罪惡所致，亦由神之罰。現代人全不解，說他是迷信。迷信也許是迷信，但你只以爲他是迷信，則只見你之淺薄。須知說自然之災害是由人之罪惡，即認定人之德行，須對宇宙負責。認定精神在外受了阻抑，便當向內用以反省自己之罪，去除自己之罪。說自然之災害，是人之罪惡，是出自一最嚴肅之道德責任感的話。這個意思，近代人不了解。近代人著重征服自然改造世界。在根底上原自不肯直下承認自己有罪，不願眞承擔苦痛，故把一切苦痛罪惡之源都推出到外面去。科學的進步，工業農業的進步，果然使自然逐漸被征服，世界逐漸被改造。有許多人類社會之罪惡，亦由此自然減少了。但是由這點成功，遂以征服自然，即人生之最高境界，再轉至以向外求征服之精神，即人生之最高精神，把人自身之一切罪過苦痛，都歸到自然環境與社會環境及遺傳來負責，而只以追求自己與社會之他人在現實時空之幸福功利爲人生之最高目的，卻是遠在中世紀之精神之下之一近代精神。

我們說近代精神之發展，有其黃金時期，即文藝復興與所謂啓蒙運動時，個性自由之初被肯定時之海濶天空之感。以人類理性研究自然而發現自然之數理秩序、因果關係時之清明在躬、執簡御繁、條理秩然之感。與依科學知識，以變化自然，覺自然之改造，亦可增進人之道德、增進人之文化創造的興趣時之一種生命之眞歡悅。此種種精神感覺，在十五、六、七、八世紀之科學家、文學家、哲學家及一般人均是有的，其本身亦是可貴的，這是近代文化之理想主義、浪漫主義與盛時期。但是到了工業文明大量進步以後，一般人從物質享受之動機，而不從輔助文化創造之動機，去看工業文明之價值，少數人利用工業文明以營利，而發生所謂資本主義時，亦即十九世紀後期，上文所謂社會上、哲學上、文學上之功利主義、現實主義、唯物主義、自然主義、寫實主義盛行之時，科學家研究日益分工化、專門化，浸至自覺的全爲功利之目的而從事科學時，近代精神便走到銅鐵時代了。這個時代，卽方才所說之以追求自己與社會之他人在現實時空之幸福功利，爲人生最高目的之時代，以人之罪過與苦痛都歸到環境與遺傳之時代，以向外征服自然之征服精神爲最高之人類精神之時代。邊沁、穆勒的學說，是此時代精神之現實主義、功利主義方面的象徵。生物學社會學上之達爾文、拉馬克、斯賓塞之遺傳與環境學說，是此時代人之重視遺傳環境對吾人之影響應爲吾人之一切苦樂罪惡之源之象徵。進化論之思想是一看不起已成之宇宙及過去之人類史之象徵。尼采之思想，是此時代之人重視征服精神之象徵。（我只說象徵，非說他們之思想之自覺目的只是表現時代精神）。這個銅鐵時代之西洋近代文化之精神，與中世精神走到正反面，缺乏中世紀人那種注重控制自己、承擔痛苦、去除罪惡之道德責任感。這卽近代精神發展至此之一大罪、大缺點。這個精神之大罪大缺點，除西方宗教家，仍多少保持其傳統精神而知之外——在學術文化上只有從德國下來，由康德至菲希特、黑格耳之理想主義精神，是能努力在加以糾正，冀以挽回西方文化精神之下降而使之上升；以多多少少遙接中世紀之精神的。但是這個理想主義之運動，並未能遏抑西方文化之大勢所趨。這個運動發展到黑格耳爲一最高峰。而黑格耳思想本身有一大流弊。從康德下來到黑格耳，及以下之德國文化學術潮流，本來是重視一超越精神或向上之凝合精神的。但是由康德的超越界與現實界之二元觀之理論上的困難，發展到黑格耳之以超越界涵攝現實界，以現實界之一切爲超越界之表現，以一切現實爲合理之說法；在哲學理論上固有更圓融之妙，而在文化效用則可是順應現實，以替一切現實辯護的。因順現實界皆超越界之表現之話說，人類之任何現實，當然亦是此超越界之表現。我不說此話不對，我是說因反康德而偏重說此話，在文化效用上便不能眞對近代文化之趨向有一扭轉之效用，而眞接上中世，體現一眞超越精神，以盡由康德到黑格耳之理想主義運動之使命。所以黑格耳一方不能眞作一劃時代之工作，仍只落得爲一近代文化潮流下之人。而在另一方，則其哲學本身因以現實界卽超越界之故，終於孕育出一否認一切超越界，只以現實界爲一切之極端現實主義唯物主義，此卽馬克斯、恩格斯之思想。

關於馬恩之思想，我們只說他有受黑格耳之思想孕育之處，有受黑格耳思想影響之處；而不說是黑格耳精神之發展。就精神上說，二者是全相反的。黑格耳精神可遙接中世，馬恩之精神全是順近代精神一往下流之勢發展的。黑格耳之辯證法，是向上凝合之辯證法，而馬恩之辯證法是對立物永遠自己分裂之辯證法；由前者可以嚮往上帝，接中世，由後者則決不能。由前者可以表現超越精神，由後者只反映一絕對之鬬爭意志與一切皆在變化中、不安中之意識情態。馬恩精神，只能說是近代精神之下流之發展至極，純是近代之文化產物。我說他純是近代文化之產物，近代精神下流之發展至極，一方面是由近代精神中之個人自由主義、現實主義、功利主義及向外征服之精神與工業文明之進步結合，必然產生所謂資本主義與帝國主義。資本主義與帝國主義之社會，必然是更崇尚權力財富，使人趨於唯物是視，而不免視人如物的。社會主義之爲資本主義、帝國主義之反動，最初雖出自人道觀念、基督精神，如所謂空想的社會主義者，卽以人道觀念、基督精神爲本。然社會主義之運動者在思想本源上把不穩、立不定，而裏在此資本主義帝國主義之社會意識之下，終喪失其本源所自之精神，而極端現實主義化、功利主義化。此卽成一以社會財富之分配，爲人類社會之唯一重要問題之馬恩思想。這個思想之反對近代之個人自由主義，反對資本主義之集中財富於少數個人，反對帝國主義之征服壓迫弱小民族，雖似還是尙保留近代之初之社會主義精神，亦卽基督精神之處。然而這個思想全部接受了近代人之一往向外之征服自然精神——他們名之爲對自然之鬬爭，同時承受近代精神中之把個人之罪惡都歸到自己以外之原因之態度，而以社會制度爲一切罪惡與苦痛之本。於是把一切人生文化問題之解決，都歸到一經濟制度之改造上。他們錯認人生原只是爲取得物質求生存，只要把人剝削人之財富之資本主義制度打倒，把資本家打倒，卽達一理想世界，天下卽太平，人人皆極樂。他們看帝國主義，亦以爲只是資本主義發展至一形態之產物。他們不相信，亦不了解，帝國主義與資本主義之眞正最後根源，在人之權力意志與征服意志。此權力意志征服意志，出自人之本能。而近代西方人文化歷史短，故此權力意志征服意志特強。此權力意志征服意志，主要賴表現有超越精神之道德、宗教、文學、藝術、哲學之陶養來馴化，方是釜底抽薪之計。而近代精神發展到忘了上帝，鄙棄超越精神之十九世紀階段，個人主義者爲現實主義功利主義所主宰時；此個人之權力意志征服意志失陶養之文化精神，便必然會在一工業文明之社會中，財富之生產可以賴科學與工業之進步而無盡擴張之社會中，產生資本主義。由工業文明而使社會組織日加嚴密，政治控制力量加強，野心家便易通過政治之運用，以鼓動一民族一國家向外征服之權力意志征服意志，而產生帝國主義。然而他們厭惡資本主義帝國主義，而看不見本源，不能爲正本清源之計；他們以爲資本主義帝國主義只等於財富集中於少數人或國家民族之謂。故以爲只要把財富平均分配，便一切問題都解決。他們用盡一切力量以打倒資本主義，打倒資本家與帝國主義者，以奪取其財富，爲此而鬪爭。並以整個人類社會之歷史，自來只是一爭奪物質財富之階級鬪爭史。人類文化歷史之本身之崇高價值，他們全看不見。於是爲要打倒現實社會中利得階級，統治階級，不惜與過去佔勢力之人類之文化學術作戰。說過去之佔勢力之文化學術，都是爲佔勢力之利得階級、統治階級之辯護者或工具，所以才佔勢力。他們成一文化價值意識上之盲目者，而以奪取資本家之財富、推倒舊文化學術之鬪爭爲唯一之事業。於是我們雖願意承認他們初亦未嘗不依於人道平等之動機，而從事其革命；然而他們之唯物論，不能對此動機加以解釋，並承認其本身價值。於是他們初所有善良之動機，亦只成爲他們鬪爭之工具。他們並要喚起而利用其他人之同類之善良之動機，作他們鬪爭之工具。於是眞正之原始社會主義精神亦終歸喪失。在他們心中，物質是一切，鬪爭是一切，於是他們成辯證唯物論之信徒，看一切都在矛盾中鬪爭中，都是物質之化身。然而他們一往從矛盾鬪爭看一切，一往從事向外鬪爭之行爲，卻使他們自身成他們自身之征服意志權力意志之俘虜與工具。他們一朝打倒了不斷求膨脹其權力之資本主義者帝國主義者，取而代之，他們由被統治者而轉化爲他們之反對物，或統治者時，卽成爲一不斷求膨脹其權力、滿足其權力意志、征服意志之俄國之極權主義者。而由他們原是絕對崇拜機械的工業文明的人，亦深知在工業社會中以人之附著於機器，誰控制機器卽能控制人的。所以他們一朝奪得統治階級之地位，卽順其權力意志征服意志，而更有意識有計劃的藉控制機器與人類之財富，以控制人；用控制機器的機械方法以控制人。於是他們之極權主義成最緊嚴周密之極權主義。他們之重組織、重社會、重集體，與原始社會主義精神之自人道、同情、理性觀念出發者，他們自己亦認爲不相干。他們實只是以機械意識與權力意志結合的人。他們之權力意志，不如近代初期之向自然發揮而向人本身發揮。他們不如資本主義社會中人之沈酣於物質之享受、財富之爭取，而沈酣於權力之爭取，故要打倒一切異於彼者，統治一切不敢異於彼者。他們勢須成不玩物而玩人者。他們自以爲不玩物，不求個人之財富，他們卽自以爲無一切罪惡。因爲他們之唯物史觀，使他們相信只有資本家有錢人，才是罪人。他們名義上無私人財富，他們卽自覺無一切罪，他們是神。他們不信神，初因他們信物質是神，到此復因他們自信是神。他們要管理一切，統制一切。因爲神是應管理一切統治一切的。所以列寧說，他們之事業是第一因。西方所謂第一因卽神。他們本是人——而且本其唯物主義他們應是不相信自己是人而是物的人，反以神自居。於是他們把中世紀精神中之存在之價値秩序，作一全盤的顚倒。中世紀之存在之價値秩序，一是神，二是人，三是物。而在他們，則以自視如物的人，而上居於神，視人如物，加以控制征服，置神於無何有之鄉。中世紀之精神，到他們才眞完全沒有了。而近代文化精神之由神而轉向物，由超越現實時空求神化之精神，轉向至沉陷現實時空而物化之精神到此才發展到家。在此到家的一切皆物，而一切皆在矛盾鬪爭中之意識中，一切存在本質皆是同一之物質，其不同只有物質分子之配合數量之不同，而產生一外表上之性質之不同。在底子裏，全是平等平等。他們雖實際上是獨佔權力之統治階級，然而他們在意識中不承認獨佔權力之本身可構成階級。在他們意識中不僅社會之階層觀念是應莫有了，人有不同之價值性質之等級之觀念亦莫有，他們之宇宙觀與社會觀都是一絕對的平面。他們看宇宙社會之一切都在矛盾中鬪爭中，亦卽都在變化中，所以他們意識中莫有永恆，莫有安定，一切都在現實時空中，他們絕對莫有超時空之觀念。他們邏輯地將成爲「以鬪爭爲一切、征服控制爲一切，一純粹之將其生命精神一往向外膨脹擴張者」。他們反對內心生活、純粹之文化生活、精神生活，以一切皆屬於政治。一切人連他自己皆被置於政治權力的組織中，以組織爲其生命。一離組織，卽感空虛，卽感茫然。他們成外表上無所忌憚，若有無窮權力可向外使用推倒一切者，而他們之內心，卻邏輯地必歸到絕對之空虛，而不自覺。眞從此想，他們亦實可憐。所以他們之精神眞是由中世至近代之由立體至平等，由重「價值」「性質」至重「存在」「數量」；由重恆常至重變化，人類精神之向外求擴展膨脹，如吹胰子泡之吹到家者。胰子泡賴分子間之鈎連而存在，如俄國之極權社會，賴權力之互相控制而存在。然而近代精神發展到此步，是不能再發展了。再發展則胰子泡要破了，人類也要毀滅了。

我說這種唯物的極權主義再發展，人類要毀滅，是從此種精神之本質上邏輯地說的。這種精神以征服統制爲唯一之事，以鬪爭爲一切，視人如物如機械而統治之，是一永遠不能停下來，使世界人類得安頓之精神。有這種精神的人，縱然把其一切敵人，如資本主義帝國主義者、文化思想與之不同的人，都打倒毀滅完，他們成了全世界之至高無上之統治階級，他們這種精神亦終不能眞統治世界，使他們自身得安頓，使世界在被他們統治下得安頓的。因爲他們之矛盾鬪爭之宇宙觀社會觀，所培養出之意識，便會使他們之集團重新自己分裂來互相矛盾鬪爭的。記得叔本華的「世界爲意志與表象」書中似曾舉一例說，一種動物，恒自己分裂爲二，分裂成二後，立刻互相殘殺。依他們辯證法之理論，一切存在皆有內在矛盾，會自己分裂。此理不必眞，但在相信「一切存在皆有內在矛盾，而自己分裂的」人之集團，卻是最後必然要自己分裂而相矛盾鬪爭的。而且本來凡喜歡鬪爭喜歡權力之人，都是只有在向外鬪爭，有外敵可又供其征服，以滿足其權力意志征服意志時，才不自己分裂自己鬪爭；只要外敵一去，向外無可征服，便必然要自己分裂以互相征服而滿足其權力意志的。所以依他們之意識，他們是無論到什麼時候，都不能停下而安頓世界、安頓他們自身的。這是依於邏輯的必然，是無可逃的。所以要寄托安頓世界之希望於有他們這種思想之他們，是不可能的，不應當的。他們如要想安頓世界亦可能，但他們首須改造他們之思想。他們如準備要安頓世界，他們現在便要改變他們之思想，受另一思想之陶冶。一切在矛盾鬪爭中之宇宙觀、社會觀、歷史觀，必須打破；唯物是視、視人如物之唯物觀，必須打破。在打破之後，受另一種思想之薰習，以改變他們之意識、情調、胸襟、氣度，成另一種能安頓他們與世界之意識、情調、胸襟、氣度，他們亦可安頓世界。但這樣亦卽他們必須先不是他們。他們可以不是他們，因爲他們仍有人性。他們只要眞自覺其人性，他們終將揚棄他們之思想，與此思想及其權力意志結合所養成之氣習。這就是說他們之思想、他們之精神，必須徹底更新，必須有一大反省、大懺悔。由此反省與懺悔，他們可不致把人類帶到一永遠爲爭權，而自相矛盾鬪爭之氣習中而終歸毀滅。然而我們要促成他們之反省懺悔，我們亦不能只賴武力，我們必須樹立一足以感化他們之更偉大之精神，足資他們之嚮往。而此更偉大之精神之樹立，則賴我們對於近代文化之精神之弊端有一徹底之覺悟與認識。在根本處爲人類文化作一正本淸源之功夫，而樹立一包含近代精神之有價值之方面而超近代之文化理想，與向此理想而趨之精神，於個人之生活態度與社會風氣中，並開始逐漸實現此理想於各種事業與社會改造之工作，以實際創建一人類之新時代，這就是我們此時代的人應有之抱負與願力。

四

我們說我們要樹立偉大之精神，以批判時代、創建時代；我們的工作，是極端艱難的，因爲我們正居於如瀑布下降之時代潮流之末端。我們要擔負此時代潮流之傾瀉的全部力量之壓迫。現代唯物主義之威脅人類文化，人們都已多少感覺到。但是人們常只是站在此時代之潮流之前一階段，而要阻止其前進下降。如人們常從十八、九世之民主主義之立場，反對其極權政治；從文藝復興以來之個人自由主義之精神，以反對其將個人全隸屬於一絕對嚴密之社會組織；或從學術文化上尊重客觀眞理之精神，尊重學術化之各獨立地位之精神，以反對其以政治統制學術文化、曲解眞理、箝制文化之發展。這些理論說是不對，說全不需要，亦不能說。然而我們說都是不够的。文藝復興以來之民主主義、自由主義、學術文化之獨立之要求，是可以提出，其本身亦是正當的。但是我們要知道，他們之精神正是從文藝復興以來之社會文化思想潮流中孕育發展出來的。這些社會文化思想形態，如果眞能阻止他們之產生，他們將不會產生。他們之會產生，即證明只是重提倡文藝復興以來之民主主義、自由主義等是抵當不住的。而在現實上，縱恃武力與組織之力將他們抵當住，然而我們在精神上樹立不起一人類文化之正常思想，一開創未來時代文化之新精神，我們最後亦難免失敗的。我們必須先在思想上念玆在玆於一嚴重的問題：即人類之征服、戰鬬精神之一往向外發展，在征服了自然之後，再用來征服其自身，人類是可以自己毁滅自己的。十八九世紀以來之樂觀主義，相信人類歷史直線一往進化之觀念，宇宙中、社會中有一不可知的力量，使人類社會可以自然且必然的進化之觀念，我希望人們打破他。如單純地從客觀現實方面講，此理論是站不住，經不過批評的。此理論只是那時代的人迷惑於近代之科學之進步，近代精神之正向前進，與人們之盲目的向前之生命衝動結合起來所造成之幻影。如果人們眞正看看此時代之病痛，便應自己破除此幻影。我們並不是悲觀主義者。我們亦承認人類社會可有前途。但是我們認爲人類要有前途，必須賴著人類自身之努力。人類之歷史文化之發展常是大開大合，有長有消的。我們是處在近代精神之末期，我們如果不能努力開一超近代之文化精神，我們是不能扭轉此一往向下之大勢的。我們只有樹立此超近代之精神，我們亦才能保持近代文化精神之好的方面，近代文明之有價値的方面。這一超近代之精神，在西方來說是要重新提醒一部份之中世精神與耶穌精神。在中國來說，則是儒家精神或中國文化精神之復興。中國文化精神自明末清初以來乃一步一步向功利主義、現實主義、自然主義之思潮轉變。這種思潮，從明末清初以來之反理學運動開始，至今而下降至極。這個中國之文化精神之下降趨勢之形成，有由於中國文化之自身之原因，有由於外面思潮及外力之壓迫之原因，此處不及去詳細討論。籠統的說，是先有中國式之功利主義、自然主義、現實主義，然後接上外來的，以成清末之康有爲、譚嗣同的浪漫的大同思想，再到民國以來，新文化運動中之實驗主義、社會主義、唯物主義。風氣所至，賢者不免，而終有現在之一大橫決。然而中國在未來之時代之必須復興眞正儒家精神，亦如西方之必須復興一部中世紀精神。此二者之關聯如何，今不能論。復興當然非全然回到過去，只是由嚮往先一時代以救治當前之時代，而創造未來之時代。近代西方之文藝復興，是嚮往希臘以及中世；中國之宋明儒學之復興是嚮往到三代及漢唐；清學是嚮往漢及宋明。我們現在必須嚮往希臘、中世、淸以前之中西文化精神，才能開啓下一時代。嚮往只是取其長而繼往，我們著重之點仍在開來。開來之方向及許多基本觀念之認識，我們雖大體已有一共許，但是我們尙須從容說出，或多加硏究乃說出。這個問題，方向極多，只開門見山的用幾句標語口號式之言論講了，氣一洩，便毫無影響與作用。我們應先間接的從似乎遼遠的地方用心才是。如把他用幾句標語口號式之話說出，則亦甚簡單，並無如何特異之處。此卽我們所標出之理想主義、人文主義。我們以理想主義對治自然主義、功利主義、現實主義及哲學上之唯物主義，以人文主義對治科學至上主義、工業文明至上主義及以經濟解釋一切之唯物史觀和以政治控制一切之極權主義。而在理想主義人文主義之下，可涵攝眞正之自由民主之精神，與合於人道之社會主義。我們之人文主義不似文藝復興以來之人文主義之重在以人與神相對，而重在以人與物相對。人應求神化，以反物化之趨向，所以我們較尊重宗教，雖然在另一方我們相信尙有比西方宗教更向上一著之儒佛精神。對治工業文明之機械化人生之趨向，我們重視農業文明以涵攝工業文明，重視藝術文學。對治一往專門化、分析精神化之科學，我們要重視表現人類之綜攝性的追求眞理精神之哲學。對治近代精神中之不肯承擔苦痛罪惡，只求現實幸福之人生態度，我們注重一超越精神之提起，人對宇宙之道德責任感之提起，人對自己之道德責任感之提起。而抽象的哲學的說，則我們要以注重「價値」之層級，注重「質」，注重「本身」之思想觀點，代替只注重平面之存在，只注重「數量」，只注重「效用」之思想觀點。

以生活於歷史之恒常、安定、樸厚、永恆之情調，代替只游蕩於空間、喜變化花樣之情調，以內部充實之靈魂，代向外膨脹征服而內部空虛之靈魂。整個來說，則我們要以一超越而涵蓋之人本的宗教道德性之文化意識，與人類以一眞正之安頓，使人神結合或使人實現其神性，卽眞人性，而人眞成爲人。但是我們用這幾句話，表示我們之嚮往，剛才已說過，只是口號標語式的。這實是空泛的，而且嫌散漫一些。社會風氣在崇尚大衆化宣傳化之時代，人恒以口號標語代替思想。人以爲了解了口號標語之字面意義卽足够，以至於能聽能說一口號標語，卽能思想。其結果使人根本毫無思想。所以我們不願標主義、標宗旨，標出亦只是一符號一象徵，卽佛家所謂空拳誑小兒。我們眞正的要用力，必須別有所在。提這幾個口號標語是容易的，眞要扭轉一時代之精神是艱難的。一時代之風氣，直接侵襲到我們之自身，表現於一切流行的思想言論禮俗習慣制度之中。我們要與之以一整個的翻轉，談何容易。縱名辭變了，口號標語變了，舊的思想習氣，又改頭換面在新口號標語下存在了。所以我們必須透過名詞與口號標語去看一切，想一切，行一切。而現代人之崇尚口號標語，從崇尚商業廣告商標以來，原卽一文化下墮之象徵。是因我們眞要開闢新時代，我們要先指一方向，則幾句簡單的話亦需要。

此外，我們希望人們了解我們雖說是要扭轉時代、翻轉時代，我們的工作卻不能只是消極批評的。我們的工作應是積極的建設的，因我們之方向皆是積極的建設的。所以我們之態度，亦不能是只反抗的鬪爭的。鬪爭之精神不能是我們之精神，而且不能是一切反抗唯物主義、極權主義者之根本精神。這原因是，一全落在鬪爭之意識中，任何人都不能如唯物的極權主義者之徹底。他們全部精神皆在鬪爭中表現，而無所不用其極。他們的哲學、宇宙觀社會觀痲醉他們之意識，以矛盾鬪爭爲一切。在此你學他的鬪爭精神，你學他，你也就落後。你落後，你總及不上他。而且反對他們的人，如果只因他與我不同，爲害了我之名譽、財富、社會地位、政治勢力，而與之敵對，則我們卽多少亦變成與他們一樣之爭權力者。我們如果亦只是一爭權力者，我們卽不配反對他。所以我們認爲一切要反抗唯物極權主義的人，亦須不僅當在對抗唯物極權主義上用心，而要如我們之在整個人類文化問題上用心。我們要知道近代文化之反中世紀，而全失卻超越精神，是近代文化要一往下降到唯物主義極權主義之根源。所以要救住近代文化之下降之勢，我們要重在一理想主義人文主義之精神下復興一部中世之超越精神，重新肯定宗教精神在文化中之重要地位，這卽是我們上面所說的。而眞正的宗教精神便是絕對的超敵對鬪爭之意識的。唯物極權主義是絕對的敵對鬪爭之意識。只有絕對的超敵對鬪爭之意識，才能代替之轉化之的。以絕對的超敵對鬪爭之意識爲本，可以在實際上、外表上有爭之事，然而在精神上、存心上，則是一片慈祥愷悌，一片悲憫對方錯誤罪惡之情懷。此卽耶穌甘地之精神。耶穌外表上似與猶太人爭，甘地外表上似與英國人爭，然而存心上則不是。存心上他只是可憐悲憫對方之錯誤與犯罪。他們這一種絕對超敵對鬪爭之存心，儒家名之爲仁。而外表對無道者、不仁不智、無禮無義者之加以裁制否定，有爭之事，爲義。純宗教精神或只有仁而缺義，儒家精神則自覺的並建仁義，宅心以仁，有義則有爭，而內實無爭。方是眞能改變他們、感化他們以安頓人類、安頓世界之大道。這種體仁用義之精神，涵義深遠廣大，非今所能詳。而人要眞具備此精神，見於德行，形爲社會風氣，表現於一切文化政治社會之活動，方可以救住唯物極權主義之危機，保持近代文化之有價値方面以開闢未來文化，使人類免於毀滅之虞。

然而我們知道，我們的意見在此時代，或以爲只老生常談，或以爲只是向時代倒退，或以爲我們太迂濶太理想，以致以爲我們只在作個人之幻想。我們之意見，所可能遭遇之批評，早在我們洞察之中。我們之思想在此時代，本身有其暫時的悲劇性的命運。但是，眞理在天壤間，迷者自迷，悟者自悟，迷者行不通，終要回頭而悟的。我們的難處，在我們須得把我們之主張，眞從多方面、從似乎不直接關涉的方面，四方八面的烘托樹立起來。我們願意先多多使自己進步，發憤求友互相薰習，以造成一理想之氛圍，精神之氣息，以陶養自己之德行。然後再說形爲風氣，見諸事業。我們所要創造、促其實現之精神，不僅異於近代西洋之精神，我們之理想主義人文主義，雖卽我們所謂中國文化之精神、儒家精神，然而中國文化精神與儒家精神之許多方面，須充實、須發展。我們相信中國文化經充實發展，與世界未來文化之新方向，可有一天造地設之自然吻合而互相成就之處。而由此中國文化缺憾之批判，以完成中國文化精神儒家精神之充實發展，亦是我們所須與人們共同負擔之極嚴肅艱難之文化工作。這些工作，我們希望求友共任。此刊縱得繼續，不過能載點文字，距我們之志願尚遠。但我們對社會勢力，一無憑藉，亦將永不願憑藉任何現實之社會勢力，以沾染我們所嚮往的理想之純潔性，所願與求友共表現之精神之純潔性。我們所憂慮者，只在人類文化之存亡絕續之問題。悠悠十年，世變日亟，但一念所注，未嘗斷絕，總想在混沌中立根基。世有憐其志大而才疏，力少而任重者，與以扶持，我們固當感謝。然而此刊仍當一本過去之精神，爲純粹之學術性文化性，並尊重著者之自由思想者。而所載文字，仍當求其多能表現點沉著深厚之精神。雖然活潑流利之文章，我們亦知其可貴而表示歡迎。動亂之時代，須多凝定之精神以安頓。崇尚變化花樣之人心，須多示之以貞常與永恒之眞理。在此一般學者、文人、政論家、宣傳家，皆喜呼風喚雨的時代，我們希望能植根於深山大澤。高明者天，博厚者地，頂天立地者人。瞻彼高明，立斯博厚，以成就人類歷史文化之悠久。雖不能至，心嚮往之。

（一九五〇年五月一日「理想與文化」第九期）

註：本篇發表時署名「君毅」。——編者

胡思杜批判胡適感言（註）

九月廿二日香港「大公報」載了華北人民革命大學政治研究班二班七組的學生胡思杜一文「對我父親胡適的批判」。（此文亦在上海刊登，想各處均轉載。）關於人民政府治下鼓勵兒子清算父親之事，已時有所聞。數月以前，本港華僑工商學院教授羅大凡先生抱着其唯物辯證法的統計學，回長沙到湖南大學任教，卽被其兒子清算，以至自殺不成，便是一確切不移的事。此外江蘇江北有一兒子清算父親至判決父親爲死刑活埋，並要父親親自掘土，父親掘累了，請兒子幫助，兒子不許，於是父親氣不過，一鋤打死了兒子。此類事，或被人認爲惡意造謠，但是看了此人民政府最高學府訓練出之胡思杜之大作之特被挑選登載，卻使人一切都可明白了。

在胡思杜此文中，大部是攻擊其父親如何出身於沒落官僚士紳，如何介紹實驗主義來對抗唯物主義，如何鼓吹好人政府，以改良路線代替革命，而忠心赤膽於反動派等。這都不是此文中重要的部份。最重要的部份，是胡思杜在明白的判定其父親「是我自己的敵人」之後，說「但是在感情上仍有許多不能明確劃開的地方」，「除了自己隨時警惕這種感情的危害性外，我並要求自己樹立起對工農大衆的感情來」，「在瞭解工農的偉大……，我想一定會決絕這種狹隘的非無產階級的毒性感情」。這種明白斥責父子之感情爲非無產階級的，爲毒性感情，而以此二語作結；卽使人不能不驚心動魄，而讚嘆這一政治研究班訓練的成功。在這一種明斥父子之感情爲毒性感情之思想訓練之下，兒子要逼到爲敵人的父親自殺，自掘活埋之地，又有何奇怪？

這種文章之特被挑選來四處登載，這不止於說，這是向一切不滿意共黨的人警告，如果你們不相信我，我便能使你們最親愛的兒子來把你視作敵人，以你所生的來直接否定你。這實實在在是因爲從共黨的立場說，人除了對無產階級可有所謂階級的友愛外，是本來不承認人間尙應有其他的感情眞值得珍貴的；而所謂父子之愛又一向是被視爲封建社會的感情的。在「人民文學家」蕭乾的小說中，有一段對話，有人問：「你的父親好嗎？」「我的父親不在了。」「哈，祝福你，父親是挺麻煩的東西。」據說這類的話在所謂人民文學中，是隨處都有的。

共黨之所以不能承認父子之愛之本身是値得珍貴之感情，是因爲從其馬列的唯物哲學，根本推不出此種感情。一個純粹以解決人們求生存的經濟問題爲事的哲學，如何能推出對於父親應有的眞實感情呢？父親對兒子尙可說應當愛，因爲父親生兒子，卽增加一個人民，此人民可以去生產。至於逐漸衰老的父親，生產能力一天一天的減少，如果他又是敵人，爲甚麼不可加以活埋呢？馬克斯列寧並未講過父親不可活埋的道理。但是共產黨全不知人不只賴偏執的理論而生活，人性並不依你之偏執之理論而構造，哲學中亦儘有更高的人生理論，使你絕對不可否定眞正的父子之感情。如果你在此處否定了，則你之一切對無產階級之感情亦全是假的，最後亦只造成一絕對冷酷無情之機械世界而已。關於人性之不依賴你之偏執的理論而構造的證明，就是事實本身。無論你們主觀意識上，想如何說一切父子之感情是非無產階級的，是惡毒的感情；但是在世界上，眞正的無產階級，眞正的人民，兒子總是孝父母的，而從來莫有人指之爲惡毒的感情的。「孩提之童，無不知愛其親也」。這一種先天具有的生命之返本意識，愛自己之生命卽愛生自己生命之父母之情，便是人性之昭露之開始。這尙不須從養育之恩上說。從養育之恩上說，則人在積極的求對社會有所貢獻而愛人類時，人必須先知道世間確有愛之存在。而此愛之存在之原始的親切的體驗，卽從父母對我之愛來。而人在能自動以愛來愛世界前，先必對父母對我之愛有一尊重與感謝而生一報恩之情。世界絕無對「他人對我之愛」尙不知加以尊重、感謝、報恩，而能眞正愛世界之人。所以世界亦決無明目張膽否定對父母之愛之價値，斥之爲惡毒感情，而能愛人類，愛任何人，而眞有所謂無產階級之友愛的人。中國的學術文化傳統，自來卽認淸此點，知道人對一切人之感情，均從其對父母之愛，知道尊重感謝報恩開始，由孝而對同爲父母所生所愛之兄弟姊妹亦有一愛，對鄰人對天下人有愛。孝弟卽對一切人之愛之發芽處。於是堅決的肯定孝弟爲仁之本。人爲了要盡忠於朋友，盡忠於國家、於人類，往往不能在實際生活上對父母盡孝，然而只要此一切盡忠，皆依於人對人之仁，卽是從原始之孝心生長出來，盡忠便是盡孝。此之謂移孝作忠。從此說，共產黨眞是忠於人民忠於無產階級，亦正當由對父母之孝移來。至所謂忠孝不能兩全，都只是就事上說。就事上說，爲了盡忠或須犧牲生命，而使自己以後永無在實際生活上盡孝之機會。然而眞必須爲盡忠而犧牲時，因忠孝同此一心，則亦卽是爲孝而犧牲，而盡了孝。孝心未嘗被否定也。至於父母有過失，兒子當然可以諫諍。所謂事父母幾諫。兒子諫諍父母，父母不聽，如舜之號泣於旻天是可以的，以自殺而感動父母，亦是可以的。然而縱然在極特殊情形下，如父母犯了叛國的瀰天大罪，依中國文化的道理，兒子亦不能直接殺父母，或當衆人攻擊父母。弑父母是絕對的大罪，是應受剮刑的。這種人道之大防，中國的傳統文化與民間社會，都是非常清楚。只有自五四以來之知識份子才先自糊塗(胡適之先生本人卽在廿年前有一不要兒子孝我的詩)，然後才有共黨之狂妄。父母有罪於國家，爲甚麼不可殺?這答案是父母有大罪於國家，只能由執法者爲政者在國家立場上殺之，而不能在兒子的立場上殺父母。所以孟子說，臯陶可以執舜父瞽叟，而舜在此情形，只有棄天子而不爲。眞是斷制得明白。共黨的邪僻理論是，兒子亦對父母是路人，因兒子是一人民，他亦可爲執政者，爲法官來審判父母。所以亦依邏輯而可以當衆批判父母，清算父母，殺父母。但是他們不知道：兒子在國家面前，人類社會的面前，政府的統治下，只是一人民；然而在父母的面前，則只是一兒子。兒子不僅無爲自私而殺父母的理由，亦無爲人民而殺父母的理由。因爲兒子爲人民之心，如是仁心，則此仁心，最初卽從孝心發芽生長出來。如果殺父母，卽將此原始之孝心斬斷，卽將此仁心之根斬斷，卽先已是不仁。所以依於仁心而殺父母，是絕對不會有的事，而殺父母便爲一絕對之罪惡。而所謂爲了愛人民，對無產階級之友愛，而視父母爲敵人之思想，亦絕對不是眞出於愛人民。愛人民而與父母爲敵，其愛人民絕對是假的。「於所厚者薄，無所不薄」，才是絕對的眞理。

在父母之前，兒子永遠只是兒子，父子之間不責善之理，太深，今不說。今說：對父母之過失，兒子加以規勸，亦是孝。這責任亦可說在父母生下兒子時，兒子便有此責。但父母之生子，這是一直接的關係。兒子之依於孝而規勸父母，亦是直接的關係。此直接的關係本不容他人間隔，所以兒子規勸父母，只能直接規勸，而不能通過輿論或人民的法庭，來規勸來裁判。這些道理本來是自然明白的。中國的善良風俗中，不僅兒子不當衆攻擊其父母，而且在人前，亦決無敢罵他人父母的。這並不要講哲學，講道理，中國之老百姓並不知這許多道理。然而他們卻心中自明白。誰罵他的父母祖宗，他便可與你拚命。這是證明人之良心之自然不昧。中國人民人人有這點孝敬父母祖先之心。說平常，亦委實平常。說高深，亦委實高深。中國人民無數的至性至情，都從此中流出。中國民族之敬父母祖先之心，使中國人念其出於同一之遠祖，而不斷的求凝結人與人間之感情，而團結成偌大的民族；使中國人在當下生命中，體驗其自身生命之源遠流長，而感到生命自身之悠久與深厚，使中國人在自己之父母祖先所創的歷史文化中，見父母祖先之心血，而珍惜之寶愛之，不忍其斷絕。中國人從小就經了家庭之感情之陶冶，而透過父母兄弟之親，去看社會，看人生，看宇宙；以四海之內皆兄弟，陶冶出天下一「家」之意識，視宇宙萬物之關係，均在本性上如家人之間之相親近，相感通，相和諧的關係，而產生偉大崇高的仁之哲學。誰知道當由此仁孝之教而陶冶出之中國人之天下一家之意識，被利用來毀滅中國人之國家民族之界限之意識，而一面倒於蘇聯，奉行馬列主義的鬬爭絕對論矛盾絕對論時，中國的歷史文化，卽首在被抹殺曲解推倒之列。由以孝弟爲封建社會之道德，而竟至直接斥責對父母之感情爲惡毒之感情。這眞是中國過去無數代之父母祖先，無數的聖哲，在九泉之下，將痛哭其子孫之不肖的事。世界的文化除中國的文化外，基督教亦要人超過家庭以事上帝，但是他們永遠不忘說上帝卽我們的父親。佛教要人遍愛一切衆生，但是他們仍要從一切衆生皆無量刼來之父母說來。列寧爲革命而不怕艱難，人們總想着他至少有一部份之動機，是因其哥哥被沙皇殺了，而要報仇。人們之要以此來解釋列寧，是因爲人們相信此孝弟之情是人所共有，列寧亦是有的，有了亦不算罪惡。然而這點共產黨人卻絕不肯承認。似乎有了此動機，卽是恥辱，使其對無產階級之感情亦不純粹了。唯物論哲學障蔽人之深，至要與一切人所共有之仁心最原始的表現之孝弟挑戰，而斥之爲惡毒的感情，這固亦可說是他們爲了無產階級之革命事業，而不惜戰勝一切，破壞一切，否定一切的偉大。然而惜乎此偉大，只是撒旦的偉大，小人而無忌憚的偉大。這種偉大，眞是實現了，父子之感情均完全被征服了，人類之一切感情之根，亦卽全被剷除了。而所謂對無產階級之友愛，亦絕對不會有，而只能實現一冷酷無情之機械社會而已。不過人總是人，人性的存在，終將否定你一切想絕滅人性，把人性另加構造的思想。撒旦的事業永遠不會完成，如果能完成，世界早已毀滅了。人類永遠要靠眞正的至性至情過活，而不是靠偏執的理論過活的。中國共產黨人丢開他的思想，仍是以人的資格而存在，以中國人的資格而存在。中國共產黨只要自覺他原是人，是中國人，而以存在決定意識，總有一天要痛哭流涕的覺悟才是。

（一九五〇年十月「民主評論」第二卷第七期）

註：本篇發表時署名「陳子弘」。——編者

人類罪惡之根源

一

在此世界充滿鬪爭意識之時代，人恒以為自己所代表者是正義，而以對方為罪惡之化身。但是人很少眞能探問人類罪惡究自何來？究竟什麼是判斷罪惡與非罪惡的標準？如果這問題沒有一正確的答案，則究竟誰是眞有罪？人類如何去掉罪惡？都是無法確定的。

如果把人類罪惡之來源，當作宗教上、哲學上之問題來作一純理論的探究，可以十分複雜深遠。但我現在只擬用一最淺明的說法，並多少帶一點獨斷的語氣，來對此問題作一答案。

有人說，人類罪惡源於自然環境。這是不對的。你試舉頭看天，天上不見罪；低頭看地，地上亦不見罪；山水草木亦無罪。說自然環境之與人以災害，人在自然環境中感物質享受之缺乏或過多使人犯罪，亦是不對的。因感缺乏物質享受或享受過多而犯罪者，如可原諒，則不是人之罪；如不可諒，則罪不在自然，而在人心。

說人心之有罪，由於社會制度，並不證明罪不在人心。因社會制度之形成，至少要由社會中各個人之心承認。如果一社會制度是有罪惡，則形成此社會制度，承認此社會制度，而支持此社會制度的存在之人心，仍是罪惡之本。因如根本無支持此社會制度之人心，則一有罪惡之社會制度，並不能懸空存在。所以說罪在人心之一切古先聖哲所傳的老話，仍是不能否認的。不過去掉人心之罪惡，是否只須在心上用工夫，則是另一問題。

但是說罪在人心亦是不易說的。籠統說人心敗壞，殊無意義。畢竟罪在人心之何處？心是什麼？通常說有意識能自覺者是心。此卽說心是一明覺。如說心只是一明覺，如光之能照耀，能反映事理，則明覺照耀反映之作用，本身亦非罪惡。——我們的意思亦卽說：能感覺、能知覺、能辨別、能記憶想像推理之心，心之一切認識能力中，無罪惡之意義。則說人心有罪，此罪不能在人心之認識作用或能力，或心之明覺上。

要說人心有罪惡，只能在人心各種情意上之動機、欲望、意志上。但此話同是不易說的。分別的考察表現人心特性之情意上的基本動機，你都不能發現罪惡之根源存在。人心基本動機，有虛心求眞理的動機，由此而產生科學、哲學。此動機中無罪惡。有欣賞表現善美之動機，由此產生文學藝術。此動機中亦無罪惡。有惻隱不忍，求公平，求正義之動機，由此產生個人及社會道德，產生「建立良好的政治、經濟社會之努力」。此動機中亦沒有罪惡。人類有求久生，求無限與絕對之神之動機，由此產生宗教。此動機中亦無罪惡。人類之求眞美善神之動機，乃人類文化之泉源，無人能說此等動機之爲壞。此種能形成文化之動機，皆人類所特有或特顯著，而爲禽獸之所無，是見人心之所以爲人心之特性者。而在此種種動機上，皆不見罪惡。所以中國古代許多哲人，總是從人之所異於禽獸的特性上說人性，而堅決主張人性本善。

人之罪惡之根源不在表現人之特性之動機，是否卽在表現人與禽獸之共同之性——所謂生物本能，如飲食、男女、鬪爭之本能，求物質以保存自己生命、種族生命之本能上？此話仍是不易說的。在宗教家、哲學家恒有一部份人主張求物質、求生存，與男女愛欲，本身卽罪惡者，如以亞當與夏娃之相互動情，卽人類之原始罪惡，而以絕棄一切物質欲望或殘毁身體爲至善。此義非無道理，但是我們亦並非必如此說。在一般常識中，我們並不說人之求物質以謀生存或戀愛結婚爲罪惡。而且我們尙須承認，人人之得滿足其物質欲望，內無怨女外無曠夫，爲一合理想的社會之必涵之內容。如我們說人類罪惡之根源卽爲人之有生物本能，則不特整個生物世界的一切活動，如鳥啼花笑，草長鶯飛，全是罪惡之表現；人類大部的日常生活，亦皆是罪惡之表現。此世界將不可一日居。而我們亦可因而視饑寒貧乏寂寞無偶之苦，爲人之本身有罪惡之飮食男女的動機之懲罰，而可漠然無動於衷。由此反將造成我們自身之冷漠不仁。所以說人之生物本能卽罪惡之源，亦是不能隨便輕易說的。

如果分別的說，人之基本動機，都不能說其本身含罪惡，則罪惡之根源究在那裏？我們可以說人的一切基本動機如和諧平均的發展，或以人之人性規範主宰其生物本能，以人之求眞求美求善求神之科學、哲學、藝術、文學、宗教、政治、經濟等文化之活動，規範主宰人之生物本能，使之合眞理合美而條理化、秩序化，合善而無私，卽無個人之罪惡。而社會之文化發達，足以使人之一切生物本能皆可得文化之潤澤陶冶，卽無社會之罪惡。而此卽是說，人性之全幅呈露而盡己與人之性，卽無罪惡之可言。罪惡只生於人性之不能全幅呈露而有蔽，卽呈露於人之人性，不能主宰規範其生物本能；人只是求其個人之生物本能之滿足，只求其物質欲望、男女欲望之滿足，聲色貨利之滿足，於是人才眞陷於罪惡。這樣說來，則罪惡之根不在人之心性；不在人心之逐一分別之動機；而只在人之自蔽自限於私的生物本能、聲色貨利動機之滿足。此蔽、此限、此私，乃眞正的罪惡之本。

但是只說人之蔽限於其私的聲色貨利之欲，卽罪惡之本一語，仍待補充。單純的說一人只知好貨好色，不知眞善美等文化活動，固含不善之義。但在常識中，尙未必以爲好貨好色者卽最大之罪人。所以須要補充者：人之只求其個人對貨對色之欲之滿足，遂沉溺其中，而不知眞美善之文化生活，只是人之初級的罪。此卽同於謂人之只順其生物本能之發展求聲色貨利之滿足而不表現其人之特性，爲初級的罪。更高級的罪，是爲求其生物本能之發展，聲色貨利之滿足，而自覺的瞞昧眞美善之標準，自覺的違悖文化生活上之要求。更高級的罪惡，是自覺的以文化生活爲滿足其生物本能聲色貨利之欲之工具或手段。如以一切學術藝術道德之活動純爲欺世盜名之具，由是而有歪曲眞理，以妄爲眞之詭辯，以醜爲美之宣傳，假仁假義之僞善，以惡爲善之肆無忌憚等。此種使人之文化生活不特不能主宰其私的欲望，不特爲私欲所瞞昧矇蔽，且反而爲私欲暢遂其自身之工具，而造成眞善美之顚倒，人之人性與生物本能之顚倒，文化生活與自然生活之顚倒，才是人之眞罪惡所在。而在一般常識，亦只承認此種以人類文化生活爲滿足私欲之工具，以致顚倒價值標準，以非爲是，以醜爲美，以僞善與惡爲善之人，乃眞正有罪惡者。——其罪過乃遠甚於單純的只知追求聲色貨利之人，這是須補充的第一點。

二

我們須補充之第二點，是再進一層問：人爲什麼會一往貪財好色，會有人性與生物本能之顚倒，自然生活與文化生活之顚倒？本來已知眞善美的人，爲什麼會瞞昧良知、歪曲眞理、淆亂美醜善惡？便須知單純的人之生物本能，並不能造成此種罪惡，因其他動物雖只有食色之生物本能，卻並無此種種罪惡，且可說他們遠較人爲天眞純潔。人類之有此種種罪惡，乃是人之不如禽獸的所在。所以在佛家以人死了，或須轉入比畜牲道更低之地獄道餓鬼道。人之對財色之「貪好」，「顚倒人性與其生物本能」之「顚倒」，仍可說是表面的現象，此現象是否尚有更深的所自發之本體或根源？

對於這個問題，我們如眞要問，我們便要追到一人心之底層之權力意志。只有此人心之底層之權力意志之無限制發展才是一切人類的萬惡之本。人如果不能反省到這個東西之存在，一切對於人類大罪大惡之眞正的解釋，都是不可能的。我們須知人的生物性之本能欲望，如不與一權力意志結合，並不會作出什麼眞正的罪惡的。又須知人的生物性之本能欲望，歸根到柢亦只是一權力意志之表現。人主要的本能欲望，通常說一是求物質以生存，一是男女之欲。人爲什麼要求物質以生存？這只是人之生理機栝，要求吸收物質，同化物質，使物質隸屬於我，由我支配控制，以合於我之生命存在之目的。此卽是一不自覺的權力意志之表現。人爲什麼要由男女之欲保存種族？這只是因人不自覺的要求擴大延長其生命之表現，不僅表現於其身體之物質中，且表現於其身體之細胞與異性之細胞結合成之胚胎，所發育成之身體之物質中。此卽是一不自覺的要求生命能支配主宰更多之物質的又一權力意志之表現。這二種人之權力意志之表現，是人與動物所同，其形上的根源，此處暫不討論。我們所須說的，只是此二種人與動物同之權力意志之表現，就其自身言，總是有限的。生物的飲食男女之要求之表現總是有限，人之純本能的物質之欲望與性之欲望亦是有限的，所以其本身非必罪惡。但是人有了意識或心，則人可有一追求無限權力之意志，從心底透出來。我們可以說人之所以一往貪財好色，均由人之權力意志有一趨向於無限之發展而生。譬如我們問爲什麼有人會貪財富而不知足，古代君主要佳麗三千人？在此純用食色之本能是不能解釋的。因爲其所貪之財，他並非要立刻化爲物質的享受。佳麗三千亦不能一一奉陪他。他之所以如此貪財好色，實只是要獲得一種能儘量滿足未來欲望之「可能」，只因他有求擴大此「可能」之觀念或意志。但是此「可能」只是表示我之能力或權力所能及之範圍。我們如着實細想，便知如此一往貪財好色者，其所自覺地追求者只是一支配財色之權力之無限制的增大。人之有此自覺的無限制增大權力的要求，乃由人在觀念上、意識上、精神上，能替未來之我之活動範圍打算，而求其擴大以生。因人在觀念上、意識上、精神上對於一切所喜愛的東西，都可以無定限的設想其增多，以至無限，而無定限的擴大我自由取用之活動範圍，人才有無限積累財富、佳麗三千之貪欲，人亦才有爲此貪欲之滿足而自覺的瞞昧矇蔽人之求眞善美的人性，顚倒人性與人之生物本能之地位，以人之文化生活爲私的欲望之工具之一切罪惡。

我們如果眞了解人之一往貪財好色之罪惡的貪欲在底子裏實爲人之權力欲之求無限的表現與滿足，我們便可再進一層論人之一種純粹權力欲上之罪惡。這一種罪惡，是常爲人所忽視，而實則爲比一往貪財好色更深更大之一罪惡。人不認識此罪惡之存在，人亦不能眞知道什麼是眞有罪惡之社會政治制度與文化型態，亦不能眞知最好之社會政治制度文化型態是什麼。

三

關於人之一種純粹權力欲之存在之認識，在近代西方思想上莫有人比尼采之認識更爲深切。現代之下意識心理學家阿德勒（Adler）對此亦多可貴的分析。羅素尤企圖以權力概念爲社會科學之中心概念，此可看其「權力」一書及近來之論文。而最不了解此概念者，無過於馬克思。馬克思不僅否認人有超經濟、超物質，可獨立自主以求眞美善之動機所形成之純粹文化，且曲解人類文化史，不知眞尊重人類文化之各方面，並以爲人之求權力，均是出於求物質的經濟上之利益。殊不知人之求無盡財富，卽原於人之求權力，上文已說過了。而人復可有純粹求權力之動機。所謂純粹求權力之動機，卽爲求自己之權力範圍之擴大，而縮減他人之權力範圍，或再使他人之權力皆隸屬於自己之權力，而支配主宰他人的精神之動機。人在貪財好色之權力欲，人所欲主宰支配者只是物質與異性。而在純粹之權力欲中，人所欲主宰支配者，卽他人之精神之本身。純粹之權力欲，乃以他人精神本身爲對象。而他人本身亦是有權力欲者，故人能支配主宰他人精神本身，人乃有最大量最純粹之權力欲之滿足。純粹之權力欲之內容乃以壓下或征服他人之權力欲，或再使之隸屬於我爲核心。有此權力欲者，其所以欲獲得財富女色，皆所以便於向人眩耀示威，及由控制他人之生存條件以控制其精神。人之不能免於純粹之權力欲，隨處可證。人之好名好勢好位，均由多少有一純粹之權力欲，有想凌駕於他人而支配主宰之潛伏動機。而道德生活中之禮貌與謙抑，則是直接調伏人之權力欲者。人之權力欲之不可用追求物質利益謀生存之經濟動機說明，一方可從人爲求權力可以犧牲一切物質利益，以至犧牲生命來證明。人們之爭意氣或從事戰爭，人都常是明知在物質利益上得不償失，而只要打倒對方，自己雖死亦不在乎的。又一方可從人在爲爭氣爭權而爭財富時，如果見對方競爭失敗，則自然有幸災樂禍之心來證明。因此幸災樂禍之心，並非由於感覺自己之財富有增加之可能。故此時縱然大家都失敗，只要對方失敗更多，便覺得對方被我壓下，而自感一權力欲之滿足的。再一方可從爭權力者，常用在經濟利益之追求上不必要之兇殘手段，而在用手段之兇殘上，感一權力欲之滿足上證明。最重要的人之有超經濟利益之追求之權力欲之證明，則在人之權力欲常表現於人之其他文化活動中。學者、文學家、藝術家之傲慢驕矜，看不起同行，想私據學術上之文獻、藝術上之古物，不經虛心研究卽斥不同派之學術藝術爲絕對謬妄或醜惡；宗教家、道德家之或欲獨佔神聖，虐待異端，聖賢自居，盛氣凌人；均不免爲潛伏之權力欲之表現。所以人之權力欲，實是一可貫注於人的一切活動中之動機，因而可以假任何活動爲其工具的。故常人之求聲色貨利，與求眞美善神之動機中，均同樣恒夾雜着藉以獲得名譽地位勢力之權力欲。此權力欲如有限制，當不爲大害。但任其自然發展，則有趨向無限之勢。因而人可以爲了權力之繼續獲得，名位之保持擴大，隨着現實情勢之推移，而犧牲其原所信守的眞美善，或僞裝一眞美善，或以詭辯宣傳，顚倒眞美善之標準，自欺欺人，保持名位，免失權力。我們如從此處看，我們便知權力欲眞是一人心中的撒旦，每一念中都站在我們旁邊之撒旦。撒旦的精神只是一否定之精神。人之權力欲，只是要戰勝他人，征服他人，支配他人，而否定他人精神之自主與獨立。人之權力欲要滿足，可以不怕死，可以有與敵偕亡之心。然此與殺身成仁、捨身取義之心全異。其本質，只是一征服支配之意志，其表現則無論憑藉什麼都可以。而相反的精神，則是肯定他人之精神之自主與獨立、求公平分配人我權力之正義感；對人謙卑辭讓之禮，柔和慈悲之仁，知此權力欲之一往發展乃爲罪惡之智；眞正美善而不自蔽自限、自欺欺人，且絕去一切對眞善美學術文化之獨佔心念，此卽人心中之上帝。撒旦在旁而回頭是父，私欲在旁而良知能善善惡惡，人乃可免於爲撒旦之俘虜，而人性亦終不得說是罪惡者在此。

四

人性雖非罪惡，因人心中有上帝。然而人性一念泯沒，則撒旦亦隨時出現，而撒旦之最大的出現場合，則在人類之政治活動中。

撒旦之最大的出現場合，何以在人類之政治活動？政治之本質，本是求權力之合理的分配安排，固亦是求一種善，但政治上求權力之合理的分配安排常難達目的，而一切不合理之權力欲則特易在政治場合中表現。一個學者文學家宗教家，雖然恒不免亦有權力欲，爲名譽地位等而歪曲眞美善等，然而他所自己期許於自身與社會所期許於他者，總在眞美善。他總不能自覺的以求權力爲目的，因而其權力欲常較淡。政治家則非以求權力爲目的不可。他要合理的分配安排社會中之諸權力，他卽須有權力去分配安排，而須要權力。他之要權力，初雖不必出自個人之權力欲，只是因他不能不憑藉權力來實現其合乎眞美善之文化理想政治理想。但是因他既然是不能不憑藉一下權力，自覺的需要權力，則其個人的權力欲，便自然易於潛滋暗長。所以古往今來的政治上人物，很少不是野心家。政治上的爭執，很少不是權力的爭執。一切經濟上之財富，學術文化上之思想，在政治人物的心目中，總是一種工具或政治資本。自來之最大奸險殘暴之人物，總是政治上之人物。儒家所謂聖君聖王，只是一理想。今日只見一甘地，眞配說有聖賢之人格而爲政治上之領袖者。這不是因政治上之人物註定是壞的，是因其所從事之事業，不能不使其覺得權力之重要，因而易於使其個人的權力欲生長。所以政治人物之罪過，我們應以較寬之標準來原恕。

但是對政治人物，應多加原恕是一事，我們必須承認人類之罪惡在政治中表現者較在其他任何文化領域中爲多。因政治是關涉全社會，影響最大，而在政治場合中，人亦有最大權力欲之滿足，因而政治又天然爲人類中本來權力欲特發達的人所角逐之場所。誠然因一種政治上的決策，動輒關係數千萬人之禍福生死，民族國家之盛衰興亡，如是，政治亦常爲有道德責任感文化責任感的人不能不過問的場合。合而言之，我們又可說，人類的政治乃是人類向上力量與向下力量交織錯綜互相糾纏之場合，或上帝與撒旦互相糾纏之場合。然我們如放眼一看古往今來之政治史，我們卻難看見在純粹政治場合中之上帝的勝利、人類道德文化力量的勝利，而多看見撒旦的勝利、人類中最有權力欲的野心家之勝利、少數人獲得政治權力以形成一特權階級者之勝利。至於人類文化道德的力量，常是先在社會上勝利了，再轉而影響現實政治時，才有眞正之勝利之表現。

我們如果深切了解在現實政治場合，因人必須要求權力，所以必然的易引起權力欲之孳生，現實政治並必然的爲權力欲發達之人角逐之場，因而現實政治所造的罪孽最多；我們便了解人類要減少政治場合中之罪惡，在個人方面說，只有政治上的人物自覺的肯定道德文化修養之重要，而自覺的以此修養來調制自己與政治上之同志的權力欲，多有一點謙卑慈悲精神，愛眞美善的熱誠，而不只以道德文化爲政治活動之裝飾與工具。在社會方面說，則只有使社會眞正之道德文化之力量，足以監督政治、影響政治、提高政治，否則人類之政治史眞將永是一部人類相斫書，而純以一政治上之權力，去控制支配社會文化學術之發展，這是絕對不許可的。至於一政治制度下之容許一特權階級佔有政權，以盡量滿足其權力欲，則是人類社會中集體罪惡所自生之根源。

（一九五〇年「香港時報」星期專論）

斥拉丁化中國文字運動

——論中國文字拉丁化之不必要與不可能

中國文字之拉丁化，多年來即有人主張。近以共產黨之控制大陸，更有不少人極力求推行中國文字之拉丁化運動。據報稱：南京中大及廣州中大之語文系教授已組織學會研究此問題。廣東於上月已決定先行以拉丁化之中國文字推行民衆教育。有人說這是俄國指示，用消滅中國文字以消滅中國人之歷史文化意識之一謀略。此尙無確證。但從中共之理論之素來斥責中國過去之歷史文化之價値，視爲純封建的、應加以揚棄之理論看來，對於此代表中國之學術文化之方塊字，至少是無必加保存之心，而將贊助此運動之推行的。所以此運動，才隨中共勢力之膨脹而興盛。如果此運動眞得中共政府之贊助而明令推行，在未使中國人之文盲，成爲識字者之先，將使原識字之中國人對拉丁化之新字成文盲，勢將造成中國學術文化歷史之截斷。我希望學術界人士，尤其是中國語文學者，教育家，不要忽視此一問題。

我上文的意思並非說，凡是主張拉丁化中國文字之學者，是有意的忽視中國學術文化之保存與繼續的問題。他們的所持之理由，主要是從便於普及教育的觀點，掃除文盲的觀點，其動機亦可是善良的。現代世界各國之文字大都是依聲表義，而中國文字是兼依形表義。依聲表義則能說話，便能寫成文字，則文字似易學。又西方人亦各謂中國文字難學。今爲普及教育掃除文盲計，不如改用拉丁化之拼音，以書寫中國字，此是主拉丁化之根本理由。我願在此作一平心之討論。

普及教育掃除文盲之應當，無人會否認。但是我看不出此中有必需拉丁化之理由。首先一層，所謂中國文字難學，只是西洋人之說。究竟此中有多少心理測驗之基礎，是一問題。西洋人之學外國文，如英人學法文德文，當然較易，因其文字本同源。我懷疑西方人之說中國文字難學，只是將其同是出於拉丁語之其他國文字與中國文字相比之結果。如果如此，則中國文字未必卽眞難學。至於中國文字因兼主形之故，所以由說話，到識字，語文間之間隙較大；在主聲文字，能說話，識字母，卽能寫成字，語文間無甚間隙；故有難易之不同。此固是一理由。我亦可承認，如果將中國文字拉丁化，則不識字者可不久卽能寫出他在日常生活中所講之話，亦能不久便看懂他一般交際時聽慣之話之拉丁化的字。但是人只是容易寫下或看懂日常生活中之話，是莫有多大之用的。文字的教育是重在藉文字來開拓發展其思想，由文字之意義之了解引申，與文字之組合，來產生新觀念。文字的難易有兩方面，一是由語言轉成文字之難易，一是對文字意義之了解、引申，將文字加以組合等難易。我們縱然承認在中國文字，由語言之轉成文字，須多費些手續；然而我們不能說中國文字，在意義之了解引申等，以開拓發展人之思想觀念上，較學拉丁文字爲難，我們反可說較之爲易。中國文字兼主形，故有象形與指事與會意。此三者之字恆可使人卽形知義，而幫助人之了解其意義。（雖中國文字字體經多次變遷，然卽在今之楷書中，大體而言其象形指事會意之處，仍一講卽明白。）形聲字可一方由偏旁知義之一部，而形聲字之聲同者意亦多同。如凡以侖爲聲，侖卽兼含條理義，侖、淪、論、綸，皆表示有條理者。凡以戔爲聲者皆有物之小者義，如淺、綫、盞、箋、錢、賤……，皆有小義。由朱駿聲說文通訓定聲，章太炎之文始等書，可使人皆知，中國文字之音相同相近者，義卽相近。音相轉之字，義亦相轉相近。轉注假借，是用字之法。轉注之解釋最紛歧。但我們可說，轉注總是表示異字之義之貫通一致，假借是表示是同字之引申而增新義。由此可知依六書之道理，再加新方法，可使人學習中國文字，在了解其意義，並自覺的或直觀的了解諸文字之意義之相貫通處、觸類引申處，變爲更容易。文字因只是一符號，形聲字可一方由偏旁，任何符號均可以約定俗成而代表意義。但是兼主形之文字，至少可以加強人對於其思義之直觀，而了解意義更爲深切。在了解簡單之字之原始意義上深切一分，亦卽使我們對於引申其他抽象意義之瞭解，深切一分。就譬如我寫個「一」字在此。此字是指事，亦卽象一事之一。我由此「一」之形以直觀一字之意義，則較由 One .un .Eine 字以直觀一之意義爲深切。我們由此以推，因爲對於一之直觀之深切，於是增強中國人，對於一切統一之事物的統一性之直觀這亦是可說的。中國字因兼重形故恆各字一音，基本字有限，故新觀念只能用舊字拼合成新名辭。不似重音文字，由一語根略變其音，卽可表相近之義，字各異音，且可壘壘增音，以成新字。由中國文字之不能字各異音，使中國文字中，每字之義與其音，亦無「一對一之對應關係」(One to One Correspondence。由是文字之意義，更不易確切而易混淆。由此種缺點，你說中國文字無形中可增強中國人思想籠統之毛病，亦未嘗不可以說。然而我們在另一面亦可說：因中國文字多異一音，而同音音近之字，義雖不同，而亦復恆有相同相近之處；新觀念均用舊字義相近者組合之辭來表示；於是使人一方更易由一觀念之了解，過渡至同類或新觀念之了解。一方更易認識諸多觀念之貫通與統一，而增強中國人思想上之綜合力。文字之代表觀念，最好是同則同之，異則異之，並進而求能以文字之同處代表其義之異中之同，表其別又表其類。思想力之訓練，亦一方須知異者之異，一方須知同者之同，進而知異中之同。文字雖是符號，然此符號之構造之暗示作用，亦未嘗不可反促進思想。(數學與符號邏輯之選取符號，雖是隨意的。然以V表示析取，= 表示等於，V表示大於，Λ表示小於，此符號之形，亦未嘗無加強促進此觀念之作用。) 西方文字除在同語根之字，義之相近，亦多少在音之相近中表現外；然二整個之字，必互異其音。又無純以形之同表義之同之道。故其文字便於表義之異，而不便於表義之異中之同。許多字之義之同處，皆未由文字之同表出。如英文中Think 是思維，Emotion 是情感，Will 是意志，Imagination 是想像，Anger 是怒，Love 是愛，Hate

是恨，義不同則音全異。其都爲「心之作用」之共同點，在文字符號便顯不出。而在中文中，即可由思、情、感、意、想、怒、愛、恨，都從心一點顯出。中文中，音同音近之字，亦即恆以形之異表示其義之異。音之同與近，表示其義之同與近。此例極多，如凡m聲之中國之字，多有瞞昧含混之義，如夢暮蒙盲莽迷靡……。而新字新名詞之由舊字組合，亦可一方易顯字義之異中之同。如氧氫氦氮之從气，顯其在常態溫度之下同爲氣體。鈾鐳之從金，顯其與銅鐵之同爲金屬。火柴之可顯 Matches 爲類柴而能生火者。科學之顯 Science，至少爲分科之學。此種中國文字符號之特便於顯其意義之異中之同之處，正由中國之兼重形音，字爲單音易於組合而來。（西洋文字，固多由字根組合，德文之字尤多字根組合而成。然而，因其一字之音常已多，故不能如中國字之單音之便於組合。）字之便於組合以表成新義之新辭，易使舊義新義混淆所謂望文生義，是其短。然可使新義舊義之貫通處顯出，而使人易於由舊知新，並無形中培植人之善於異中識同之思想態度、思想方式，或思想能力。此正是其長。此種文字符號之構造，對思想態度等之培植效用，似甚隱微而人常不自覺。然自長遠處觀之，則爲效甚大，亦如阿拉伯字母之於數學思想之發展關係之大。此種中國文字之長處，吾人雖不必過於誇張，謂中國人之思想長於會通，均由此而來。然至少吾人亦須承認其可以抵消中國文字語文不合一，不易增新字之短處。此外中國文字之單音尚有其他表示統一性之意境意志情調等之長處，凝合簡單化吾人複雜之思想爲一單純之觀念，便於集中注意之作用。今不多論。

我們上段之話，尚只重在打破一般主拉丁化中國字者，以中國文字不如西洋拉丁文字之心理。此心理是根本的，由此他們才想拉丁化中國文字。我們之目的尚不在系統的比較中西文字之優劣。此問題太大，我之意見亦尚不能說完。我以下再說明，中國文字決不能決不當拉丁化之理由。

中國文字因兼主形，同音異義之字甚多。有人統計中國字音連四聲加上不過五百。如不加符號，拉丁字母，所拼出單音不過百多個。而中國字依說文九千多字，康熙字典有四萬多，常用之字亦有一萬。如避同音誤會，故在語言中多用辭代字，或加字成雙名。在語言中以姿勢表情，輔助語言之用，亦可幫助同音字之辨別。如眞將中國文字拉丁化，便勢必須將一切文章中應用之單字之同音異形、有不同之義者，依一一之義，皆改爲雙字音以上之辭。(否則須加符號如拉丁化後之安南文字，其繁複如故。)而雙字以上之辭之同音者，如「文明」與「聞名」，又須再加字音(或符號)以分別之。如此則中國之字，不知須增幾多倍，而將來人之學習了解此文字之繁難，亦不知增幾多倍。在中國今之文字，音所不能別者，可寫形以別之。其辭是組合單字而成，故見形多少可助義之了解，由單字義之了解，可引吾人至辭之了解，由單字之組合易造成新辭以表新義，作翻譯等用。此種種長處，拉丁化後皆莫有。而學習了解西洋文字，亦將較學此矯揉造作之拉丁化之中文爲易。因西方文字，原是主音，其字根各有音。同字根之字，義之相同相近之成份，卽由字根之音之相同相近處，而表達。亦可使人便於觸類了解學習。中國文字原兼主形，其義之相同之成份，原多由形之相同之成份，或辭所自生之單字之形之相同，以表達之。今將形改為音，因中國字原多異義同音，則二辭中有相同之音之成份，並不能如西文之能表出其義之同，而毫無幫助於學習了解之效用了。（譬如在西文中有Logy字根者，皆為學。故由知Physiology之為學，即易知Philology之為學。中文中生理學與語言學，均有學字，故亦易由前一辭知後一辭。如中文拉丁化，寫學字為Sho，則我們不能說：Sho之音能表示二者皆為學，凡有Sho之音者皆涵學義。因「剝削」、「除削」之拉丁化，亦有Sho之一音，為其成份也。故中文之拉丁化，乃邯鄲學步之行。必既失舊有之長，亦必不能有拉丁文字之長處的。主張中國文字之拉丁化之更根本之錯誤，在不眞了解文字語言，是歷史文化發展之自然的產物。一切人造的語文（Artificial Language），都不能代替自然的語文之長。至多只可在精密簡單上，補自然的語文之短。造世界語之柴霍甫與近代一部分語言學家符號邏輯家，常相信可有一人造的語文，代替各民族之自然的語文之長，其實只是夢想。（以世界語作補正各民族之自然語言之用，固未嘗不可。）數年前美一哲學家Mrben曾特著Language and Reality，辯析此問題，十分詳盡。其實此理非常簡單。即語文之所以為語文，全在人之表現寄托賦與一一之意義。而此賦與之意義，恆隨吾人用之以指一對象，對對象內容認識增加時，而不斷增加。先驗的限定此意義之自然增加，是實際上無效，亦無當然之理由的（在造精密之邏輯系統哲學系統時，情形稍不同）。而對一新對象，吾人又常總是自然的先以涵相近之意義原指相類對象之名，作類比的應用，而賦原名以不同之義。而凡前人曾自然賦與之意義，經後人承認，亦卽凝固成該文字本身所涵之意義中。後人復可根據之，以將某字與他字結合，以造新辭表新義等。由此而有文字意義之自然的生長歷程。所以一自然的語文之意義之全部，卽等於用此語文之民族有歷史文化學術以來，所共承認爲可賦與，或可能被承認爲可賦與之意義之全部。人之賦意義與文字，使其意義增益生長，亦卽人之精神內容，人之思想情感觀念之求不斷客觀化，而表現於文字，成客觀之社會文化內容，客觀精神之內容。而後人之由此文字所在之典籍、器物，應用此語文之情境之各種聯繫上，以重新體驗、復活古人所賦與之意義，而承認之，並或進而應用之，以表同類之意義；卽客觀精神之內容之保存，社會文化之保存之象徵。故黑格耳謂語文爲客觀精神（文化）之現實化。然此中須知，一現實之文字，從客觀方面看所現實化者，實卽其在歷史文化所曾獲得之意義之全部。然此全部意義，又並非皆直接呈現於吾人主觀心覺之現實者。對吾人主觀心覺之現實言，一文字之全部意義恆爲理想的，存於超個人之歷史文化之全體中的。吾人之保存文字，對吾人之主觀心覺言，只是保存一可以從各方面了解其意義之媒介。然此文字本身之保存，又不能少。如吾人自覺的以另一文字代一文字，吾人總是只能自覺的代原文字之某一或一些意義，而不能代其在學術文化歷史中之全部意義。如吾人以 Love 一字代中國之仁字，卽不能代宋明理學家所謂仁爲覺爲生之義。以中國之英雄代西方之 Hero，則不能代卡來耳 Corlyle 所謂英雄崇拜英雄之義。（因其英雄，包含豪傑聖賢諸義。）我們說翻譯須隨文譯義，卽因我們以文字代文字，只能代我們所了解及所擬代入之意義。然而一文字之在歷史文化之意義之全體，乃是超出於我們所了解及所擬代入者之上，而爲一超越「主觀心覺之現實」之理想的。我們由此可以眞理解文字，何以可被視爲神聖之物事，遠較一般人造之器物爲神聖之物事，文字何以被視爲潛伏之魔力。中國人何以說倉頡造字，天雨粟，鬼夜哭；何以基督教以道爲 Word；印度何以有聲常住之說；此皆由文字之意義，除吾人明白了解及擬代而想及者外；有其所背負之古往今來之人所賦與之意義；此意義爲吾人所朦朧地直感其有，或相信其有，超越自我而漸啓示於我之者。關於此點，稍爲深一點，今暫不說。然而我們只要了解一文字之意義之全體，乃在歷史文化中規定，而我們之以一新字代舊字，只能代我今所了解及擬代而想及之意義；則知除非我們能把一字在學術文化歷史之所曾代表之意義全部，通通自覺；並一齊賦與此新字。則此新字。便無眞代舊字之效用與可能。然而此全部意義，吾人唯能由以此文字作媒介，而分別在一一此文字所在特殊之典籍器物中，分別了解之。抽象的列舉而出，終不能盡。故字典之分析字義，亦永不能完成而時有新字典之出版。新文字之代舊文字之意義本不能盡，而視爲能盡，以廢棄舊文字，卽無情的剷除此文字本有之許多意義。同時亦卽割棄客觀化於此文字精神內容，而截斷歷史文化之連續，民族精神之聯續。何況我們以新文字代舊文字，恆只能抽象的取舊字之極少數，絕不能將字典中之義全部賦與新字。由是而用以代舊文字之新文字，其意義遂必極顯貧乏與單薄。以之結合而造成之新辭，其可能之數目亦必較減少無數。此理但平心思之，乃絕對不容疑者。所以柴霍甫造世界語，俄國人並不用以代俄語。而現在偏要中國人仿學世界語，並仿之以拉丁化中國文字，此如何成道理？自來說，亡人之國與學術文化，必先亡其文字。此正是因文字亡，則文字之舊有意義決不能全部倒灌入新文字之中，新文字絕對不能使舊文字中所客觀化之精神內容，意義內容，保存下來，並引申增益新義；表現有連續性之意義生長發展之故。至於我們有意的要在用以代替舊字之新字中，限定其意義於極少的方面，或日常應用之意義中，其將縮減人之思想觀念之範圍，更不用說了。

以上是中國文字不能以拉丁化文字代替之主要理由。此外中國以文字之不隨語言轉，語變而文不變，文字成語言中之常數。由是而數千年以後之人仍可了解數千年以前之文字書籍，數萬里相距之人民，約可了解應用共同之文字。西方文字以隨語變，故同一拉丁語而分出各國文字，而同為一國之文字者，二三百年之書，今人已難讀。中國之歷史文化之統一，不同民族之凝合為一大民族與文字統一關係之大乃人所共認。此種文字不隨語變之效用之見於過去者，亦將見於將來。如中國文字一朝拉丁化，則文隨語變之結果，在今尙無統一之國語之時，各地固勢將隨各地方音而拉丁化中國文字。卽有統一國語以後，如文隨語變，以後亦難免隨各地語言而分化。則中國文化民族之分崩離析之禍，亦將不免隨之而來。不過關於這一層我不擬多說了。

總之，關於中國文字之拉丁化，我絕看不出任何學理上之必需之理由。拉丁化尙並不等於世界語化。因拉丁化後之文字並非即世界可公用者。如果眞將中國文字拉丁化，無論你主觀動機上是不是要截斷中國之歷史文化，然而客觀結果上，必然要歸到中國之歷史文化之截斷，而使之逐漸毁滅。土耳其之文字之拉丁化，乃因其文化歷史本短，而土耳其原來之文字亦未聞有何特長。安南文字之拉丁化，正是促進安南永淪爲殖民地者。中國人而要學安南，眞不知其心何居矣。

（一九五〇年「教育通訊」復刊臺版第一卷第三期）

聖經是「狂幻的傳奇」？（註）

梵蒂崗城一月十七日路透電：依照到達梵蒂崗的報告，在莫斯科國家印刷局印行之外國辭典中，解釋聖經爲「一種狂幻的傳奇的收集，而毫無科學根據。」此辭典對宗教所予之定義爲：「一種對上帝天使及靈魂等之狂幻信仰，這種信仰從科學觀點看來，是沒有任何基礎的。」「宗教一向加強反動階級之利益，用以壓迫工人階級，而增加小資產階級之力量。」「小資產階級社會之結束與共產主義社會制度之創造，摧毀了宗教之根基，而以自然科學之法則代替了牠的謊言。」

共產黨依據拜物教以反對宗教，本是盡人皆知。但是我們卻不料，他們在辭典中亦如此界定宗教的意義。我們現在，並不預備對宗教作辯護；但是我們卻不能不對他們之如此侮辱爲古往今來無數善良的人們寄託信仰之宗教，感到一義憤與痛心。在此辭典對宗教之諸解釋中，處處以科學作護符，然而實際上這四句話，莫有一句話是科學的。

科學的態度是虛心憑理性硏究自然與社會的事實之律則；科學家於其所不知可以作嘗試的推測，可以存疑。然而決不武斷的肯定我們所不知的東西絕對莫有，亦決不獨斷的抹殺人類任何之精神生活文化生活之價值。譬如開啓西洋近代科學的牛頓蓋律雷與掀起現代物理學革命之愛因斯坦與蒲朗克，他們便都曾明白的表示，他們是在藉對偉大的自然之硏究，來證明上帝之偉大，啓發出對宇宙之宗教感情，顯示人心理性能力之偉大。而且亦從無一個眞正科學家在其科學硏究範圍內，科學著作內，能說出靈魂或神之不存在與宗教之無價値的話。因這些命題只是一種可能的哲學命題，並非唯一可能的哲學命題，更根本非科學命題。從科學的觀點只能說人對於上帝天使靈魂之信仰，是在現在的科學發展階段中所不曾討論的，或當存疑，而無法決定其眞僞的。然而卻絕對不能武斷其爲狂幻的。共產黨的此種態度根本卽非科學的。

至於說西方的聖經是一種「狂幻的傳奇的收集而毫無科學根據」一語，本身亦是無科學根據的。我們卽去掉基督教徒之上帝啓示之說以解釋聖經，至少我們可說，所謂聖經，如是指新約，則是載耶穌與其使徒之言行。如指舊約，則是猶太民族自古傳來之文學哲學思想歷史的輯集。我們縱說新舊約中夾雜許多神話，然而其中至少包含不少信史與有價値的人生智慧，與崇高美妙的散文與詩歌。決不能只以一狂幻的傳奇的收集一語，抹殺其價値。如視聖經爲歷史，則人類之古代歷史夾雜神話，是普遍的現象。科學史家之責任，只在對神話加以檢討或解釋，而決無理由認夾雜神話之歷史整個是狂幻的傳奇。如視聖經爲文學或啓示人生智慧的書，則根本不干科學之事，亦無所謂有科學根據與否之問題。因而一定要說「聖經爲狂幻的傳奇的收集而毫無科學根據」一語，本身卽是全無科學根據的話。

至於說宗教是加強反動階級之利益，壓迫工人階級，共產主義制度成立卽摧毁了宗教之根基，本是馬克斯派的老話。然而歷史的事實卻是，一切宗教的創始，都是要求一切階級之人之信從。一切宗教，均要求一切信神者在神前平等。在古代，瓦解社會之階級的，正是賴新宗教的福音。耶穌之博愛與釋迦之慈悲，爲打破古代猶太民族與印度民族之階級意識者，均是人人所承認的事實。這一種宗教的歷史功績，是任何人所不能抹殺的。教士之成爲特權階級，宗教之痲醉「人對於現實社會之不平而生之義憤」，固亦常有之；然此終是宗教之流弊，而非宗教之本質。宗教之本質在藉人之對於超越的神之祈望，以使人之忘掉小我，而引出人類愛與正義感；這是馬克斯唯物論所自來之佛爾巴哈亦所承認的。現在人信不信宗教，是另一問題。然而一口就咬定在加強反動階級之利益，以侮辱宗教，卽是侮辱人類之歷史文化。這卻是不僅毫無科學根據，而且是不道德的。

至於說人類將來必無宗教，這本身是亦一無科學根據的。科學不僅不能斷定人類將來無宗教，亦不能斷定人類將來必尊科學爲至上。人之尊重科學，不是只因科學是科學，而是因人覺得科學是有價值的。科學可以與人以眞理，幫助人利用厚生。無論如何，人是第一，人之價值觀念是第一；科學只是人認爲有價值之文化生活中之一事。如果人不只有科學生活，還有科學以外之生活，如藝術生活，道德生活，則人無理由根據科學而謂非科學的文化生活不能存在——非科學亦不等於反科學。——因而人類將來是否有宗教，只能依宗教生活對人有無價值，人有無宗教問題或宗教要求而定。是否人在有了科學以了解自然社會之眞理，以助人在自然界生存以後，則人之一切要求皆滿足了呢？只有唯物論者才能對此問題作簡單的肯定答覆。因爲他以人只爲物質，如一單純的生物——至多再加一點的理智。所以他們才以人類一切之文化問題只歸到一經濟問題，以爲經濟問題能依共產主義的方法而解決，人類之進化便由此終結。殊不知人類經濟問題的解決，並不限於共產主義一種方式；人類經濟理想亦不能孤立於整個人類之文化理想而形成。而且縱然人之經濟問題孤立的得解決，那時人人皆獲得物質生活的滿足後，人的問題亦必然會更集中在如何充實精神文化之生活與求精神靈魂之不朽等問題。因此，那時宗教信仰亦可能有更大之吸引力的。人類，一方不應封閉他自己的未來之前途，一方應保存其歷史中一切有價值的東西；這方有所謂進化。共產黨相信進化，然而卻相信人類社會進到共產主義統制世界，便再不能有其他文化生活精神生活之要求；於是一方要以馬列主義限制人類文化生活發展之前途，一方要抹殺過去一切人類文化生活之價值。這才眞是純粹的謊言，莫有任何一個科學家在其科學範圍內，曾說過的謊言。所以我們說此辭典中四句話，莫有一句是科學的。

（一九五一年二月「民主評論」第二卷第十五期）

註：本篇發表時署名「陳子弘」。——編者

人究竟是不是人？（註）

中共自今年二月公佈其懲反條例，開始其所謂「大力鎮壓」而大屠殺中國人民以來，血腥的殺人報導與慘不忍聞的殺人宣傳，早已成爲司空見慣的現象。殺人既毫不掩飾，被殺者又無力抗拒，於是旁觀者亦只有以無可奈何的悲痛心情，聽由事態之繼續發展。然吾人炎黃子孫所耳聞目睹者，實猶有遠過於單純殺人之上者。迹其用心之殘忍，後果之不堪想像，已非任何政治或其他理由，可以辯解。而近來中共殺人事件中，最令人驚心動魄者，莫過於大陸各地，不特盡量挑起朋友師生間之互相告密，妻控其夫，弟控其兄，姪控其叔，而且鼓勵兒女之控訴、槍殺其父母之事，亦層出不窮。如「文滙報」五月十日選載華南聯合大學「聯大學生」創刊號上「周蔭溥控訴其父周東」之文，首稱其父親爲「該殺的傢伙」再於每段中指出其父之罪惡，否定其養育之恩後，一一繫以該殺二字。「大公報」五月十一日載中山大學女生張明笑，控訴其父前中山大學校長張雲。新華社四月十六日重慶消息，女兒陳國珍發表談話，請政府槍斃其母謝智有。四月八日「大公報」又載四川大學學生李國新千里尋父，而押解之回籍，審判槍殺，以表示其能戰勝溫情。新華社十九日消息，南京教員張正明帶公安人員，親擒其反動父親。上海「大公報」自五月十一日起每日都有同類之逆倫紀載。如五月十一日載謝祖榮表示堅決擁護父親伏法。五月十二日載諸駿仁致函表示「斬斷父子私情，堅決站穩立場」。五月十四日載一學生作文標題「是敵人，即不是父親」。五月十五日載王運啓著文論「地主惡覇父親受鎭壓」。此外又如澄海一共幹林勳黎於公審其父後，竟親手發三槍，殺死其父林運杰。最近月餘，同類事件見於共黨及準共黨之報紙所紀載已廿件以上，且皆爲編者所特加讚許鼓勵，認爲可以示範。其他報紙所載，更不勝舉。這不能不說是中共號召放手殺人以來，最令人驚心動魄的事件。

然而，我們所認爲驚心動魄的，大陸上的人已成爲家常便飯。我們所認爲千古人倫所未有之奇變的，中共自以爲是在作一驚天動地之事業。他們有一套理由是：政治統治人生的一切，政治上只有敵我之別，敵人卽該殺。自己愈親近的人，自己更應當首先表現「大義滅親」的精神。中國人數千年的道理，是「仁者無不愛也，而施由親始」。而中共所鼓勵的，卻是要人凡不合中共意者無不殺，而殺由親始。天乎，寃哉！

中國人民與中國文化精神，在這樣的摧殘之下，而濟以如此之一套理論，眞是一切無可說。中國人只有呼天搶地而沉寃莫白。大陸的政權在你們手裏，你們要殺所謂反動派，要殺人民，當然只好任你們殺。但是已經判定要殺了的人，爲甚麼一定要兒女來作證，判其該殺？他人可以殺的人，何以定要兒女親自動手殺？反動派只有對你們所謂政府犯罪，而非直接對其兒女犯罪；爲甚麼定要兒女居於政府之審判官與劊子手的地位，來控訴槍殺父母？這眞是中國人民永遠搞不通的思想。

但是我們現在實難對中共及其同路人說話，因爲他們只是閉耳不聽。我們曾說：人性以仁爲本，人之仁之首先流露，卽表現於對於他生命所自生的生命——父母——之情感，此是人之一切情感——連共黨所謂無產階級之友愛在內——之發芽處。如果此處斬斷，則一切情感之根卽歸烏有。所以舜爲天子，其父殺人，皐陶可以據國法執之，而舜則只有竊負逃走。孔子要兒子諫父母，然「其父攘羊，其子證之」，孔子不加以稱許。這中間一根本的道理，卽兒女對父母之情感，卽兒女對國家人民之情感所自長出。如無此根本之情感，則一切對國家人民之情感，將無一不僞。如果存在決定意識的話，則兒女自父母之懷中生出，卽兒女首先在父母之身體中存在之證明。而其與父母之身體之原始的一體之感，卽孝之根苗。所以兒女對父母之孝，亦可說是兒女之生理存在本身所決定之一最先的精神意識。如果此精神意識可加以毀滅，則一切存在所決定之精神意識，無不可加以毀滅。我們又說，人對父母有情感，卽可對父母之無數父母，卽一民族共同之祖宗，有情感；因而可對一民族祖宗所締造之歷史文化，增益其情感，對出自同一祖宗之一切子孫——卽我們之一切同胞，增益其情感。所以我們堅決的主張，兒女不能直接審判父母、控訴父母，何況於殺父母。如果父母而可殺，殺父母而可以爲範，則一切人，一切同胞之中國人民，一切歷史文化，一切人之精神意識，一切生命之相續，以至我自己之存在，又何不可殺，何不可斬斷而毀滅？然而這一切顚撲不破的理論，對中共及其同路人，何嘗能絲毫打動他們的心坎，何嘗能促進他們絲毫的反省。一切的眞理只能向虛心求眞理，相信有更好的眞理，願意保存人性理性的人說。人到一口咬定唯物論與「鬭爭是絕對的」之理論，不容人加以討論，而願自同於物；不惜爲政權之保持而否定一切，不把人當人時；則縱孔子、釋迦、耶穌復生，上帝現前，恐亦不能使其有所覺悟。難怪世界上許多要想保持人類文化與人性，使人成人的人，都只有想，對於他們這種絕對的唯物論者，鬭爭至上論者，只有用原子彈的「物質」與之鬭爭，才能喚醒其迷夢了。

我們看中共這種普遍鼓勵滅倫事件，實將使中國不成人的中國與中國人之中國。中國在成爲人的中國，中國人的中國之前，中國的人民還要被殘殺多少，我們不知道。妻殺其夫，弟殺其兄，兒女殺父母的事，還要產生多少，我們不知道。我們眞忍心任中共如此作這些傷天害理的事嗎？我們不只是憤激，我們是悲痛。我們不忍想，父母爲他提攜捧負的兒女親手槍殺時的心境。我們不忍想，中國千千萬萬良知未泯的人民，看見這類事而不敢說一句話的心境。我們亦不忍想，作兒女的人因爲恐怕禍及已身，而瞞昧天良，以控告父母，或裝作激昂慷慨，以審判父母的心境。這些都是人類歷史上從來所未有的傷心慘目的大悲劇。我們尤不忍想，由這種父子兄弟夫婦朋友互相告密，使一切人與人間，都在互相防備猜疑之中，而一室之內，牀笫之間，人人皆覺無可信託，無可倚恃，而只有一眼向上望史太林毛澤東的臉色，之淒涼無告絕對孤獨的心境。

現在，我們不能解除一點大陸人民在此精神地獄中之內心的苦難，我們眞是悲痛而無可奈何。我們曉音瘏口，抗議無效，理無可申。我們無計可施，我們只有本我們之一點不忍之心，設身處地站在大陸之中國人民之地位，向中共及其同路人再作一知其不可能的哀求與請命，希望他們稍發惻隱之心：嗟乎，中共及同路的人們！我想，你們亦有父母，亦有兒女，「誰無兄弟，如足如手，誰無夫婦，如賓如友」，難道你們淸夜自思，竟無一念家庭之恩情嗎？你們在大刀闊斧的鼓勵他人控訴父母、槍殺父母時，你們眞願意你們之父母亦將如是被殺嗎？你們眞願意你們的兒女，如此控訴你們嗎？你們眞是一無溫情如西伯利亞之冰天雪地，你們眞是以冷酷無情之鋼爲最高之人生理想，而否認一切人性嗎？我想，你們淸夜自思，終有慚愧處。你們爲甚麼不從此有所覺悟呢？不錯，你們正佔有政權，在大限未到時，你們就盡量的運用之，來作你們所想作的吧。但是你們總不應斷絕人之種性，把人性之原始，中國人之一點倫理生活之根苗，都加以否定。試想萬一你們之政權竟能維持一百年，你們不是亦會希望你們之子孫思念你們之功績？你們如果把此根苗都斬斷，你們的功績，不是亦將永無人紀念？你們只要能從此著想，替中國人多保一分人性，多保一分中國文化精神，你們亦卽可減少一分罪戾，在末日的審判前，良心稍安了。這是我們替中國人民設想而純自「情」出發，對你們表示的一點哀求。

我們要向眞正的人與眞正的中國人講的話是：我們要認淸中共的問題，並不是國民黨對共產黨的問題；亦不只是一個政治上民主自由對極權的政治的問題；亦尙不只是中國民族之獨立與萬世奴役於蘇俄的問題；而且在根本上實是人類文化之存亡絕續的問題，是人類精神生命能否延續的問題，社會人倫關係是否存在，人是否成爲人的問題。如果以他們之絕對唯物的鬪爭主義支配一切，不僅西方文化，由希臘希伯來以至近代西洋在文化之尊理性、尊人性之一切學術文化，不能存在，印度婆羅門教、佛教之文化，回教阿剌伯文化，中國儒家之文化，亦統統不能存在。而且從他們之以政治主宰一切，只依政治之標準以定人與人之關係之態度，其勢必至斬絕一切人倫關係、社會關係，只有共黨對「非共黨之一切人」之統治關係，共黨人之間之同志關係，及共黨黨員對其至高領袖之服從關係，三種政治關係可以存在。而由其有意識的有計劃的在西方文化中，儘量打擊其精神生活之核心之宗教；在中國則求絕滅中國一般人之情感生活之核心之家庭父子之情，以「否定一切」之精神爲其新宗教之精神；必然使人成一毫無感情，以至連禽獸尙不如之機械與礦物。人類當前的問題，是人願意當人，還是當物？人類是以仁與生道爲第一，還是以矛盾鬪爭與殺機爲第一？孟子說：「道二，仁與不仁而已矣。」耶穌說：「一條路是上帝的路，一條路是撒旦的路。」我們對於共黨亦曾多方寬恕；然而從其死守絕對的唯物鬪爭主義上，我們可以從理論上斷然定其爲撒旦。而自其以否定精神爲本之新宗教，並鼓勵兒女鬪爭父母等上，我們便可自其行動上斷然定其爲撒旦。上帝之道與撒旦之道，仁道與不仁之道，人道與物道，這中間的界限相隔幾希，而壁立千仞。曾國藩謂：「不爲聖賢便爲禽獸。」

而我們現在的問題是：不爲人，便爲禽獸不如之物。不是孔子、釋迦、耶穌與人心所同然之仁道，便是共黨之不仁之道。此外無第三條路。人類現正在懸崖邊行走，向下是無底的深淵，向上向前是平坦的大路。向上向前之努力一朝間斷，則沉於深淵之下，爲撒旦所吞食。世界的人們，試問我們應不應在此有一抉擇？

（一九五一年六月「民主評論」第二卷第二十四期）

註：本篇發表時署名「陳子弘」。——編者

從紀念孔子誕辰論中國自由精神

中國儒家思想以及道墨各家，都是要使社會文化儘量自由發展。我們只看中國過去無殘殺異端之宗教精神，無警察制度以統治人民，學術文化平流並進，家庭中父母及師之地位與君相等，卽可見此種自由思想，已如何高度實現。

西方人及現代的中國人，恒以爲中國過去的政治是專制政治，學術定於一尊，社會之禮教森嚴，思想家亦不如西方人之喜討論自由與必然，自由與組織，自由與機械等問題；所以以爲中國過去社會文化是最不自由的。如西方大哲黑格耳亦說「中國只有一人自由，那人卽皇帝」。並有人歸此罪於孔子思想。其實這些話全部錯誤。今距孔子誕辰，只有兩天（八月廿七日）。特就此點提出一說，以當紀念。

中國從前思想家，表面少用自由二字。中國從前思想家只言「自得」、「自求」、「自成」、「自慊」、「自明」、「自誠」、「自樂」、「自在」。實際上西方所謂自由二字，偏重在莫有束縛、阻礙、限制，其意義實偏於消極的。而中國思想家所謂自得、自求、自成、自樂、自在，到是積極的，實現人生想實現當實現的一切要求，而獲得眞正的自由之滿足之謂。

中國思想家所謂自得自成自樂……等，表面看似乎是偏重個人之道德的藝術的等等精神修養之主觀的完成方面。然而我們須知此種「精神修養之主觀的完成」之客觀表現，或此「精神修養之主觀的完成」之客觀條件，正都在客觀的社會政治文化生活中，自由之實現。

辜鴻銘先生淸末到了歐洲卽看出中西社會生活之最大差別在：整個中國社會之莫有警察，莫有許多法院與監獄，而人民能平安的過活；莫有教堂以天國引誘人爲善，以死後之懲罰，使人恐怖，而人並不喜犯罪。西方的宗教作了許多好事；但亦曾慘死了無數的異端，引起了多次的宗教戰爭。西方近代人，好容易才爭得了宗教的自由。然而過去的中國，卻從未有一次宗教的戰爭，任何宗教未嘗有任何異端裁判所的組織。一切宗教都可平流並進。一切學術思想亦平流並進。今人只責難董仲舒，曾請漢武帝罷絀百家，獨尊孔子。孟荀都曾闢異端，韓愈與宋明理學家曾大排佛老。但是人們忘了孔子的精神，是「君子和而不同」，孔子正要人「毋意，毋必，毋固，毋我」。這正是一最高的虛懷大受，無所不容，自己自由，亦許人自由的心境。孟子亦說「君子亦仁而已矣，何必同」。他反對楊墨，只因墨子要否定家庭，楊朱要否定社會，他們都是執一而廢百，孟子只是要否定他們的否定精神，而肯定人道之大全。荀子闢異端，亦只闢其所蔽，而同時承認其所見。所以說「老子有見於後無見於先，墨子有見於齊無見於畸……」。韓愈及宋明儒家闢佛老，仍與和尚道士往還，而且讀他們之書。除了滿清曾與文字獄以剷除中國人之民族意識，商鞅，李斯，韓非，秦始皇根本否認詩書禮樂等一切精神文化之生活，只知耕與戰——有如今日之共黨之只知生產勞動與武力——而焚書坑儒以外；中國何嘗有任何學術宗教上不自由之痕跡？商鞅，韓非，李斯，秦始皇，之所以遭中國人萬世唾罵，亦即證明中國人之如何尊重精神文化生活中之自由了。

今日說中國過去社會之缺乏自由精神者，恒自中國過去政治爲專制政治上說。但中國此數十年最早激烈攻擊中國政治爲專制之梁任公先生，後來即已自認其錯誤。近年錢賓四先生之就中國政制之發展，以見中國政治之非同於西洋所謂專制，證據已十分確鑿。誠然，中國過去的政治，畢竟莫有一個由人民共同建立的客觀的憲法之形式，以防制君主之濫用權力，仍不同於西方所謂民主。牟宗三先生因此說中國過去有治權之民主，而缺政權之民主。這我亦覺很對。中國過去政治之無客觀的憲法，以規定治者與被治者之權限，而徒賴上下之相信託，終是不够的。不過再自另一方面說，則中國過去社會，仍有一不成文的憲法：此即中國之禮教。此禮教不是自政治本身，對治者加以一限制，而是自整個社會文化之意識上，對君主以至對政治之本身，施以一種限制，使人知政治範圍以外，有更廣大的人生，與更廣大的社會文化之世界，此中國之禮教，主要賴儒家精神所支持而形成。依此禮教，在政治的場合尊君只是尊君位，而君位須有德者居之。無德則君當禪讓，人民亦可革命。荀子所謂「奪然後義，殺然後仁，上下易位然後貞」。孟子所謂「誅一夫紂」是也。然中國禮教之根本精神在人不只是一政治的動物，人主要是一倫理的動物，文化的動物。在政治場合以外，在家庭的倫理中，父母祖宗地位高於君。在文化的世界中，師之地位又高於君。故曰「當其爲尸，則弗違也，當其爲師，則弗臣也」。在整個的宇宙中，天地之地位亦高於君。天地君親師，乃平等的爲禮之本。這樣一來，則政治本身卽受社會文化中之不成文的憲法——禮教之限制。政治在整個人生文化中之地位，在中國思想家——除法家以外——看來，均屬於第二義以下。道家與天地精神相往來，固然薄天子而不爲。儒家表面上喜論政從政，人遂以儒家最重視政治生活。其實亦大謬不然。孔子明白答復弟子，說孝弟可以代替爲政。孟子更說如皐陶要殺舜的父親，「舜寧肯竊父而逃，遵海濱而處，終身悠然樂而忘天下」。孟子再明白說，君子有三樂其中包含家庭之樂、德性之樂、與教育之樂，然而莫有王天下，「廣土衆民君子欲之，所樂不存焉」。儒家皆無可奈何而後論政從政。其理想的政治，其實亦只是使致不擾民而讓社會人民之經濟生活，禮樂文化生活，更能自然生長。道家儒家同要君主趨於無爲，此卽所以保存社會文化之生機，人民有更多的自動自主的安排其生活之自由。儒家的政治理想，實際上與道家同是要使社會上不見有政治力量之存在而只見人民之生趣盎然，眞正有自得自樂自在的生活。他們抵死要反對法家主因卽在此。法家要使人處處覺到政治權力之存在，以政治凌駕在社會文化之上。儒道及墨家都是要使社會文化儘量自由伸展，政治只成爲一從旁輔助其自由伸展者。這正是一自由的社會文化之理想。中國過去自秦以後社會文化之發展，亦大體向此理想而趨。我們只看中國過去之「無殘殺異端之宗教精神」，「無警察制度以統治人民」，「學」術文化之「平流並進」，「家庭中之父母及師之地位與君相等」四者，已見此理想之高度的實現。這個理想之根本精神，在認定政治是人生文化之第二義以下的事。對個人而言，人之生活的樂趣，絕對不在政治事業本身。亦只有其生活樂趣原不在政治的人，才配爲一政治家。所以我若干年來，凡看見一以政治本身爲樂的朋友，我總躭心他將來從政以後，要禍國殃民，希望他警覺。而共產黨最大的罪過，亦不在他們要包辦政治，而在他們之視人爲物爲機械，以政治應統制人生文化以至宇宙之一切。史太林要兼君師父母上帝爲一體，所以要反宗教，以家庭爲包袱，要一切眞理學術都隨史太林走。這是一新的法家，俄國人充量發展西方文化中之警察制度成特務制度，及排斥異端之宗教精神，與視人爲物之馬列主義結合而成之新法家。然而這卻是與中國數千年社會文化中之自由精神全相反的。

（一九五一年八月二十五日「自由人」第五十期）

論人類免於毀滅的道路與聯合國之文化使命(註)

一

上星期日求眞先生在本報發表「人類的大毀滅」一文,語重心長。該文怵目於世界大戰之卽將來臨,而最後寄望於中共之改頭換面,折衷於美蘇之間,以謀取世界之和平。中共能否改頭換面,乃一事實問題。此文不擬討論。但我以前著文也曾特別提出人類文化之毀滅問題,故願藉此再一討論此問題

現在時局,朝夕變化。韓戰縱然停火,並非卽世界和平之曙光。根本問題在:馬克思已預言資本主義必將崩潰,共產主義必將起而代之。列寧曾明白宣告世界:資本主義與共產主義之共存爲不可想像的事。而且曾自稱其事業爲「第一因」。西方哲學中所謂第一因,卽不動的動萬物者,卽上帝。上帝命定要統治世界。共產主義信徒,都相信未來之世界必然是他們的。他們一切的宣傳,一切政治上一時的決策,可千變萬化,而未來世界一定是他們的之信念,絕對不會變。他們自己亦不諱言此事。

而他們之哲學又明顯的主張唯物，並以鬪爭爲絕對的（列寧語）。說一切人類知識只有二種，一是與自然鬪爭，一是與人鬪爭（毛澤東語）。以一種自信注定要統治世界的人而信一種鬪爭爲絕對之哲學，再加以一種絕對嚴密的組織，以控制其治下的人民，從事武力的擴充與物質建設。這如何能不成爲世界現存其他國家，或不信他們一套哲學與社會理想的人們，精神上之威脅，而使世界其他國家都要求有以自保而亦拼命的整軍，造成世界岌岌可危，戰爭有一觸卽發的態勢？

其次，近代二三百年的歐洲文化與政治，從對外關係上說，是一盡量向外膨脹，向亞、美、非、澳四洲擴充侵略的態勢。歐洲人自信其文化高於東方文化，而且對於過去歷史上亞洲之蒙古人、匈奴人、回教徒之橫捲歐洲之舊恨，常念念在心。二三百年來，歐洲人抱其優越感，以其武力、經濟力、凌脅世界一切科學不發達之民族，到處建立殖民地之事，彰彰在人耳目。卽至今日，西方學者如英人陶孫，猶有以中國之淪於俄化，由於傳統之亞洲精神之尊尙「數量化的暴力」，此數年之世界的緊張局面，都由中國之淪於俄化而引起。西方人士之害怕共產中國的興起，無論是出於安撫或防堵的態勢，在底子裏面何嘗莫有害怕亞洲人興起之私意？如果不然，他們的殖民地政策，輕視亞洲人非洲人之眼光，何以在面對威脅西歐文化之共產主義之大敵當前，仍然不肯放棄與改變？

現在世界的形勢，確實十分險惡，第三次大戰如果發生，亦許眞將致人類的毁滅。如果我們不希望其發生，我們必須認淸楚險惡的形勢所由造成之根本癥結，這第一是共產主義者一定要「拯救」或征服世界；第二是亞洲民族與一切二三百年被歐洲壓迫之民族，一定要起來；第三是歐洲人還在自覺或不自覺要保存其過去向其他民族侵略所得之果實，自覺或不自覺的自以爲應高居於亞非兩洲人、中國人之上，也許還未忘去對黃禍的仇怨與恐怖。這三點在邏輯上說是三個不相容的命題，這是一切矛盾中之矛盾，一切世界危機之核心，第三次大戰的戰神恐終難免降臨的眞理由。

二

我們如果眞的了解現在世界危機的核心，我們便知不僅現在世界政治家之一切似眞似假之裁軍方案、和平方案，不足消除世界之戰雲，卽如羅素在「世界大變中之新希望」中所提之使蘇聯明白西方國家決無從事侵略之意，藉以消除疑懼，圖謀合作，對於亞非兩洲之落後地區，加以經濟的援助，亦尚不足。一代哲人的羅素，應當知道蘇俄之整軍經武，不只是害怕西方國家之侵略它，同時是蘇俄之共產主義者已先有「拯救」世界的使命感，相信未來世界一定是馬列主義的天下。你們縱不侵略他，但他們一定要解放你。其次，羅素亦應知道，亞非兩洲之民族所需要的，不只是經濟的援助，尤需要的是歐洲人對他們之平等的目光，甘地之所以要爲印度民族求獨立，豈只是嫌英國對當時印度之經濟援助不足。甘地的不合作運動，寧肯退到手工業生產方式，而自織土布。這個道理何在？實值得西方人細想。說穿了，卽人不只是一經濟的動物，他還有他人格的尊嚴，歷史文化的自尊心。說到現實，便是每一民族必須有政治的自主與獨立，與順其歷史之傳統而有之文化的發揚與革新。這點西方人很少能眞正認識，而與以同情的贊助。我在上面所提之三個矛盾的命題，打開三百年的世界史，我敢斷言只有中間一個是絕對應當的，必然的，亞洲人中國人定要站起來。有數千年文化史之印度與中國，尤其是絕對不能在被輕藐的目光之下生活的。亞洲人一定要在精神上政治上尋求他自己的出路。貧窮不是根本的問題。貧窮不僅困不了甘地，亦未必困得了中共。中共之一段成功，只是中國民族一定要起來，中國數千年之歷史文化所養成之民族自尊心，想一出此百年來之怨氣的衝動，使他成功。而中共將來之失敗亦卽失敗在他們不能眞自覺其所以有此一段成功之眞原因，而自覺中國民族之歷史文化之眞要求順其傳統之歷史文化之精神以發揚滋長。中共之一切錯誤，只在它要把蘇俄放在中國之上，把馬恩列斯放在中國歷代無數的聖賢豪傑之上。要以唯物的絕對鬪爭主義，代替中國之人文的和平精神。但是並不一定要失敗於貧困。所以，羅素先生所提之兩層意思，我認爲都不足。現在問題的癥結，不是要蘇俄相信西方不侵略它，而是如何使蘇俄放棄其命定要統治世界之社會理想與唯物的絕對鬪爭主義；不只是以經濟援助亞非兩洲落後地區，而是如何使亞非兩洲之民族、中國民族，如何在文化上，政治上眞正站立起來；世界上之自稱先進民族者如何以平等的目光去看待所謂落後之民族與實際上在文化上原是先進之東亞大國，如中國與印度之民族，而對之抱一熱忱的希望——希望此等有數千年歷史之古國之文化不致中斷，並加以同情的贊助。羅素在以前主張聯合國承認中共，這從政治的現實主義之立場說，吾人無可評議。然而素來稱讚中國文化之羅素先生，對於中國文化之中斷之危機，竟不致其嘆惜之意，這卻是我們所爲羅素先生嘆惜的。

至於對求眞先生之希望中共脫開蘇俄，與日本，印度相聯以成爲美蘇之橋樑，如果臺灣無力反攻大陸，大陸人民勢力，如無世界大戰又不能起來，這正是眞正的中國人所唯一期望的。中國民族經了百年來的國際上的抬不起頭，與八年的抗日戰爭及三年之國共戰爭，與一年多之韓戰，中國人民實在需要安定休息。我們不能相信中國人民願意參加韓戰，我們不能相信中國人民願意爲蘇聯之世界革命的野心而作犧牲。我們不能相信中國多少同情中共的人，以至中共黨徒，最初都是眞相信了唯物的絕對鬪爭主義之馬列思想，眞願意把馬恩列斯之神位放在中國之聖賢豪傑與他們之一切祖宗之神位之上，才同情中共而參加中共的。我只能相信中國民族是因要迫切的求站起來，而蘇聯又有一套無國界的理論，使中國人民誤信一朝與此老大哥攜手，便可出一口百年來被歐美人看不起之氣，於是有許多知識份子才覺投入蘇聯之懷，如兒子之回家，而稱史達林爲親愛的鋼（皆郭沫若語）。由知識份子之先對蘇聯嚮往，再對人民加以宣傳煽惑，與國民政府之腐化，才有中共今日之政權，再濟以一套統制思想監視行動之特務組織，才有其政權之維持。所以說中共政權之成立與維持，是中國民族之自願屈居於蘇聯之下，中國文化之精神甘受馬列主義之主宰，或因亞洲之傳統的精神是尙數量化之暴力，故馬列主義得滋長於中國，眞是寃枉。然而當前中國的情勢，卻是一切皆已弄假成眞。自覺命定要統制世界之眞正的馬列主義者，如何能讓中國人民表現其眞正的意志，完成其眞正的政治上的自主與文化上之獨立自由的延續發展，而使中國眞成爲美蘇的橋樑，以維持人類的和平而免於人類之大毁滅，求眞先生卻未講。如果蘇俄與中國之一二千萬之馬列主義者依其唯物的絕對鬬爭主義，一定要訓練中俄之七萬萬人成一鐵的組織，爲建立一共產的天國於世界，而向世界鬬爭，求眞先生又將如何辦呢？

三

對於上列的問題，人們便恒忍不住一自然的答案，即只有戰爭來解決。這在事實上也許眞不能免。然而這亦等於冒一「人類之毁滅」的險來求人類之倖存。我們實在不願作如此想。我們既不忍心大戰之眞正產生，而大戰事實上也許眞不能免，我們當如何做？當如何挽救此人類文化空前的危機？對於這個問題，吾思之，吾思之，相信如要免此人類浩刼，只有一條道路。這條道路似乎迂濶，但是我要先請求說我迂濶的人，確切指出一條不要戰爭、免於人類之浩刼，挽救人類前途的光明的道路。

我所說的一條道路，即現代的西方人與中國人亞洲人必須深切認識上列之三個根本的矛盾，世界各國人們應以懺悔戰慄的心情來支持一個由聯合國召開的世界學術文化的會議，支持督促各國政府推動眞正的世界學術文化的交流，以建立一聯合的文化精神，爲人類和平的基礎。

現在世界的危機，我們不能只說他是一軍事上、外交上、國際關係上、政治經濟上的危機，一切危機的底子上，只是一文化的衝突。如果我們不能協調文化的衝突，使衝突的文化交流融合或互相容忍而任之並存，而同以求眞爲目標，以互相辯論漸歸於一是，一切軍事上、外交上的折衝，都是暫時的。一切世界性的政治經濟之方案，都不能彌縫不同文化傳統的、不同民族間之精神上的敵意，或互相輕藐之意。只有學術文化的互相了解，可以溝通不同民族的精神。人之相知，貴相知心。只有先知心，在精神上構成聯繫，才能免於在實際生活上、實際行爲上之互相敵對，互相猜疑，與互相恐怖，競賽軍備，人類只有學術文化是可以無國家民族之界限的。亦只有學術文化之相了解，可爲人類和平之基礎。然而聯合國成立數年，我只見世界政治家們，在實際的外交關係與政治經濟的問題上下工夫，似從未想到聯合國應以一聯合的文化精神作基礎，在如何建立此精神基礎上，來下工夫。世界未嘗莫有少數思想家知道蘇俄與英美之衝突是文化的衝突！如湯比（TOYNBEE）知道亞洲與歐洲間之軋轢，是西方人不了解東方文化精神而輕視亞洲。（如美之 NORTHROP 三年前所著之「東方與西方之會合」）。然而卻無世界文化眼光的大政治家向求人類文化之如何互相了解上去用心。譬如學術文化的衝突的核心之一，卽哲學思想科學理論的衝突。然而哲學思想科學理論的衝突，都儘可決勝於口舌與文字，並無訴之刀槍之必要。馬列主義者之唯物論與其辯證的宇宙觀所引起之鬪爭絕對論，究竟是否最後的眞理，這是可以討論的。馬列主義之單純自經濟觀點所定之共產社會之理想，與所謂自由社會之理想，或我們所謂人文社會之理想，誰廣大，誰狹窄，誰是誰非，是可以討論的。馬列主義之無神論與反宗教，及主張有神有宗教的人之意見之是非，亦可討論的。馬列主義者所主張之一切文化屬於政治，與一切文化自由發展之是非，一黨專政直到共產社會實現爲止，與民主政治之是非，唯經濟的唯物史觀與自另一觀點或自人文全面所建立之史觀之是非，亦是可以討論的。我們不能先驗的斷定討論決不能有結果。一次無結果，十次，百次。會場無結果，讓一切的理論，自由流佈。只要理論自由流佈，公道自在人心。我們應相信人類之理性上的抉擇能力。譬如唯物主義在十八、九世紀曾盛行一度，以後在歐美哲學界卽決無勢力。求眞先生文中所引之桑他耶拿（LSOWTAYANA）實際上是一超越實在論者而又曾自稱唯物論者，同時卽說：哲學家之自稱唯物論者今日只有他一人了。可見唯物論哲學之沒落。又如宇宙一切以矛盾鬪爭爲本質之論亦已經西方哲學界攻擊得體無完膚。黑格耳之理論亦實以和諧爲矛盾之歸宿，將另有文討論。此種理論因在西歐學術界之討論中被擊敗，才向在歐洲文化中落後之俄國宣傳，再向不甚了解歐洲文化之日本、中國宣傳。如果他們不是以暴力推行其學說，禁止自由的批評，此種理論又何嘗能征服俄國、中國之學術文化界？誠然，馬列主義者一定要說，他們之矛盾辯證之唯物論，與政治統制文化之理想、共產主義之社會理想或唯物史觀，是絕對的眞理，才得人信從。那麼正好，我們就可請他們之理論家同世界之學術文化界之思想家會見，來共同討論，看透是否絕對的眞理。人類未來的前途，是否必須馬列主義者來統制？此外再讓一切理論思想之出版物互相交流，讓非馬列主義之思想家，學者，政治家，自由在莫斯科與北京講學。因爲現在其他國家，實際上並未禁止馬列主義者之著作及宣傳文件之流行。所以現在的問題，只在要求莫斯科與北京開放出版言論自由，允許與世界各國學術文化交流一點。我認爲現在的聯合國，只要眞能作到此一件事，我相信就是現在世界的學術文化界，就儘有力量破除馬列主義之獨斷性，使他們去掉世界命定歸他們統制的野心，與人類未來文化必爲共產主義之文化之迷信。在辯論的場合中，當他們知道他們所信，未必是絕對的眞理時，他們的人性中本有之謙虛之德性，多少總可以流露一點。由此學術文化之交流，歐美人亦可學習一些俄國人在實際社會文化之安排上之長處，這我們亦不能否認其有。只要有了言論出版講學之自由，中國民族之固有的文化精神，便將必然復蘇，中國民族亦終將脫去馬列主義之外衣，而成爲一個有獨立之文化理想之獨立國家，並依其文化精神中之愛好和平的天性，與世界各國和平共處。如其不然，讓馬列主義繼續成爲中國文化之最高指導原則，則中國民族百年來由不能仰首伸眉於世界所受之委屈與怨氣，與馬列主義之絕對鬪爭精神，結合四五萬萬人整軍經武之結果，眞終將使西方人不願見的黃禍再來，亦說不定，那時便悔之已晚。人類在上次大戰後，乃有一聯合國之組織，這是人類歷史上從來未有的。我不理解，爲什麼聯合國不能以一聯合的文化精神爲基礎？我亦不能理解，聯合國如不以一聯合的文化精神爲基礎，聯合國將如何能得世界人心的擁護與信仰？如果聯合國能以一聯合的文化精神爲基礎，則西方二千年之基督教文化、近代之科學工業文化，印度之婆羅門教佛教文化，阿拉伯之回教文化，與東方之中國、日本儒道之文化，應各爲其一支。而聯合國之精神使命，卽包含此各種文化精神之保存，並促進其發榮生長，互相交流，以形成世界人類未來文化之使命。如果聯合國眞能負起此維護人類文化之使命，爲什麼在世界的和平方案中，不應以維護人類文化之發展居首，規定一切用暴力恐怖來斬斷任何民族之歷史文化生命，箝制人類學術文化，與生活方式之自由者，皆應加以制裁？爲什麼不能召開一世界學術文化會議，以討論人類社會文化之理想，是否應以唯物的絕對鬬爭主義爲指導原則，討論人類一切文化是否皆應爲蘇俄之形態？爲什麼聯合國不可以促進人類學術文化之交流，使蘇俄之鐵幕打開，讓蘇俄人民進到其他國家，其他國家人民進到蘇俄及其衞星國，讓他們互相觀摩，互相比較文化之優劣，爲一主要之任務？如果如此做法，我們亦看不出蘇聯眞有理由反對，如果他反對，便顯出誰是怕同眞理見面的。只要他不反對而我們眞如此作了，豈不是卽可使馬列主義者棄其命定要拯救人類、統制人類之使命感，而自戕其狂妄的野心？同時，亦使蘇俄之眞有的好處傳播到世界？中國民族，亦可由大陸鐵幕之打開，從言論出版講學之自由之恢復，而與歐美文化之交流重新有其文化精神之自覺，其中包含好和平反鬬爭之精神之自覺，以成爲眞正的美蘇的橋樑，以維持人類世界的和平，而免於人類之毀滅？

人類由戰爭以互相毀滅的危機，日益迫近，亦許人類眞冒毀滅之險來追求其未來之光明。但是如果世界的人們眞是害怕戰爭而要解救世界當前的危機，除了人類共同以懺悔的心情，來支持我本文所提出之由聯合國來召開世界學術文化會議，並促進世界文化的交流，以打開鐵幕外，我不知尙有任何路可走。

我希望關心人類文化前途與感世界之危機的人們，在此多想想，並質之求眞先生以爲如何？

（一九五一年「華僑日報」）

註：本篇發表時署名「弘之」。——編者

家庭國家天下之觀念再建立序論

吾人皆有家庭國家，皆望世界和平，使吾人得保其家保其國。大多數人並不否認家國之應存在，然不否認其應存在，與知其何以應存在，是二事。如不能知其何以應存在，則吾人愛家愛國，非眞通過理性之自覺之行爲。而當家國飄搖欲墜之際，吾人亦不知吾人之是否當保國保家。而愛國與世界和平之維持，常有衝突。此二觀念如何可同時肯定，常識中亦未必眞了解此中之困難。吾人觀中國過去之學術史，吾人深感中國過去學者對家國天下觀念缺乏理性的說明。大學中所謂齊家即可國治而天下平，實只適用於封建之社會。後代廢封建，改郡縣，對大權獨攬之君主，大學教仍有甚深之意義。然在今日，則無甚意義。吾人之爲此批評，似同於時下人。然用意則不同。在此暫不深論。大約在秦漢以後天下一統，國之觀念尤爲模糊不清，亦可謂喪失無餘。唯家庭與天下之觀念，一直保存。大約一般人對家庭最有親切之體驗，故宗法制度無人懷疑。而士人則以天下爲己任。家庭是個人生活之所寄托，超出個人生活卽一躍而以「爲全體之生民立命」爲心。如梁漱溟先生所說西方社會中，以個人與國家二觀念相對，中國社會中以家庭與天下之觀念相對是也。然此唯可大體適用於秦漢以至淸末之社會。至淸末以來，由西方文化之輸入，及與西方社會接觸，中國之社會與文化乃產生一劇變。由此劇變首先被毁者爲固有之家庭觀念，而國之觀念一直未自覺的被建立。而思想上反映此劇變，領導此劇變者則爲一天下意識。吾人觀淸末之思想革新運動之前鋒人物，如康有爲、譚嗣同、章太炎諸先生。儘管在政治活動上之路線不同，然在思想上則同爲家庭國家觀念之否定者。康有爲以春秋三世之說附會社會進化論，著「大同書」。而其所嚮往之太平世界，則爲一無家庭無國家之世界。在太平世中只一世界政府：男女同居，不得過一年，兒童皆由世界政府教養，人至老死，則以其骨燒灰爲肥料。康氏以爲此乃天下爲公之極致，亦仁之極致。章太炎著「五無論」，論無政府、無聚落、無國家、無人類、無世界……等。彼謂國家爲佛家所謂聚集假法，本無實性，乃是虛妄分別所立之名，而人妄執爲實者。譚嗣同著「仁學」，以仁爲以太，無所不在；仁者無所不愛，故家庭國家皆爲偏私之人造組織，亦是人之網羅，人最後必須打破衝決此一切網羅。章、康、譚諸先生，皆具憂國憂民之志，亦可謂皆有殺身成仁之決心。然唯用其熱情與勇氣，以改造中國政治或推翻滿淸。彼等之思想唯是一往之天下意識，而行爲情感則純出於保國保種之意。此是一大矛盾之結集之思想家。然此諸大矛盾之結集之思想家，憑其如簧之舌，鼓動天下，即爲顚覆淸廷之一因素。中山先生在思想上較平實，其組織與中會首以驅除韃虜，恢復中華爲號召，乃一民族意識，後變爲三民主義中之民族主義。然今「民族主義」一講中，仍謂民族與國家不同，謂民族爲自然形成的，國家爲武力造成的，於國家之觀念，仍未有明確之建立。而中山先生之老友吳稚暉先生，以後力闢共產黨者，當時乃與劉師培同倡無政府主義。梁任公先生在思想上不似康、譚、吳諸先生之縱情幻想，茫無涯際，亦不似章太炎先生之以佛家破執之義，掃蕩一切。其在當時卽極稱道意大利之建國三傑，與德國之俾斯麥。彼一直保持政治家只問政體不問國體之態度。彼是一不破壞君主之國體而談政治者。其反對革命，意在保存歷史文化之延續，別具苦心，甚堪佩服。然梁氏當時仍傾心墨家。又較章氏遠缺哲學頭腦。彼終身不能眞用自覺理性，以建立政治上之諸根本觀念。民國以來，滿清推倒，諸先生之情感與行爲上反滿清之目的旣達，惟留下其思想上之影響。於是超國家的天下意識，爲後生所承，轉爲社會主義共產主義之潮流。諸老先生反儒家之文化傳統之思想之影響，與西方科學哲學思想之輸入，合爲新文化運動中，對中國過去歷史文化之低價的估量。新文化運動，名爲提倡科學與民主，而對中國舊社會之作用，則首爲反中國之家庭意識。故主張非孝者有之，反對貞節者有之，反對祭祖者有之，由爭戀愛自由而主張自由戀愛，公夫公妻之制度者有之。俄國革命後之登記婚姻制度，美之曰試驗婚姻制度，曾爲羅素所稱許者，國內皆有人與以理論之說明，而爲民國十四、五年之革命男女青年之所羡慕而實行。流風至於今日，遂成婚姻關係之紊亂。此爲家庭意識之崩壞。至於國家意識則在新文化運動中從未加以培養與建立。領導新文化運動之「新青年」雜誌後化爲共產主義社會主義之介紹者。共產主義以工人無祖國相號召，其着眼點在世界革命，正須打破國家觀念。其他之社會主義者仍同樣注意在社會經濟問題。北洋軍閥政治之腐敗，與不平等條約之束縛，促成民十四、五年之國民革命軍之北伐。於是新文化運動所培養出之嚮往理想社會之熱情與希望，同寄託於此北伐革命運動，而消融於此革命運動中。此革命運動之初起，自國民黨方面，爲清末辛亥革命之延長，辛亥革命是漢民族之覺醒，民十四、五年之革命運動，爲整個中華民族之欲求脫離帝國主義之羈絆而獨立。而自國民黨中所容之共產黨方面說，則視之爲社會革命、世界革命之開始。此二種精神根本不同，故國共終於分裂。國共分裂以後，共產黨失敗，國民黨粗定天下。此時人心渴求統一，在思想上之表現，唯是一法西斯主義之介紹。當時意大利與德意志，正賴法西斯運動而統一強大，尤爲中國人所羨慕。故國民黨中竟展開一種法西斯運動。然此種運動，在思想上缺乏根據，主張之者急躁暴慢，反激起文化界人士之反感。此反感表現爲人權保障之運動。中日戰起，民族意識又復激發。此種民族意識之激發，與抗戰十年中中國人民所表現之堅苦奮鬪之精神，乃爲過去歷史文化之陶養之自然產物。在抗戰期中並無若干自覺之理論以爲說明與領導。有之，唯是承抗戰前之法西斯運動而來之所謂戰國策派之言論。此派以世界今日爲一新戰國時代，故歌頌尼采式之戰鬪精神，以此求增強吾民族之生命力。此種浪漫的盲目的戰鬪精神之鼓吹，其效用至多可激厲士氣，決不足言重建國家意識。在抗戰十年中，政府之口號雖一直爲抗戰建國，然國家意識終未自覺的加以培養。及今抗戰勝利，國勢日勢，正不知如何建起。而由對外抗戰而壓抑之社會主義共產主義思想與爭人權之思想，則由敵人之暫去，又復滋蔓勃興。而此兩種思想，皆非以建國爲第一義者。吾人試觀二年來社會政治之軋轢，與國家之不能統一，便知此中之思想上之背景。吾人試觀四十年來國民黨始終唯在代表一民族主義之運動上成功：辛亥革命成功，北伐亦成功，抗日亦成功。然北洋政府與國民黨皆始終在建國之路上不能順利進行。民元以後國民黨在政治上失敗於袁世凱，然袁世凱、吳佩孚皆不能統一中國。民十六年國民黨北伐成功以後，受阻礙於共產黨與知識階級之爭人權運動，今又受阻礙於同一之思想與政治力量。此中關鍵何在，實不可不深思。原國民黨之所以成功，實並非卽國民黨之功，而是中國民族之傳統歷史文化背景之不許夷狄之亂中國。故中國民族之獨立運動，必須委屈以求伸，淸不能亡中國，日本亦不能亡中國，俄國亦不能亡中國。而北洋政府與國民黨主持之政府所以在建國之路上，皆不能順利進行，則在國家意識始終未自覺的建立起。其所以難於建立之根源卽在中國過去之天下意識。今之共產主義與社會主義所以能在中國蔓延，其精神之最後根據，卽在此。此天下意識，自一方言顯係較狹隘之國家意識爲高者。故一切欲以法西斯主義尼采精神，建立國家意識者，終被自以爲道德智慧較高之中國人，嗤之以鼻，而亦無不失敗。此種反法西斯之中國人，其口頭攻擊法西斯之武器，雖爲最新之西方理論，而其精神基礎，其實仍在過去之中國文化所陶養之天下意識。唯彼等於此不自覺耳。由此表面較國家意識爲高之天下意識之作梗，故自淸末以來，始終只有半自覺之民族獨立運動。吾之所以名之爲半自覺者，蓋其只自覺其民族之當求獨立求生存，而不自覺其背後所負擔之歷史文化之使命，亦不自覺此歷史文化之精神，在實際上正爲支持並推動民族之獨立運動者。然唯其不自覺，故此民族之獨立運動以反抗外來之壓力則有餘，而在外來壓力擺脫之後，仍不能頂天立地而站住。故數十年民族之獨立運動，但在消極上去縛上成功，而在積極的自己建立上則失敗。一民族要積極的自己建立，必須由民族意識轉出國家意識。卽民族獨立運動，必須轉爲建國運動。民族意識之發揮，必須轉爲國家意識之發揮。如非希特、黑格耳對德國之所爲。而中山先生之三民主義中之民族主義，只提出民族意識，此是對民族求獨立時說話，而非對民族求建國時說話。且眞正建國之時，國家爲第一義，民權民生皆爲第二義。中山先生將三者倂立卽葛藤之原。吾人試觀今人之強調民權之義，在政治上之目的常爲打擊對方者，如民國初年二次革命之反袁運動，卽以民權爲口號。民十七年以後至於今之反中央政府，反國民黨政權之運動，亦以民權爲標榜。眞正之民權，唯在國家意識確立之時乃有意義，且可有眞正之保障。如國家意識根本未確立，則民權之爭取，恆只爲一反政府之手段，且恆傾向於政黨間之軋轢，招致國家之分裂。然民族主義之目的，唯是民族之獨立，而非建國。故民族主義一度勝利之時，卽必然轉爲民權之爭取運動，而不能轉爲建國運動。而民族主義與民權主義之倂立，卽暗示並教訓二種運動之輪轉。觀十數年來中國政府之政治運用，蓋恆是以民族意識之發揮，遏抑他黨派之爭民權之號召。如以對日抗戰集中人民之意志，及近二年之以俄國之侵略，激發民族意識皆是。然國家意識既未建立起，則一切政府之行爲無論爲是爲非，他黨派均可以爭民權之口號與之敵對。而循民權之義而極之，在邏輯上實可推出人民有權隸屬於任何之國家。則蒙古新疆人民之自由投票入蘇聯，實無悖於民權之義。而亦與民族主義中民族自決之義相合。故單純之民族主義與民權主義，並不足以建立國家意識。亦不足據之以論蒙古新疆之獨立有何不應當。而由民族意識以遏抑民權意識，至多只有暫時之效。以民族意識根本是情感的，情感待刺激而引起，亦順刺激之去而銷亡。民族意識銷亡而民權意識高漲。單純之民權意識又不能建國，且可召分崩離析之禍，此是今日中國政治之大病痛。人必須平情深思，乃能知其癥結純在國家意識之未建立。唯國家意識建立乃可言建國運動。唯建國之運動，乃能完成民族獨立運動之意識。唯在國家意識籠罩之下，民權之爭取乃不致逾越範圍，而政黨之對立方不致造成政黨之軋轢，而招致國家之分裂。

吾所謂國家意識之未建立起，非謂今之老百姓中全無國家意識。抗戰十年，在中國老百姓士兵中皆有一朦朧之國家意識。不然則中國早已崩解。吾所謂中國之國家意識，吾亦不謂在一般士大夫中皆全無國家意識。今日卽最左傾之共產黨人，亦未否認中國應成一國家，不過併入蘇維埃聯邦而已。吾所謂中國之國家意識之未建立起，重要是在文化上、學術上、士大夫之自覺理性中未建立起。由此未建立起，則國家意識時時動搖，時時隱沒於他種意識之後。因而此意識不能眞成爲完成國家統一、安定、復興及建國之動力。吾人試觀上述之中國人之傳統思想，與數十年之文化思潮，便知國家之觀念，始終未被人積極的肯定。中國人之天下意識，誘導人夢想一無國界之大同之世。談政治思想者罕有不以國家爲最後將廢除者。故卽言愛國，亦以爲此不過今日尚未能達大同無國界之世之一種不得已之事。而馬克斯主義者則以國家爲階級壓迫之產物與工具。卽中山先生尙不免以國家爲武力造成。靑年黨自始以國家主義相標榜，然彼等對國家觀念之理論的說明，最後只歸宿於社會的機體之生物的國家觀，且將黨名改爲靑年黨，不復用國家二字。又民主社會黨，原名國家社會黨，亦將國家二字去掉。凡此皆表示今日文化思潮中對國家之認識不足，且反映國家非一絕對被尊重之名詞，故可以之爲黨名者，皆不以之爲黨名。其他之黨以民主名者爲最多。時代思潮之所向可知矣。吾人探索此國家觀念之不能在文化思潮上被積極的肯定，其關鍵固在吾人前所說之中國人之自覺比國家意識高之天下意識爲之梗。而實際的原因則在家庭意識被否定之後，一般人唯有個人之意識。中國今日之士大夫之否認國家家庭者，在其良心一方面是以世界一家之理想自慰，而在實際生活方面常是一絕對的個人主義，一往是任私欲與意氣之流轉之個人主義者。唯其在實際生活是如此之絕對個人主義者，乃在思想上以一無涯際之世界一家之理想爲之補償，聊以自欺欺人。而無涯際之天下主義，正是完成促進此個人主義者。故吾人欲重建國家意識，亦須重建家庭意識。在今日之只以天下意識自欺之人，其國家家庭意識之茫昧，皆由於彼等以爲有國有家卽有私。必須去掉此國與家之私，乃能大公。彼等又見及意大利、德意志之法西斯蒂強調國家至上，卽成侵略之帝國主義者。如黑格耳、菲希特之主張愛國，卽歸於歌頌戰爭、破壞世界和平。故以愛國爲道德上之偏私情緒。不知人類如將家庭國家觀念毁掉之後，個人與天下間之橋樑卽拆斷。不愛家國者，絕對不能愛天下。此種虛懸之天下意識，乃一上下無根者。表面是至公至仁，其實純是一公一仁之影子，永遠不能落實者。實行起來，至多只是集許多個人成黨成羣，以所打擊之對方為共同目標，因而結成一統一體。此統一體表面是組織嚴密，然實全靠所打擊之目標之共同而成為一統一體。此統一之力量是自對方借來之一反動力，並非眞正之自發力量。人在此統一體之組織中，表面是人人為公，實則只是結集之大私。此乃人類精神之大迷亂所產生之幻影之追逐。人在此點不自覺，必以為殺盡一切人，皆是為公者。吾人必須指出家國觀念為個人與天下觀念之過渡。如無家國意識為之媒，一切為天下之意識，底子裏，全是極端之個人主義之絕對之私。此種由絕對之私為底子而以絕對之公之幻影自慰所產生之行為，足以毀滅人類而有餘。吾人必須指出家庭意識與國家意識皆非依人之有私而成立，乃皆依人之仁心與公心而成立。所謂為天下盡忠意識中之公與仁，必須通過為家國盡忠意識中之公與仁，乃有意義。人類之公心與仁心之實現，必須循此自然之次序，絕對不能由否定家庭意識、國家意識以促進天下意識。且家庭與國家與天下意識，皆人必須同時當具有者。家庭與國家之組織，乃永遠應存在者、普遍應存在者。此卽謂其有必然性，永恆性，與普遍性。此種必然性永恆性普遍性之根據，在人之公與仁，必須憑藉之而表現人之道德自我。必須通過家庭意識國家意識及天下意識乃能完成天命之性。必須在人對家庭國家天下之責任之認識與擔負中而實現。此中國家意識與天下意識之如何可協和，在黑格耳、菲希特等以為不可能者，吾人皆以為可能。故吾人之肯定國家可不蹈法西斯之覆轍。吾人以為此一切之觀念皆一一須通過必然之道德理性而建立。故盲目之鼓吹愛國浪漫主義，只是政治運用中有其價值，而在確立國家觀念中毫無可取。而對家庭之溫情煦嫗之文學描寫，只在教育意義上有其價值，而在確立家庭觀念中亦無用處。至於一切論國家家庭之如何起源之歷史原因，與國家家庭之種類的分析，皆只是社會學家、歷史學家之事實的敍述與解析，於國家家庭之何以應存在之必然的理由，亦無關。此種必然的理由之申述，唯一之根據乃在吾人之道德理性。唯吾人之道德理性能自覺的建立此諸觀念，能爲家庭國家之應存在的根據。唯吾人之不自覺的道德理性，使事實上有家庭國家之存在，使人愛家愛國。唯吾人之自覺的道德理性，乃能說明人在事實上竟然有家庭有國家，而愛家愛國。唯吾人之自覺的道德理性在家國破壞時，乃能自覺的本其家國所以當存在之理由，而自覺的求保持此家國，反對一切毀家國之邪說暴行。唯吾人之自覺的道德理性，乃能指出家國如何能盡家國之使命，規定政治教化之目標。此道德理性內根於人性、上根於天道之處，吾人固不必在此處論列。然要知此道德理性之非只是一社會本能，亦非只一民族性格，其本身是絕對而必然的。吾人唯有在自覺本此絕對必然之道德理性，以確立家庭國家觀念之時，家庭國家之意識，乃被自覺的建立。而一國中之學術文化界之主要人物，皆大體上俱自覺的了解家庭國家如何通過道德理性而建立；而在家國危難之時，皆能提出此大義以扼抑邪說暴行，並得「一般陶融於此道德理性所規定政教之中一般人」之附從，以共禁邪說暴行時，然後家國之意識乃眞被建立。吾人以爲眞通過道德理性建立之愛家國之意識與愛天下之意識必可協和，唯不可與自願亡國滅種之意識協和耳。此乃吾本文所欲從事者。然茲事重大，要非吾一人之力，亦非區區一文所能盡，以下唯當述其大端以供人之採擇。而本文則但溯數十年之思潮以提出問題而已。

（一九五一年臺灣師範大學「人文學刊」第一期）

中國民主思想之建立

關於當前人類文化問題，我嘗以爲是一人之人性理性或神性如何充量發展的問題。關於中國之政治問題，我一向認爲主要是一如何自意識思想至社會生活，成爲一頂天立地獨立國家之問題。共產黨之大錯，一在其本唯物思想以統制人類；一在違背中國成爲眞正之頂天立地之獨立國家之願望。——以馬列主義爲文化政治之最高指導原則，卽使中國永不能在精神上獨立，而在政治經濟上亦永不能獨立。至於政治民主及生活自由二點，雖亦可能與上列二者同樣重要。但是我一向不大強調此二點。不過大家既然都強調此二點，以對抗極權，我亦不反對。只是我認爲，我們所要爭的民主自由，第一點必須自覺的是爲求人之人性理性或人之神性之伸展與實現。第二點必須生根於中國之歷史文化（此二點可能是一點），如果只是隨人腳跟學人言語，則中國之民主自由運動決無前途。亦不配與世界之民主自由運動配合。更說不上在世界文化之重建運動中，盡其份內之責任。關於這個問題，有很長的話可說。本文只擬單就中國之民主思想何以當有一中國之歷史文化之基礎上說一說。

現在人談民主，好像民主是已有一定內容的東西。我不否認，此名詞之涵義中，有某些方面是已確定的。但是，民主明有不同方式的民主。如從民主的政治制度方面說，英與美之內閣制與總統制便不同。此文不談制度，只談思想。談思想，英美法德之民主哲學便各不相同。英國近代之民主思想，始於洛克之倡導。洛克所重者，在容忍之態度，在立法權之提高，立法權對於行政權之制衡作用。洛克之思想，以每人之心爲一實體，而每人爲一獨立之個體，故爲徹底之個人主義。同時特重財產之觀念。他並以政府之至要任務，卽保護財產。後來邊沁穆勒特別著重民主的立法。但他們之哲學理論變了，而立法所著重之點亦變了。他們之哲學理論是承繼休謨，而廢棄了心爲一實體之觀念，而以人心爲無數經驗之和。人之經驗中只有快樂之經驗爲可欲的。故一切政治經濟之立法，重在讓人自由去求快樂，求對其自身有利者。（此卽自由的資本主義之理論基礎。）民主立法之目的，在社會之總量的快樂之增加——此卽社會福利之增加。此社會福利之槪念，復爲後來之費邊社所承，而孕育英國式之社會主義思想。現在英國之提倡民主自由思想，以羅素爲代表。而羅素之講民主，乃承洛克而特重對於政治權力之限制一面。他是特感政府有無限權力之爲害於個人之自由生活，而講民主。

至於美之民主思想，則雖源於英法而重點並不與英相同。美國之開國者如傑弗遜之思想，主要乃本於洛克。盧梭之平等思想亦促成美國獨立之一思想。盧梭之重情感，重自然，重人道，均與洛克不同。美之政治思想至威爾遜，而明主張以生物學之有機原則，代替物理學之原子主義的個人思想，同時漸離開了洛克之個人主義。美人諾斯諾圃並謂羅斯福新政之思想，卽由此有機原則之被重視而來。

至於現在代表美國民主思想之思想家，通常推杜威，或溯至詹姆士之多元的宇宙。宇宙多元，一人一世界，正是民主之基礎。杜威論民主，所著重者與洛克羅素都不同。杜威講民主主義與教育，著重者在民主之培植個人的創造的智慧，自動自決的試驗精神之興發，個人之在社會環境中活動。此與洛克之講民主重個人，重財產關係不同，與羅素之重個人的「思想的天地」之保持亦不全相同。

此外法國亦是近代民主思想之發源地。法國大革命是一近代民主運動之大事件。法國大革命的思想，是盧梭伏爾泰及百科全書派唯物主義者之思想。法國之自由平等博愛之思想，大體上均以一反傳統，反人文，尚自然之姿態提出。故其革命一時雖驚天動地，然不免浪漫而無收攝處。故法國大革命，歸於拿破崙專制。及今法國政治，仍是散漫不定之多黨政治。唯物的共產主義，無政府主義，均直接由法國之浪漫的平等自由思想脫胎。中國的共產黨，亦以勤工留法學生為一先導。可見法國之民主思想，又另是一種形態。

德國思想被英美思想家放在極權陣營，實則並非公論。近代宗教改革，路德是重要的人物。宗教改革，表現對個人良心之尊重。此正是近代西方一切民主思想之本原。來布尼茲的多元唯心論，正是一近代最尊重個人之一哲學。康德之人人為一目的之倫理學，卽引到一人人有平等的立法權之民主政治思想。黑格耳之強調主觀性原則，以人人自由，為歷史發展之目標，都是民主思想。不過德國思想家之民主與平等自由之思想，均注重理性之實現，國家法律之實際能表現合理性，而力反任意的自由。注重人格的尊嚴的觀念之確立，而不重財產或自由企業之保護；如黑格耳、菲希特等，比較更重視國家之實在性而已。

至於俄國所奉之馬列主義，誠然爲反西方民主者。因爲列寧曾明白說，在有階級剝削之社會中，一切民主是虛僞的。只有在共產主義之社會中，可以有民主。然而到此社會，亦不須再有民主。因人人各盡所能，各取所需，一切都可滿足了。然而現在蘇聯，仍然自稱爲最民主的。他們亦不敢廢棄此名詞，亦有人稱之爲經濟民主而無政治民主者。

我上文約略說了西方各國民主思想之不同，是要證明同一民主思想，可以有不同的內容。而此內容之不同，吾人如再加考察，便可見其反映各國之歷史文化背景，及其他思想背景之不同。同時，我們尚可由此民主思想之不同，去看各種的民主政治制度與立法之不同。於是我們可以說，中國如要有民主思想民主政治，保障民主之法律，亦必須有其特殊形態，而與中國之歷史、文化、思想、社會現實配合者。如果我們要取西方民主思想之民主制度之長，以補我之所不足；我們亦要有一番抉擇。籠統的說，輸入西方之民主思想，學西方之民主是可行的。究竟我們學美國呢？英國呢？法國呢？德國呢？我們是杜威的信徒呢？洛克羅素的信徒呢？盧梭的信徒或康德的信徒呢？或都是呢？我們爭民主是如盧梭、洛克、傑弗遜之爭天賦人權呢？是如羅素之爭個人生活之自由呢？是如康德之爭人人是一目的呢？是如邊沁、穆勒之爭自由經濟制度之施行呢？如杜威之爭個人之創造的智慧呢？這些概念各不相同，引申之涵，我們亦必需有個選擇或自覺的綜合。不然我們爭民主，卽無理由。無理由，則無力量。最後只是隨人腳跟，學人言語。如此中國民主運動亦卽不能有前途——恐終於只是以民主爲口號，吵吵鬧鬧而已。我希望特別關心中國民主運動之前途的人，多在此用心才是。

我此文只是提出一問題與希望，而無答案。我不願輕率的提出答案。我希望人多想想。人能多想想，便少作錯事，少害人誤國。中國數十年來人之輕率談政治者，罕有不負直接間接禍國殃民之責者。但是如果讀者一定要問我一答案。我亦可獨斷的說，卽我相信，中國如要有眞正的民主思想，必須在中國思想中生根，但不能在中國思想中之先秦法家思想中生根，而須在中國之儒家思想及道墨二家思想之一部份生根。中國民主思想，所依之最高概念，當卽爲——或包含——中國古所謂人性之實現與人文之化成。我想由此二概念內容之全幅的披露，並加以引申，便可以涵蓋並攝取西方民主思想之精髓。至於眞要實現政治民主於中國，以妨止政治權力之無限的膨漲，而又使政治有效率；則繫於超政治，或政治以外之社會文化力量之興起，如果中國社會永無相對獨立的社會文化之力量，中國政治要有效率而又民主，是很難的。這些問題都極複雜。我的獨斷的答案，如離其內容，亦無甚意義。此答案之提出亦不過與好學深思者一暗示而已。

（一九五二年一月三十日「自由人」第九十五期）

中國文化精神與其潛在力量

（「中國之亂與中國文化精神之潛力」下篇）（註）

一、中國文化精神之不容否定

在本文，我將簡單的說明中國文化精神之決不同於馬列主義之精神，使非共黨的人，共黨的人，都要知道中國文化精神，決不容忍馬列主義。同時我們將說明，中國數十年之混亂，所表現之一切文化意識上之矛盾，皆可由中國文化精神之充量與自覺的發展，而加以化除，由此而同時通接於世界文化精神之有價值的方面，如科學精神民主精神之類，這話不只是證明中國之應當接受世界文化，而完成中西文化之交流；同時是說中國文化精神之自覺的發展其自己以完成其自己，是成就中國，亦卽幫助了世界。此是成己與成物不二。

我們之下文將分爲二段，一段是具體的從中國文化精神之起源，中國人之勞働精神與農民意識之與馬列主義之精神衝突，以指明依馬列主義以統制中國之廣大的農村社會之不應當與不可能，而終將由情調上之不相合而引起反抗。一段是抽象的提出中國人之人生智慧對文化之態度之幾個根本的要點，以指出其與馬列主義之思想皆相悖，然而卻與世界文化之有價值的方面皆相通接。第一段是從事上講，第二段是從理上講。但是因爲篇幅及個人之學力所限，第一段止於一些籠統的暗示，第二段止於一粗疏的輪廓。然而在原則上，則這是人同此心，心同此理。我必須先表示我自己之相信，然後可以希望人相信。

二、中國文化中之勞働精神

馬列主義襲取中國文化精神之似是而非，並引誘中國善良的人們去相信，實莫如其講理論與實踐之統一，因而重視勞動的一點。中共以勞働創造世界一語爲號召，實可以打動未受都市習染之純潔青年與中國最廣大的農民之心坎。我在此亦佩服中共的智慧。但是馬列主義之勞働觀念，根本不是勞働創造世界之勞働觀，眞正的勞働創造世界之精神只有中國文化之原始精神中有之，然而後來則又包攝在人創造世界，人文或人格參贊天地之更廣大之理念下。馮友蘭最近作文說馬列主義之勞働創造世界，卽中國人之天地境界。這只是把中國精神向他投映而附會。馮友蘭之動機亦許是要軟化馬列主義，但此是與以補藥的辦法。對馬列主義，只是築堤堵塞，此種鯀治水之辦法，我不贊成。我是主張要學禹之治水，加以疏導。在此我只說明，在馬克斯列寧之精神境界或學術文化之系統中，是絕無眞正之勞働創造世界之精神或情調，因其精神只是一工商業文明下之反抗資本家之精神。在馬克思列寧，勞動力在現在社會只是一生產要素。生產力，可以在市場買賣，可以發生剩餘價值的商品。在將來社會，只是不受資本主義之制度桎梏而解放，再不致浪費而用於集體生產之一種生產力。而其視勞働之目的，自人類最初有勞働時，直到最後之集體勞働之社會，均是與自然鬪爭，以滿足其自然生存之欲望。這可以整個馬列主義之著作作證，眞正勞働創造世界之意味與情調，在馬列主義本身是絕對沒有的。眞正勞働創造世界之意味與情調，只中國文化精神中有之，但只爲其一端。上文提到的中國神話中盤古以斧開天闢地，誠可謂世界由勞働創造之一象徵。但是這可不是恩格斯在「家族與私有財產」中所述，人最初如何在自然之威脅下，奪鬪掙扎，而發明生產工具，以求生存而形成原始社會之說。前者是神話的，後者是多少有幾分科學的，或更近乎事實。但此中所描寫之人，在自然之地位，原是可憐的，渺小的。唯物論注重時間上追溯人之起原到原始人，到猴子，到阿米巴，到塵土，愈講愈渺小可憐，都可說有科學事實之根據。但科學尙有他方面，人類文化除科學以外尙有其他。講關於人的哲學，尙可根本不從人之起源上講，一樣有根據。哲學中如止有馬列主義之此種人的哲學，便會只培養人在本源上是可憐渺小之意識。人在本源上如只是可憐渺小，則再進化亦不會眞講出偉大來。所以在馬列主義之最高社會理想，亦只是人人皆得滿足其經濟生存之要求而已。而在極權政治之制度下，無論集體農場大工廠如何大，但止於要每一人安於當一機器之齒輪，歌頌極權者而受其指揮，人們是渺小的可憐的。而中國神話中說，盤古開天闢地，他也許不合科學事實，且是後起的神話。然而他卻象徵中國人之自覺在本源上卽是偉大的。任昉述異記，載古者天地混沌如鷄子，盤古生其中，天日高一丈，地日厚一丈，盤古日長一丈，一萬八千日，天極高地極厚，而盤古極長。又說盤古死了，目爲日月，身爲大地五嶽，血脈爲江河。我們試瞑目一想，盤古與天地並長，盤古死了，化身爲日月山河，是何等壯濶偉大的人生境界。要說天地境界，只能依此神話之所啓示來說。這神話，不是上帝七日創造世界，最後造像他自己的人，亦不是梵天口中吐出世界，從其身之各部生人。這是表示人與天地並生，而使天地展開，成日月麗天江河行地的世界。全部中國學術文化之精神，都應從此悟入，才能通乎其源至乎其極。

我最近讀了胡蘭成先生「中國文明之前身與現身」一書，而啓發印證我對於中西文化許多意見。我反對唯物史觀，但並不反對講人類社會文化，兼從勞動、從經濟生活之外緣來指點。譬如希臘之學術，先從殖民地開始；近代之文藝復興，賴意大利之商業都市。西方學術最初皆偏於滿足純粹理智的興趣，恒不免與人民勞働生活脫節，學者最初恒屬於有閒階級。所以柏拉圖、亞里士多德，均謂哲學(包括科學)始於驚奇，希臘與近代之科學均始於天文。第一個西方科學家哲學家 Thales 仰觀天象而身落入井中，卽爲當時人所諷刺。而柏亞二氏又皆謂爲使學者有閒，奴隸階級不可少。近代學者初亦常賴貴族供養，或遺產之利息生活。產業革命後，工人階級興起，馬克斯及社會主義之向勞働者注意，是西方學者精神之大轉向。由此而更重理論與實踐合一，使學術眞落在社會生根。但是馬克斯只以生產力看勞動爲生存之工具，仍是柏亞二氏之老觀念。不過柏亞二氏以學者、治者由勞働者供養而生存後，尙有其更高之精神生活文化生活，唯此爲人生最後目的且有本身價値之生活；而馬克斯則一方更注重人人之均等的生存，同時說明人類一切精神生活文化生活，均爲人之求生存而有之階級意識決定，而爲人類求生存維護階級利益之工具而已。直正勞働的意義，馬克斯並不了解。然而中國學術文化，卻眞是從勞働中生長出來，中國人才眞能了解勞働之意義，而孕育崇高偉大之人生文化之理想者。中國學術文化精神之尊重生產工具之發明與尊重原始人之勞働精神，較西洋學術文化精神所表現，只有過之無不及。西方人近代才研究原始社會之歷史，而有所謂漁獵游牧農業工商之時代，石器銅器鐵器之時代之分，而其目的恒在證明現代之進步於古代。現在中國人又以之講中國古史，說伏羲是游牧時代，神農是農業時代等。但是現代中國人忘了：伏羲神農黃帝女媧，在中國人從前都視爲聖人。伏羲馴獸；神農嘗百草；倉頡造字，天雨粟，鬼夜哭；都被視爲聖人的事業。中國歷史傳說上，幾乎把每一種發明，都歸到一個聖人身上。如在歷代許多書籍中都記載中國古代聖人曾發明有具體的東西。與希臘之神只代表種種抽象的品德如愛神美神智慧之神，便不同。希臘神與印度神所運用之法寶，雖可說是說明此工具之起源之一解釋，然而此神到底不是人。然而在中國則一切生產工具，都歸到一歷史上存在的聖人。中國史家雖不必以之爲信史，但社會上仍願將生產工具之發明者歸之於聖人，這是有莫大之意義的。這意義表示中國文化精神一方面之尊重生產工具之發明，一方面並知其確由人而生，而且有德之聖人而生，因而又表示了中國文化精神之一深心之信仰，卽智慧原於德性。而再一方面則表示中國人在用一生產工具而勞動時，他不只用此生產工具來生產以滿足欲望，如在西方資本主義社會及馬列主義之所想，而且對生產工具對勞慟都有一情份。歲時過節，農人要祭后稷，工人祭魯班，裁縫祭黃帝，與讀書人祭孔子，武人祭關岳；同有所祭。用了生產工具要感謝一個聖賢，一個人格。這就使其勞動亦在一人格世界中勞動，在聖賢精神之涵育下勞動，對勞動亦增了恩情。原來中國之社會文化學術，都是中國人在黃河流域一手一足自己創造的，歷史是連續不斷，他的記憶十分清楚。所以中國亦是世界上第一個重歷史的國家，最早有史官之設置，歷代史官與私人史家最多，而被西方人稱爲歷史家的天堂的。中國人知其一切學術文化，都由其自己創造，所以開天闢地之盤古亦卽是一個人。一切生產工具之發明者，卽是聖人。從前人不說一切發明，是集體羣衆的創作。因集體羣衆，黑壅壅一大堆，其印象，是糢糊的。歸到一個具體之歷史人物，便親切。而發明說是集體的，固可；說最初必由一個人先發明，或一人最後完成其發明，亦是可以的。馬列主義者要說一切發明都是集體的，然而又不說馬列主義只是近代人之集體創作，偏要冠上馬與列二字以名之，正是自相矛盾。實際上將發明歸之歷史上具體的人物，以使想像親切，是免不掉的。中國過去人之將每一發明均歸到聖賢，這正是中國人的大慧。中國現代人把開啓經濟生活之新時代、發明生產工具之聖人，由女媧伏羲神農黃帝堯舜大禹，一齊揭穿爲一酋長一部落，表面上似乎發掘了秘密，推翻了聖人。然而卻失去過去人對生產工具的發明之尊重，對勞動的恩情，對古人的恩情，剝去了智慧原於德性之深心的信念。

中國民族之凝合，大禹之治水是一關鍵人物。共同治水，聯合諸部落民族來治水，正是由共同勞動而擴大社會組織之道路，亦合馬克斯的理論。世界古代，都曾有洪水，但在舊約與希臘神話中紀載，上帝以洪水淹沒人類，只是凄涼慘淡。只有中國之大禹治水，疏九河瀹濟漯而注諸海，決汝漢排淮泗而注之江，三過其門而不入，平了水患，會諸侯於塗山，執玉帛萬國，建立中國歷史上第一個數百年的夏朝，眞是壯濶而莊嚴。今人說禹是一條蟲，固然滑稽可笑；而說禹是一工程師一奴隸主，亦復毫無意趣。馬克斯派講勞動，只知爲人類謀生存之手段，集體勞動只是集體生產以求集體生存之手段。他不理解人在天地間勞動之氣象，自亦不理解大禹治水之精神之壯濶而莊嚴，如何逐漸開闢中國民族向一中心而凝合之大路。這是世界史上只有中國才有之事業。由禹平水土，而中國農業廣泛的生長，肥沃的土地與溫暖的天時，使中國人知道天地眞對人有恩情，不似希臘人之海外業商殖民，時冒風波之危，如荷馬「奧德賽」之史詩中之充滿旅途中的艱危，亦不似卡來爾在「英雄與英雄崇拜」中所述西方諾爾曼人初在斯坎的那維亞半島之森林中，時時感冰天雪地之寒冷的威脅，與鬱鬱中林的愁怨。又不似印度人之在大熱帶，覺自然界之飛濕卵動之動物化生之快，草木生長力之盛得可怕，而暗示人要逃避生生死死的輪廻。中國黃河泛濫後的黃土層，使人種植則生長，不種則不生。一分勞力，一分收穫。沒有不勞而獲，亦無勞而不獲。德哲學家 Keyserling 到中國，說中國農民在地上工作，如大地長出手來，栽培他自己。人力入地中，天時運轉，即從地中引出果實來，天地與人，眞是相孚而同情。當然中國農業，自古及今，時時要遇著水災與旱災。但是中國人不曾因此失去對天地之恩情。中國人未嘗如猶太人之屢屢抱怨上帝，希臘神話中之常去想像天神Zeus、Jupiter 之喜怒無常。治水有大禹之模範在前，所以中國數千年之水利學非常發達。防旱有后羿射日的神話。據說當時天十日並出，后羿一射射了九個。他獲了不死之靈藥，而妻子偸吃，飛到月亮中去爲嫦娥。「嫦娥應悔偸靈藥，碧海青天夜夜心」。后羿演了一蒼凉的悲劇，只留了他的妻子透過月色的凄淸，而照耀人間。人亦不必去想著旱災之可怕了。人類所受的災害，古代人均歸於人之犯罪而受神之懲罰。猶太人與古代希臘人所受自然的災害及與其他民族戰爭的災害重，所以其神動輒要憤怒。希臘神話中 Prometheus 如偸火到人間，受了無盡的苦。Zeus 一時之不高興，毀滅了 Tory 城。耶和華使以色列民族老是遭難。這些神的威力，嚴峻而可怕。直到耶穌才指出上帝在你心中他只是無盡的愛與溫暖。但是在中國古代則詩書中充滿「皇矣上帝，臨下有赫……，監觀四方，求民之莫」，「皇天無親，惟德是輔」，「惟德動天，無遠弗屆」，「帝謂文王，予懷明德」，「天矜於四方民」，都是只說天帝之正直無私對人有恩德一面。雖然上帝亦要爲賞善罰惡震怒，但中國神話中卻無關於上帝如何震怒的想像。猶太教中上帝常要試探人對神的誠意，如要亞伯拉罕殺其唯一之子，作犧牲以獻上帝。但是都不許人試探其上帝。希臘的德爾斐廟之預言者，說如何便如何。莎福克 Sophocles 一劇說所生此子，要殺父娶母，於是把他拋到野外。誰知竟然長大回來，路遇老人相鬭卽殺之，而娶其妻，正是其母。這種殺父娶母之神命眞是威力陰森。然而在中國神話中，人都可以試探神，此人卽中國獨有之卜筮。胡先生說中國之卜筮，是藉無心之龜殼與著草以知神意。然而知神意後，都非一切均決於神意。洪範中除龜從筮從以外，還要看卿士從庶人從等。易經本爲卜筮之書，易經無凶卦無凶爻，只看人如何變通而行，則卦卦皆吉，爻爻皆吉。否卦屯卦坎卦無一不吉。卽人事必可勝天。後來秦漢之際讖緯流行，亦有預言。但預言多是人所作，而多作得婉有風趣。如秦始皇如此暴虐無道，傳說孔子之讖語是：「不知何許人自謂秦始皇。入我堂，據我牀，顚倒我衣裳，至沙丘而亡。」眞是婉約而有風趣。西方人對於神之命定與預言，總覺無可逃，希臘悲劇由之而生。懷特海謂此命運之鐵律一變而爲羅馬之硬性的紀律，再變而爲科學中自然機械觀中之必然律，我們可說其三變而爲馬克斯社會發展之必然律，與組黨及統治之鐵的紀律，都是有點違悖人情的東西，而原於覺人力之渺小。而中國人則素不相信天或帝之命定或預言是一定。「天命靡常」，「維天之命，於穆不已」，是時時可變而降新命的。中國古代之天與帝與一切神，均不強制人，與人以難堪。「永言配命，自求多福」。人力是可以有把握的。所以人與自然與神之恩情，常得維持，而人神懸殊之意識亦沒有。人有嚴重到不可超拔之罪惡之思想，亦沒有。舊約以從亞當受了蛇之誘惑吃了智識之樹之果卽墮落，而愛了夏娃，人類卽有原始罪惡。希臘神話中與阿非克 (Orphic) 宗教中亦以人心中卽含 Titens 之惡魔成份，然而中國神話與學術中，都無此思想。卽在殷周以前，雖不必有明確之性善論，然而都絕無性惡論。由是而人在神前亦無慚愧卑屈，而可頂天立地的站在神與自然之前，而對神與自然都可長保其恩情了。

我們說中國文化精神從歷史上看，正是從勞動而對創造生產工具之古人，與自然與神，均有恩情之意識中長出。卽同時說明了中國之學術精神之在本原上，卽是實踐的。而思想卽從人之最現實之實際生活之反省而來。中國最早之學術，不是如希臘之由殖民地之商人社會中，思想家仰觀俯察而來，詩歌不是從游牧羣或商隊中之集體歌詠故事之史詩而始。中國之學術，始於記載政治社會之中之治者之實際事業之歷史，與治者對於其事業之反省而生之關於人生道德治原治術之智慧。而詩歌最早卽勞動者之詩歌，如詩經國風。後人僞作之擊壤歌，謂在唐虞時，固不可靠，但亦足象徵中國人相信詩歌，是始於人在自然中勞動。在治術中，經濟生活之重要，是中國人極早卽注意的。所以箕子作洪範九疇，據我聞在昔而說一曰食，二曰貨。後來杜佑作通典亦以食貨爲第一。孔子以足食爲先，孟子以養民爲先。「國以民爲命，民以食爲天」，中國人都是知道的。然而這種思想，決非唯物史觀。這只是說，爲政者之爲政次序，應以人民之食貨爲第一。不是說人類對食貨之要求，卽決定其思想意識，尤不是說爲政者本人之食貨要求，決定其政治上之階級意識。中國之古代學術之由實際的社會政治之事業之反省而生，與詩歌之原於勞動生活，亦非謂學術之應爲政治經濟之工具，詩歌是勞動之附產物，或促進鼓勵集體勞動之文化工具。唯物史觀之精神，是要把一切人類之學術文化生活，都說爲人類經濟生活要求之所決定，一切都由生產力生產關係決定，一切學術文化政治與生產關係都應適合生產力之發展，亦只爲了生產力之發展，而生產力之發展則爲了人之生存。這是一種就現有之人類文化歷史，而拆穿後壁，一齊推到那後壁中去，而加以曲解的辦法。而中國文化精神，則是從勞動中開闢出人之世界，從人在自然中由勞動得生存，而走出自然世界，到政治中之人羣世界，學術文化生活中之精神世界人格世界。這正是正相反對。一是向下，向後墮落，一是向上，向前開展之二方向。我們必須了解中國人之看勞動，決不只視之爲一生產力爲生產之一手段，勞動中要展示出人生。擊壤歌雖是僞作，但亦是中國數千年農民所生活之境界之一種描述或一種理想，或一種關於農民生活之政治之理想。「日出而作，日入而息，鑿井而飲，耕田而食，帝力於我何有哉」所啓示的不是所謂原始生活的氣息，而是一從容，安泰，寬廣，平適的人生。這中間不覺有帝力之存在，卽不覺有政治之存在。中國政治理想，始終以使社會不覺有政治力量之存在，爲最高理想。刑期於無刑，治期於無治。道家如此，儒家亦然，政治上法家之強同，不如墨家之尚同，墨家尚同不如儒家禮運之大同，大同之名不如太平與大和。馬列主義要以政治經濟統制一切文化與人生，如鐵桶江山，使之無處漏氣，全是中國法家之精神。西方之機械文明之意識之不正當的移用到人生社會，他要使人人時時處處感到政治力量之存在，只有緊張拘迫統制之生活。勞働只是爲增加生產，解放生產力。決不知中國農民之從容安泰寬廣平適之人生有何價值，而只以之爲散漫無力之象徵。

中國今日之農村社會，確是散漫而缺組織，土地分配亦不均，我們並不反對土地改革，使農村有組織，但使有組織之方亦不出今所謂農業工業化與農村自治，政府只宜從旁指導，使之生長復興，而不能強力統治揠苗助長。馬列主義之緊張拘迫的統治精神，從西方近代之工商業文化來，用於工商業社會尚可，用於農村，則在精神上先使農民受不了。農民天性，比較從容舒緩，因爲種植之事，人力盡了，還要待自然之季節之運行，氣候之變化，天然有作有息，與天道要合拍。此非農民無力之證明。農民不受政治之常相干涉，常能過安泰寬廣平適之人生，卽是培養民力。人之生理心理，均在安閒中得恢復生幾。縱是荒山茅屋，「山靜似太古，日長如小年」。天地化幾亦在此流行，農民生幾亦在此暢達。農民之力潛隱而深藏，如土地之力。農民觀草木之生生而不息，種子生芽，無數種子自芽中再生，農民不見絕對之死亡。所以他能直接體驗宇宙生幾之悠久，而亦自然不信其自身生命有死亡。程兆熊先生說農民總直覺地相信沒有死，所以不怕死。「二十年又是一條好漢」之信念，由天地直接啓示，而不須論證。因此農民似無力而有大力，似弱而強，似怯而勇。而古往今來之戰士，唯自農民出者，堅韌而強毅。游牧羣之作戰，只是飄忽若狂風暴雨，如蒙古與回族。然而到底不能支持長久。植物必定著一地而生長，農民亦須安定少擾。則看他從容舒緩慢步田間，而已沐浴於天地化育之和，日月光華之中，而蘊儲潛力。共黨在中國知農民之有力，而使之離鄉別井以征戰。不知愛之，亦不識其力之原因。其主義只是工商業文化之病態之剖析，其整個精神只是一機械精神，一切求緊張拘迫而不漏氣。他們一心只想以農業生產之財富發達工業，逐漸將農業工業化，以集體農場，把農民套在鐵桶江山中。集體農場，如便於機器使用，亦有不得不需要者，但是如何作法，亦須有專家研究。總不能只求一時生產量之增多，忘卻農民之人生情調，與社會文化生活。農民心境，理合寬閒，寬閒才能應時而動，呼吸天地化幾，而增其生命力。他最好只接觸自然與人間社會之情誼生活，不見警察特務與政治指導員及官吏等，感受政治權力之處處督察。鄉村中有一警察站崗，與政治指導講演，原來本身卽煞風景之事。爲政者不須愁農民不愛國，因他生於土地，死於土地，國家鄉土之觀念，比什麼人都明白。只要平時教育，尤其是歷史文化之教育，使他對土地與土地中之人物更有情。要戰爭，他們便能守土。此與工人之於工廠機器，原是無情，只對其製造物有情，根本不同。所以工人只與資本家鬬爭，而農民則能與侵略者鬬爭，而保衞國家，並用不著平時處處加以控制，督察。而農村文化亦自有與之相應之一套。宗教，文學，藝術，哲學之精神，均必與其心境情調相應。第一要寬舒而疏朗，可以悠游行走。第二要有蘊蓄儲藏，而非全部暴露只是激蕩刺激。第三要對自然人間社會，處處有情。使農民能享有其從容安泰寬廣平適之人生，而培養其力量，而對國土有情，可以遇事時守土。

馬列主義之宗教文學藝術哲學，均處處與農民所需之文化相反。其哲學之戰鬪的唯物論，決不見對自然與人間社會有情。其嚮往未來之共產主義之宗教天國，與農民之對父母祖先有恩情而生之祖先之宗教，及對鄉土中之聖賢有恩情，而生之聖賢之宗教，及對有情之天地之宗教精神皆相反。其文學藝術，重激蕩刺激，掀起革命，反叛仇恨狂熱之情緒；否則緊密如機械而不漏氣；與農民之需要蘊蓄，而涵義悠長，寬舒而疏朗之文學藝術相反。所以以馬列主義之政治宗教文學藝術哲學之文化，統制中國農民，必只有摧殘農民精神，斲喪其元氣，農民只要眞感其氣味，便要漸受不了，氣味不投，便生疑忌。生了疑忌，便只有更加強政治統制、警察特務之力量。相激相蕩，而農民亦將日益揭竿而起以亡秦，而無力者卽顯其大力。如中共眞要以馬列主義統治農民，俄國共產黨所遭過之農民之反叛，必不免日益更大顯於中國。俄國之農民，只是農奴，中國之農民，則有幾千年文化所陶養之文化精神存於其血液中。「撓萬物者莫疾乎風」，「天下萬物莫柔於水，而攻堅強者莫之能勝」。共產黨可利用農民之力以取天下，能載舟者亦能覆舟。人在所欲有甚於生者，所惡有甚於死者時什麼都不怕。人民在大家有同一之好惡時，傾覆之力量總是有的。是以有智之士，恒見於幾先。中國人民必須在日月麗天江河行地之文化中行走，寬平涵育之政治下生活，而不能在鐵桶江山中居住，機械主義之文化中生活。此卽馬列主義之精神，與中國人之勞働精神及農民意識決不相容之處。

上文說中國文化精神雖從歷史看是從勞働中走出，而勞働主要是農業。但勞動不只是勞働。農業不只是農業，而且是人生。是有作有息而從容安泰人生，是與土地化機相吐納之人生，是蘊蓄生命力量之人生，是需要與其人生情調配合和諧之社會政治文化生活之人生，而與馬列主義之政治文化之精神不能相容之人生，只能與中國傳統之政治文化精神相容之人生。然而上文一切的話，卻不涵蘊說，中國文化只是眞正的勞働的文化或農業的文化，這卽墮入唯物史觀的觀點。中國的地理環境，中國古代人的生產工具的發明，與在自然中的勞働生活，與數千年農業爲主之經濟生活，只是中國文化精神在其中生長的土壤。中國文化精神之在今日之發展亦不能限在農村文化。而中國政治文化之精神之種子，則別有所在。此卽由中國原始宗教精神及其所轉出之人生智慧，對於性與天道之自覺，與對人生文化之態度。

三、中國文化之精神種子

關於中國之人生智慧對於性與天道之自覺，對人生文化之態度，決非此一短文所能盡講，這中間自有博大精深的義理。此種人生智慧之種子，卽開出中國文化世界中之千巖競秀、萬壑爭流之景象。但是無論如何，有一點是不成問題的。卽此人生智慧，是始於自覺的認定人是第一。中國的一切儒家、道家、墨家之思想，皆是如此。但是此，卻又不是西方近代之人本主義、人文主義。因西方近代之人本主義人文主義，是反宗教之重神重天而生。而中國思想中之尊重人，是因直接了解了天道卽是人性，人至誠而如神，人可以如天人；乃把宗教中之超越精神，與其所嚮往神之境界內在化，爲人依其仁心以裁成萬物、發育萬物、曲成人文之精神境界。這不是否定了宗教，這是使整個人生與文化，皆爲如在神前之眞誠惻怛之心情所貫注，移敬神之禮以敬人與其文化，以對神之親情對天地萬物，而充量的實現宗教的精神。不過人在此不是在下祈禱上帝，而是人以天心爲心，而使其慧無所不運，情無所不通，志行無所不到。於是自然與社會，亦卽在個人之仁心之涵蓋之下，因而超出西方所謂自然主義、社會主義之人生觀之範疇。唯物主義與共產主義之馬列主義在西方自然主義、社會主義之學術文化思潮中，尙屬下乘，更與中國之此種人生智慧相悖。中國之此種人生智慧，不必屬西方之唯心論之範疇，但是重人事的同時是重心的。所謂重心，不須先關涉心如何從自然來；心如何來，可以不管。然而人生之一切事業，必從心之有所覺開始。而人生所求之快樂，幸福，眞，美，善，神聖都是爲滿足心之要求。這是一直接自明的事實。中國哲學中對於心之一智慧，卽並非一來卽說精神創造世界、參贊化育，而開始點只是說心認識世界，卽直接呈現世界之條理形相於心。心之識物乃以天神天明，照知四方，如太陽之明照大地。天地萬物之爲客觀實在，中國思想實從未否認。不僅未否認，而且以心之認識天地萬物，卽心之運於萬物，以其智慧之光輝遍澈於萬物，此尙不只是如鏡之反映萬物而得種種影象觀念而已。說心只是觀念，開始點卽錯。常識及西方哲學家，多陷於此誤。以心之認識只是反映，是西方代表實在論以下之說法。馬列之唯物論，亦以心最初只爲反映外物者。此中有毫厘之差而千里之謬。心認識世界，當然可以留下印象而成觀念，但此只是認識之後，心於境取相之果。不是說心最初只是一反映者。若心最初只一反映者，則心在開始點純為被動，而被外物決定者。則以後再說心之自動性，皆是枉然。馬列主義之全部理論，則建基於心最初只是一反映者之思想，此點在認識論絕不可通。今亦不多論。依中國之思想，心之認識萬物最初乃直接以其覺照之光輝與萬物相接。這種說法亦正是常識所同相信的。常識中都是相信我認識一物或看一物，我之看之認識，卽直接與物生關係。常識承認，由我之認識能力之主動的伸展表現而識物。但中國哲學思想對此心之認識能力或覺照之光輝，尙有一更深的智慧。卽謂此覺照之光輝本身，只是一虛靈明覺，是原無色彩的。因其無色彩，故能顯天地萬物之色彩。如虛空之無形，故萬形皆可位於其中。因而人雖認識一物，恒可不自限其靈覺於一物，亦不自陷其靈覺於一物。認識之能開展，亦卽依於此能不自限不自陷之心之德。這個道理，是中國人無論儒家、道家，及後來之佛學、宋明理學對心之一共同的智慧。這道理說難卽難，說易亦極易。人只一念反觀，都可識得。而一有此義，則知心之認識任何物，皆一面涵蓋之，而一面卽超越之。由對此心之覺照之能有此自覺，卽無論如何在人的世界中，不能再講唯物論。因無論天地萬物如何多如何廣，但當其只是自己獨立存在，而與我們之心無交涉時，他對於我們只是一個混沌，亦不屬於人的世界。在其屬於人的世界時，卽我知覺之時。而當我心知覺物時，我之心永是超越的涵蓋於所知之天地萬物之上。這個關於心之智慧，不是觀念論，而是實在論，然而亦決非唯物論。這種智慧只是要肯定在人的世界與人之知識的世界中，心活動的範圍與存在事物的範圍是一樣廣大，使心物皆不受委屈。如眞要講唯心，在中國現代有熊十力先生之哲學，此處不須多論。然而一朝此義持定，則唯物論終不能有立腳處，卽已注定。

除此關於心之智慧之外，中國人之人生智慧之第二點，卽關於心之性及人之性之智慧。我們上文所說心之不自限自陷於物，卽心之德，亦卽心之不能物化之性。心之不能物化而能不斷顯其虛靈明覺以識物，已證明心之有一生幾。然而此生幾，不只流行於「心之虛靈明覺之相續」之中，而且是當心感物時，卽貫注於所對之存在而與存在自身之生化發育之事相涵攝而通情，並以成就參贊存在之生化發育，而暢其生化發育之機，爲其事或責任。由此情而知性卽是仁，並有依仁而生成物成己之道德實踐及文化活動。中國思想所謂仁心，初不限於仁於人類。因心之明覺可無所不到，則人心之仁亦可無所不到。因而人之仁之充量，卽與天地合德、與上帝合德。而人有此仁性卽證明人在本性上卽同於上帝。因而中國人乃不復向外求上帝。而中國後來之宗教如道教及印度傳來之佛教，均是相信人可成一完滿無限之存在——卽上帝之本義——者。中國思想中看人之性，自孔子孟子以後，卽大都是從自然的人性中看出神聖性。於是斬釘截鐵的相信人之性善。人性善，涵三義：一、人性在根本上是善；二、善在人之性中而不在外；三、一切人之性皆是善的。何以知人性善，一切人性皆善？如果你懷疑，我只須問你對人是否眞有善意、有情、有仁心？如果你說你絕對沒有，我亦無法。但是你絕不願人說你絕對沒有，說你殘忍不仁；卽證明你知仁是善的，你卽已有仁心有善性。此是第一句。第二，你承認你有仁心，有善性，而知仁是好的，你必當依仁而望人亦成仁人，你望人成仁人，你卽須承認人有仁性，不然，人卽無成仁人之可能。此是第二句。第三，如果你只以爲你才有仁心，有善性，他人皆是絕對之忍人，而無仁性善性。你卽是要私據此仁心善性爲己有，你卽是先已不仁。失去了仁心，你便亦可否定你之有仁性善性。我們以此三義，卽可絕對的建立一眞理，卽你有仁性善性，並必須肯定他人有仁性有善性。如果你否定他人之仁性，卽否定你自己之仁性。所以你絕對不能否認一切人之性同樣的善。這卽是孟子所以建立之人無有不善之人性觀之根據，由此肯定人人皆性善。於是中國思想中看人之一切罪惡，都只視之由於人之未顯其本性，本性受了蒙蔽。此蒙蔽，皆由人心之自限自陷於物而物化來。中國人所以恒不能容忍西方宗教家之人生而有罪之原始罪惡之思想，同時亦決無如西方宗教家之設置一永遠的地獄（此亦可說爲希特勒、斯大林之集中營之遠源）以爲罪人及不信教者死後之所居之思想。中國之儒家及宗教中亦無一切殘殺異端之事，而對於一切犯罪過者，都至少在存心上希望其復其本性而覺悟，表現最厚道的對人之寬恕悲憫之精神。宋明理學中更由人性善推進一步，到相信一切萬物皆有此仁性，只是爲氣質所蔽而不顯。開於這種理論之是非，我們雖可以不管，然而這卻是表示一偉大的不私據仁性，不私據善。

由中國人對於人心與仁性之根本智慧，於是中國人之看自然宇宙遂只視爲一化育流行之境界，有情之世界，或一太和之境界。這一種自然宇宙觀，在根本上決不是以認識所對之自然爲處處表現矛盾與鬪爭的。這一種自然宇宙觀，雖不以爲自然爲完滿無缺，否認自然界中之生物之有爭生存而相殘殺，或天地對萬物不仁之事。然而中國思想中，卻有一大慧，卽凡自然之不完滿處，殘殺不仁處，皆使我心見之而不忍處，亦卽唯在我之不忍之仁心流露時，乃見世界之有不仁。因而說天地不仁，亦正對照人心之仁而顯，而人又爲天地所生，則透過此人心之仁以觀天地，則天地之心亦不得稱爲不仁。而再透過人之參贊天地化育之事以觀天地之心，則天地之心亦可說是以仁爲本。由此而可通接於基督教之天心論。此中義理今可不必多說。然而至少一事決定的，卽純從認識上講，中國人亦素無以自然萬物之變化流行本身，卽爲一矛盾之現象，自己與自己分裂，自己與自己鬪爭之說。黑格耳之辯證法，自心上講，一切有限觀念皆不足表現實在之全，故須自己否定，以達更高觀念，此尚有可說。實亦未見大道。至於馬克斯與恩格斯之自然辯證法以自然本身全是對立物在分解鬪爭，則在宇宙處處充滿殺機，只是一大戰場。自然之流行變化，至少在認識世界中觀之，其由如此而如彼，只是生而又生，本無矛盾。所有矛盾皆由執定如此者之不能如彼；故見其如彼，則與我之執其如此相矛盾。此只是自然與我所執定之觀念之相矛盾。自然之變化流行，如此時便如此，如彼時便如彼，如此而觀之，何矛盾可言，何自己與自己鬪爭可言？如說自然有鬪爭，則鬪爭本非矛盾，而凡有鬪爭皆是一方以求歸於和諧爲目標，一方是相鬪爭之二方之內部，必須有和諧，乃能與對方鬪爭。至多我們只能說，在自然中和諧與鬬爭平等存在。如說中國儒家道家有辯證法亦可，然中國之辯證法，所注重者皆在：鬬爭者本來和諧而亦終歸於和諧處，與如何破除人之偏執，使人通觀彼我而去爭之方法上用心。此與黑格耳之辯證法之歸於不矛盾猶相通，與馬克思之辯證法，則根本上旨趣不同。馬列主義一口咬定鬬爭是絕對的、矛盾是絕對的。無論如何曲解，存心先已不仁。縱非存心不仁，而只見世界殺機，一往專從萬物及人類之各爲其自身利益而相鬬爭處看，更不見宇宙中有和氣流行，則亦必日益人之瞋恨心。所謂無產階級的友愛，亦終不能長久維持。此種自然宇宙觀以觀人性，則雖不必說人性爲惡，然至少亦必以爲無善無惡，道德行爲標準，人生理想，決無內在之根據可言，而一切皆爲義襲，而服從權威，一切行爲依利害而抉擇之弊，亦勢所必至。

由上所述我們可知中國思想在根本上是尊重人而視人道之本爲仁道的，同時是要人知心之不可物化，並要人相信仁爲心之性與人性善的。了解自然宇宙是變化流行化育之境界，非殺機所充塞，於是中國對人對文化之根本精神遂有八點可說。

第一、即絕對不容許視人爲手段工具。人爲神之實現意之工具，人爲國家之工具，機器之工具之說，固要不得；而以他人爲自己之工具，以現代人爲實現未來理想社會之工具，以現代人皆爲未來時代人之幸福生活而存在，亦不可。所以孟子一方說人性善，一方即講人皆可以爲堯舜，而講民爲貴，社稷次之，君爲輕。「行一不義，殺一不辜，而得天下不爲。」人人都是自性具足，皆可至誠而如神，自當本身卽是一目的。豈可一人而爲他人之工具，現代人爲未來之工具？

第二、人有心、有善性、有仁心。心之虛靈知覺能慧照而有智，性顯而有情，以感通世界，而能裁成萬物。所以人斷然有其精神生活，內心生活，文化生活，唯由此而人眞見其有無盡尊嚴。因而人之對他人不僅當有愛，而尤貴有敬。若只視人爲求生存之動物，以經濟動機看人之文化生活與精神生活，解釋歷史文化之發展，在根本上卽對人無敬意，而只以滿足人之生存要求爲事，則是以猪待人，愛亦說不上。孟子在此亦斬截分明說「食而弗愛，豕交之也。愛而弗敬，獸畜之也」。而唯物史觀之說，無論如何曲折辯護，亦不無其所見，然而以此思想壟斷人間學術，必將使人彼此全無敬意，而只相與豕交獸畜而後已。

第三、人人自身是一目的而非手段，人有其精神生活、內心生活與文化生活，而各有其尊嚴，而應相敬，因而人決定須承認人之各有一生活之世界，而各有自動自發以形成人格之歷程，因而人與人間必須互相尊重，而不能以狹隘心宰制人羣，一切求其強同。寬大之重要（不是寬大政策，政策只是手段），求和與求同之不同，中國人眞是看得清楚。尙書堯命舜敷五教在寬，大禹謨謂御衆以寬，商書言克寬克仁，彰信兆民。春秋晏子，卽辨和與同之不同。孔子說「君子和而不同」，孟子亦「仁而已矣，何必同」，從此而奠下中國文化之寬容博大之精神。而中國獨無宗教戰爭之故在此，而馬列主義之統制思想之與中國文化精神不能相容亦在此。

第四、人自身是一目的，而非通常所謂與社會主義相對之個人主義，因人之心原是虛靈不昧，慧照及於萬物，不容自限自陷而物化；心之性又爲仁，故個人原能情通萬物，及於家，及於國，及於天下，及於自然世界，及於上下千古之歷史文化世界。個人精神依此卽能涵攝社會而有成物之志，亦可自動依其不忍之心，以成仁取義。然此成仁取義，亦並非以自己爲社會之一細胞一工具，而是成物卽以成就其自己。故自外而觀，社會固包括個人。自內而觀，個人亦涵攝社會。因而以個人自外於社會，固是罪惡。而以社會凌駕個人，亦絕不如理。何況以社會凌駕個人者，恆皆歸於個人之極權專制乎！

第五、由仁心之流行必及於天下世界，不能自限於家族主義，故封建主義毀於秦。不能自限於國家，國家主義與法家以俱亡。故謂中國思想早有世界主義，誠是。然仁心之流行，必由近及遠，故家庭決不廢。而國家之爲物，自橫而觀之雖較世界爲小，然自縱而觀，則爲歷史文化之所托命，祖宗心血之所凝注。人之情之充量，不能只有橫展，而無縱通。故前文所謂中國數十年來人心之爲世界主義所主宰，以至如共黨之一面倒於蘇聯，雖亦是中國文化精神之一表現，然決非其全。而中國數十年來之一切問題皆始於欲建堂堂正正民族之國家爲一貫之要求。卽共黨之嚮往世界主義，亦初由此要求所推動。雖天下一家成爲人類必至之理想，而中國之先頂天立地而如一人，則爲先決之條件。而此要求，必先滿足，而後中國文化精神中之世界主義意識，乃可與之並行不悖，而隨之昭露，以無流弊。

第六、中國人因視自然宇宙爲流行發育之境界，而對之特有情；故視宇宙爲生幾之洋溢，而欣賞游息其中之藝術與趣濃，由此而阻礙對客觀世界作冷靜之分析，亦缺乏對於時間、空間、數及自然範疇之純形式的意識，因而未有西洋近代之科學。然此非中國文化精神與科學相悖之證。中國之思想，在認識論言之，決定爲實在論，因而不僅肯定物質之客觀實在，亦肯定生命、精神，與歷史文化現象客觀實在。此一肯定，卽可爲科學之一基礎。而中國思想中之肯定心靈爲涵蓋超越萬物者，卽本當由之以順展出遍觀萬物之數量關係、形式關係之科學意識，以顯此心之虛靈明覺之大用；使智周萬物，而開拓人之性情流行之境界。然科學家而只限其實在世界於物質之世界，或以一種窄狹之唯物論、唯物史觀曲解自然文化之現象，則其精神上先受一委屈限制，而不能盡用其智慧，科學之眞發達，必不可期。俄國革命卅餘年，而科學理論，始終只爲其哲學之註解。羅素遂斷定俄國科學將歸於日益衰頹。此言同樣可應用於馬列主義統制下之中國。又科學家之關心政治雖不得謂爲非，然眞能鼓勵科學使之發達之政治，必爲眞正尊重人之文化，眞正尊重人之精神自由，眞肯定心靈之智慧之可無所不運之政治。因而是一不以政治爲第一，而以人之德慧爲第一之政治。唯物史觀則只以經濟決定文化，而以政治爲至高無上，在本原先不端正。故人之以唯物論眞可以促進中國全面科學之發展，全爲一幻覺。

第七、中國文化精神因重人與人之相敬而特重推讓，故中國過去社會缺階級對峙，人民亦罕向政府要求平等自由，故無西方式民主政治。中國秦漢以後之政治上人物，多出於選舉，薦舉，科舉與學校。官吏出自人民，老而重返鄉里。政府爲政以少干涉人民爲要，而人民信託政府，而恒歸於政府與人民之互尊讓而相忘。然西方民主政治之精神，一方亦出於個人之自尊心與責任感，民主之哲學亦多有純自個人之人格尊嚴與道德責任感以立論者。西方民主政治思想之潮流，已向此勝義而趨。中國原於人格尊嚴之貴民思想，自戰國以後而確立。其與西方民主之勝義，亦正有相通之處。中國數十年來以賢者猶存推讓之素習，而人民安份，故恒對政府存期望信托之心，少有督責之意。故上之君主廢，而下之人民不動，中間之賢者不動。於是乃使不肖者奔競於政途，使野心者割據以肆志。狡桀之士，則譁一時一地之衆，而邀天下之寵。稱他國他邦之長，暴中國之短。儒師碩學，虛懷若谷，亦默然而息。於是政隳於上，教敝於下，天下於以大亂。此皆緣中國文化陶養下之民族精神之優良處所生之悲劇。錢賓四先生政學私言中，亦以此爲西方式民主政治不適於中國之理由。然所謂中國民族精神之重謙德，亦只能是中國文化精神之一面。充不忍之心責任之感以擔當世運而從政，亦爲中國文化精神之一面。而民貴之義，亦不能只表現於道德，而必須見於政治。人民之從政，如皆懷忠信以待上之察舉，則在政治之地位終屬消極，而非積極。如何本中國過去政治文化精神，通接西方民主政治之勝義，以建立中國式之民主政制，要爲今日人所當用心之一事。然學蘇俄之一黨獨佔政權，使人民永爲被動，則悖於中國政治及文化之精神；而中國之政府與人民之關係，必須疏濶，而爲政必求寬平，則決無疑義。

第八、中國思想中因早信人性善而人各有其人格之尊嚴，漢高祖以平民爲天子以後，封建廢而王室日趨於孤懸之上，只爲國家一統之象徵。在下則萬民平等，而古代之階級廢。魏晉門閥之興本於世亂，同血族者相依庇，非社會以階級爲應有之證明。唐宋以後，中國社會則日趨於只有流品職業之分別，更無西方的階級對峙之情形，而經濟上土地兼併之害雖恒積數百年而日顯，然中國儒者自來稱美井田。王莽之政與北魏之均田，王安石之新法，皆含裁抑兼併之精神。而中國文化亦素重勞働。此二者實中國共產黨之土地改革與重工農勞働之爲中國文化精神所支持之處。然中國文化精神之言井田，言均田，皆只是富而後教，行之本於仁心，而歸於使人皆得舒展其向上之心，於禮樂文化中生活。人生固重實踐，然勞働只實踐之一端。又一切之實踐皆所以盡心顯性以成就完滿之禮樂文化之生活、有德慧之人格，因而皆爲一道德性之實踐。故勞働亦非只可視如生產之手段，勞働當卽是人生藝術之一端。西方人論救西方工業文明之敝，唯英人能知勞働藝術之重要。而中國古代民間勞働之趨於藝術化，於中國文學中皆可見之。中國農民與西方奴隸制度、封建制度、奴隸農奴之生活情調實大有不同。馬列主義之言勞働則純以勞働力與其他生產力平等，觀其整個精神純爲經濟上之生產觀點。其唯物論、唯物史觀，與充滿殺機之宇宙觀、緊密不透氣之政治、以現代人爲理想社會之實現之工具手段之人生觀，無一不與中國文化中之勞働情調相衝突。此可重覽本文第五段之所論。我們由此八點，便知中國文化精神之與馬列主義之不相容，同時可以了解中國文化精神眞充量的發展其自己，卽解除其過去之文化意識之矛盾，而通接於世界文化之路道了。

結論：中國文化精神之潛力與國運之推移

我們再來簡單綜結上文之所論。卽我們本文之主旨，只在說明中國文化精神不只存在於中國之歷史社會，尤不是只在歷史學家、考古學家之所研究之文物中，而是直接存在於現在之中國之人心，並表現其決定國運之力量的。因而中國數十年之混亂與中共之勝利，均由此文化精神之在後支持。然而中國文化精神在原則上是與馬列主義之精神相違的，所以以馬列主義統制中國農民，在情調上首不相合而必引起反抗。以馬列主義統制中國文化，則與中國人之人生智慧對人生文化之態度，無不相反，而只將對中國文化與以摧殘。然而我們所說中國之人生智慧對文化之態度，雖只是抽象的提出之幾點，然而在實際上則是有中國文化歷史之無數具體事實作證的，只是本文未暇申述，因而亦爲現在中國之社會人心中所自覺或不自覺的對人生文化之態度，而且有實際之主宰中國社會文化之前途之大力的。當你不違悖他之時，此力如江水之無聲無息的流，一切力量你都看不見。但是你愈要以馬列主義統制中國人，則此力愈顯出。中共一年之成功是由於馬列主義之表面與中國文化精神或有相似處而得中國文化精神之支持，然而兩者之根本不同，必將逐漸顯出而爲中國人所自覺。中國之未來，亦將由中國人日漸自覺其精神與馬列主義之不同，而否定馬列主義，以完成一通過其反對面而再回到自己依其文化精神以建國之辯證歷程， 這是眞正之中國歷史之必然。此辯證歷程，此否定，不只在臺灣及香港之中國人之心中進行，亦在中國大陸之社會人心及中共本人心中進行。中國文化精神有無比的大力，他是直接貫注於中國之全部人之生命與心靈之深處，而直接攻中共之心。但是必須了解，這個精神只是一客觀的存在於整個民族社會歷史文化中，並通過全中國之人心而存在於今日者。他絕對不屬於任何一私人，或一政黨。他只是一浩浩的長流在尋求他自己之道路，完成其自身的發展，而無聲無息向著他之自然且合乎當然的方向流。順天者存，逆天者亡。他卽是中華民族的上帝。人要以私心利用他、佔有他、違反他，總是心勞日拙。而只以一虔敬心，虛心認識他、相信他的人，他可以對之加福。眞是鬼神之爲德其至矣乎，洋洋乎如在其上，如在其左右，體物而不可遺。他對一切中國人皆有同樣的愛，然而他卻無私惠私恨。一切的意氣，在他之前必須平下。你一切的努力必須是爲了他。而他亦卽是你之最內在的自己，在你自己中有數千年無數的祖先之生命之生理心理精神之交融成的力量之整體潛在著，這就是他。而你能依他的意旨而行，你卽是實現你之爲人、你之爲中國人。而此精神同時使你與世界文化精神之一切有價值之方面， 如科學民主之精神相通接 。由是而實現你之爲中國人，與實現你之爲世界人，是一事不是二事。世界上的人，亦須知扶助中國人之成爲眞正的中國人與使中國人成爲世界人，亦是一事而非二事。由是而使中國依中國文化精神而立國與依世界文化精神而立國是一事而非二事。中國文化之精神我們上面只說一點，卽一切以人爲本。所以成爲中國人，亦只是成爲人。中國人之成人，成中國人，成世界人，眞正是三位一體。中國之成爲中國，成爲眞正的人的國家，與成爲與世界相協和的國家，亦是三位一體。而以馬列主義宰制中國社會人心，代替中國學術文化，則不能使中國成中國，中國人眞成中國人，不能通接於世界文化而成世界人，亦不能眞正成爲一頂天立地的人，因爲他只是教人爲物，由是而中國亦不成中國，不成與世界協和之國，不成人國，而只是地上塵土之國。依我們的眼光看，馬列主義始終只是對於西方資本主義之文化之流弊方面之病態之分析。其對西方文化之價值，只在從人對資本主義之流弊反省，其效用純是消極的。其暫用之於俄國尚可，因在冰天雪地之俄國，自然界本充滿殺機，而其人民亦素富兩極之神性與獸性之矛盾，其過去之歷史亦爲一不斷之被征服而向外爭鬬之歷史，習於專制政治旣久，亦無眞正一貫之歷史文化學術之精神以支持其社會人心，如中國之情形。所以戰鬬的唯物論可以成爲其宗教。然而此種殺伐的哲學文化精神，決不能與中國之陽春世界人文世界之精神相容，因而必須被否定，以使中國人成其爲中國人，世界人，而成其爲人。此中之大力冥運，卽勢卽理，至於如何依此精神創制立法形於事業，是另一問題。但我們必須先有智慧能認識其存在，有性情以相信之承擔之。孔子曰：「知遠之近，知風之自，知微之顯。」德由此入，信由此起。又曰：「君子見幾而作，不俟終日。」迷途之人亦可以悟矣。

（一九五二年三月華國出版社初版）

註：本文爲「中國之亂與中國文化精神之潛力」一書（一九五二年三月華國出版社初版）之「下篇」之主要部份及「結論」部份。原書之「前言」、「上篇：中國之亂之文化背景」及下篇之「一、中國文化精神之不容否定」前半部已收入「人文精神之重建」一書第三部之四。原書目錄頁有作者按語：「本文上篇之主旨在說明中國近數十年之一切亂源，係由於潛在的中國文化精神之未得一正當之表現，全是從反面說，旨在使人們有一徹底之反省。下篇則歸結於說明中國文化精神之不能支持共產主義，並說明中國文化精神之眞正的實現，亦卽所以使中國人成爲人、成爲世界人而三位一體者。此文之開合甚大，望讀者耐心閱之。」——編者

試說收復大陸後之立法精神（註）

本月四日出版之香港「自由人」一三一期，臺北特約通訊標題爲：「收復地區厲行檢舉新漢奸，中共重要首長一律嚴懲，凡領導清算鬥爭者，決不寬恕。」內容爲臺灣若干法律專家長期研究，所擬定之「大陸收復地區處理刑事案件暫行條例原則草案」，共二十三條。第七條有參加匪僞組織擔任其機關之正副首長者，厲行檢舉，從嚴懲處等。同類消息，「自由人」於一月以前曾刊載一次。

國民政府及臺灣人士鑑於日本投降以後，一切接收工作及戰後行政措施，事先缺乏準備，致臨事倉促，無法應付；故現在儘量於反攻以後可能發生之各項問題，均集思廣益，充分研討，此不能不說是懲前毖後之善計。此條例送至主管機關以後，究竟如何修正通過施行，固尚不可知。然而，在反攻大陸前，首先使大陸人民所聞收復地區之行政計劃者，便是懲治罪犯之刑事條例，這從反攻大陸之政治策略上看，固然有種種不良的效果，人人都可以想得到。但是我不願從此去批評。因爲共黨三四年前之寬大政策，口頭上雖除了數十個所謂戰犯以外，一律寬大待遇，而實際上，則殘殺所謂反革命份子及無辜平民已至千萬以上。此種專以欺騙及狐媚，取得政權，再事屠宰無力反抗之羔羊之作風，尤爲罪大惡極。現在國民政府及臺灣人士，將叛國者之罪，明定于法律，而依法懲治，正所以明國家之綱紀，並無可非議。我們亦決不當爲軍事上反攻之便利，而故示寬大，以便瓦解共黨之軍心與統治權，而暫時將從嚴懲治之條例，隱祕起來。這種不光明的行徑，我更反對。現此條例既尚未成定案，所以我不擬對此條例本身及其應否公佈等，表示意見。我所聯想到的爲將來對于收復地區之一切立法之根本精神。這根本精神我認爲應當是，在除對于少數元兇巨憝，應依國法審判外，對一般人民，及一般中下級機關首長，以至一切情有可原者，一切悔悟而對國家民族有用之人才，應眞實的作到寬大處理。

中國之淪陷于共黨，在人民的立場上說，是人人皆有責任。而在政府立場說，則是政府自己在軍事上政治上着着失敗，才使人民陷於如此水深火熱之境地。蔣總統亦屢次說，政府之領導自由中國，反攻大陸，收復大陸，都是將功贖罪的事。這是最明智懇切的話。中國大陸人民對政治大多不用心，亦不了解。許多知識分子之附共投共，其最大的錯誤，亦只在誤信共黨之虛僞宣傳，並且不了解中國文化之立國精神根本與共黨不相容，而爲其欺騙。但是這在原則上，是可以原諒的。此外大多數的公務員與知識份子，則都是因無力逃出而只有附共投共。在鐵幕封鎖之下，他們亦根本不大了解退處臺灣後之國民政府之進步，與國際情勢的變化，亦看不見其他任何一點新希望。在這種情形之下，除了死亡之外，便只有跟着共黨走。我們不能輕責人以一死。人一附共投共以後，亦卽失去其自由意志。他要你坦白，固不能不坦白，而他要你執行任何政策，參加清算鬥爭等，人如苟免一死，便亦只得遵辦。共黨的作風，都是依於其鐵的紀律與自上而下的決策。而其最高的執行者，是毛澤東與其左右，而後面是斯太林。此外很少人有意志自由。法律上對于失去自由意志而被迫犯罪者，或吃痲醉藥而瘋狂而犯罪者，皆只懲罰其發縱指使的人。現在中國大陸之無數在鄉村城市領導清算鬥爭的人，以至無數中下級機關首長的人，正是一羣被迫犯罪者，或吃痲醉藥而瘋狂者。這似乎不應當照平常的法律條例來懲治。

誠然，現在流亡在臺灣及其他海外地區的人，不少人之父母兄弟皆遭清算。而大陸之人民之父母兄弟，受毒害屠戮者，又不知凡幾。這個寃屈，自然不能不求伸張。縱然政府莫有懲治條例，我們都可想得到，將來有無數寃寃相報的事，將遍於大陸之鄉村與城市。然而從整個中華民族想，這正是中國人民生命之最慘酷的浪費與犧牲。但是大家必須明白，寃有頭債有主，這只當找到為最高首腦的少數人與斯太林。只要把他們依法懲治，已可大快人心。因而將來我們之立法行政之最重要的部份，反應是如何禁止人民之寃寃相報，或如何將被迫參加清算鬥爭的人，加以隔離，以免寃寃相報。而最重要的工作，當是眞眞實實的感化教育，以保持中華民族之刼餘的元氣。若我們此時反而以從嚴懲治，為立法之精神，則雖可使家庭受共黨荼毒者，暫時為之一快，然適足摧毀民族之元氣而已。

共黨之暴政，如秦之苛法。漢代秦興，只是除秦苛法。漢高祖約法三章，為政豁達大度，一切行之以易簡。後來曹參，更與民淸靜，而國家元氣乃能逐漸恢復。將來收復大陸，正當一切以簡易寬大之道行之。必須力求免于以暴易暴，方足以服人心而致太平。我希望今日中國之法律家與政治家，皆宜向這一面去用心才是。

（一九五二年六月「民主評論」第三卷第十三期）

註：本篇發表時署名「弘之」。——編者

宗教精神之偉大（註）

約在一月前，報載美國一教士，爲祈禱上帝保衞世界和平，感悟共產黨，而絕食四十六日，逝世。我本來注意此類之事，而匆忙使我之人性痲木，我眞慚愧，竟忘了其名字。前日到鄉間，對着海天空闊，乃復想起此事。似乎遙見此教士在迢迢的海天相接之處，身體慢慢的消瘦消瘦，終於一瞑不視，而魂飛天國去了。這重使我感念宗教精神的偉大。

對於這種精神，我不願只從他是一反共者上去說。如只爲了反共，今之一般反共人士，要認爲這是一愚不可及的方法。我將只自其宗教精神本身之價值說。這一種宗教精神本身之價值，在於自覺的接受死亡以爲眞理或道之見證。同時眞實的昭露人性之莊嚴神聖於世俗的心目之中。

同是人類，而其精神境界之相懸，竟不可以道里計。

（一）古往今來無數的政治軍事上的野心家，都是不恤「一將功成萬骨枯」，把他自己的生命建立在無數的人之死亡之上。

（二）一般的人民，營營碌碌的求生、結婚、生子、謀事。當求生不能，失戀，喪子，或事業失敗時，人亦常會自殺。世界遺棄他，他亦卽願默默無聞的捨離世界。他傷害了自己，但他未傷害世界的人。他較一切野心家爲高一等。而且就在他這種平凡的死之中，仍見一人之所以爲人的特徵。此卽達文生（Davidson）所說「人是唯一能自殺的動物」。

任何人之所以能自殺，都由於其有比單純的生命存在更寶愛的理想人生。如果莫有此理想人生，他便寧肯不要此自然生命。人必須以其所自覺爲有價値之理想人生與現實人生相對照，覺後者之無價値，値不得存在，他才會驀然定下決心自殺。人爲了自覺爲有價値之理想人生而自殺，是要斷絕人自阿米巴進化到而今之億萬年傳下的自然的求生意志，成爲一「爲其理想人生而存在」的精神生命。不管此理想人生之內容是如何的平凡，然而這同樣昭露，人非只一自然的生物，人是爲其理想人生而生，爲其理想人生而死。同樣昭露人是一有精神生命的存在。在匹夫匹婦之自經於溝壑之中，亦多少有人性之莊嚴與神聖在。

（三）人可以爲其理想人生之實現而生，否則寧肯死。所以人亦可以爲其理想的社會、理想的人間關係而生，否則寧肯死。人對於不合理的社會組織，不公平的人間關係，人要誓死反抗。人在此會與維護不合理之社會組織、不公平的人間關係之有權勢者，拼死生存亡。這時人亦不怕自己死。但是，人要與罪惡的對方一齊死，此是與汝偕亡之敵愾心。此時人是爲了要否定罪惡的對方之存在，而不惜以自己之自然生命之否定爲代價。此時人是以自己之自然生命，作爲「實現罪惡之否定之理想」

的工具，亦卽實現一正義之工具。人在此之自願的死與一般的自殺不同。他是要使其死發生一客觀社會的價値——卽罪惡之否定。他是要使其死，對其罪惡之否定之自覺的理想之實現，有所補益。人遂成爲更高的精神的存在。在此，我不否認，眞正爲厭惡資本主義、帝國主義而信共產主義，不惜爲其理想而奮鬥至死之共產黨徒，仍是一精神的存在。其人格仍有一極高的價値。但是可憐的事，是他們之唯物論把此價値都否定了。共產黨徒，竟不知眞能承認他們之人格價値的人，正是他們所攻擊的非唯物論者。他們以其唯物論否認其自身之人格價値，亦否認人類文化中一切純精神價値，而使其最初之惡惡之心，本身成爲罪惡，而惡此共黨之罪惡者，乃轉而願與共黨偕亡。這整個來看，都只能說是人類的悲劇。然此悲劇中仍處處表現人在本質上爲一超自然生命而具精神生命的存在。

（四）但是人之爲一超自然生命而具精神生命之存在，其最高的表現，則見於人之爲了一客觀理想之實現，而不忍心傷害任何人。他自覺的不惜犧牲他自己之自然生命以感化對方，以證明此客觀理想——卽「道」——與合此理想之理想人生，確是眞實不虛，而具備一高於自然生命之價値者。這卽是人類最偉大的宗教精神。耶穌未嘗一念要報復仇怨他的敵人，他知道反對他、仇恨他的人，在罪惡之中。但是他決心上十字架，爲一切人，包括敵人在內，贖罪。甘地當印回教徒衝突時，他只以絕食二十一日來消解他們的衝突。當他最後被刺時，他仍以手覆額，表示他對兇手的原恕。武訓在老師不專心教、學生不專心學時，他只自己屈下他的膝。這與最近絕食四十六日而逝世之教徒，皆表現同一的宗教精神。他們都不傷害對方，而只傷害自己。如果人類中莫有他們，縱然有千百個證明精神價值的哲學系統，亦只是一些語言文字與掛空的思辨。而且一切的哲學家與社會改造家，都將失其最高的靈感之泉源。人類中有了他們，道成肉身，然後精神生命之高於自然生命，精神生命之爲人之眞實的生命，才有具體實在的見證。而人性之莊嚴與神聖才眞實的昭露於世俗的心目。我們平常在知識才能中都可以自負，但是我們眞能爲我們之理想而絕食一、二日嗎？何況絕食至死？我寫至此便知我自己的渺小。我們的理想雖高遠，然當不得眞。我們說他們愚不可及，然而我們就莫有此愚不可及處。我不知道，除了我們自認渺小，而對他們致一宗教性的崇敬以外，還有什麼漸升於偉大之道否？

（一九五二年八月「民主評論」第三卷第十七期）

註：本篇發表時署名「弘之」。——編者

收拾精神，自作主宰

——答徐佛觀先生書（註）

前後三示皆敬悉，得前示時弟本寫了一長信，並要學生鈔了，可作公開信發表，後覺無必要，故未寄。弟最近論西方文化根本問題一文，本是拙著中一章，作單篇文發表，殊不相宜。唯以久無時作文，故只得以此報命。兄望弟以後，多爲讀者寫點輕鬆之文，此亦確甚需要。兄謂，弟與宗三兄之讀者原甚多，自民評三卷以來皆減少。本來文所以應世，無人讀，眞理亦可長留天壤，不必見諸語言文字。唯此中，蓋亦另有理由。卽最初二年，大家皆覺流亡異地心無安處，故求知心較迫切，而作文之人亦少，弟等當時所寫之文，較爲向前放開說的故看者多。此二年，則弟等之文章，實皆是偏于向後收攝，向上提挈說，繞灣子較多，而文亦太長，使人難耐。同時其他作文之人佳作漸出。而其思想之根本精神，思想態度又或與吾人之重點，頗有不同。譬如論民主自由，人皆直接說，弟意則以爲在理論上，要間接說。兄謂弟對此若隔一層，誠是。弟以爲在民主制度之建立與一般宣傳上，可以直接說。

在根本理論，則正須要隔一層說。實則兄與宗三兄年來在民評作文喜從儒家思想與過去之政治毛病中轉出民主之論，而不以西方某學者之言為標準，亦不直接宣傳民主。正同被人視為多餘之事，而隔一層之論也。依弟之意，今日論中國之現實政治文化問題，皆須有人透過過去中國與西方之文化政治思想，以隔一層的講。同時講古代中國與西方之文化政治思想，亦皆須融歸吾中國人之目下與未來之問題，重新變一態度來講。因而亦不能只是視為客觀外在之國故與洋貨去講，或只是考歷史的講與趕潮流的講，復不能主觀感想的講，欣賞的講，而應是，承擔中西之智慧的講，疏導其積滯與葛藤的講，批判其所不足與矛盾的講。後一風氣，五四以來始終未開出。吾人今日欲開此風氣，其事亦非呼號所能為功，必須在切實處，人所不知處用功夫。亦不必切切于有廣大之影響，斷斷與人爭辯。建立國家之事，千頭萬緒。學術思想，亦只其一端。但在此一端中說，象山先生所謂「收拾精神，自作主宰」，實最為重要。學術思想上站不住，被人看不起，民族國家終不能在世界立起。西方人視中國之過去思想皆常識。所視為代表今日中國文化之世界學者，即胡適之先生。世界人視胡先生不過杜威之學生耳。彼未能如太戈爾之代表印度在世界之聲音也。歐美之大學漢文系，皆考古而已。彼等視中國文化一陳跡而已。西人對印度之宗教哲學，尚有崇敬之意。因太戈爾與印度文學家哲學家宗教家，皆能發聲也，非只傳聲筒與啞子也。在弟之意，吾人如不甘于為傳聲筒與啞子，而能在世界發聲。必須在文化思想上先有一立錐之地。然當此之時，吾人實正為禪師所言：「去年貧，未是貧。去年貧，貧無立錐之地。今年貧，連錐也無。」禪師以此喻解脫，吾則以此喻吾人處境之可悲也。然由悲而後能發憤。而發憤之道則在先有豪傑氣慨。上下古今，高視闊步，在心量上涵蓋西洋之思想之大體而超越之，凡有所論列，無妨粗枝大葉，江山不老，代有賢才。來者當有勝于今也。若有先卽太求細密其不歸于瑣碎者幾希。弟年來個人用心在文化思想上常有以近代德國思想中之理想主義平衡英美式之功利主義新實在論思想對中國之影響，又以西洋中古精神補西洋近代精神之偏弊，再進而以東方中國之宗教道德思想，補充西方基督教思想之意。蓋終覺吾人在本原處，須有立錐之地。接受他人之長，方不致使精神恍惚，浮游失據。今日中國之學風與文風，仍多恍惚浮游之氣。此可直覺，難以指證。西方中古至近代，科學技術文明之發達，初受阿拉伯之影響甚大。然西方人終握住基督教不放，再追求希臘智慧，故能戰勝回教世界。吾人今亦須有自立之道也，人類將來，亦終將世界一家。但東方與中國先哲在如何使世界一家之智慧上，弟深信其非西方人所能及。弟為此言，非如世人之泛說，其義實極深微。而在世界一家之前，吾人亦不能不先有獨立之聲音。此中縱不免偏宕與夾雜意氣，亦須先有此一段經過。中國五四以來之思想界與學者，畢竟是俯仰由人。共黨之征服中國，其責任不能只由政府當局負責之也。亦不當只由中國文化負之也。而當兼由五四以來知識份子精神之外在化而中國無所主負之也。自嚴又陵先生卽介紹英國思想至中國，五四以來之思想亦英美留學生所領導。彼等貞膜拜其師，弟不忍責。因敬師亦中國文化精神之一端。穆勒、斯賓塞、杜威、羅素諸人亦不能不說是大學者，介紹其學于中國弟無異辭。但弟終覺其之思想之根基殊淺。其影響于中國數十年之思想之效固有，然終不足使人精神有安身立命處。故弟在西方近代思想中亦不願承認穆勒、杜威、羅素爲吾人之模範而常提到近代德國之理想主義者。此一方面是弟確覺此派思想之根基，確是深厚而高遠，一方面亦補偏救弊之意。英美學者之貶斥此派思想實多出于其民族間之敵意。吾人無隨後作應聲之必要也。德國之康德黑格爾思想與其精神亦非卽完滿無缺。其思想之具體內容姑不論，其精神本身亦可再進一步。其進一步在由純哲學之思辨精神，發展出儒者之實踐精神而超哲學家以入聖賢之域。然彼等之精神之深厚處，則未必一般英美之哲學家如杜威、羅素等之批評所能動。同樣弟對西方中古基督教之看法，亦以爲其精神，亦未必近代之唯物主義、唯能主義、自然主義、實證主義、功利主義、實用主義、新實在論之思想所能動，而只有東方之佛教儒教能進一步補充之。承認德國思想以超出英美思想之限制，承認中古精神以超出近代文明之弊端之限制。推尊東方中國之智慧，以超出西洋文化思想之限制。此皆似有所偏，而實所以報不平。報不平而後能平。吾人當儒而俠也。學術思想能平而後天下平。天下平則學術思想亦非重要，如禪宗之視爲乾矢橛，亦未嘗不可。凡此等等，皆須吾人先有自作主宰之氣慨，方能向此用心。此非爲吾人個人爭名位，而是爲求吾民族國家之頂天立地于世界與人類文化之悠久和平。五四以來之學風，不足勝此任。吾人之工作，至多只能開其機，力小任重，而志不忍泯。天下滔滔，今日又有鈷彈之出現，弟看人類之逐物而不返，終不能主宰其所製造之物，而實有毀滅之可能。以佛眼觀，無量劫來，人類，蓋已早有鈷彈之發現而毀滅若干次矣。以此思之，如何勿悲。

總之弟與兄之所見在根本上無出入。兄之直言，弟亦甚感。民評要社會能支持，亦須多求讀者，並謀適應人之需求。唯在根本上，則弟不甚看重一般風氣下之人對吾人之反感。蓋此乃不可免者也。

（一九五二年八月二十五日）

註：本篇爲謄寫稿。——編者

紀念意大利名哲克羅齊逝世（註）

一二年來，西方名哲如杜威，桑他耶那，皆相繼逝世。今天意大利之克羅齊，又以八十六歲之高齡逝世。此諸人之哲學，在我個人，均有不慊於心。然他們每一人從事其哲學系統之創造時，皆各有黃泉道上，獨來獨往之慨。民主評論編者，要我著一短文誌念，亦義不容辭。只是手邊無書，只能略說幾句。

克氏之思想被稱爲新唯心論。其著作與思想，英人維登卡曾加以介紹翻譯，而流行英美。中國方面，朱光潛曾譯其美學。他早年治黑格耳哲學，並研究馬克斯主義。後來自馬克斯主義中翻出，其對馬氏，入室操戈，故亦頗多深刻之論，亦爲世所稱。然馬克斯主義，本不足以言哲學。克氏在哲學界之地位，惟由其欲將德國式之唯心論，再推進一步，因彼衷心之所愛，仍在其意大利之先哲維果。彼蓋承維果之人文思想，而不滿於黑格耳之絕對主義。然在以精神爲最後之實在一點，則仍未離唯心論之原則。

克氏曾一人主持一「批評」之雜誌數十年。其重要之哲學著作，一論邏輯，一論美學，一論實踐哲學，一論歷史，一論什麼是黑格耳哲學之死的部份與活的部份。我記得其在最後一書中，曾舉出不少黑格耳之用辯證法以解釋自然之可笑之理論。——此最可笑的部份正是恩格斯之自然辯證法之所承，而視爲至寶的部份。其批評黑格耳之最大的錯誤在混淆分別的（Distinct）概念與矛盾的概念。分別者可以並存，而矛盾者不可並存。視分別並存一切有差異者皆是矛盾，正是馬列主義者思想中之死症，而非一切差異皆由矛盾而相毀相殺，以同歸於盡不可。在黑格耳哲學，矛盾者皆依於一不矛盾之絕對理性。黑氏雖不免以差異爲矛盾，然他亦可承認差異矛盾者之並存，故其毛病猶小。馬列主義不信不矛盾之絕對理性，以差異爲矛盾而強調鬪爭，這才眞是學術殺人。然追原而論，黑格耳之忽略矛盾與差異之不同，亦不能辭其咎。克氏在此以分別與矛盾二概念，必須先加以分別，亦可謂黑氏之諍友。而克氏之崇尙自由精神之理論根據亦卽一在於其肯定差異者之可並存，不必相矛盾而相銷相毀，一在於其知精神之本質，卽在生長創新與自由。物質可以不要自由，而精神則非要自由不能創新。其唯心的理想主義，亦卽其自由主義之根據。此與英國式之自由主義之根據於洛克式個人主義與以後之功利主義者，當然更爲深刻許多。

克氏之哲學，以邏輯爲考察純粹概念者。此與純粹邏輯家之邏輯觀點實不同。其心目中之邏輯內容，實與西方傳統之形上學知識之範疇論混淆，恐不足爲訓。他以美學爲純粹的直覺之學，在美學中倡表現與直覺合一之說，大家都公認其爲一特出的見地。他在其美學中附了一美學史，評論上下千古，足見其對美學自信之深。他在實踐哲學中，論純粹的實踐行爲。他特舉出經濟與道德爲人兩方面之實踐行爲而加以並重。傳統實踐哲學多只重道德，他加以擴大。他由此而以效用之價值與眞美善之價值並稱，並以經濟當爲一獨立之人文領域，這大概是因他有感於傳統哲學之忽略經濟，乃有重經濟而以經濟說明一切人文之馬克斯，故必須將經濟本身視作與道德藝術文學科學並重之人文領域之一部，才是正本清源之計。

至於與他之辦雜誌與講學之精神相配合的，則是他對歷史哲學的見解。他在論歷史之書，力主歷史與哲學合一。大概西方講歷史哲學者，黑格耳是以哲學在歷史之後，對歷史中所表現之理性作事後的反省。他以歷史哲學只論過去不論未來，又如神話中理智之鳥之在夜間飛翔。馬克斯等則以歷史哲學重在預言未來，而其唯物史觀本身亦只是推進歷史到未來的工具。二十世紀之斯賓格勒則預言未來之西方文化是一條死路。今之湯因比，則是學究式的排比分析，其所舉之歷史法則，只是過去歷史事實中，用歸納法抽繹出來的，他不預斷未來，他所論之歷史法則對於現代人的指導作用只是說如果怎樣便大概會怎樣。至於克氏之歷史哲學則與他們都不同。他以歷史與哲學必須眞正合一。歷史家不能把歷史只當作已成或已死的事實來加以排比分析。歷史文化之精神意義，皆賴於哲學的解釋，而歷史文化之哲學的解釋之所以可能，則賴於解釋者之精神之生活於歷史世界中，而視已往之歷史如在一永恒的現在。因而人之精神在創新中，哲學在創新中，歷史亦在創新中。過去的歷史文化並沒有死，因其精神意義皆活在解釋者之解釋中。解釋歷史者不只是反映歷史重現一已成之事實於現在，亦不只是對歷史作事後的反省。因此解釋中卽有解釋者之哲學上精神上的新的創造活動，而有新的精神意義之貫入舊的歷史文化之精神意義中。而這又不是使歷史皆成歷史家之主觀上的製造，因爲歷史家的精神與其哲學之活動，卽是要融今古於一永恆的現在。黑格耳亦謂歷史精神在一永恆的現在。但此永恆的現在，只在上帝與哲學家心中。克氏則以任何人在解釋歷史時，則歷史卽已在其現在之精神，其現在之哲學之解釋中。於是解釋歷史卽使歷史更新他自己，無異創造歷史。每一歷史家都無異在創造歷史。於是歷史哲學家，乃不須預言歷史。歷史哲學家若站在歷史外，才要預言歷史，他現在卽在歷史中在創新歷史，他不能預言其自己的創新，如何能預言人類的歷史？於是眞正歷史家、哲學家的責任，便只在對當前之文化、當前的歷史的批評。此卽哲學家、歷史家之創新歷史的當下現成的事業。亦唯如此，人才能眞做一歷史家、一哲學家。這可說是克氏的大慧。

克氏終身依唯心論以維護自由精神，早年自馬克斯之教翻出，後來慕沙里尼當政，其友人而年輩略後，同以新唯心論名之甄提勒 Gentile，尙不免幫慕氏訂教育制度。然克氏則始終不改其素。今馬列思想方橫行世界，哲人凋謝，來者其誰？瞻望海天，不禁長嘆。卽以此文，一爲紀念。

（一九五二年十二月「民主評論」第三卷第二十四期）

註：本篇發表時署名「弘之」。——編者

新年向世界人士敬陳二義（註）

一年容易又新年。一九五二年過去，一九五三年新年又到了。

在一九五二年之中，世界之大事很多。但是我們現在只提兩件事，來促醒大家更大的注意。一是共黨在此一年中，迭連在北平與維也納召開和平會議。一是此一年間中東區回教國家及其他亞非各地曾不斷發生震盪與不安。

以主張鬪爭絕對論倡世界革命論的共黨而迭連召開和平會議，誰也知道這只是欺騙世界的策略。但是這同時證明共黨亦未嘗不知道，人類所盼望的是和平，而不是馬列書中口口聲聲所強調的矛盾鬪爭；亦未嘗不知道人類當前最迫切的需要，是現在世界的安定，而不是他們所理想的未來共產天國。

在馬列主義的字彙中，宇宙是紅血塗抹成的，一部歷史是階級鬪爭史。除了在共產天國到來時，人類不會有和平的。以共黨來號召和平，此號召豈非馬列主義之哲學在自己否定之證明？

我們不反對共黨之否定其哲學的和平號召，此號召中除了陰謀與欺騙外，我們亦願以厚道心情，承認其多少出自共黨與其治下人民之人性的要求。在自由世界中，亦可能有依於善意而相信共黨眞是和平的保衞者而赴會的，但是我們要請全世界的人們，要求共黨拿出愛和平的證據來。

我們現在暫撤開韓戰、越戰及一切實際的政治經濟不談。我們現在只要求共黨與同情共黨的人舉行一次追悼大會，追悼千千萬萬死於共黨之鬪爭、殘殺、囚禁之下的無辜的人民。我們現在只要求把著書千萬言，而只爲提倡矛盾鬪爭之哲學的馬克思、列寧、斯達林的像取下來，換上托爾斯泰的像，甘地的像，耶穌的像，孔子的像，釋迦的像，及一切畢生貢爲人類和平而奮鬪之聖哲的像。我們現在只要求讓一切非馬列主義者而篤信和平的各派思想家，學者，宗教家，人道主義者，慈善家，能在中國大陸與東歐俄國，自由的旅行演講，宣揚和平的教義。這是最輕而易舉，不流一點血，以證明他們是愛人類和平的方法。只要他們如此作了，我們可以擔保人類的和平，在今夜便會實現，世界永慶昇平，從今後每日都是新年。

共黨不能拿出此最輕而易舉之愛和平的證據，莫有人會相信共黨之愛和平是貞的。

但是共黨既然迭連在一九五二年以和平爲號召，在一九五三年世界的人們，便當站在人的立場，去幫助共黨，逼迫共黨拿出愛和平的證據。這就是一九五三年的人類使命。

一九五三年之人類使命，是到北平與維也納去開一追悼大會，追悼一九一七年以來死於馬列主義鬪爭哲學下千千萬萬的寃魂。

一九五三年之人類使命，是把提倡殺人不眨眼之列寧、斯達林之像取下來，而掛上耶穌、孔子、釋迦的像。讓尼赫魯只繫念著他們的甘地，不要三心二意。讓俄國人一齊在托爾斯泰之前低首。

一九五三年之人類使命，是讓一切馬列主義，反對馬列主義之鬪爭哲學的人，都能到北平與維也納講名實相符的和平的福音。

一九五三年之人類使命，是使一切共黨還復人性，而恢復其自然的溫情，而遠離傷天害理的馬列主義思想。

而要達此目標，自由世界的人們要平等的聯合起來。

然而一九五二年之回教國家與亞非之動亂，證明的卻是自由世界中尚莫有眞正的民族平等。被壓迫的民族，都要趁英法的危機，而求自己站立起來。

有宗教有歷史文化之回教世界，特別振盪得厲害，更値得注意。

印度之尼赫魯不度德，不量力，三年來亦要想當國際的第三勢力。這自然有點可笑。但這亦是印度民族，要在世界表示一獨立的聲音之要求在後面鼓動。

共產黨亦是利用中國鄉下老百姓之民族意識以反英美。可憐的只是他們又把此民族意識葬送在蘇俄之下。十七、八、九世紀是歐洲科學技術長足進步，白種人與基督教征服世界的世紀，二十世紀是被壓迫之有色人種，與東方人，及基督教以外之異教升起的時代。馬克斯教的出現，印度教的甘地之誕生，與回教世界的振盪，都是證明。

中國民族精神，因受西方帝國主義與文化之壓迫，無正當的出路，乃藉反西方文化之馬克思教，作變態的發洩。

變態的發洩必歸於正常，所以中國之馬克思教必須崩裂。

但是中國民族與其文化，如不能爭得與世界其他民族與其他文化系統之一獨立平等的地位，則反共又有何意義與價値之可言？

中國人士，與世界人士，如不能認識此中華民族深心的要求，絕對不能解決中國問題。

反共的聯合戰線是全人類的，反共的聯合戰線是文化聯合的戰線。

回教國家與印度人，亦必須要認清：如果馬恩列斯統治了世界，穆罕默德與釋迦、甘地的像，亦將絕迹於人間。

世界的文化系統，基督教與西方是一個，回教世界是一個，印度是一個，中國日本是一個。後面幾個今日雖然衰弱，但是他們人口占世界的大半，依他們對人類文化之歷史的功績，亦應當在反共戰線居於平等的地位。

我們並要請世界人們的眼光不要勢利，這個時代最需要的精神是柔情俠骨。只有一方反共，一方使一切民族與不同文化都從今平等的頂天立地於世界，反共乃有最積極的意義。

耶穌反共二千年，孔子、釋迦已反共二千五百年，穆罕默德亦反共一千四百年，爲什麼不能站在平等地位？

這我們尤希望現正領導世界反共的美國人，比較莫有歐洲人之命定統治世界之使命感的美國人，深深的認識，而以維護世界已有文化系統，與滅國繼絕世爲懷抱。美國以外的國家亦應知美國是今日之晉楚。「晉楚之富，不可及也，彼以其富，我以吾仁，夫何慊乎哉。」維護人類的文化，一切民族都應在氣慨上立於平等的地位。爲今日鄒魯之中國人，尤不應自慚形穢。

人類終必天下一家，世界文化必將交流。以反共目標之共同，正是促進人類走到天下一家、世界文化交流之千載一時之良機。但是我們要與世界文化交流，必我們自己有一流可與人交，不能只有一乾涸的河道。所以中國人非講中國文化不可。

我們不是爲反共而反共，亦不只是爲反對共黨之政治制度而反共，我們是爲中華民族頂天立地於世界，爲中國百年來受壓迫之民族精神，尋求正當之出路而反共。所以民族思想，仍非講不可。

本刊三年來談民主自由，亦未嘗後人。但是對文化問題與民族精神，則所論者較其他刊物爲多。以後仍當以民主自由與文化民族之義並重。此中苦心所在，他人未必盡知。故今再略爲申述。並敬祝讀者新年萬福。

（一九五三年一月一日「民主評論」第四卷第一期）

註：本篇乃作者爲「民主評論」所寫社論，無署名

亞洲國際社會主義者大會感言

一九五三年世界的新事件，除邱吉爾之訪美，關係英美之歧見如何消除，爲舉世所注目外；而我們尤當看重亞洲社會主義大會，在仰光開會，及歐洲社會主義者如艾德禮等之參加。今日（一月十一日）大會之議題是討論支持殖民地人民反帝國主義運動。

國際性的社會主義大會，在歐洲曾舉行多次。但在亞洲尙是第一次。在一向爲歐洲殖民地之亞洲，召開一國際性的社會主義者大會，以討論支持殖民地人民之反帝國主義運動，亦是第一次。

社會主義的精神，是使人類的經濟上的財富之分配與消費，接近平等。人與人人格平等，則財富之分配與消費亦當求平等。這是依於人類之道德理性必然誕生的理想。平等亦原是佛教、婆羅門教、與中國之儒家思想中，有源遠流長的歷史文化根據之理想。

在歐洲近三百年的思想中，社會主義運動與個人自由的運動，亦同樣是一大潮流。已往自由主義的經濟制度與社會主義的經濟制度，亦許有不易消融的衝突。但個人自由的理想與經濟上的分配消費接近平等的理想，並無原則性的衝突。

一切制度皆依人類理想而形成。只要在理想上可以相融的，人類便當依智慧，以重訂制度。莫有任何制度間的衝突，不可由制度之重訂而消融的。

一切人類的精神理想已經出現，卽必將要求皆實現爲制度。人類的精神理想本身有不可抗的力量。黏滯於現實制度以反對已被崇信爲合理之精神理想，最後是必然失敗的。只有綜合不同而皆合理之理想，而求綜合的實現之，才是出路。

說共產主義之震撼全世界，只由俄羅斯民族的專制文化傳統，與斯大林及共產黨人之權力欲，只是現實的看法。如果人之權力欲不假藉一神聖的理想，不吸注人類之精神上的嚮往並對人類之理想的實現，預開支票；斯大林與共黨之權力欲亦不會征服三分之一的地球的。

所以我們必須認淸共產主義之震撼世界，乃由於無數的人們之看不見的理想，在向俄國之斯達林共產黨人遙寄，而爲斯達林與共產黨人所假借。

經濟平等本身是人類之精神理想，不能以唯物證明。以唯物論說明人類之精神理想，卽一方終於殺死此理想，一方證明他們只是此理想之假借者，篡奪者。

我們不能爲打倒篡奪君位者而廢君王，我們亦不能傾水棄兒。人類仍必當依其道德理性上之要求與精神上之嚮往而直接將社會主義之平等理想，在原則上加以承擔起來。

而且除非人類所嚮慕之經濟平等理想，能另有寄託之所，自由世界能承擔其逐漸實現的責任，共產主義始終是人的迷魂藥。

美國是富源的國家，生產力蒸蒸日上，是正領導著世界的國家，是今日的天之驕子，其人民作國內國外之發揮其創造力的機會，是太多了。其人民所要求的，只是機會平等與自由的生活方式。而其資本主義，又原不是只賴剝削勞動力而長成的。同時其政府之全民就業的計劃與政治力量對經濟的控制，又可免除一般資本主義的弊害。所以社會主義之著重分配與消費之平等，在美國人看來，可是次重要的。他只須以自由民主號召世界。

但是富源缺乏的其他國家、生產力遠遜美國的國家，則分配與消費接近平等，正是人民所首先重視的。猶如在一家庭的小孩，哥哥多吃一碗飯，弟弟亦要鬧的。此時的問題，根源在患寡，而直接所見的則在不均。於此，人必須兼抱均與富之理想，才能安頓人心。所以安頓歐洲人心，亦必須包含社會主義的精神的理想。單純的自由民主之號召是不够的。

至於安頓亞洲人心，則亞洲是三百年來的歐洲殖民地。今日亞洲之赤化，是源於反帝國主義的意識之爲俄國所假借，亦是絕無問題的事。亞洲人不僅需要自由民主與經濟上之分配消費接近平等；亦要求民族國家之眞正獨立。此種切膚之痛，只有亞洲人才感到深切。

所以在今年新年，亞洲社會主義者在仰光開會，在今日又將討論殖民地反帝國主義問題。是今年第一件大事。其意義我認爲還甚於邱吉爾之訪美。

人類中的現實主義者，恆會以爲反共不能同時反對帝國主義，在自由民主的號召之外，不必再同時提經濟平等之理想與殖民地解放之理想。誠然現在要馬上解放一切殖民地是困難的，這或使其迅速赤化。但是如果我們不能在今日卽確立反共以後歐洲在亞洲之殖民地之眞正獨立的原則，並由聯合國保障其實現的日期；亞洲的人民在今日亦絕對不會安心反共的。　一月十一日

（一九五三年一月十六日「民主評論」第四卷第二期）

學術思想與民生自由

——答徐復觀先生（註）

一、學術政治與真理

兄年來論民主政治之文章，頗著重把政治與學術思想劃開。兄此信謂不要使一種學術思想主義，直接成一政治勢力或設施於政治，是此義。兄以前又望民主政治之形式成普遍的，望三民主義只爲一政治內容，亦是此義。兄在論陸宣公文，亦提到此義。這點乃由兄之體悟到中國當前政治之癥結中得來。弟以爲極爲重要。但在此點弟與兄並無衝突。弟一向作文雖少專論政治，但總是屢提到政治應定限爲社會文化之一領域，對於學術思想與政治之應分開，復喜指出中國儒家思想中，君親師並尊，政治統系家族統系教化統系並存，作其歷史根據。同時弟又覺過去儒者在此點上尚分得不清，故特別著重以後中國之社會人文領域之分劃。都是要對政治之地位與以一限定。至於對於現實政治，弟並嘗以爲以後中國之政黨，應只有政策，以至無所謂主義。當然更不必有一特定的哲學。照我的私見，三民主義將來亦當變爲政策來表現。如此才能成就更現代化政治。

但是在兄近來的信中，兄似乎對弟有一誤解。此一誤解是好些朋友都有的。兄說社會上一些人士，對弟與宗三兄一些反感，弟想亦由此來。卽人們會以爲像我們這樣自信極強地談中國文化當如何，以儒家思想、西方理想主義、人文主義爲號召，縱然我們動機很好，但落到現實政治，終會有人利用來統制思想，形成極權之政治。因爲儒家思想亦原主張君師合一。西方理想主義如康德、黑格爾等，都似曾幫助極權。我想，一切對我們之反感，其根源如在這裏，如果如此，此反感亦是有價值的。因此反感依於其對於自由民主的熱愛，因而顧慮到此類學術思想之可能直接的成爲政治勢力的護符，由是而亦妨碍到自由的學術思想之發展。

但是此顧慮實際上是不必須的。而且在根底上原於一種心理的不健全。此不健全，正是對於一切學術思想的理論，都專從其政治效用上看，以政治效用評估一切學術思想理論之價値。實際上，以一種學術思想，直接的成爲政治勢力，這明顯不是我們的意思。這不僅是主觀動機的不是，而且在客觀上之絕對不能是。實際上要使政治成一獨立之文化領域，政治家成一獨立的人格，他亦不能只是爲某一學術思想所指導的。因任何學術思想，總有抽象性、原則性。而現實政治之事業，是具體特殊的。莫有具體的事業，能只由抽象性的學術思想指導。實際上政治本身，原有一獨立的功能。因而政治的功與過，同樣不必由影響政治的學術思想來擔負。故儒家思想，不必擔負中國政治的罪過。康德、黑格爾，亦不必擔負希特勒、慕沙里尼的罪過。把中國社會政治的缺點，把希特勒、慕沙里尼的獨裁，寫在儒家與康德、黑格爾的賬上，此種眼光本身正是目中無學術思想之獨立地位，亦同時否認了政治之獨立地位，與政治家本身之獨立的責任感。復次，我們所著重的儒家思想西方理想主義之思想等，其本性亦卽注定不能只體現於政治的。因爲他的問題明是全面文化的問題。他們之重視禮樂與宗教藝術道德，明明是自整個人生、整個社會歷史文化著眼。政治本身，亦負擔不了這樣大的人生理想、人文理想之實現的責任。所以這種思想之落實，亦絕不能只落在一現實政治勢力身上。此思想本身，要漫過一切現實政治勢力之本身。一政治家，當然亦可信此思想而提倡之，我們亦不能剝奪其選擇思想，而加以提倡的權利。因爲政治家亦是一個全人。他亦可有各方面之人生思想、人文理想，而可信此種思想可以安身立命。而他信此種思想，正可使其知政治以外之人文，而更不致以政治權力宰制一切。縱然他非眞相信，而只想加以利用，我們亦用不著怕。因爲他要利用之而提倡之，此思想本身亦同時憑藉他之提倡，而傳播於社會。如果說漢武帝利用了儒家，則儒家思想中禪讓理論，亦卽憑藉了漢武帝之提倡儒家而被人所自覺。此禪讓理論在漢末流行，卽要漢德旣衰之漢朝天子讓位。當然你又可說王莽又利用了此禪讓理論，以得天下。但是王莽死了，儒家思想在東漢，卻更光顯，其影響卻更在社會。畢竟還是儒家思想，能存在二千多年，而成了中國文化之核心。利用他之帝王，而今安在乎。我相信希特勒、慕沙里尼，如果要繼續利用康德、黑格爾，最後他們之思想，亦會否定他們之利用。因爲他們思想中之宗教道德藝術哲學之思想之全部被認識，卽必然否定他們之獨裁。我們只要能作如是觀，則全不用著怕政治上之利用，不敢對一學術思想有所主張。人之怕，似乎表示對學術思想之純潔性之愛惜，然而實際上，則對學術思想之力量太莫有信心。我想，一個思想家，應有一自信。卽誰要利用我們思想去達其私利的目的，我之此思想，卽憑藉他來傳播他自己。我們能對目的與手段之相轉化有更高的智慧，則顧忌莫有，學術思想之天地，亦就自然寬大了。

但是在這個地方，反對者仍然可以說：你們提倡儒家思想、西方理想主義、基督教思想，視之爲中西思想之主流，卽不免貶斥他家，如此則勢將把自由的思想，僵化在一些過時代的思想格式中，卽是準備形成一思想獨裁，便不能爲自由民主之中國，奠立思想基礎。對於這種意見，我的反問是：我請你說什麼思想可以爲中國之自由民主之思想基礎呢？你是否已有一思想呢？如果有，你是否以你的思想爲眞呢？如果眞，你是否要說服我呢，而斥我爲非呢？如果以我爲非，你是不是準備造成一思想獨裁呢？如果你說你並不，因爲你只是把你的思想向我說，而由我之良心決定是非。那麼我再請問你：又怎樣知道我們提倡儒家思想講西方之理想主義，就是造成一思想獨裁呢？而不是把我們之意見，向大家說，由大家良心決定是非呢？

如果說人之一貫的提倡某一種思想，便是準備造成思想的獨裁，而非主張思想自由，則所謂思想自由的涵義，便當什麼思想都不提倡，全不要求一定的眞理。但是什麼思想都不提倡本身，仍是一思想。絕對自由到主張「無一定的眞理」本身，又成了一定的眞理。如果一個人不承認此本身是一思想，是一定的眞理，這種絕對的懷疑主義虛無主義的心態，亦是可能有的（或者中國現在人正多有此心態），但是實際上卻絕不會有人眞願自覺的長住此心態中。至少現在主張思想自由的人，莫有人眞相信他自己莫有思想，說他不求一定的眞理。

實際上眞理斷然是一定的。眞與妄，至少在邏輯的意義是不相容的。思想自由是眞，統制思想則妄。此二思想之眞與妄不相容，一切思想之眞與妄亦不相容。人必求眞避妄。而思想自由之最高價值，亦卽表現在使我們能不斷的多方面的去認識眞理，把錯的思想加以分析、疏導，使之轉化爲眞的思想。這個工作，卽人類整個學術史之工作，這當然是無窮盡的。任何人不能一口吞盡西江水，說了解一切眞理。人亦總可犯錯誤，因此人要謙虛，但謙虛亦是一道德上一定的眞理。而且很明顯，此謙虛不涵蘊懷疑主義虛無主義，不涵蘊人必自認對眞理無所知，不涵蘊人不當在思想上有所主張，有自信的一貫主張。如果此卽獨裁，則一切有思想的人，都是獨裁者了。把政治上的民主獨裁名詞觀念用到學術上，此本身是最壞的政治習氣。至於說到儒家思想西方理想主義是過時代的，此話在中國是五四時代的人喜歡說的。但五四時代本身，不已過去三十年了嗎？本來思想之新舊古今，非眞妄之標準，是很明白的。說思想當隨時代而有新的創造，求解決時代的問題，當然不錯。但是中國之儒家思想與西方之理想主義，亦不斷有新的發展。而且這一條路的思想，我相信任何人眞要拿出精神去講，都從來不能只把他當客觀外在的歷史去講，因而最後必須把他個性化。而每一個人都可自成一天地。

故最必須不斷有新的講法，而最不能依樣畫葫蘆。民國以來之前輩學者，與我們今日許多朋友講這些，亦明顯多多少少提出許多新的觀點、新的思路，企圖將之推進一步，以融攝其他思想，並直接間接求照顧到中國當前現實的社會文化政治，而想從根上疏導解決這些問題。但人只膚泛看過不注意，視爲陳言空論，則亦無法可想。

二、思想自由與二種精神態度

一個時代的社會文化總有一個風氣，是由一無形無影之一般人的精神態度所形成，而見於思想、言語、行動之方式，與文章之風格。現在此時代，似有一思想方式：是以不信一定的眞理，反對特定系統的思想的桎梏與限制，爲表現思想之自由。人願意去想什麼不是、什麼錯，以一切眞理爲相對，不願意想什麼定然的是，定然的對，什麼爲絕對眞理。好像說一個什麼定然的是或絕對眞理，即對我們之精神與心靈加以限制。而且馬上想到，此卽將造成觀念之偏執，而導致極權政治之思想。然另外一種思想方式，則是認爲偏執觀念，誠可導致極權政治思想。但一切觀念之偏執之解除，皆只有賴於積極的，提出更高之觀念來綜合與會通。唯由綜合會通來解除偏執，乃見思想之向上性創造性的自由。而不能由視一切觀念眞理爲相對的，爲方便任定的來解除偏執。更不須用對眞理之懷疑主義虛無主義來解除偏執。本來這兩種思想態度，亦未嘗不可在實際上相輔爲用。但是二者卻有根本的精神態度的不同。二者中在原則上，當以後者爲本、爲體，而前者至多只能爲末，爲一時之用。對當前中國社會文化之需要說，則後一種精神態度，尤須積極的樹立起來。這兩種精神態度之不同，亦可說前者只求超越一切心靈精神之束縛與限定。而後者則要求心靈精神之不斷的有所肯定，而超越的涵蓋一切所不斷肯定者；以所不斷肯定者，來不斷規定吾人心靈精神之自身，使之一步一步的充實化具體化。依後者之態度來思想，是先看一東西之本身價值，或先看古人他人之思想之本身價值，而加以承認。然後再不斷看其他東西其他思想之本身價值，乃憑之以不斷限定原所肯定之東西或思想之價值。由此以成就向上創造性建構性的事業，或學術思想系統。這種態度，必然亦承認天下事不可執一端，並承認一切學術思想之成果、一切學術思想系統之抽象性、不完全性。但人必先有肯定涵蓋他端之精神態度，才能知執一端之不可。人必有求曲成萬物而不遺，求思想之完全之精神態度，然後能知抽象之思想，須進一步的具體化；不完全的思想，須加以批判與改造補足，使近乎完全。這一種精神態度與思想方式，對個人之主觀來說，是不息的向上翻向內抱。在其向上翻向內抱之歷程中，卽不斷的成就其精神與思想之深度與廣度。此中所謂超越與涵蓋，不只是超越涵蓋古人他人與一切所接觸之已成的客觀的有價值之事物，而是同時不斷的自己超越涵蓋已成的自己，與自己所實現之價值。亦可說人在此是：在去涵蓋他人或客觀的已成之一切有價值者時，卽已超越他原來的自己。亦只有人在肯超越他已成的自己與其所實現之價值時，才能涵蓋他人與客觀上已成之一切有價值者，而了解承認之。這種精神之奮鬥，主要的是君子求諸己，向上向內而非向外。所以在原則上，是不與他人與已成之一切有價值者，相敵對的。不僅不與相敵對，而且與以護持，求一切主觀的客觀的有價值者之相容而俱成，求其自己之精神事業思想，與他人之精神事業思想之相通。故這種精神在原則上，亦只有愛而無恨。只有肯定而無否定。他只在見人之傷害所愛者時，乃有恨。只在見人否定其灼見其有價值者，乃欲否定此否定。而在見其所愛者所肯定者，互不相知對方之價值，而相衝突相恨相殘時，則有悲，而發心求智慧，在思想上行爲上協調其衝突，去其相恨相殘，以使一切所肯定者所愛者，各正性命。這個精神亦卽儒家精神，西方理想主義精神，亦是釋迦、耶穌在根底上或必引申到的精神，並是人人本來具有的向上精神。這一種精神之最高表現，恒在道德修養、在宗教信仰、在藝術文學，在各種社會事業、在日常生活，而並不必在人之學術思想之自身，學術思想無寧是次要的。在一理想社會中，我相信一常人之生活，皆可比全部圖書館之一切書籍之和更重要。故對此精神本身之哲學說明，亦不能代替此精神之自身。但人之學術思想，人對此精神之哲學說明，亦必待人爲此精神所貫注，然後能一步一步的向上發展。而當此精神，在一般社會文化風氣被湮沒的時代，卻又須爲此精神所貫注之學術思想，能說明此精神之哲學或思想，來展露昭蘇人對此精神之自覺，以成就上述其他一切。而當此精神貫注於學術思想或哲學時，亦必當如上文所謂，去求成就內心的或形諸文字的思想系統。只要此精神貫注於人思想歷程之中，人並不必怕定型的思想系統之成爲我們之桎梏。因爲任何定型的思想系統，當其被後人或他人重加以涵蓋的了解時，卽可反照出另外的系統，或再轉出一更高的系統。如此而人類歷史中，一切已成的，與可能的思想系統，皆可視爲一個「客觀精神」之各方面各階段的分別表現，或此精神，在學術思想世界中行走時，所留下的痕跡。不同的思想系統，在此自可有其在客觀的人類歷史精神中之超越的和諧，與超越的統一。而此超越的和諧與統一之主觀的實證處，與其能存在之保證，卽在我們之自強不息的去超越涵蓋不同的思想系統，而求去其衝突，使一切眞理，各得其所的精神之自身。故只要此精神眞正提起，則思想的偏執，不成問題，思想系統的桎梏，不成問題，思想的衝突矛盾，不成問題，一切一時的錯誤，亦不成問題。因這一切在此精神下，都成爲在不斷超化過程中的。同時，思想的寬容，不成問題，對他人思想的尊重，不成問題，謙虛不成問題，因爲此都是願涵蓋不同思想系統之精神本身所具備。至於什麼造成學術思想的獨裁，違反學術思想的自由，導致極權政治等話，則全不相干。此精神，與說明此精神本身之哲學或思想，正是去成就「學術思想之自由，與其創造性的發展」之必然當有的思想基礎。而又是人要去肯定「持載多方面的社會文化價值，而以之限制政治在社會人文中的地位，規定政治的任務」的精神基礎。因而亦卽至少是政治民主的基礎。而最爲此精神所貫注，最能說明此精神，並說明此精神之「爲學術思想之自由，自由政治民主之基礎」者，正是中國儒家之人文主義，與西方之理想主義。如另有其他一切正面的肯定人生所求之精神價值人文價值之思想，我們亦願併入此二者之中。

三、民主自由之概念何以應為第二義的與綜攝性的提挈精神

人類對於政治上的專制與極權所生之罪惡，凡有良心的人，都想加以去除。民主自由，亦確爲今日中國政治社會文化之發展所需要。但是解決這些問題的思想，卻有二種形態。一種可稱爲直接形態，一種可稱爲間接形態。如佛家、道家、原始基督教，視政治上之罪惡，即併入人之罪惡中去看，而直接從根絕人之罪惡用心；在現實生活上，不事王侯，視政治若無物，如此以超越政治與其罪惡。此是直接形態。儒家與西方之理想主義者，則以更大之積極的人文理想，振刷人心，使此人文理想，彌綸布護於社會，把政治加以涵蓋提昇，此是間接形態。然儒家以君師合一，直接以教攝政一面，又是直接形態。西方近代法國革命，初只求打倒政府貴族，而歸於革命黨之互相砍殺，專制再來。此乃只要直接去掉對方罪惡之直接形態。英美德之求民主，從積極的立法下手，依於社會之教育，經濟與論之力量，以限制政治權力而成就民主，此是間接形態。然在現在中國許多人，深感極權政治之害，與極權政治之恆假借一學術上之主義理想爲工具，於是口口聲聲駡極權，念念不離民主自由，以至主張學術上之主義理想，與政治脫離關係，此亦仍是上述之直接形態。而我們之要肯定民主制度，以客觀法律力量、社會力量，限制政治；而又要發揮儒家思想、人文主義、理想主義，並以之爲民主自由之深一層的思想基礎；再要去掉過去儒家直接以教攝政之一面，則是純間接形態。兄謂弟對民主政

治，若隔一層，此見兄感覺之敏銳。但這個隔一層，不是在民主制度之建立上，去隔一層，制度之建立，是實際上的事。此本身當然是直接當作的事，不能再隔一層。亦不是說要拿一個一定的學術主義，與政治勢力連起來，此乃直接形態，不足取。而是說我們當兼在思想觀念上，要爲政治性的民主自由之思想，建立一基礎，使民主自由之觀念本身，變成第二義的，而爲此基礎之思想，所隔一層。此正是我上所謂間接形態。今日我們中國人在思想上，實當自覺的透過人性、人文世界、人格世界、社會人文之了解爲基礎，而將政治本身，在此基礎上加以一限定，以致對政治性之民主自由之理想本身，亦與以一限定。因爲人除此理想以外，尚有其他人生文化價值思想，如眞美善等。這些在觀念上，亦可與民主自由等立於同等地位的。人在作實際事業上，只能作某一方面的事，而只求實現某一人生文化價值理想。人如只作爭民主之事，當然是可以的。但是在思想上心量上，則人必須能涵蓋其他人生文化價值理想，確知政治、政治家，在人文世界人格世界之限定的意義。何以必須要人知道這些？因爲人若不知道這些，而以政治爲至上，則仍將導致極權。只以民主之觀念爲至上，而不深求何以應民主自由之故，人亦不能眞去求民主自由。而知道這些，使人之眼光提高，心量濶大，使人知道各方面社會文化之價值理想之當實現，知道各種社會文化組織之當獨立存在，知道各種不同人格形態之值得尊重；然後從政的人，才可有眞正的民主精神，自由人的風度，去推行民主制度。我們通常總是只直接的去罵一個人，或一政黨之專制極權、眼光偏促、心胸狹窄、無自由人風度等。但是我們很少問其何以如此？我們如何保證自己不如此？如何保證將來從政的人，不如此？這些問題，要從根本解決，除了有一以法律保障由人民監督之客觀的民主政治制度外；只有再形成一社會風氣，使一切從事政治之個人，以及社會上之其他一切人，皆知自覺的，自內部開拓其對人文世界、人格世界之認識，而同願自動的限定政治事業之價值；然後民主制度，乃有支持之客觀的精神基礎，而可有效的施行。這種先超越涵蓋政治與政治性之民主自由之概念，使之成爲第二義，正所以成就民主之政治，這中間有一辯證的智慧。

關於上述的意思之全幅涵義，一時不能說清楚。這中間須先至少將所謂新文化運動以來之思想態度，加以轉變。此所謂新文化運動時之對文化或政治思想態度，皆是我上述之直接形態，或消極的破壞形態。孔子學說出流弊，打倒他。家庭制度有流弊，便非孝。講科學民主，便一定要非宗教。反形而上學，反傳統文化精神（至多只視作國故來整理），這些動機，都是只求直接去掉壞的，便不顧一切，傾水棄兒。就是後來一般青年之相信共產黨，覺中國社會要翻天覆地改造；其最初動機，又何嘗不是在要直接了當的，以一刀去除所見之社會罪惡。從中國四十年來社會政治文化史上說，在打倒上都有成就，在建設上總無成就。從政治上說，滿清打倒了，袁世凱打倒了，北洋軍閥打倒了，日本帝國主義打倒了，大陸上國民政府之政權打倒了，共產黨亦必被打倒。但是下文究竟是什麼，還得是值得人細思的。說中國人無力，不能說。因打倒亦須力量。但何以打倒則有力，站穩與建設則無力。

這個問題自然講來極複雜。但在人之精神本身或思想態度本身上看，則關鍵正在人之綜攝性的提挈精神不夠。學術思想上之系統性的創造之不夠；人與人之間、政黨間之互相肯定對方之價值，而相涵容之精神不夠，政治家、新聞記者，對社會文化之各方面之要求之廣博的認識之不夠；教育家，對於人生文化之多方面之價值之認識之不夠；社會之各種社會組織之力量與與力量之配合不夠；總而言之，仍在人之精神之互相的「超越自己而涵蓋其他」的胸量不夠，以致綜攝性之提挈精神不夠。這一個意思，朋友中宗三兄最先認識，細思乃知其不可易。然而現在一要從這方面去立論，從事著作，或提倡綜攝性之中國儒家精神、西方理想主義，則被視為誘導極權思想，真是不知從何說起。人們一聽著什麼綜攝性的提挈精神，馬上想著誰來綜攝，或你要來綜攝我。這都是心目中，只見政治上之爭權關係。殊不知此綜攝性的提挈精神，原是一切向上的人心之所同然。此是人人所固有，而且要一切人在社會人文之各方面表現的。人類亦只有此精神，才真能建立文化，建立國家，以致建立天下一家之世界，直接的除惡務盡，與肅清流弊之精神，消極的反感的自由精神，畢竟只是破壞的、掃蕩的，此精神可以一宿而不可久處。此點，真值得我們警惕。

但這個風氣之轉移，精神態度的翻轉，只空洞命令他人期望他人亦不中用。這須從自己作起。在我們之純知識分子之地位上，則須在我們自己討論社會文化問題之文章中或其他系統著作中，先自表現此精神態度。四年來承兄與丕介兄之好意，督促我寫許多長文章，佔篇幅太多，我想以後少寫。本來這些長文章本身之內容，都是極粗略的。但是我總希望每一篇文章，都能多少表示一積極的、肯定的、綜攝性的提挈精神。兄之論儒家與陸宣公，亦未嘗不如此。此外民主評論之文章，亦皆多有此風度。這我認爲在轉變時代風氣，實是必須的。而從這個地方看，則我不能不致憾於出版界中此類刊物與著作，仍嫌太少。如宗三兄之綜攝的論中國歷史精神，與綜攝性的論認識問題而將康德之知識論，從內部推進一步之書，出版家總不肯印。以中國之大，此外當然尚有其他人之同類著作。這類著作之內容，縱人全不贊成，然在表現此精神態度之示範性，已有至高的價値。此類書之未能出版，當然不能說是出版家個人的過失。這所證明的則是整個社會中人向上的精神態度，追求高級眞理的精神之缺乏。在這個地方，我們似乎不當只怪賢者何以不俯而就之，而更應責備一般不肖者，何以不仰而企之。誠然，一個人有聖賢仙佛的精神，他最後一定能升亦能降。他的著作亦可有深深淺淺之千百個化身，以應機說法。從前雲門禪師三句，是涵蓋乾坤句、截斷衆流句、隨波逐浪句。弟亦嘗覺處今之世，爲適應人心，須多有隨波逐浪句。但眞要轉移時代風氣，仍須先有涵蓋乾坤之氣象，截斷衆流的手段，才能引發來者之向上精神。弟在此恆感念歐陽先生與熊先生之狂者氣象。友人中唯宗三兄，能高視濶步，有狂者精神。然亦被時代折磨過甚，看似鄰於孤峻。弟之氣質說得好，本近狷與中行，說得不好，卽鄉愿成份比較多，一切人皆若可相處。但有時亦心地狹窄，並不免矯枉過正。然當此亂世，不排蕩流俗，則不能尙友千古之遙，與萬里之外。作文語語皆期人能解，終將堵塞智慧。弟自十五歲至今讀書，一直對一見便懂之書不肯多看，總喜求不太懂之書而讀之以求懂。同時亦願多讀與己見相違之書，反復較量其是非。以此尙能日有進步。因知眞正青年有志之士，並不必厭聞較高遠之論，亦不必皆畏著作之艱深。大心之士，不可不求能有涵蓋乾坤截斷衆流之氣象，而有以轉時代之風氣也。弟近年似著文甚多，實則提筆極難，提起則不能放下。說了許多，多溢出當答兄者之外。兄看作爲一公開信發表何如？亦可使人對四年來之「民評」諸友之作，多少解釋一些誤解也。

（一九五三年十月「民主評論」第四卷第十八期）

註：本篇原收入「人文精神之重建」爲附錄。——編者

答勞思光先生

思光先生左右：

去歲由宗三兄函中，得知先生爲學用思之功。繼復得讀「民評」所刊大著，數月來又承惠贈「民主潮」，乃知先生所造之深已卓立於時流之上，而直探本原。日昨復承惠賜長函，以期相與印證，亦細加拜讀，無任感佩。所提「窮智見德」以立「主體之自由」，及國家本性之說明與民主政治之建立皆依於「衆多主體並立之境域」之安立諸義，皆直探本原之論也。至於謂「探本者倘不能善巧立言，則言者諄諄而聽者藐藐」，則足見君子之用心，亦兼欲由本以達末，順末以啓人上達之機，是尤可佩也。凡此等等皆與私心所懷無原則上之差別，讀後亦苦無辭以相益。無已唯有更端另說一方面，以答盛意。

所謂另一方面乃欲對大函所言吾人今日立言之困難，作一說明。吾意此困難乃由中西文化衝擊，而學術思想不易有一定之軌道所引起者。在中國過去重尚德之學，雖缺邏輯的思辨之功，相與配合，然有道統相傳，一代代之老成人，可爲未來之典型。則學術思想仍可有一軌道。西人尚智之學，或依經驗立言，或依層次推理，各派哲學與不同種類之科學，亦各有一軌轍可尋，故其社會文化歷史，雖充滿衝突激盪與矛盾，而學術之統類，仍可秩然不亂。學術之世界，自成一相對獨立之天地。而吾人今日則二者皆無。中國過去之儒學固難講，而西方哲學亦難生根於中國。卽在康德哲學，此在西方，可劃一思想之新時代。其所以能如此，乃由康德以前之西方科學、哲學皆已先求窮純粹理性之用，以成就自然科學與超越外在之玄學。康德起而反溯科學玄學成立之可能條件，而由純粹理性以及於道德理性，乃下開後康德派之文化歷史之哲學。故若不與康德以前西方學術傳統，盡智精神相對照，則康德之價值不能顯。而中國文化之歷史，自古及今正未嘗先盡智者也。先生函中言及宗三兄大著「認識心之批判」，以爲可補康德之所不足，而承康德之精神。弟亦以爲如是。此雖吾輩一二人之私言，然後世必有能辨之者。然宗三兄之所以能歸至康德者，乃由其先順智性之發展以究邏輯，後乃追問邏輯之先驗基礎而有此向上一著之轉機。卽以弟而言，初雖未嘗專治邏輯，然亦嘗信羅素所謂邏輯爲哲學之本質之論。初年亦嘗廣讀新實在論之書，反對唯心論思想。而對根於科學之自然宇宙論，最感興趣。賜書所提及拙著「心物與人生」之前一大半，乃十六年舊著，卽可見當時思想之遺迹之一部份。後亦以往而能返，乃看輕此一套不復道。蓋人之理性運用，初總是向外，一往尊尚科學知識與邏輯，以爲外此無學，今之稍有聰明之士，殆未有不經此階段者。而自恃聰明之士，則不到盡頭，亦不能更轉上一層，而終將往而不返。然往者貴能返，而未嘗往者，又何能知返之爲貴？西方人能往以盡其智，盡智而知德。故康德之貴，西方人尚可知之。而中國學術之傳統本不重盡智。今之言西方哲學者，亦多止於介紹，未必眞能先往盡其智，則亦不能知吾人所言之德在何處說，而宗三先生之書，人亦不知貴也。今欲提倡窮智見德之學，亦終不免被視爲狂而已矣，悲夫。

抑此項哲學在中國之不易提倡，亦由此項哲學在根本上爲回頭反顯，向內拉進的，向上提升的。自個人言，人必先向外盡智，乃能再轉至此層之思想。一民族文化之發展，亦似有先有科學智識之成就，而再出現此套哲學。此套哲學必須對科學之限度，加以說明。而中國過去之文化，既不長於科學，今日所需，又在科學。則以說明科學之限度之哲學，提倡科學，此尤可動世人之疑。弟昔年曾念及此，嘗思將向上一着之哲學思想，存之於心，不加講述。並曾望中國學術界，先有如前於康德之理性主義、經驗主義，及今之新實在論、實用主義、邏輯實證論以至唯物論思想之流行，以多少促進科學之發達。待科學發達於中國後，再發揮此向上一著之思想。然繼復念中國文化背景，並不容吾人之如此以退爲進。蓋中國有儒佛之教在先，中國人之智慧，已決不能在卑下凡庸之西方式之經驗主義、實用主義及唯物論中得滿足，而只尚純粹理性之舊理性主義與今之新實在論、邏輯實證論，亦與中國文化不易水乳交融。故此類思想，如得流行於中國，縱可在一時多少贊助中國科學之進步與社會政治之改革，然其共同缺點，在不能眞對人生之宗教、道德、倫理、藝術、文學，與人生情趣之價值，加以說明或護持；且終必對此一切加以曲解，以致加以毀滅。在西方以有基督教爲人民安身立命之基礎，故任此類哲學之流行於社會，皆無礙，且可平衡其宗教中之獨斷。然在中國，則此類哲學弟雖亦望各有人加以介紹講述，然不能望其爲中國哲學之正流。堪爲中國哲學之正流者，應爲使「人文之各方面兼容而俱存，而皆統率於吾人之本心，爲此本心之德性之表現」之哲學。夫然而吾人之論科學知識之重要，亦便只有循康德式之路道，統科學知識之價值於全幅之人生人文價值之下，一面承認科學知識之價值，一面說明其限度。至於此中如欲袪上所謂世人之疑，則私意以爲可在先生所謂窮智見德之外，益以一語曰：順德成智而卽智見德。前者是由末返本，後者是卽本成末。前者是由外返內，後者是充內形外。如此則可旣超科學以兼成人文之他方面，又可順任科學之自極其致。夫科學依於智慧，智慧依於德性。未有有德不宏而眞能盡智者。而人之德誠能宏，則人之智慧力正可再進至一新階段。科學亦終將有一新面目。凡此等等亦可以一套哲學加以說明，唯一時不能講淸耳。

關於國家之本性之決定，與中國民主政治之建立，誠亦爲當今之思想上之一問題。中國思想固少一國家之理論。然西方國家理論，亦多缺點。弟去年乃讀黑格耳之權利哲學，袪除以前只看他人介紹之若干誤解。其思想之深入，畢竟非一般個人主義功利主義之思想家所能望其項背。其大缺點在知國而不眞知家與世界。拉斯基之國家理論，則實不知國家爲何物。彼只知政治社會團體與個人耳。至於一般個人主義功利主義者之以國家爲滿足個人要求之工具，則與承黑氏之說而主個人爲國家之工具者或如共黨之以個人爲組織之工具之說，同爲曲說。如國家爲個人之工具，則家庭與一切人類組織皆爲個人工具，此如何可說？弟以前之論是以家庭與社會組織與國家及世界之組織，同爲人之精神之客觀表現，因而無所謂孰爲工具之說。唯所論亦未能詳備。至於中國民主政治之建立，則私意總想在今人所重之制衡原則、數量原則外，再配以和應原則及質量原則，以成一更高之民主政治之理想。然吾人於此亦未嘗多所用心，而望他人能於此致力。總之，今之中國爲一最困難之時代。舊者固不全適於今，而來者復龐雜而歧出。吾人今日無現成可享，一切皆俟於自作主宰而承先啓後之創造。此皆非二三人之事而待於多數人之努力也。弟四五月來，未寫一文，時間多費在辦校中雜事，此信拉雜苦不能盡意，希諒之。

唐君毅上五月四日

（一九五四年五月十六日「民主潮」第四卷第五期）

說西方學術著作之翻譯工作（註）

一、使西方學術說中國話

中國知識分子現在應從事之學術文化性之著作之工作，我想主要者有三：一是對當前中國人所感受之人生、文化、社會、政治、經濟等切身問題，作面對面的分析、研究的工夫，而自作主宰的提出主張，以謀加以解決。此工作從根本上說，上不能只依恃古人，外不能只依恃他國人，只能憑藉我們自己之思想上的創造力。二是對於中國過去五千年之歷史文化之價値意義，在與今日西方文化之對照下與以重新的闡揚；對於過去之學術上經子史集之名著，加以現代語言的註釋，以至採取新科學哲學之知識，加以旁通證明。三是對西方學術著作之大量繙譯。至於中國學術著述之西譯，此只是文化宣揚的事，可以暫時不談。

對西方學術著作繙譯之重要性，我覺許多人之認識，常不够深切。有許多人常以爲自己能直接看西文書，即不須重視繙譯。亦有人以爲今後只須儘量加強外文之教育，便可使將來之學生，人人皆能看外文書，亦不須重視繙譯。這明明不對。因一般人縱然能直接看外文，其看外文之速度，總不如看中文。而且一人亦不易兼通各種外文。尤其重要的，是不特人之表達其思想，須用文字符號，如果中國人學外國的學問，而不能兼憑藉中國的文字符號來進行思想，並表達此思想，則此學問之義理，便實尚未眞爲中國人所據有，所主宰。此點是有語言之哲學心理學根據的，希望大家不要加以忽略。我很欣賞黑格耳二句話，他說我必須要使哲學說德國話。他又說語言是文化的現實化。中國人必須使一切由西方（與東洋等）傳來之學問，能說中國話，然後西方學術能現實化於中國。此卽是繙譯之所以必需之更重要的理由。

而且，我認爲當翻譯之著作，並不須只以該著作之內容爲中國著作中所無或所不及，足補我之所缺短爲標準，而且應以一著作在西方學術史地位之高下，與社會文化中之影響之大小，爲選擇之一標準。有些著作之繙譯，初是純爲達到在學術文化思想上知己知彼之目標。由此而可幫助我們看清彼此之同異，彼此之得失，卽可兼更自覺我們自己之所長，而使我們更有自信去作綜合性的創造。這亦是一種有意義的繙譯。

我們如認清翻譯之目標，在使西方學術說中國話，並在學術文化思想上達到知己知彼之目標，則我認爲數十年來中國人對翻譯之態度，有兩點是必須改變的。一點是依於一切迎頭趕上的觀點，而太偏重翻譯所謂最新出的書。一點是依於專求以西方之長補中國之短的觀點，而其動手譯書之目的，卽在針砭國人與中國文化。其結果卽是西方之學術史上之各方面之經典性代表性的名著翻譯之少，或不平衡。如嚴幾道先生，是近代翻譯學術著作最多之一人。然他所翻譯之學術著作，如穆勒、斯賓塞、赫胥黎之著作，卽均只是他當時在英國留學時正流行的學術著作。其翻譯這些書之目標，則在警戒中國人求如何在弱肉強食之世界競存。在新文化運動時，胡適之先生之譯易卜生之戲劇，則在藉其個人主義以打破中國之舊式家庭。後來如尙志學會、共學社、文學硏究社等，在商務書店出版了不少翻譯之西方與日本學術著作，亦均是廿世紀前二、三十年代之著作。哲學中如羅素、杜威、柏格孫之譯著，卽於此時盛行於中國。再到民國十六、七年，則又是當時最新的日著日譯之共產主義之書籍，大量譯爲中文之時。此卽種下了共產黨之文化種子。讀這些書的人，卽成今日共產黨之高級幹部。再後來中山文化教育館、國立編譯館、及中華文化基金會、商務印書館等，都有大量譯書的計劃，比較著重西方學術上各方面之經典性代表性之著作。在中日戰事爆發前之數年，此類書亦出版得不少。但中日戰事爆發，便中斷了。最近一、二年，香港臺灣之出版界，又逐漸有進步，繙譯之書亦漸出。但是又似多是從迎頭趕上的觀點，去譯最新的書或意在譯一書以針砭國人與中國文化那一類。我不能說此類之書，全不該譯。但是如眞要達到使西方學術說中國話，使中國人在學術文化上能知己知彼之目標，則仍應以在西方學術上經典性代表性之著作之翻譯爲主。因技術上的東西，可以迎頭趕上，純粹的實用技術知識書，如工農商之書，與新聞報導，亦可儘翻譯最新的，但有歷史淵源的學術文化思想著作，則必須從根本源頭上去了解、翻譯。至於可以針砭國人與中國文化的著作，固可翻譯，而可幫助中國傳統學術文化之說明，及一切能彰顯中西學術文化之異同、得失之著作，只要具經典性代表性，亦該翻譯（此類著作西方亦有許多，而翻譯者則絕少）。此即我所謂大量的翻譯之涵義。

以翻譯之量言，中國人比日本人眞是太慚愧。日本人對歐美新書，幾乎是出版一本卽譯一本。但日人對西方經典性代表性之著作之翻譯解釋之工作，亦足驚人。日本人動輒要編一學問之什麼大系，此亦是可佩的。中國翻譯出版之所以不及日本，其原因固然很多，但我想至少其中一個原因，是日本人一定要西方學術說日本話。而數十年來中國許多學者，則只希望用英文寫論文在外國雜誌發表，而竟不願自己譯爲中文發表。這些學者之以西方式之學術論文，便不必說中國話之心理，實在要不得。共產黨一切都錯，但是他要這些學者坦白認錯，卻並莫有錯。如果從現在起，無論研究西方任何學問的人，都抱定一定要使那門學術說中國話的目標，我相信中國之翻譯事業，必可大大的促進。

還有一個阻礙學者從事翻譯之心理的原因，卽學者之興趣，常是偏在研究。在研究的進程中，想有能超過較所讀之著作之進一步的創發性的見解。向上心、自負心，亦是自然的，當有的。因此他常會不暇並不屑於翻譯。但是如果我們能知使西方學術說中國話本身，卽是一相當艱難的創造性的工作，又自覺是從幫助國人在學術文化上知己知彼之動機去翻譯，則學者亦可翻譯其所欲超過，以至其所不滿意或看不起之著作。不滿意看不起，而仍願翻譯者，可只因其在西方學術史上已有地位，對西方社會、文化有影響，具經典性代表性。吾人欲知己知彼之同異得失，卽須翻譯之也。

我上面所提出的爲使西方學術說中國話，爲在學術文化上知己知彼而翻譯二點，以說明翻譯之重要性。其用意皆在說明一對西方之經典性代表性學術之著作，從源溯流、由古通今之翻譯態度。如此態度不立，則中國人對西方學術文化之了解，將永遠是無根之木，無源之水。且永只能居於接受的地位，而難有自主的選擇與評判，及評判後相繼而來之創造。這後一點可以舉一例來說明。譬如卽以我所知道的很少的一點西方哲學而言，羅素、杜威，因到過中國，所以其書國人翻譯的比較多，但是此二人之思想，幾全是相衝突的。我們究竟信那一個呢？或那一方面信那一個呢？我們總得有一個自主的選擇與評判。我們總不能不經自己思想的工夫，而同時作二人之一切主張的信徒。但是我們的選擇與評判，如果要不純是邏輯的分析，又不純是主觀的，則須先從學術史上去看他們二人之學術傳承。譬如從他們二人之學術傳承方面去看，可以看出他們都受英國經驗主義之影響等。我們再看他們所受經驗主義之影響之不同在何處等。則他們之差別之根源，卽易於找出。找出根源，卽可在根源處下手去選擇評判，便易見其各人獨到處與偏宕處在那裏。否則像他們這種四方八面的思想家，我們將極難入乎其中，而又能出乎其外。則自主的選擇評判與進一步之創造，如何能有？我曾遇見好多留學生，他在外國是某人之學生，回國卽口口聲聲不離某人。你說他是借其師之名自高身價嗎？亦不一定。我願從好的方面去解釋：他是以中國人之尊師之心境，居學生之地位，自下而上，去看其老師之學問。

這是很難透過去而超越之的。但是只要在某門學術史上經典性代表性之著作多用功的人，卻可自學術來源上，知其師是學術史之樹上那一枝那一條中下來的之一花一葉，遂反能從此條透視到那一條，此一枝透視到另一枝，而可有自主的選擇評判，以及進一步之綜合創造之事可作。這都是說明我們之研究、介紹、及翻譯西方學術著作，應從根下手。知根以知幹，知幹以知枝條花葉之相異相同，相反相輔之處，便不至侷促於當今西方學術一家一派之門戶。而後中國之輸入西方學術文化，方不致造成中國學人精神上之支離與滅裂，與新式閉鎖，而兼可望有學術上之獨立自主之一日。

二、幾點技術性的意見

我以上所說，應可有不少人抱同一的意見。問題更在如何去促進此從根上使西方學術說中國話之翻譯事業。還有人以為此應是太平之世，由政府來領導，集合無數通中西之學者才能作之大業。不過，我認為不必待太平之世。現在既有人以其精力翻譯不相干的書，亦有出版家願印一些不相干的書，則何不可有人以其精力翻譯經典性代表性著作，又何不可有出版家願與出版？這還是一社會學術文化風氣之是否承認其重要性的問題。人才少，出版力量少，亦無關。因世間一切事，都可一方定下遠大理想，一方作一分，算一分。至於是否必須有政府領導？我看亦未必。過去如鳩摩羅什、玄奘之譯佛經，固皆有帝王支持。但近世之嚴復與林紓，都是各以一人之力，而各譯數百萬言以上。民國以來上面所提到之尙志學會、共學社、中華文化基金會，亦皆社會團體，而譯書亦同有可觀。反之，政府之國立編譯館，辦了二、三十年，卻譯書最少。所以我看政府能領導固好，不能，亦非必不能作。重要者還是社會人士，是否眞重視此事，而各方面加以鼓勵。今姑無論是政府或社會文化機關或個人，想促進中國之翻譯出版事業，我都覺有幾點技術性的意見，値得參考。

（一）我們希望有人編訂一數十年所譯之西洋（及東洋）之書籍之全部目錄，並有機關能將可能搜集到的一切譯本，儘量搜集。

（二）我們希望各門學問專家，都能分別推薦最需要翻譯之各門學問之經典性代表性著作之目錄，並介紹內容大旨，以供從事翻譯人士之參考。同時希望各專門學術團體對於譯名之統一上，多下一番工夫。此外如有語言學家能貢獻一種或幾種標準之中西句法、互相轉換之公式，我想亦是有價値的。不過此事恐怕很難。

（三）爲節省譯者精力計，有許多已譯之書，可以根據原譯本重譯，此只須註明原譯者之名，以表示無掠美之意。

（四）爲避免政府與社會文化機關或個人不謀而合的，同時進行翻譯某一書，致有不必需之重複譯本計，關於譯書之文化消息，必須靈通。宜有專門之刊物，從事刊載此類消息，或其他政府或民間文化機構，從事聯繫配合各方面翻譯事業之工作。

（五）名著翻譯之稿費，應提高，與自著之稿費相等。政府及社會文化機關，對於翻譯之佳著，可與研究性著作，同等施以學術獎勵（名譽的或金錢的）。

（六）為增加翻譯之書籍計，國內大學之畢業論文與碩士論文，可以名著之翻譯（附加解釋）代替。此種翻譯可再經專家或指導教授之校訂後，與以出版。（如從前東南大學一些當時學生所譯之著作，即是如此出版的，皆頗好。中國現在尚無博士學位。實際上，中國在外國留學之學生，與其抄中國材料譯為西文去得博士，不如皆翻譯一本西洋名著至中國，對其自己與國家更為有益。如果將來中國有國家博士，我想教育部亦未嘗不可規定，青年要得國家博士者，必需翻譯一本西洋名著，為其對國家之學術文化之一義務。）

（七）對於翻譯作品之審定，社會對翻譯作品之批評，亦不宜太嚴格。錯誤是難免的。但有書仍可聊勝於無書。鳩摩羅什之翻譯佛經，玄奘又認為錯。玄奘之翻譯，現在人通梵文者，仍發見其錯。為減少錯誤計，出版界可以多有善意的書評，互相糾正。

（八）為達到西方學術說中國話之目的，及在學術文化上知己知彼之目的，並使學者於翻譯之餘得表現其研究心得、創發性見解計，我想還應鼓勵譯者作長序，或後跋，與名詞義理之訓詁解釋之附註。此對讀者恆有極大之幫助，且可為直接讀西書所不能有者。

（九）許多前在大陸出版之譯作現絕版，或譯者在自由世界者，宜有出版機關，與以重印。

這些關於促進中國之翻譯事業的技術性意見，可說的當不止此。玆姑就一時想到的，說幾點。總之，我認爲翻譯出版事業，是一重要的學術文化之著作事業之一，而需要從根本上再重新作起的。這件事我想應比許多人熱心的簡體字的研究與推行，更重要，更急需。簡字體，是減省字之筆劃。翻譯事業，是要儘量運用中國文字去表達新思想新學術，以增加說中國話的西洋學術在中國的流行。民國好多年來，在中國文化問題上提主張的人，總是喜歡在如何減損上用心。一說到減去什麼，便起勁。如五四以來之要減去孔子，減短歷史。共產黨之要減去中國文化，與數十年流入中國之歐洲文化。究竟減是否就不應該呢？不好的多餘的，依理說，亦應該減損，以求簡化。但是數十年來只求減損的文化思想趨向，實際上已把中國文化中好的必需的都減損掉了。所以一切要求減損的趨向，至少在現在已不宜助長了。我想我們還是多在如何增益中國文化之內容上用心才是。翻譯事業亦卽是增益中國文化之內容之一事。我們與其另造一套簡體字把已有之書重印，何不騰出印費來多印點翻譯著作呢？

（一九五四年六月「民主評論」第五卷第十二期）

註：本篇原題「說中國今後之翻譯工作」。後作者改爲此題交「人物與思想」重刊。參閱本書「翻譯與西方學術殖民主義」一文。

對新政府之希望

此一短文，係唐先生應「中國一周」之約，為新政府成立而寫的，但因稿擠未刊出。唐先生是現代「肫肫其仁」的真正學者；他對任何人，任何團體，都由其不容自己的悲憫之情，寄以最大的希望；你要他講話，他便以最誠懇之心，講最誠懇之話。他總以為只要是人，總會相去不遠；他以為窺伺意旨的講，不痛不癢的敷衍的講，不僅是把自己不當人，也是把對方不當人。他的「居夷處困」，百折不回，說盡千言萬語，所爭的，歸結起來，只是要把人當人看待。他對政治的意見，在他這一代可能永遠是廢話；因為他是典型的不識行情的書呆子。但藏在書呆子裏面的仁心，及由此仁心所流露出的惻怛之詞，編者不忍加以埋沒，爰轉為刊出，以嚮讀者。

——「民主評論」編者

以一個人民的資格，對新政府之第一個希望，當然是反攻大陸，光復國家。反攻所需之軍事條件亦很多。但是照我看，只要國軍能登陸，穩住一二據點，半年之後，大陸內部，卽可處處發生震動。此時最需要的，是一個眞正可以感動全國人民的政治號召，以期全國各處的響應。

這一個政治號召，原則上應簡單。如項羽之號召天下抗秦，以「初入關者王之」爲言。又如漢高祖之最初只約法三章。我希望政府在反攻前反攻後之一切文告、措施，都應一貫的出於至誠惻怛的贖罪心情，對中華人民所受苦難之悲憫心情，反攻時宣告一切投共者，只要能回頭，除了元惡大憝以外，一律加以寬赦。人民之間，亦不當再有冤冤相報的事，已分了的田地，不再重分等。政府當在反攻時，將以後一切爲政歸於眞正的簡易寬大之精神，昭告天下。

除此以外，反攻大陸的政治號召，尤應包括的一個精神，卽依中山先生之天下爲公的胸懷，求政治上的民主之眞正實現。國民黨過去之建立民國北伐領導抗日的功績，及五年來在臺灣臥薪嘗膽的努力，永遠不會有人能忘記。但是如何使大陸人民、海外同胞，與世界人士，眞實了解現在國民政府之要反攻復國，確確實實是代表中華民族全體人民與其列祖列宗之在天之靈，依於其歷史文化之精神使命所發生之眞正要求，而不是兩個政黨的政權之爭，這仍是新政府在其反攻復國的政治號召之中，當謀有以昭大信於天下的。我個人於此只想到一點，卽大家都知道，政府與總統副總統，都是直接代表國家。總統副總統個人，固由一黨選出，但卽在其被選爲總統副總統而就職的一刹那間，則其對黨的責任卽爲其對國家的責任所涵蓋。同時，依此對整個國家的責任意識，卽須將其所原來隸屬之政黨，與其他現有的政黨及人民可能組成的政黨放在同一之政黨的範疇之下，而對之作平等觀。所以，我嘗以爲在一個理想的民主政治體系中，當任何個人被選爲總統副總統而代表國家時，他卽當暫時正式脫離黨籍，或解除黨的職務，受全國人民的尊崇，而不特別受某一黨的尊崇。這是我個人的意見，未必都能成立而可行。但是卽依於上列的意見，兼爲了反攻前反攻後，昭政府之大信於天下，我認爲蔣先生旣當選爲第二屆總統，卽最好不要再兼國民黨的總裁。他應當使全國人民及世界人士看來，成了純粹的國家元首，而代表國家。而避免掉一切其他夾雜的聯想。如果蔣先生仍同時兼任國民黨總裁而又代表國民黨對全國人民，表示重返大陸後國民黨對未來中國政治的態度的話，則我希望在反攻復國的政治號召中包涵一個宣告：卽在第三任的總統選舉中，國民黨人願意幫助其他民主政黨的競選或選一無黨派的人任總統。國民黨人此時願意退居在野，從事各方面之社會文化之建設事業。如中山先生在民國初年讓位與袁世凱時之所宣告。我始終相信中國文化之最偉大的精神，不只在能當爭則爭，而且是在能當讓則讓。如果在反攻大陸之前，國民黨能有此一決定，而蔣先生卽以國民黨總裁的資格，代表國民黨以至誠惻怛之文字，作此一正式宣告，這將表示國民黨人之從事政治，自始卽出於天下爲公之心。一個能立國能建國能復國亦能讓國的政黨與個人，還是世界政治史上從未出現過的政黨與個人，代表中國歷史文化精神與人類之最高精神的政黨與個人。我希望國民黨在十年之中表現爲這樣的政黨，蔣先生最後成爲這樣的一個人。新政府反攻前反攻後的一切宣告與措施，亦卽配合國民黨與蔣總統之此精神去作。這將是反攻復國的政治號召，所需要包含的一極重要的成份，而大有助於反攻復國事業之提早的完成。我想這不只是好高騖遠的書生之論。卽以此慶祝新政府之成立。

（一九五四年七月「民主評論」第五卷第十三期）

覆牟宗三先生書

宗三兄：

八月十三日示敬悉。人文友會草案中義，弟自無不贊同。弟近半年來，亦常常思及，只是作文將道理當話講之不足。哲學如只是論，終是「是亦一無窮，非亦一無窮」。人的性命，終無交代處。西方在此有宗教，西人自幼習之。除哲學家外，皆只存信之而不必論之。中國昔有儒教，今則無有。故人入基督教者日多。基督教義固有所偏，而其風習亦多與中國文化不合。而中國人信者尤罕能盡其誠。弟因覺今日講學不能只有儒家哲學，且須有儒教。哲學非人人所能，西方哲學尤易使人往而不返，而儒教則可直接人之日常生活。在儒爲教處，確有宗教之性質與功能，故曾安頓華族之生命。而今欲成就其爲教，必須由知成信，由信顯行，聚多人之共行，以成一社會中之客觀存在——如社團或友會（友會之名較好）。此客觀存在，據弟所思，尚須有與人民日常生活發生關係之若干事業，此蓋凡宗教皆有之。唯有此事業，而後教之精神，乃可得民族生命之滋養，而不至只成爲孤懸之學術團體。此諸事業，卽屬於儒家所謂禮樂者。禮樂乃直接潤澤成就人之自然生命。人之自然生命之生與婚姻及死，皆在禮樂中，卽使人之生命不致漂泊無依。胡適之談儒者以相禮爲業，亦未必不可說。今之基督教徒，在社會存在之基礎，卽主婚禮與葬禮。佛教只能追薦，不能主婚禮。儒家之禮，則兼重生日誕辰與冠禮，及葬後之祭禮。此是對人之自然生命自始至終，與以一虔敬的護持，而成就其宗教之任務。弟以爲此將爲儒教徒之一社會事業。此外則養老恤孤，救貧賑災，亦爲儒者過去在社會所倡導，而力行之一事，今皆入佛教徒與基督教徒或政府之手，亦當爲今後儒教徒之一事。此諸事皆不只是學術理論，亦非屬狹義之政治，而爲流行遍及於社會人民生活之最現實的方面者，故可盡徹上徹下、通無形與有形而極高明以道中庸之道。唯禮樂之訂定，非義精仁熟不能爲。且不能無所因襲，亦不能過於與當世詭異，以動世人之疑。弟爲此徬徨而不知所決。弟日前唯思及民間家中「天地君親師」之神位，及孔子廟二者，不知臺灣尙存否？弟嘗思首先保存此二者下手。「天地君親師」之神位之「君」字，或改爲「聖」字或「人」字。孔廟卽成講學之所。唯其他之禮器與樂章如何，則茫然不知所答。如何「治之於視聽之中而極之乎形聲之外」。此眞是化民成俗之大學問，尙非一般之外王之教所能攝。弟想將來吾人亦須向此用心。唯此皆與今日知識分子所用心之處，相距太遠。仍必須先由義理之當然處，一一開出思路。因而先引起人之問題，拓展人之心量之哲學工作，必須先行。冀由廣泛的思功，逐漸逼歸定向之行事。故兄函所謂凝聚成教會之義，仍只能先存之於心。人文友會事，仍只能以講義理爲重，而不宜流於形式，以免先造成阻隔。唯志同而全無形式，則精神亦將散漫。故人文友會在臺先成立，亦甚善。弟自當列名參加。唯弟在此間，仍當從事較廣泛性之思想上啓發之事。凡屬凝定貞固之事，弟皆不如兄。但在隨機誘導與潛移默化之事上，則與弟之性質更相宜。要之，此二者乃相異相成者。以時運考之，終吾人之一生，此志業皆將在困頓中，而無由遂。然人心不死，此理長存。大道之行，終將有日。在客觀條件之備足上，弟亦常有許多想法。耶穌、釋迦，皆先及于無知識之人，孔子之弟子皆以德性勝。吾人則先與有知識者相接觸，而所遇之環境，亦是知識分子之環境。凡知識皆曲，必須由曲導曲，以成直，此是大難處。然亦終無法避去也。匆此，敬候

大安

弟 君毅上 八月十四

（一九五四年十一月「人生」總第九十七期）

與勞思光先生論宗教書（註）

思光先生：

惠示奉悉。尊意以為今之宗教根本在承認隔絕外在之人格神，故于理不能成立，于事流弊甚多，皆極是。至於聖境是否可代神境，道德是否可代宗教，則兼視聖神道德宗教諸名之如何界劃而定。尊意以不隔為聖境，隔則為神境。弟前函則以為，就諸聖同證言為神境，就諸聖分證言為聖境。茲再進一步言之，就諸聖證聖境而各具聖心言為聖心，就諸聖心不二而同心一心言，即神心或天心之顯示，而聖德即天德。是則吾二人用名之有不同也。尊意以神境必為隔絕外在，神非人之所能為，一般基督教回教徒固如是說，但基督教徒中之神秘主義者如 Eckhart 等，皆可提抗議，因彼等皆明言神之內在，且承認 "God-Man" 之觀念，並明謂神化身為人，所以使人化身為神也。又婆羅門教，亦以人會於梵天，即與梵天無二無別。故隔與不隔，恐未必是聖境神境宗教道德之分別之所繫。愚以為宗教道德分別之所繫，仍可如世俗之說，即一在實踐，一在信。行道有得於心，謂之道德。宗教中則必含有若干所宗之信仰，為一般經驗所不能證實，亦不能否證者。凡遇可由經驗否證之宗教中之信仰，終必被稱爲迷信。但世間大宗教中有若干原則性信仰，乃各宗教所同，原則上可永不被否證。如死後之精神存在，永恒的正義（如善必被賞，惡必被罰），及能通衆心之神心之存在是也。佛學不承認有神心，但在佛教徒心中之佛，其能以其悲智覆育一切衆生，亦與信神者之以神之愛及于一切人同。佛學發展至晚期之大乘佛學，其所謂常住眞心如來藏心，遍爲一切衆生之心識之所依，實亦與婆羅門教之梵及基督教之神相去無幾。至于工夫，自以佛教爲最深密。凡此等信仰皆非一般經驗之所能證實，亦無法加以否證，而一般之道德亦不需在此處立根，亦爲一般科學所存而不論者。論之者爲形上學，而形上學之是否可能是一問題。由各宗教之各有其形上學，與形上學學派之多，則形上學誠難言。而決定各宗教之各種不同之信仰孰爲眞，尤難言也。而宗教生活之進於形上學者，則在於承認肯定此諸形上實在如神佛之存在、人之精神之存在等外，並求與人有一感通之關係，此或爲祈禱，或爲默念，或爲各種禮樂。自宗教信仰中之包含不可由經驗證實之形上存在言爲隔，而自宗教生活本身，則又皆爲求隔者之成不隔。此世間一般宗教之情狀也。

此世間一般宗教，其中種種情見，紛歧萬端，且亦有種種流弊。而一切流弊之所自生，皆由未眞識一切宗教要求所當本之本源，而直下把握此本源本身當有之涵義，以定其所當信與不當信；而不以一般理智中之猜測與幻想濫雜于當有之宗教信仰之中。此原爲何?西哲霍夫丁謂爲價值之保存。然義猶未盡。愚以爲此只在人之充量發展而至乎其極之仁心。此仁心發展至極，則可于人我之仁心之相感通處及萬物之化育上見天心。仁心發展至極，必要求人精神之不朽，並肯定永恆之正義。此義愚嘗略論之於拙著「中國文化之精神價値」中。故今世界各大宗教之原則上之若干信仰，吾人亦皆可肯定其價値，而當允許其存在。唯依充量發展之仁心而言宗教信仰，則不能謂只有耶穌一人爲獨生子，不能有永恒的地獄，亦不能有外在於人之仁心之天心神心。因如此則天心神心有隱蔽有秘密，而有所不仁，則爲人之仁心所不當肯定其存在者，因而必須于人之仁心聖心中見天心，以眞肯定仁心聖心天心之不二，至於此中何以不只用一名，則以仁心是自個體人上說，聖人自個人仁心完全實現說，而天心則自諸聖同心一心上說，而顯于人我之仁心交感處及天地之化育中者也。依人之仁心而求與死者有精神上感通，順人之仁心之先表現爲孝，故必有祭祖，順人之仁心必尊聖賢，故包含祭聖賢，連對天心之祭，卽荀子所謂禮之三本，宗三先生所謂三祭。三祭皆所以通神明之道，亦充達吾人之仁心以澈幽明，而無所不至其極之道也。三祭中祖宗爲一宗，禮記謂繼祖爲宗；天爲一宗，莊子謂天爲一宗；孔子死時歎曰：「天下莫能宗予。」則宗聖賢爲一宗。聖賢能教，祖宗能教，孔子謂「天有四時，庶物露生，無非教也」，則天亦能教。承宗起教，卽爲宗教，不必如佛家之宗下教下，亦不必依西方宗教言也。

至于何以人之仁心不當只及于現實界所接觸之人，何以人不當只本此心以謀人類未來之幸福？何以不只以人類社會之存在卽吾人之不朽？不只以立德立功立言卽人生之不朽？何以不當只求人間社會正義之實現，而必信有永恒之正義？何以不說此一切宗教上之信仰，皆只爲滿足吾人主觀之情緒上之要求？何以見各個人之仁心之交感與各聖心之同心處卽可說有一天心？此自有種種之問題。惟愚以爲皆可由充極吾人之仁心之量而自覺其中之涵義以爲答。如由此而不可答者，亦宗教中所無據以信者。故宗教心情由道德心情出，而宗教心情亦爲道德上當有者，自此言則亦可謂屬於道德。唯道德是行踐上事，宗教爲信上事。道德只及明，宗教必通于幽，通于幽使幽者明，而後宇宙爲大明之終始。中國儒者之學，卽道德卽宗教，禮教實卽含宗教。知天卽宗教情調。中庸曰「肫肫其仁，淵淵其淵，浩浩其天」。由肫肫之仁而至淵淵其淵、浩浩其天，卽儒者由道德心情至宗教心情之言也。

以上所言，度不足以釋先生之疑，姑存之以俟後論可耳。至人文教之立，今尙非其時。以上所言，一二人私相講論則可，望勿公之于世，徒以駭異天下，亦于事無補。且凡屬言說界者，皆掛一漏萬，亦終可作別解。哲學之效，亦有所至而止。愚嘗聽西方式宗教音樂與印度梵音中超渡亡魂之音，皆爲之憤悱不能自已。西方式之宗教音樂，足引人上達之心祈求之意矣，梵音中之超渡亡魂之音，足顯人之悲憫之至情矣，然吾望有能讚天地之化育之音樂，表對聖賢之崇敬而絕一切祈求之意之音樂，與懷慕父母祖先而通百世之心之音樂。吾知有此無聲之樂之存在于宇宙間，如遇之將能辨之。然吾非大音樂家，則不能寫出之。王船山先生曰：樂以澈幽。又曰：詩者幽明之際也。無詩樂以澈幽明，則禮教不得而言，宗教亦不得而言。窮哲學之辯，亦知止乎其所不知至矣。

黑格爾書及拙著一本並奉上，後者奉贈。匆此不一，並請

撰安。

唐君毅上　十二月九日

（一九五五年二月十六日「民主潮」第五卷第四期）

註：本篇發表時，附有勞思光案語：「余旣得唐先生此函，以有『望勿公之於世』之語，知先生用心蓋恐駭俗，不欲將私人講論輕爲宣說，……新春唐先生另有書來，謂此函仍願發表，以便使未解先生言宗教之眞義者得據此而了解先生之大致態度。卽原函所云：『該函雖不能盡釋他人之疑，亦可略見弟之態度，可將以答詢者』也。余遂依先生之囑，將右函刋出，唯原函旁註雜出，增句尤多，余手錄一通，以付手民，雖曾細讀，或不免有舛譌，此則唯有乞先生及讀者相諒耳。」——編者

致謝扶雅先生論宗教書

扶雅先生道右：

承王貫之先生惠交　大著「人格與神性」原稿，讀後甚佩先生提倡宗教精神之意。毅嘗以爲吾人今日言人文精神當只求所以對治唯物之論，而決非只承西方文藝復興以來之人文主義者流之反中古之宗教精神，而正須復興宗教精神以救治近代文化之弊。言中國文化，亦須重新認取中國文化中之宗教精神，而加以推進與展開，數年來亦嘗于此妄有所論述，並于拙著「中國文化之精神價值」中臆測中國未來新宗教之面目。惟私意以爲宗教之興，要在有宗教性人格之至誠足以感人，而非只哲學理論與文字宣傳之事。從事對宗教之哲學理論之說明與文字宣傳，自爲學人之一事。但向此用心則須先比較世界宗教之優劣，並疏解各種宗教問題中疑滯，然後能決定吾人當以何種宗教教義，詔示國人。觀于世界宗教教派之多，其相非相擠之勢，欲融會其隔閡，以歸一是，蓋非一朝一夕之事。則先生之著文提醒人注意此問題，自亦爲當務之一急。中國文化中之宗教精神不似在西方與印度文化中彰著，誠如尊論，唯私見以爲儒家重人非不尊天，亦非必不信鬼神，祀天之禮、祭禮亦非必只是自盡其心（民國以來之學者皆承墨子之評儒家之無鬼而學祭祀之言，而如此說，其實並無的據），而可是與天地鬼神有眞實之感通，引此儒家思想之緒，亦儘可有與西方基督教思想接觸之處。天心存在與人之精神不朽之信念，今之儒者亦當具有並求形之于一新禮樂或宗教性儀式之中。而其與基督教神學相較時應發生之問題，乃爲天心與人之本心良知畢竟是何關係之問題；原始罪惡與性善分別所指爲何之問題；及天心之啓示是否限于耶穌及名義上之基督教之問題；超凡入聖之工夫，是否當取資于宋明理學與佛學等問題。凡此等等，蓋皆大心深心之士所當慮及，然後乃能指出中國新宗教之道路。唯今日世界文化思想之大敵乃唯物論，如唯物論成立，則無論吾人對宗教信仰及中西文化抱何意見與主張，皆同歸于盡。爲今之計，私心以一切反唯物論之思想與抱不同宗教信仰者當合力以謀自救，並互相容讓以任其俱存而並行，故宜先標人文以反物化，而在人文中推尊宗教。至於在純學術方面說，則今流行于歐美哲學界之邏輯實證論者，恒以一切宗教與形上學問題爲無意義，若吾人不能指出此類問題如何能有意義，則吾人之一切討論亦皆爲白費，此亦當爲少數深思遠慮之士所當措意。不知先生以爲何如？尚希賜教。玆將拙著「人文精神之重建」附呈一部，皆通俗性之舊作，尚不足語于性與天道之微，唯其中亦論及若干宗教思想之問題，故便並呈請指教，不一，並候

撰安

唐君毅上　三月廿日

（一九五五年四月「人生」第九卷總第一〇七期）

敬告綠野神州之海外青年

現在又是暑假將屆的時候，有許多青年朋友，將要在初中、高中畢業了。你們或者預備就業，或者預備升學。如果你們因爲家庭環境的關係，而必須馬上就業，這亦不是你們的不幸。因爲你們卽將去報答家庭與學校師長之養育教誨的恩惠，把你們得來的知識技能，用之於社會了。如果你們預備升學，你們一定會感到選擇地方去讀書的困難。留在本地嗎？到外國嗎？到臺灣嗎？回大陸嗎？入殖民地政府所辦的學校呢？入共產主義所辦的學校呢？入自由人士所辦的學校？或臺灣國民政府的學校呢？你們中一定有不少人在這裏徬徨遲疑。我想在此短文中多少與你們一點幫助。

你們中也許有人會想，我會反對你們入共產主義者辦的學校或回大陸去。這你們就猜錯了。我有什麼力量，來反對你個人的自由抉擇呢？我想任何個人的自由抉擇，他人都是無法反對的。我只希望你們要珍惜自己的自由抉擇。知道你之此自由抉擇的精神，萬分可貴，不要到一環境中，而那一環境中根本否認你之自由抉擇的精神之價值就是了。然而這亦不過是我一個人的希望。實際上如果你由你的自由抉擇，而願到一沒有自由抉擇的環境中去，我仍然無法反對。而且我相信你們之要去，仍有若干的理由。我亦能猜想到你所持的理由，並加以同情。我現在所要說的，只是一句話，卽你們無論到那裏去，你們千萬不要忘記自己是綠野神州的中華兒女。

綠野神州的中華兒女，無論到什麼地方，都應當懷念到綠野神州中的美麗山川，歷史文化與古往今來的無數人物，聖賢豪傑，詩人學者與政治家的。我知道要想回大陸升學的青年朋友們，最深的理由亦就是這個。爲了這個，我自己亦不知道有多少次夢魂回去。但是當你們爲了這個而回去時，你會因看見列寧、斯太林之神位，代替了孔子與祖宗的神位；俄國的勞動英雄的像，代替了岳武穆、文天祥的像，而潸然淚下。如果你們在流淚後發決心要把這些神位像片拆下來，再換回孔子與祖宗的神位，換上岳武穆、文天祥的像，你們就先回去吧。我祝禱你們的安全，並望你們千萬千萬處處珍重珍重。

如果你們不能或不願回去，而到自由中國或留在海外異國的政府之下讀書求學，我知道你們內心深處亦另有一種憂愁與悲哀。究竟我們何時才能再見故國的山川與多年濶別的親友？而今在異國的政府之下讀書求學，無論如何不能全免掉王粲登樓賦中所謂「雖信美而非吾土兮，曾何足以少留」之感，但是我希望你們化此憂愁與悲哀，爲一種大願與深情，先發憤求學，使自己成一個人物。結合了千千萬萬的英雄人物再浩浩蕩蕩的步入綠野神州，用學術文化的錦繡，重舖在上帝賜與華夏民族的錦繡山河之上。

五千年的中華民族，是一多災多難的民族。而百年來的中國的國運，更是步步顛連。但是我們永不要忘了孟子所說的話，「天之將降大任於斯人也，必先苦其心志，勞其筋骨，餓其體膚，空乏其身，行拂亂其所爲。」孟夫子這一句話可用於個人，亦用於整個民族。現在大陸的中華人民在勞苦，在飢餓，中國文化是空乏了。民族國家行動的步履，處處遭到拂亂。我們的心志，是不能不苦的。自由中國的人民，與千千萬萬華僑，現在都是在海外有家歸不得。但這正是天將降大任於中華民族的證明。我們一定要回去的，而且重建中華的責任，以時運考之，亦正落在自由中國與一切海外青年的身上。

從歷史上看，中國文化的發展，最初是源於黃河流域，再及於長江流域，珠江流域，近百年來而華僑散佈及於全世界。中國歷史上的外患，則多來源自北方。近代之滿清來自北方，日本來自東方，俄國來自北方。而近百年來的中國民族與文化之自救運動，反抗滿清的太平軍始於廣西，保衞文化的湘軍興於湖南，黃花崗革命與國民革命發於廣東，抗日戰爭之根據地在大西南。外患是一步一步的深，使中華兒女一步一步的退卻到邊區，到海外。但是退卻的仍終於要回去。觀此時運之推移，則復興中華之責任，豈不正落在環繞南中國之海外之臺灣、香港、東南亞……的青年朋友們之身上。青年朋友們，當你們想到這點時，你們能不奮發嗎？

海外的青年朋友們，你們的經濟環境，或者窮或者富。但是你們的父母祖宗同是離開了祖國，漂了洋，過了海，在別人的政府下，年年歲歲，暮暮朝朝，辛辛苦苦的工作，把你們養成了人，受了教育。他們的辛苦，他們的血汗，究竟與馬克思、列寧有什麼關係？我們爲什麼要在這兩個自己無國家而要顚覆人家的國家之猶太人的像前致敬？爲什麼不寶愛我們的父母祖宗的勤儉的精神所自來之中華文化？爲什麼不想我們的父母祖宗，所朝夕盼禱其出現的祖國是怎樣的一個祖國呢？如果我們從這個地方想，而覺到現在的祖國與我們理想中的祖國相距太遠，便知道我們當如何的發憤爲學，並當學些什麼，並到什麼學校，去學我們所想學的，以重建我們的祖國了。

（一九五五年六月廿四日「中國學生周報」第一五三期）

我與宗教徒(註)

魏澄平君是在道風山信義神學院研究神學的。最近寄交「民主評論」社二文，一文是爲我「人文精神之重建」書中「人類精神的行程」一文，作一詳細的中西思想對比表，一文是基督教的觀空破執論。「民主評論」編者寄來要我加以審查。對於前一文，我感謝魏君之一番好意與所用的工夫，但認爲不必佔據「民評」的篇幅。後一文，我卻覺可刊登，而且願意附幾句話於後。

我之所以主刊登此文，是因此文表示一種宗教而兼學術的眞誠。魏君是眞切的感受到基督教的修養工夫中之某一問題。這問題，是基督教到中國後，中國基督教徒，將基督教教理，與中國文化思想及已生根於中國文化之佛學思想對勘時，應碰到的問題。亦是我個人年來論到宗教時，常提到的問題。但是一般基督徒在此點上，常置諸不顧。這樣，基督教將永不能眞在中國文化中生根，因爲它未接觸到中國文化思想的核心。而如眞碰到此問題，則基督教亦必要開始中國化。在中國化以後的基督教，可能如佛教之中國化爲中國之禪宗，亦可能如中古之天主教之化爲馬丁路德的新教。這是人類文化大流之滙合，必將有的一環，或必須經過的一歷程。魏君此文之本意，固不必是要使基督教中國化，但是他此文至少表示了他個人之一點眞切感覺，而暗示出此中之有一基督教思想與中國思想如何接頭的問題之存在。所以我主張加以發表。

魏君此文之內容，雖引了我許多意見，但我個人不必都贊成。一般基督教徒看了，亦可能說其走入異端。而其藉用佛家的觀空破執的名詞以爲基督教思想作註釋，亦非佛教徒之所喜。但是亦正因如此，所以此文可使人感到上述之一問題之存在。這問題如何解決，不是簡單的話可說明的，我現在亦不擬在此討論。我想撇開理論，藉此抒發我對中國的眞正佛教徒與基督教徒的一番敬愛之意。

我自己是生活在塵俗世間，而在自己生活上德性上，自知有無數缺點的人。我只想自勉於希慕儒家的賢者，而非任何的宗教徒。但對於虔誠的宗教徒，我實深心喜歡，這中間常使我生無限的人生感觸、人生體悟。我總與宗教徒，一直有緣。然而我亦總孤負他們對我的期望。我所最難忘的朋友之一，是中學時便同學的映佛法師。前輩先生中，則對於歐陽竟無先生，我亦始終仰服。但這都不在他們的知識與所講的道理，而在他們的爲人。映佛法師的恬靜悲憫的情懷，歐陽先生之泰山喬嶽的氣象，都常在我感念中。歐陽先生本是我父親的先生，亦是熊十力先生的先生，應算我之太老師。對於他，我最不能忘的事，是在他七十歲的時候，他曾要我住支那內學院長爲其弟子，並爲我安排生活。我當時不肯。他於是大怒，但在大怒中，忽然聲帶悲惻，說：「我七十年來，黃泉道上，獨來獨往，只是想多有幾個路上同行的人……。」我聽了「黃泉道上，獨來獨往」數字，便不覺深心感動俯身下拜。歐陽先生亦下拜。這只是佛家的平等之禮，並非我皈佛之表示。我當夜仍即離開了支那內學院，上船回家。這時歐陽先生的一學生，送我上船。時霧籠江畔，月光如水。這學生倚船欄向我說，今天是歐陽先生全幅眞性情呈露，你將如何交代？但我只有遠視江水，默然無語。此事距今已將二十年，每念當時情景，總想流淚。但再隔一年，我在重慶嫁妹後，再去看歐陽先生。先生卻全忘前事。執吾手於案上，寫東坡詞「婚嫁事希年冉冉」數字，慰我以後當可更安心爲學矣。我於此時復深感眞正有宗教精神者之胸懷中，實有一不可測之寬平深廣。我後來常想，如我身而可分，我願分我身之一爲歐陽先生之弟子。然我身終不可分，而我與佛家之緣暫斷矣。

至於對基督教徒，老實說我尚未遇見如歐陽先生之使我衷心感動的人。這我相信是有，或是緣慳未見。但我南來香港，在教育界文化界的人士外，我所接觸的人，仍是宗教徒最多。除了二三佛教寺院，我常去玩外，到基督教的學校，或修道院去講演，亦不下六七次。而我與牟宗三先生年來寫的文章，亦最爲各地的宗教徒所注意。他們常有文章或書信提到，或加以討論。臺灣有一信基督教的范仲元君，動輒數千字的信，來了十幾封，我實在佩服其虔誠。宗教徒之認眞，這決非世間一般學者所能及。但我亦只有慚愧，實無時間對他們之問題一一答復。而在這些與基督教徒接觸的事中，我所比較最難忘的，卽是在魏君的信義神學院講演之一事了。

這事之所以令我難忘，是因該院之請我去講演，事先頗經一番考慮的。據常向我接洽的周君說，在一年前該院的學生，就望我去講演了。但是院中當局不放心，務必希望我只講哲學，不要評及宗教。我說你請院中當局放心，我不會在你們之神學院中，傷害到你們的信仰的。因這亦不合儒家忠恕之道。於是我在一晚上去沙田道風山講演了。我的講演，莫有什麼可說的。可說的是在道風山的山上，看見該院鬚眉班白的老院長。我慚愧已把他名字忘了。但是我卻直覺他是一虔誠的宗教徒，是我在香港所未見過的。我記得他說他是北歐挪威人，孑然一身，曾在中國湘西傳教三十多年，共黨來了，才輾轉到此。在我講演前，大家唱了詩之後，他便起來祈禱上帝，幫助我講演，並幫助聽講者得益。在此夜間的山上之靜穆莊嚴的神學院中，聽了這幾句話，卻使我生無限的感動。我想：什麼力量使此老牧師由歐洲北海邊的挪威，到中國湘西蠻夏雜處之地，傳教三十多年呢？現在爲什麼他要祈禱上帝幫助我？難道他不知道我並非基督教徒？但對最後一問，我馬上了解，這是他們之一種禮。此禮是依於在他們之教理上，上帝之愛是無所不及的。不管人是否信他，他總是願幫助人的。然而在實際上，這禮同時是依於他之一超越的感情，此超越的感情是願幫助我的。但是他的謙德，不容許他說他有力能幫助我，於是只有祈禱上帝幫助我了。我又想他之祈禱上帝，除了幫助我講得更好以外，恐免不掉還要祈禱他來監臨我，不要我講違反基督教教義的話，而搖動到聽衆的信心。這是我從他們於請我講演一事之經過鄭重考慮來推測的。但是我在當時，雖想到此，卻並不覺如他祈禱上帝來監臨我，便是他的狹隘，或是對我之一不敬。我這時所引爲感動的，是想在茫茫的天地間，以我這樣的藐爾七尺之軀，以偶然的機緣，在此處之講臺上，作短短二小時的講演，而他們亦要本他們之禮節，而專誠的祈禱上帝來幫助我、監臨我。他們之祈禱中之超越的感情，究竟是爲的什麼呵？這時間講室外的松風吹過，我知道他們所爲是什麼了。這時我心中所有的只是一種難過的悱惻。我不能分別此悱惻之感，是對此老牧師之爲人的悱惻，是對上帝的悱惻，是對我自己或對人類的悱惻，我亦不能分辨這與我聞歐陽先生說他七十年來，在黃泉道上，獨來獨往時所生之感動，有什麼差別。總之我心中是有同樣一回事而已。

但是實際上各種宗教徒之彼此間，及他們與我們之間，是不同的。如要談道理，一直追溯上去，是總有不能相喻之處，而說不下去的地方的。則大家雖相聚於一堂，而同時是天淵懸隔，這當是一永遠的悲哀。但是我知道在眞正虔誠的佛教徒心中，他會相信我最後會成佛，因爲一切衆生皆可成佛；在眞正虔誠的基督教徒心中，亦會祈禱我與他同上天堂的。而我則相信一切上了天堂成佛的人，亦還要化身爲儒者，而出現於世。這些不同處，仍不是可以口舌爭的。在遙遠的地方，一切虔誠終當相遇。這還是人之仁心與人之仁心之直接照面。此照面處，卽天心佛心之所存也。但在現在世界最急迫的事，我想還是一明儒的話說得最好，卽「莫勘三教異同，先辨人禽兩路」。人道不立，什麼都不能說了。

（一九五五年十一月「民主評論」第六卷第二十二期）

註：本篇原編入「青年與學問」爲附錄。

耶穌聖誕正名

一

這幾日是耶穌聖誕放假的日子。在我個人年來所寫之文章，頗反對只重科學的理智主義，極言宗教之重要，對耶穌推重之處至多。我不反對耶穌稱聖，亦不反對定耶穌誕辰為耶穌聖誕。但是我亦反對逕用直譯之聖誕一名專指耶穌聖誕。此事表面看來，關係極小，而實則關係極大。我本文擬鄭重加以指出。

以聖誕專指耶穌聖誕，本是基督教教徒的稱呼。在基督教徒如此稱呼，本來是可以的。但是今竟大家習用，不管是否基督教徒，報章、雜誌、賀年片，亦一律以聖誕指耶穌聖誕，以聖經指新舊約，卻並不合理。因為很明顯，佛教徒有佛教徒的聖誕，即釋迦誕辰。回教徒有回教徒的聖誕，即穆罕默德誕辰。儒家的信徒，亦有其聖誕，即孔子誕辰。聖誕是一一般名詞即類名。耶穌聖誕、孔子聖誕乃一特定名詞，即專名。以類名為專名，是謂亂名。此與以人之一名專指西方人中國人，同為亂名。如果我們不能說中國人或西方人才是人，則我們亦不能以耶穌聖誕才是聖誕，亦不能以基督教新舊約，才是聖經。

這個道理，本來十分簡單。一說便明白。而大家之所以習用聖誕指耶穌聖誕以聖經指新舊約者，除基督教徒是有意如此理當如此而加以宣傳外，其餘的人只是習焉不察。我在今年自己校對我寫的「人文精神之重建」一書時，卽發現我自己文章亦都是以聖經指新舊約。唯因想到上列所說，才一律校改過來。而只稱為基督教聖經，或新舊約。

二

名詞的意義，本是人定的。有許多類名與專名之互相混用在大家習慣以後，亦未嘗不可。但是聖之一名，並不能如此隨便混用。

對於此聖之一名之混用，亦視如無足重輕者，蓋多是對於人之聖不聖，根本無所寄心的人。在現代人很可以根本否認有聖人之存在，或專去找出人類中所謂聖人之缺點，以指出其並非聖人；或用什麼社會學家之觀點說，聖人不過是後人抬出之偶像，用以維持一民族社會政治之向心力的。這些觀點，一律非我所取。但我不在此文中討論。

我所要指出的一點，是不管你個人對聖人取何觀點，但是在客觀的社會人心上，人是尊崇聖人的。各宗教的教徒，是崇敬其所信仰之聖人的。縱然你個人視聖人如不存在，認爲以聖人之名指任何東西皆可，如禪宗以佛之名指乾矢橛；但只就客觀的社會人心之尊崇聖人一點來說，卽值得我們對於聖之一名之運用，有加以鄭重之必要。

在中國從前的社會，對於聖之一名，是萬分珍視的。故孔子以後，卽只有賢而無聖。對皇帝的奏議稱聖上，乃如稱友人爲仁兄，稱學生爲賢弟，此乃勉勵與禮貌之稱，不能算事。中國人從前之不輕易以聖許人，表示對聖人之標準之嚴格，亦卽代表一對「人之主」者的聖人之理想性之提高。這並不算錯。但是在基督教中則稱聖較不難。耶穌以後之彼得約翰，奧古斯丁，多瑪斯……都聖。故在香港之學校名字動輒就是聖什麼。眞是王陽明所謂滿街皆是聖了。基督教之歷史中之聖人如此多，聖誕聖經之名，又皆爲基督教徒所專有，而中國之孔子一聖，又早經打倒，我們乃更無一聖，實令人不勝感慨係之。

三

我個人並非任何宗教徒，亦不屬於此地之孔教會。要論各宗教之高下，千言萬語說不盡。更不須在此說。我現在的立場，只是一個人的立場。無論如何，人總應當尊重他人之所信。無論人信什麼，他只要是眞誠的信，我們便當尊重他之所信，並且肯定他的信仰，在人之自由信仰中有他的地位。他的宗教，他的聖人，與他的聖經，都是當存在的宗教之一，可能的聖人、可能的聖經之一。我們不當以一教之聖人獨佔聖人之名，一教之聖經獨佔聖經之名。至少在公共報紙一般的文章中，不當如此。

今天，我看了香港時報的一篇只稱耶誕的社論，可謂能正名矣。此文論到不少現在的西方人恒以自由世界卽指西方世界基督教世界。我個人亦一向有此感想。如果眞是自由世界只指西方世界基督教世界，我們這些東方非基督教的人，最後實除了倒向共產主義，卽別無出路。尼赫魯及東南亞國家之倒向蘇俄是不奇怪的。如果只有基督教的聖人才算聖人，耶穌之聖誕才算聖誕，新舊約才算聖經，則今之世界至少有三分之二以上的人類，莫有一個聖人，不能眞舉行一次聖誕，不能有一部聖經。這些人皆只合與惡魔爲侶。這不能不說是人類世間的一莫大的不平。在這個情形之下，要非基督教徒的東方人，能自覺是立在與西方的基督教徒平等的地位，爲人類爭自由，是很難的。

我們向共黨爭自由，是爭一個做人的自由。做人的自由之範圍內，包括很多，其中之一是宗教信仰的自由。而在爭宗教信仰的自由時，我們同時須尊重人之自聖其所聖的自由。這至少在人之精神生活上，是對人最重要的事。我們要尊重人之聖其所聖的自由，則聖之爲類名，與聖之爲專名，不能混淆。不管是基督教徒與非基督教徒，總是一個人。一個人總不當以一教之聖代替一切人之聖。我想大家在此之誤用，亦只是習而不察。我希望大家今後對耶穌聖誕，卽稱之爲耶穌聖誕，不必逕稱之爲聖誕。在一般性的文章中稱新舊約卽是新舊約，如論語之稱論語。這對於非基督教徒的東方人的精神上，將是一莫大的安慰，這對團結自由世界的全部人心，亦將有無限的無形的補益。這亦是基督教文化與其它文化，基督教的人與以外的人在平等的人類文化立場與人的立場，眞正互相尊重求人類文化之諧樂的合奏之一始點。這亦是我們年來寫文章一定要標出人文精神人文世界人格世界之名號，以兼攝人類之文化之各方面，各種人們所崇仰之人格的一理由之所在。如果此短文還有不能說服懷疑者的地方，我想我們之其他文章還値得懷疑者加以參考。此文卽止於此。

（一九五五年十二月三十一日「自由人」第五〇四期）

中國人的心情向世界宣訴的開始

（代新年獻辭）

今年，是國民政府及無數愛護中國文化、人道尊嚴與自由人權，不甘受蘇俄支配下視人如物的中共極權暴政統治的中華兒女，撤退至海外的第七年。我們遙望在水深火熱中的大陸同胞，我們雖然不能免於不勝關念痛切之情。但是我們仍當爲新年來臨，萬象回春，而歡欣鼓舞。而今年亦是我們與大陸同胞們分別之後，最值得慶賀的一年。

今年之值得慶賀，主要是在去年十二月中，中國正式否決了外蒙古之參加聯合國。在中國代表未正式行使否決權之前，國際的姑息主義者對中國政府的壓迫，是空前的。然而賴政府的決心，海外輿論一致的督促，終於把蘇俄所提外蒙古入聯合國的提案否決了。這是七年來最值得大慶賀的事。

這事之所以值得大慶賀，不僅是因其代表中國數十年外交的一次勝利，雪去了雅爾達會議留下的國家恥辱。更重要的，是在此次行使否決權以前，政府負責外交的人，都說出爲萬世子孫着想的悲痛之言，及社會輿論之表現一「寧爲玉碎，不爲瓦全」而國格在所必爭的精神。這證明哀兵必勝，亦證明中華民族之正氣，尚存於朝野之人心。亦證明中國人仍然是中國人。這眞值得我們在此新年之來臨時慶賀，大慶賀。

中國人遠在二三千年前，已在嚮往天下一家的世界了。但過去中國人所了解的世界，只有中國這一塊地方。所以數千年的中國人之天下一家之理想，只能實現於中國這一塊地方。這一塊地方的中國人，一直願意互相和融相處，而在一個政府，一個歷史文化傳統之下生活着。所以在中國歷史上，分裂割據是變態，而大一統是正常。數千年來中國之一切思想家所想，詩人所歌頌，政治家之所勞心焦思，就是要保存此中國之天下國家之大一統。在現代，中國人知道了世界尚有其他國家，尚有其他之民族之歷史文化傳統。於是一切眞正具備中國文化精神的人，同企盼着人類文化的諧樂形成，使人類成爲一大家庭，所以中國人莫有不尊重聯合國，莫有不愛護聯合國，莫有不希望聯合國成爲達到將來天下一家之橋樑，而使中國人在二三千年前已懷抱的理想，實現於當今之世界。中國人所希望的是，人與人的關係，融和，再融和，各不同的民族的關係，融和，再融和，以達天下一家。他不要分裂。然而今之聯合國的其他國家，卻要中國分裂。兩個中國的謬論，使蒙古獨立的外交，都是要中國分裂。這些國家的政治家外交家們，太不了解中國，亦太不了解中國人了。

在西方的世界，希臘的城邦是分立的。羅馬的統一，是暫時的。近代的西方世界，亦是分裂的。小小一個歐洲，分裂成三十餘國。殖民地的人，僑居異地，不出數代，便要另建獨立的國家，只要個人精神上生活上能自由，亦可不再思念其原來的祖國。於是他們可以想：在海外及臺灣的中國人，何妨與大陸的中國人分爲二個國家，或任外蒙古獨立？你們追求自由，不甘受共黨奴役而逃出大陸，有個臺灣，不是已可過個人的自由生活了嗎？依於他們自己的心理，他們這種想法，也許是順理成章的。但是他們不了解我們之逃出大陸，不只是求我們之個人生活之自由。我們是要求中國之一切同胞之生活之自由，還要保存我們之人文精神。在臺灣的中國人，與在大陸的中國人，原自共同的祖宗，有共同的歷史文化之傳統，每人的心中有同一的中國之地圖，其形如秋海棠葉。這中間之精神繫帶，是截不斷的。中國只能有一個中國。因爲一切中國人是同一的中國人。孔子在二千五百年前已說過「中國爲一人」了。中國可以爲俄帝滅亡，世界人類亦可以毀滅，地球亦可以破裂。但是我們寧願中國整個的滅亡，在世界人類與地球毀滅時，整個中國同時毀滅，而存在於永恆的形上之世界，而我們不能容忍中國之分裂爲二，不能容忍外蒙古之獨立。這是中國人的心情。這是中國民族經數千年之歷史文化之陶冶所留下的心情。這心情不會因當前的無限內憂外患而喪失的。這點我們希望一切中國的朋友們了解，一切國際上的政治家外交家們了解。這心情是根於我們數千年的歷史文化。你們或不屑於了解中國之歷史文化，亦是不奇怪的，因爲現在的中國人亦有不屑了解其自己的歷史文化的。但是這心情，是不難了解的。這心情之理由，是不難了解的。這理由，是人類要由聯合國以達到天下一家，不能由分裂一個數千年一直在逐步實現人與人之和融的理想，而已構成一有五萬萬人民之國家，來達到。這心情是從中國人之自來生活在自以爲中國卽是天下的意識中，到現在之發現他自己之生活在一分崩離析的世界中，他的心已經破了。中國人不能承認其國家分裂是應當的。然而這些話，我們平時懷之於心，卻總不能說明白。這一次的否決權的運用，當多多少少把這些話，由行動來把他說明白了。這應當是中國人把他的心情，宣訴於世界的開始，這亦當是世界人士重新了解中國人之所以爲中國人的開始，亦是中國人之了解他自己是中國人的開始。中國此次之否決外蒙古之獨立，至少使中國五萬萬人的心中之秋海棠葉，恢復他的完整。這卽是一精神上之復國的初步。同時亦在精神上否決了當今世界之分裂精神。聯合國應當從今日起，自覺其使命在聯合世界，而不在分裂國家。人類應當自今日起大家聯合起來，制裁把人類之一部關在鐵幕內，以分裂人類世界，把人類之一部化爲奴工，化爲機器之零件，化爲物，以分裂人類世界的馬列主義者。這是我們新年當有的期望，亦是我們今後努力的方向。我們當如何加鞭，以促進我們大家的努力，望我們大家多多思索。

我們已離開大陸七年了。據生理學家言，人身經七年而細胞全部換易。則我們在生理上皆已成了一新人。望我們自今日起在精神上，在復國與謀求人類前途之一切事業上，都成了一個新人，卽以此祝——

大家新年快樂。

（一九五六年一月「民主評論」第七卷第一期）

人與人之共同處之發現與建立

一

中國之墨子「尚同」中篇有一段話：「方今之時，……天下之人異義，是以一人一義，十人十義，百人百義。其人數茲衆，其所謂義者亦茲衆。是以人是其義，而非人之義，故交相非也。內之父子兄弟作怨讎，皆有離散之心，不能相和合。至乎舍餘力不以相勞；隱匿良道，不以相教；腐朽餘財，不以相分。天下之亂也至如禽獸然。」

墨子之整個的思想，在我個人並不贊成。但是這一段話，卻道出當今世界之現狀。當今之世界，是一人心互相離散，而整個在分裂中，衝突中，戰爭的邊緣之世界。而人心之所以離散，世界之所以分裂，則在人各有其所謂「義」，各有其所謂「是」而交相非，乃發現不出人心與人心共同的接觸的地方。

人心與人心之共同的接觸的地方，本來不易求得。因從現實上看，人心之不同，正各如其面。人之生理構造不全同，所處之自然環境，社會環境，文化環境，皆各不同。因而人心勢不能不各有其所謂義、所謂是非。由彼此持異議，以交相非，而勢不能不歸於彼此分裂、衝突，戰爭。而其中之最顯著的，則是種族之爭，民族之爭，國家之爭，階級之爭，不同地域的不同文化之爭，文化的較落後的地區與較進步的地區之爭。

但是，人無論如何不同，總是同爲人。既同爲人，總當有某種共同的地方。人總當去發現去建立此人與人間之某一種的「共同處」，以爲人類共同生活於此世界，而和平相處之基礎。

二

爲發現建立人與人間之「共同處」，于是有各種社會政治上之主義，各種哲學系統，各種宗教出現。人之宣傳一主義，一宗教，發揚一哲學，都是依于人之自認發現了某一普遍的眞理，而要以之告訴他人，建立一人間之共信。其本來的意旨，原亦無不是望由此共信之建立，而使人類能共同生活于此世界，而在世界和平相處。

但是其結果，則在人類歷史上增加了無數宗教的戰爭，主義的戰爭。因爲各種主義與各種宗教本身，又是彼此不同的。人各以其宗教、主義、哲學，爲普遍的眞理，最初是要宣傳他人說服他人，而其進一步則是強迫他人接受他所謂普遍眞理，此仍勢不能不歸于戰爭。

當世界上各種人自認的宗教上、主義上、哲學上之普遍眞理，成爲導向人類戰爭之媒時，便證明此一切人自認爲普遍眞理者，並不能在實際上爲人所普遍共認。亦證明這些普遍眞理未必是眞正的普遍眞理。同時證明人類和平的基礎，尚不能由這些爲人們的自認爲普遍眞理的宗教、哲學、主義來建立。

於是人間另有一主義、一哲學、一宗教出現，卽根本否認人與人之眞有一共同的地方，否認共同的人道，亦否認由此共同處之自覺，可成爲人類和平的基礎，而主張矛盾鬬爭是宇宙之普遍的現象，人類歷史永是一階級鬬爭史。一切人性人道，都是階級性的人性，階級性的人道。人類如果要有和平只有在一階級把其他一切階級鬬爭倒之後，只有在共信此鬬爭的理論的人，把一切反對者打倒而加以統制之後。此卽共產黨的主義，共產黨的哲學，共產黨的宗教。

然而共黨之把矛盾鬬爭，視作普遍的眞理，而對其黨外之一切人鬬爭結果，縱然到了最後勝利的階段，世界仍必然不會安穩的接受共產黨統治，而眞有人類的和平。因爲共同奉行此矛盾鬬爭的哲學的共產黨的人們，還要依此哲學而相鬬爭。而實際上亦並不要待他們到最後勝利時，他們早已實行此鬬爭于其黨內了。在列寧之生前死後與斯大林之生前死後，共產黨內部互相殘殺之血淋淋的事實，證明主張矛盾鬬爭爲普遍眞理的共產黨人，縱在他們征服世界時，必然仍將再自己鬬爭，來毁滅他們自己，最後只能歸于人類的毁滅。此是一理之無可逃。

所以在現在人類，已面臨究竟願意共同存在或願意共同毀滅的邊緣。人類需要一抉擇。

三

如果人類不願共同毀滅，人類必須反對共黨把人類帶向的道路，而回頭再去發現建立人與人之共同的地方，去發現建立人與人之共同的人性人道，以爲人類和平的基礎。

此共同的地方，共同的人性人道，將如何去發現去建立?是我們此時代的眞問題所在。但是此問題，今後再不能只由一家一派的哲學思想，一教一宗的宗教思想，及一種社會政治上的主義去解決。因爲這些東西在過去都曾由彼此之互相非難，互相衝突，而把人類帶向戰爭。這些東西之任一個，在過去未爲人類所共信，將來亦未必卽能爲人所共信。

人類如果眞要發現建立人與人之共同的地方及眞正的人性人道，應從一切宗教之共同的地方去看，一切哲學之不能否認的地方去看，一切社會政治上的主義之提倡之原始的動機去看，尤其是要自一切不屬于任何宗教，不懂任何哲學，不隸屬任何政黨的一般人之自然的心情上去看。這是什麼，這是人人所能共知共行的道德。

在宗教中你講你信仰的那個神，我講一位阿拉。你講神能創造世界，我講世界由梵天化生。你講有神，我講無神，而只有人所成之佛。但是一切宗教，同樣不能否認仁愛正義之德。

一切哲學，可以你講一元，我講多元；你講理性主義，我講經驗主義；以至你講唯心，我講唯物。但一切哲學，同樣不能否認仁愛正義之德。在十八世紀以前之唯物主義者，亦是尊重仁義之德的。

一切社會政治上的主義，可以你講社會主義，我講自由主義；你講民主，我講君主。都同不能否認道德。而自一切社會政治上的主義之成立的最原始的動機上看，則卽馬克思之共產主義、希特勒之國社主義，在其初起，亦何嘗不本于一對無產階級之同情心、對德國之愛國心？我們可以絕對肯定的說，任何政治社會上的主義，在其初起，而不依一人之道德的動機者，是絕對莫有的。一切毛病，只在其主義之化爲一政治組織，便忘了其最初的動機而已。而一切人之自然心情之中莫不有大體上共同的良知，這更隨處可以證明，不必一一多說。

四

所以我們如果眞要求發現建立人類共同處的地方，發現建立共同的人性人道，實際上有一最切近的路可尋。我們不當「道在邇而求諸遠，事在易而求諸難」。這只是一切人在平心靜氣時同我共認的道德。道德之共認，實最不難。難只在眞誠的實踐。

如果人們都能眞誠的實踐這些人可共認的道德，則一切不同的宗教，不同的哲學，不同的社會政治上之主義，儘可各有其特殊的價值，各可應某種人的機而爲人所信，亦各可在一時間一地方，作爲解決社會政治文化上的特殊問題之用。但比起道德本身來看，這些尚都是小道，因只爲人類之一部份人所行。道德本身才是大道，因一切人類皆可共認而共行。然如人類社會中，一切小道皆會歸于大道，則小道卽互不相礙，此之謂「道並行而不相悖」之自由社會。

反之，如果現有的一宗教一定要判定其他宗教都是邪教，都是惡魔的宗教；一哲學一主義，一定要否定其他哲學其他主義之講述的自由；則人類只有永遠互相非難，互相輕藐，互相分裂而鬪爭。這將仍正證明共產黨所謂「矛盾鬪爭是絕對的」之說是眞理。這仍不能把人類帶上和平之路。這個地方，値得世界一切宗教的信徒，一切哲學家與社會政治上的主義創造者之反省。

對于道德重整運動之性質，我還莫有什麼了解。以上所述只是我個人一向的想法。但是我想此運動之眞正的價値，亦應當在這裏。這我亦期望一切從事此運動的人能更多加以硏究之一點。

（一九五六年一月三十日「香港人報」第五號）

讀張君勱致丕理教授書有感

今天我同時收到「再生」復刊號第二期，及「自由人」五四九號，讀了張君勱先生致美國哈佛大學哲學教授丕理（R, B. PENY）的一信，標題「論臺灣與東德」。此信是張先生對於丕理主張以臺灣交給中共，作爲東德之自由的交換條件之反駁。此使我聯想到五年前羅素主張承認中共的事，不禁又爲之感喟，故寫此短文。

根本不了解中國

羅素是國人所共知之世界哲學家。丕理一般國人也許多不知道，但學西方哲學的人當皆知道的。他現在年當已近八十歲左右。無論如何，是在美國哲學界佔第一流的地位的。他是詹姆斯與羅益思的學生。在四十六年前，他已同孟泰苟等五人合著新實在論一書，反對實用主義與理想主義，提倡新實在論。他是美國新實在論創始人之一，而且是他們六人中，後來著書最多的。羅素曾自謂其新實在論思想，初是受他們的影響。而中國在大陸未淪陷前，如金岳霖、馮友蘭諸人之哲學，亦都是承英美之新實在論來的。當我在大學讀書時，亦卽讀了他的「現代哲學之趨勢」與「現代思潮之衝突」等書。他之反對德國之唯心論哲學，以唯心論之論證皆爲自我中心之論證。我當時亦曾一度極贊佩，後來才覺新實在論並無大道理。他比較精心之著，是三十年前之「價値通論」一書。前年還有在美國唸哲學的人寫信來說，其校指定此書爲硏習對象。他之近著，去年我亦曾要圖書館買一本。這些話是說明丕理的地位，及我對他亦有一點精神關係。但是看了張先生的信，說他致「紐約時報」的政治主張，卻不容我不生氣。再聯想到羅素五年前的話，我首先之判斷，是這些西方的代表哲學家，根本不了解中國，他們除了思辨的理性外，缺乏良心的理性。但是我的第二念，卻想到我亦曾讀他們的書，他們都是八十歲左右的老人，依我們的敬老尊賢的道德，再想着他們的觀點，亦是爲他們之文化傳統所限，他們或是另有一種良心理性。我在情感上，仍把他們原恕了。但是他們之缺乏我們所謂良心理性，不了解中國，與其觀點爲其文化傳統所限處，仍不能不一一加以指出。

羅素、丕理的自我矛盾

丕理與羅素的這一類主張，出自一個普通西方政治家之口，不算什麼。但是出自一個相信人類平等，以自由主義民主主義爲號召的哲學家之口，卻是奇怪的。而羅素又是極讚美中國過去社會之無宗教戰爭，無階級壓迫，人民生活最多閑散的自由的人。中國人請他講學，譯他的書，許多中國學人自命羅素信徒，中國人總算對得住他。爲什麼他自己愛慕自由，而一定要讓中國五萬萬人關在他所明認爲無自由的鐵幕之中？這是我們無論如何依其哲學，所不得其解的。至於丕理，在他的書裏亦口口聲聲講自由民主，人類平等，他之反對德國唯心論哲學，最重要的理由，卽德國唯心論哲學之絕對精神吞沒了個人，導致極權政治。然而現在卻主張爲了東德人民的自由，美國應當任臺灣的一切人民受共產主義的統治。這亦是我們依其哲學，所不得其解的。

缺乏良心理性的話

依中國人數千年來大家所共知的，人對人之一極簡單的道德原則，是己所不欲，勿施於人。西方的箴言，是己所欲者，亦施於人。實際上己所欲者施於人之原則，有時會生極大的毛病。因己所欲者，不必爲人之所欲。但依此原則待人，亦是能人己一貫，不違良心理性的。西方人信基督教，故傳教東方，要東方人亦信，是能遵守己所欲者亦施於人之原則的。就是俄國共產黨，要赤化世界，亦是遵守此己所欲者亦施於人之原則的。依此原則，英美之哲學家如羅素、丕理自己要自由，當然應當幫助東方人得自由。然後才能合於基督教之傳統精神，亦才趕得上共產黨。然而羅素、丕理，則只要西方人自由而拔於共產主義的統治之外，卻要東方人永遠陷於此統治之下，這是不以己所欲者施於人，而是以己所不欲施於人。這連俄國共產黨亦趕不上。這是既違悖西方之道德原則，亦違悖中國之道德原則。這是無論依東方人之天理良心，與依西方人之天理良心，都是不可理解的。此之謂缺乏良心之理性的話。

西方文化所無的觀念

但是我回頭一想，我這些責備的話，明是莫有用的。在羅素、丕理決不會自認莫有良心。他們的良心在那裏?他們的良心，在西方文化西方國家的第一，在他們自己國家的利害的第一。再配上他們的理智的認識，卽只要臺灣交與中共，西方的安全便可確保，他們國家的負擔，便可減輕，天下亦就太平了。至於建議以東德與臺灣交換，這個西方外交中的傳統手法，一直生根於西方傳統文化的商業精神。他們看來，並不是不道德的。他們的言論，正是根據了他們之良心理性的，依他們之良心理性來看我們之反對他們的言論，我們亦不過只是爲我們自己的國家，站在我們自己的立場，求我們自己的利益而已。對於他們之此種良心理性，是我們所無法與之辯論的。我們亦無法提出，春秋大義所謂興滅國繼絕世的精神，來期望當今之國際友人。因爲西方文化中，從來卽未出現過此觀念。而我們如此期望，亦只有加深我們的恥辱之感。

反共的兩大理由

但是我要反過來正告這一類的西方哲學家們，就是第一，如果哲學還有什麼可貴的地方，卽是他能使人從天下萬世的人類歷史之過去與未來着想。你們的宗教，尙能以全人類之救贖爲己任，爲什麼哲學反趕不上宗教？第二，我望你們知道中國現在在臺灣與海外的自由人士之反共的理由，重要的，只有兩個：一個是要保存發展中國數千年之文化精神，以通貫於世界文化；一個是要爭政治上的自由民主與人權的保障。這兩個理由，歸根到底，亦都是依於人的立場，依於人類文化中有中國文化，其客觀價值，不容抹殺，其歷史發展，不容截斷，一切人們亦當有自由的立場。而並非只是依於求中國一個國家的一時的權力之強大之立場。如果只爲這個，我們早已贊同共產黨了。我們求自由，我們決不會忘了一切人類的自由。我要告訴你們，今在香港調景嶺的難民，亦有立志在中國解放之後，去解放俄國的。中國人縱然在一無所有時，他的胸襟，還是能涵蓋天下萬世的。你們可說，這是妄自誇大，聊以自慰。但是他之妄自誇大，總有一道理，你們當在中國傳統思想文化中去理解。

中國人的世界精神

第三，如果你們了解第二層，便了解如果中國之赤化眞正完成，中國人亦卽學會了己所欲者亦施于人之原則，必然要去赤化世界。中國人要自由，望全人類自由。反之，如中國人要赤化，亦要全世界赤化。二者不同，然有一同一之中國傳統的要天下一家的世界精神貫注于其中。這是西方人以至現在的中國人亦不了解的。中國共產黨之參加韓戰，爲什麼可與聯合國打個平手?是馬列主義之力嗎?不是。這是共黨之利用中國人之原有的世界精神，要爲人類打抱不平的精神，幹出來的事。這個中華民族之潛伏精神與潛力，請你們不要忽視。這潛伏精神與潛力如果不能有正當的表現機會，牠便要作變態的表現。無論是正態的或變態的表現，牠必然要震撼世界。這理由可以說甚深甚深。一般政治家所不能了解的，哲學家于此應虛心求了解才是。

肯定强權威勢之心理

第四，你們這種哲學家與你們之主張承認中共的政治家，看中國問題，總不免服膺同一原則，卽肯定既成事實之原則。而此原則之後，則有一肯定強權威勢的心理。你們之不惜違悖你們的哲學與普遍的良心理性，除西方人第一、你們自己國家第一之觀念外，卽此原則此心理在決定你們的言論政策。你們的科學精神，原是重事實之肯定的。你們的宗教精神，在東方人看則不免太重權威。羅素丕理本人亦同如此說。至于國際外交上之強權主義你們自己更不否認。但是你們卻多不了解中共之權力的來源，你們多不知你們所認爲已成的事實者，只是中國歷史發展歷程中之一暫時的事實。

中共權力的來源

關于中共之權力的來源，我過去已寫了很多文章，說此是利用中國文化的潛力。支持中共的力量，只是中華民族要求站起來的力量。此力量要反抗百年來所受于西方之壓迫，于是才接受西方思想中之反西方資本主義帝國主義的馬列主義，以爲反西方的旗幟。從中華民族深心的要求看，牠根本上決不要信馬列主義。而中國共產黨則弄假成眞，以爲中國民族與文化眞可馬列主義化。實際上中國民族要站起來，中國文化亦必然要站起來，中國人亦要個個站起來，成爲頂天立地的自由人。此是理論的當然與必然，亦是一歷史的當然與必然。

我們的信心

但對此點要看明白，卻必須透入中共暫時統治之事實的底層去看中國文化的性質，中國民族的心理，中國百年來之歷史與其應有之趨向才行。把此點看明白，便知自由世界除了幫助中華民族在政治上文化上一齊站起來，中國人民人人成爲自由人，此外決無路可走。如果不幫助，自然現在反共的中國人要吃虧，大陸的中國人民還要受苦，世界亦將吃中國人之精神之一切變態的表現的苦。然而，我仍可以斷定，在一未來的時間，中國人民以至中國共產黨，仍將不斷清算他們自己的馬列主義思想，如今之清算斯大林，直到中國民族與文化一齊站起來，中國人人成自由人爲止。除非西方人以氫彈毀滅中國人，此理不會更動。縱然氫彈毀滅了中國人，中國人仍將一齊到天國，將此理實現。這點信心我們是有的。至少此信心之存在，亦是一宇宙間的事實。我想你們亦當依肯定事實之原則，來加以肯定與同情的理解才是。不要太看重現實的政治權力了。

走出我們自己的路

我寫了上段的話，亦無意寄給羅素、丕理，他們亦不會聽了便肯虛心加以研究的。一切的話，仍只能說給我們自己的同胞聽。看看西方哲學家們之此類見解，我想我們數十年來之膜拜西方文化與西方哲學家，恐怕有些地方是錯了。羅素偶然著一、二本書，稱道中國文化，中國人便處處加以徵引。我近年所寫的「中國文化之精神價值」等書，其中許多比較評論中西文化的見解，實際上並不是讀西方書來的，但爲恐國人不信，亦多引西方人自己的話爲證。至于此外的一些人著作之視西方學人之言若神明，更是相習成風。實際上在西方學人心目中何嘗有我們中國人，何嘗眞求了解中國人與其文化？這自然是由于我們自己不行，國家太不像樣，學術文化的自信心全失了。但是這亦由我們自己太謙虛了。實際上，我們縱然什麼都莫有，但是天下一家的懷抱，與己所不欲勿施于人之德性，還是有的。爲什麼我們不能以此爲建立自信的開始呢？西方人與其文化之長處，固然是很多，値得我們學。

但是看看大陸共黨之與聯合國作戰，大罵西方之資本主義文化，西方人卻另眼相看。這不能不使人疑心到，西方人多是祇認得現實力量的。而中國人現在所唯一應努力之事，仍是百年前人所想的使國家富強。我們似反當贊同共黨對西方的態度才對。然而蘇俄又是道地的虎狼，視人如物的馬列主義，又非反對不可。如何在此重重艱難，重重苦悶中，走出我們自己的路，值得中華民族的血性男兒共獻心力。五月七日

（一九五六年六月十六日「自由人」第五五二期）

東洋文化的優點

——在日本亞洲問題研究會講演辭

回顧世界的文化史，可有兩大主流：一是發生於亞洲的所謂東洋文化；另一個是發生於希臘，與基督教合流，再通過羅馬，直到今天的所謂西洋文化。西洋文化傳到美國以後，就成了今天在世界上握有指導地位的美國文化了。東洋文化的最大的發祥地，自然是印度和中國；然而從這兩大綿長的文化傳統之間，又另外蘊育出一個新文化來的，便是日本。日本在世界文化史上所佔的地位，極為重要；與今天在世界上握有指導地位的美國相比，絕無見絀之處。

然而無論中國、日本，以及其他現在亞洲的國家，一與歐美各國相比，馬上就有一種難與為比的感覺。我想，這也許是由於中國的政權，正在分裂之中，而日本也正在大敗之後的關係吧！一方面，西方則以美國為始，以至於其他歐洲各國，的確也都正以世界文化的先進國自居，對於世界的文化感到一種優越的自負；特別是美國，因為他們已經成為今天世界上的一個唯一繼承、發揚歐洲文化的國家，所以他們就更有一種自負的感覺了。

從表面上看來，亞洲人自然也有許多不如歐洲人的地方。然而從亞洲人的經濟上的潛在力和它那正在等待發展的力量上來看，我們絕對沒有必須在歐洲人的面前，感到自卑的理由。如果追溯一下過去的歷史，亞洲人最初形成這種不如人的感覺，也不過就是最近的十八世紀以後的事；而且相反地，那個時候的歐洲人，還正在拼命地吸收亞洲的文化呢！關於這一點，在日本的學者五來欣造先生的著作上，也曾很清楚地提到過：當時歐洲各國所出現的那些學會——就連英國的皇室學會，他們的主要的設立目的，就在努力吸收亞洲的——特別是中國的——進步的文化。這麼一看，我們今天的文化，雖然被歐洲文化所壓倒，可是在從前的時候，我們也確曾有過優越的地位；並且那時候，他們也正在學習我們的文化。那麼，再過幾十年之後，怎麼知道他們就不再來學習我們的文化呢？因此，無論中國陷入如何的惡劣狀態，我也一定要高聲誇稱：「我是一個中國人！」同樣，我也希望所有日本人，無論在任何困難的局面之下，也都能保持一種「我是一個日本人」的自尊自信的精神。

以現在的中國和日本的情形來看：中國的內部，正在分裂着；日本是一個戰敗國；我們自然很容易陷於悲觀。但是，讓我們重溫一下過去的歷史，人類最大的智慧，卻常常是從失敗和分裂之中，或是從一種極端貧苦的境遇之中，產生出來的。摩西的偉大思想和教義的覺悟，是在流浪之中產生的；基督教的教義，也是在許多窮人裏面產生的；孔子若不在當時那種混亂和分裂的中國裏，也許不會產生那麼多的教訓；釋迦若不先抛棄他那種尊貴的地位，到今天也許還沒有印度的佛教；以至於穆罕默德的回教，無一不是從艱難困苦裏成長起來的。

因此，貧窮和分裂，都不足以爲憂。相反地，在這些磨鍊之中，我們倒越發可以有一種「產生新力量」的自信。以我自己過去的體驗來說，是絕對可以這樣自信的：我覺得，在最近這十幾年的窮困的生活裏，有許多的思想，都是在從前那種安定的時代裏所想不到的事情。我相信所有的中國人，在現在這種苦難裏，也必定都有他們的嶄新而崇高的理想，在發生，在成長。同樣，我相信：日本人在這種戰敗的苦難之下，一定也要產生一種在戰前絕對想不到的那種比從前更偉大的理想。

大多數的人，都是因爲貧弱的關係，於是他們看到了歐洲各國那種富強的情形，第一個思想，就是羡慕；也許有的人，更要嫉妒；嫉妒以後的發展，就是要打倒對方了！這種羡慕和嫉妒，甚至於進而想到破壞，都不是一種正常的心理。

然而在一般的人來說，這種思想，卻是極普遍的。例如中國對於歐洲資本主義的經濟力的侵入，大多數的人，就都是羡慕，進而加以模倣，總想一下子就把自己變成一個優越的地位；或者由於嫉妒心的驅使，爲了要達成他那個優越的地位，那麼索興就想到把對手打倒的人，也是很多的。

羡慕，只能使人趨於模倣；而嫉妒的結果，既在打倒對方，最多，也不過只能使人獲得一種「提高了自己的錯覺」。我們所要採取的自強之道，絕不是這種模倣或打倒，而是要把自己的本身鍛鍊起來。換句話說，就是要先從自己的本身，放出光輝來，而後再來吸收對方的優點，才有把它加以融化的工夫。只從打倒對方，或攻擊對方的缺點上入手，絕不會產生什麼美滿的結果；必須力求發揮自己的優點，才可以獲得更高一層的成就。

馬克斯的資本論，把資本主義產生的原因、發展、以及它將在什麼階段上，必定趨於沒落的這些問題，都解釋得很明白。列寧的帝國主義論，對於這些問題，也有更進一步的分析；不過，它們都是只能揭發資本主義的醜惡，和它的趨於沒落的必然性而已；它們只能暴露人家的否定面，而未能積極地把它們自己的肯定面表現出來。

我們必須知道，這實在是一個很重要的關鍵。凡是專門尋求人家的缺點的人，他自己一定就會在不知不覺中受到對方的缺點的沾染；舉例說吧：由他們所攻擊的帝國主義這一個問題上來看，蘇聯果然並未從事帝國主義的侵略麼？他們又提出了資本主義的個人資本搾取勞動者的這一個問題，那麼，蘇聯現在國內的情形，國家的政權，豈不是正在代替着個人的資本家而從事對於勞動者的搾取嗎？所以今天風靡了全世界的共產主義，它們的最大的缺點，就是只能暴露人家的否定面。

中國文化的優點，究竟是什麼？日本文化的優點，究竟是什麼？或者歐洲文化的優點是什麼？這雖然都不是幾句話就可以解釋得來的事情，然而我以爲終可以有方法解釋明白的。可是馬克斯主義卻一口就完全否定了它們過去的一切的優點。難道事實上的舊文化，就只有那一個否定面麼？中國的國家，已經延續了五千多年；日本，也有過幾千年的文化了；我相信，它們在這個世界上，一定有它們一直存在到今天的眞理和價值；一定有它們的不可捨棄的優點，是值得使我們愛好的。

我們對於歐美最容易感到自卑的地方，就是科學。以科學在日常生活上的種種效用來說，無論如何，我們現在都必須承認「我們是比較落後的」。然而，在人生的價值上來說，並不是只限於「有用」而已。舉一個最簡單的例：我這次到日本以後，在吃飯的時候，我總覺得在那種大盤子裏，裝上一點食物，很能給人一種輕鬆寫意的感覺；使人的食指躍躍欲動。這並不是只因爲那個大盤能裝裝食物而已，而是它那種色調的配合，更能給人一種說不出的情趣，使人對於其中食物更能產生一種愛好的印象。

精神上的價值，也不在乎物質的多寡；這可以用中西的繪畫來作一個證明：歐洲的油畫，必須一層復一層地，把那些油彩重重疊疊地抹上去，才能成功一幅美麗的畫面；可是中國畫，卻只要輕輕的幾筆，就可以成功一幅絕妙的作品；在一張巨大的畫面下，空白愈多，就愈使人的精神上有一種空靈的感覺。從這點看，物質多起來，固然有多的好處；可是少一些，也正有它少的妙處！有時候物質的缺乏，正可以造成充沛的精神；我們找不到沒有物質就沒有精神的理由。

我們還可以再舉一個簡單的例：我們常常看到一個非常窮苦的家庭，可是在他們的中間，卻充滿了夫妻相愛和父慈子孝的氣氛；我們也常常看到一個富有的家庭，夫妻兩個人，每天吵架，小孩子們，也不聽父母的吩咐，甚至於做父母的，根本也不照顧子女們的事情。把這兩個家庭的情形對比一下，我們馬上就可以知道，絕不是豐富的物質就能決定一切的；精神條件的要求，在人類的生活上，實在是最重要的事情了。

由於近代的科學不斷地進步，據說，不久就可以實現一個原子力的時代。到那時候，只要這種原子力，不使用到戰爭上去，那麼今天世界上的各國，拼命去爭奪的那些煤、鐵……和其他一切的資源，恐怕就都要失去它們的價值了。那個時候的困惱人的問題，就不會再是物質的問題了，而是如何去使用物質的精神問題。那個時候，才能眞正地表現出來人類的文化和文明。

人之所以不同於其他動物的地方，就在於他們能够常常地想到他們的過去，他們也能够不斷地想像他們的將來。我們追憶從前的文化和歷史，並不就是復古，也不是復古；我們若能確認過去的種種優點，把它用到將來的建設上去，那麼它已經不再是古舊的了——而是一種新的東西。回想過去，就是豐富現在；因爲我們把「過去」都忘記了，所以現在就變成一種極貧困的狀態。這已經不再是「新」「舊」的問題，而是一種「優」「劣」的問題；我們必須把劣點除掉，把優點保存下來。

現在讓我們檢討一下我們的過去，衡量一下我們的現在：我們很可以自豪，我們東洋，也確有我們東洋的優點存在，我們過去的民族上的優點，現在仍然還保留在我們的中間。因此，我們一點也沒有自卑的必要；而且我們還可以斷言，將來一進入原子力的時代，歐洲人就必須重新向我們學習。

我們再分析一下發揚歐洲文化的「美國文化」和成爲東方文化結晶的「日本文化」的內容：日本文化，在保存了亞洲固有的文化以外，也吸收了一部分歐洲文化，因此它就越發增加了一股清新的色彩；可是美國的文化，雖然代表了歐洲文化的朝氣，然而他們對於東方文化的吸取，卻是微弱得很了。我們可以說，日本文化，已經變成了東西文明的橋樑；可是我們對於美國文化，仍然還有很大的期待！這並不是去爭論東西文明的優劣，而是說，人類必須能夠互相交流他們彼此的優點，然後才能有更高的文化生活的實現。

從前我在香港，聽到從日本回來的人說：「日本人不講傳統。」這次我來到日本以後，也間或聽到一些同樣的批評。可是我記得，民國十年在山東，有一些青年演劇，他們盡是在強調孔子所履行的君子之道是一種落後的表現。當時有一位日本人說：「也許中國不需要孔子，所以我們才得有接受孔子的教訓的機會。」如果今天日本的青年人，不接受傳統的話，那麼，你們就得不到孔子思想的陶冶。中國有最優美的文化，並且它現在仍然在我們的中間存在着。我們不管它是新，是舊，只要是可以使我們愛好的東西，我想我們就必須保存下去。我希望日本人也能保存住中國的優點，進一步，再把你們自己的優點發揚光大。

（焦作民譯自日本亞細亞問題研究會「唐君毅教授滯日講演特集」・一九五七年八月一日「人生」第十四卷總一六二期）

東洋的智慧

——在「丸之內」財政界集會上的講演要旨

東洋思想的特徵，始終是以「人」作爲中心思想的。東洋這種「人」的觀念，是與天地相通，與他人相通的。西洋的「人」的觀念，則沒有這種「通」的意味；只有一種「對」的觀念。所以西洋的思想，「對」天，則有信仰和宗教的產生；「對」地，就是科學。因此，西洋人對於天，就有原罪的意識，把自己變成了極卑小的存在；對於地——人類的存在，在科學世界的面前，仍然還是極微小的。從前對於神的卑微，現在在科學面前的渺小，這就是西洋的「人」的存在。自然，斐希特和康德在西洋哲學裏，也承認了人類的尊嚴；然而他們並不是哲學界的中心勢力。在西洋，這種理想主義的哲學，是否能够盡量地滲進人類的生活之中，那是很成疑問的。

在東洋方面：印度、中國、日本，同樣都是以「人」爲天地之心的。自然東洋也有宗教和科學，然而西洋宗教裏的神，是獨一的，東洋的神，不但數目可以增多，而且還有一個「人也可以成神」的特徵。西洋的神和人，是絕對隔絕的。這是彼此極端不相同的地方。同時，中國和日本的神，和印度也不相同：中國和日本的神，就在家裏——在家裏供奉着。昨天參謁日光的東照宮的時候，我看到那些神的供物，都是人類使用的東西；這就是一種神和人在往來着的表現。

讓我們再比較一下東洋和西洋關於物的智慧：西洋對於物的思想，就是「生產」；可是東洋對於物的思想，則是「分配和受用」。在西洋一談起這兩樣事，就要惹起種種的煩惱的問題；在這一點上看來，西洋的智慧，似乎遠不如東洋的智慧了！

若按照西洋那樣專門注意物的生產而發展下去的結果，當然是只有物的世界越來越大了；於是人類就變成了極其微渺的存在。必須按照東洋這種分配和受用的想法，才可以實現一個人類自覺的世界。在東洋的歷史上所出現的富翁，永遠是把他們自己所賺來的錢，用到買賣以外的各方面去；可是西洋的富翁，就只能把他們賺來的錢再用到生產手段上。我們似乎可以說，這個分配和受用的影子，就是東洋商人的一個理想的對象。

必須能够懂得分配、受用——例如日本的「茶道」，就是講求飲食上的美感——換句話說，就是對於物要能達成藝術的自覺，然後人類才不會像西洋那樣受到物的世界的壓迫。所謂「物的藝術化」，就是在對於物持有一種親近感的同時，還要設法觀賞它；這樣保持一點距離，就可以獲得一種輕鬆的餘裕。如果只是站在利用物的立場上，那麼人類就只有遭受物的壓迫了。

關於這些生活上的藝術，特別是日本是最出色的了！無論是在飲食、衣服、或居住上，都有一種極優美的情調。具體一點地說，就是在日本的生活上，有用的東西很少；無用的東西很多。

人和物要保持一些相當的距離；人和人之間，也要有一個一定的距離的。這個「距離」，在東洋的「禮」和「敬」上，是最重要的了。這麼一看，東洋的智慧，不但在人、物之間，有了調和；而且在神的方面，也沒有壓迫；天地兩方面都沒有壓迫。所以「東洋人」，才實在是一個頂天立地的自由人。

我們這樣一比較，東洋文化，絕對沒有劣於西洋文化的地方。只能說，西洋在生產上是優勝的；而東洋則是優於御物的。如果不能徹底理解這一點，這個世界就一定要受到物的壓迫，而造成人性喪失的悲劇。二月十五日

（焦作民譯自日本亞細亞問題研究會「唐君毅教授滯日講演特集」·一九五七年八月一日「人生」第十四卷總一六二期）

人類的進步和自覺

——在日本亞細亞大學講演辭

今天在這裏演講，我特別有幾點感觸：

第一點是「亞細亞大學」和我們「新亞書院」這個完全相同的名稱；我們知道，現在還正有一個和我們的校名相同的惱人的問題——亞洲問題。這個問題，在今天已經成爲一個全世界的問題了；不只是我們亞洲人要爲亞洲而煩惱，所有世界上的民族，也都正在爲着亞洲的問題而煩惱。

第二點，卻是使我很高興的；昨天在歡迎會上和亞細亞大學校長的種種的談話——中國人創辦的大學，和日本人創辦的大學交換學生。這在中共支配了大陸以後，實在還是一種創舉。

第三點是：在昨天的歡迎會後，中山和安岡兩位先生爲我所吟的詩——勸君更進一杯酒，西出陽關無故人！——使我深深地感到離開日本以後，到美國去的孤寂。自然美國人也還是人，然而眞有東洋人的情感的人，在美國恐怕是太少了吧！

是的，中國和日本的關係，就是這種「故人」的關係。國土是相鄰接的；文化也是從一個根本上來的；中國所崇奉的儒教，在日本也和自己固有的宗教同樣地奉行着。

儒教最重要的人物，當然是孔子，但是我不願意說「孔子是中國人」。我要說：「孔子是東洋人！」爲什麼我要這樣說呢？因爲孔子是山東人，而我乃是四川人；從四川到山東的距離，比從日本到山東的距離還遠，所以我不願意把孔子說成一個受到狹小的地域限制的「中國的孔子」；我要說：「孔子是亞洲的孔子；是世界的孔子。」假如我們說「孔子是中國人」的時候，一定會有人跟着說：「啊，孔子是山東人呀！」那麼就一定會把孔子越說越小。

在尊敬孔子，崇奉儒教這一點上說，中國和日本，本來應該是一種故人的關係，可是在事實上，卻變成了一種不幸的關係。這實在是東洋的一個大悲劇！一個眞正的中國或日本人，一定會深深地感到兩國的不幸。然而這種不幸，自然不會永遠存在的；中國的「水滸傳」上有一句俗語說：「不打不交！」今後的中日兩國，一定都能有一種比戰前更深切的相互的了解。兄弟的爭吵，也許就是因爲感情太好的關係吧！

如果用辯證法來解釋中日的關係，那麼：「故人的關係」是「正」，「戰爭的關係」是「反」，以後再和睦起來，就是「合」。我想今後的將來的中日的關係，應該走上「合」的階段了！

「進步」，並不只是單純的「變化」；爲了尋求進步，不但必須先有一個目標，而且還必須先有黑格爾所說的那種「超越的保存」的概念才行。「物質的變化」，既沒有目標，也沒有「超越的保存」的意義，所以物質的變化，永遠是變化，絕不能成爲「進步」。從「超越的保存」這個概念上來說，不只是物質沒有進步，上帝也是沒有進步的。因爲上帝是一個「絕對的完成者」，所以就不會有進步的狀態存在；只有在生命世界裏，才可以談到進步。

生命世界所以有進步的原因，在於它能够保存從前的那個階段。精神上的保存，就是記憶；就因爲有記憶，在精神世界裏，才有進步。

同樣，在人類的社會裏也有進步。不過，生命世界的進步和精神界人類社會的進步，有着絕大的差異：生命世界的進步的目標，是沒有自覺的；精神界人類社會的進步的目標，乃是一種有自覺的決定。只是在這裏有一點很重要的關鍵，人類社會目標的自覺的決定，只能產生在個人的人格的世界裏。其他的動物，雖然也有社會，但是它們的社會，只有組織，所以也沒有進步——沒有自覺的進步。

因此，人類社會若尋求進步，就必須注意「人格的自覺」；從這種個人的自覺裏，才可以產生自由、尊嚴……等等的觀念。但是，這種自覺，又不能只限於「自我」的；因爲「自我」生存在這個自然界裏，必須和其他的個人結成一個更大的社會，所以我們的自覺就不能停頓在自我的自由或尊嚴上，必須要擴展到人與人的關係上；逐漸地形成家庭、社會、國家的自覺。

不過，人類社會的自覺，與其他動物那種完全爲了社會的自覺，又有不同的地方。如果單是注意到社會，結果就一定要造成一種沒有個人的社會。然而如果完全爲了個人而自覺，結果又必演成一種個人至上的主義；所以，眞正的自覺，必須是在個人的自覺上超越個人，而後再擴展成的社會自覺。我們很容易說「我的家」，「我的學校」，這就是在個人中超過了個人而自覺的證明。

人類社會的推動，大概可以有兩條不同的路線：一個是把重點放在個人上的；一個是把重點放在社會上的。把重點放在社會上，絕對不能滿足人類的自覺的存在，結果只是把個人變成一個社會的零件；把重點放在個人上，就是把個人至上化。西方國家，在十九世紀的時候，徬徨在這兩條路線裏；最初他們採取了個人主義，以後他們又採取了全體主義。個人主義裏面，不能培養完美的人格；全體主義裏面，又完全消滅了個人人格的存在。西方國家，在這兩個極端的主義之下，掙扎了三百多年，眞可以說「苦不堪言」了。

然而在我們東洋人的觀念裏，個人就有包括一切的意味。這大概就是東洋和西洋的絕對不同的地方。那麼，在這種情形之下，我們可以說，進步的意義就是把個人自覺的世界擴展出去；換句話說，就是擴展超越自己的自覺。這樣，無論是社會的自覺，或國家的自覺，也都是自然可以形成的了。這雖然只是人與人的關係，然而這種自覺的世界，和自然界的關係，卻同樣地也在擴展着。這才是眞正進步的意義。所以，「進步」並不是社會如何如何，而是個人的自覺的世界，不斷地在擴展出去。因此，眞正的進步，就是必須在自己的自覺裏，涵有深度的客觀性。

所以，我們若把以個人爲出發點的進步的方向加以客觀化，那就變成了一般社會的藝術或學問。這種藝術和學問，仍然還要歸回自己來享受。這就是個人和社會的交流。在自己的內部和外部的接觸之中，尊敬、同情、崇拜，和讚美等等的關係，就都由此產生了。於是再從這種人（指本段開頭所說能客觀化而與社會交流的人）的相互關係上，構成一個和諧的異體同心的交織面。如果我們舉例來說，人類社會就是一個發光體的集合體；各個個體所發的光，就在這個集合體裏，互相反射。若從這個角度去追溯人類進步的歷史，那麼我們就可以看出來，最先是由個人的自覺形成了家族、部族、社會和國家；及至有人把階級社會看做一個最大的羣體的時候，才產生了階級的自覺。

「進步」，大概有三個意義：第一是個人的自覺和它的擴大；第二是社會裏各個人的同心自覺的擴展交流；第三是，在超越個人的自覺的擴展、交流的同時，必須有過去的遺產和過去的世代，在現代裏存在着。

然而最要緊的，還是「人類」的自覺。「人類」，是從人與人的關係上產生的；人與人的關係，就是前面所說的那種光的相互的反射。這一點是極其重要的。不過，「人類」這兩個字，乍聽起來總有一點「第三者」的感覺；若說「人間」，就似乎有些「我和你」似的；比較親近不少！在「我」的裏面，就包含了「你」；在「你」的裏面，也就包含了「我」；這種關係，實在是人類最基本的關係。

如果把人類社會的問題，分成兩部，成了外部問題的，雖然極不容易解決，可是若把它變成「我和你」的問題以後，就很容易處理了。在中國，把「我和你」這種關係稱爲「人倫」；我覺得，這種關係對於人類的進步，卻有很大的意義。

（焦作民譯自日本亞細亞問題研究會「唐君毅教授滯日講演特集」·一九五七年八月一日「人生」第十四卷總一六二期）

國人的信仰問題

——從「聖誕」一詞說起

大約在三年前，我在「自由人」曾寫一文，名「耶穌聖誕正名」，主張耶穌聖誕不應只名為聖誕，將私名與公名混亂。因佛教徒、回教徒同有其聖誕，中國人亦有孔子之聖誕。那篇短文發表後，如石沉大海。只有一臺灣之佛教徒李滿康先生來函表示同情。但在今年十二月廿五日本刊中卻得讀到高遷先生「聖誕話『聖誕』」一文，與拙作之意，竟不謀而合。在此報章雜誌滿幅以聖誕代耶誕之時，得讀此文，我好似如莊子所說「逃空虛者，聞人足音跫然而喜」。所以立即提筆寫短文，聊對高遷先生一表聲應氣求之敬意。

一

耶穌聖誕之何以譯名聖誕，新舊約之何以譯名聖經，此當最初是基督教徒之所為。其何以流行於香港等地，而為國人所習用，亦有許多偶然的因素。人既用慣，亦可說並無大不了。在中國，一般人之取名，尙可用到聖字，王學中亦有滿街都是聖人之說，則稱耶穌誕辰為聖誕，以新舊約為聖經，亦何嘗不可。所以此問題，亦儘可小視之。然而在某一方面，亦儘可大視之。

其所以可大視之者，因名號所在，卽可轉移視聽。如果我們將私名公名混淆則可使人以「個體」代「類」。而抹殺一「類」中其他「個體」之存在。如在大陸只稱共產黨為黨，則其他黨之不能眞存在也可知。在香港，只稱香港政府為政府，則香港無其他政府也可知。今只稱耶誕為聖誕，新舊約為聖經，則此外更無聖經亦更無聖人可知。而基督教徒之假公名為私名，此明以私「聖」為一教之所獨有，以使天下之求聖者，皆只求之一教，而其餘宗教之聖與中國之孔聖與其經典，乃更不得與基督教比肩而立。此明為宗教中的霸道思想之表現。奈何人可習非成是，坐任此名實之混淆？

二

我今年在世界上各處旅行了七個月。陳克文先生屢要我在幾次茶會中所報告之感想以外，再寫一點文章。我慚愧終未能應命。此一以事忙，一亦覺並莫有什麼值得費筆墨的。但對各民族之各色各樣的宗教性的東西，我都一向有一番興趣，卻嘗隨處注意。在宗教思想上，我原頗同情美人諾斯羅圃在「東方與西方之會合」一書所說，在西方社會生根流行之三大宗教，基督教、猶太教，與回教，在根底上都是不寬容異教而排他的。而在東方生根流行之宗教，如佛教、印度教，與中國之儒教、道教，在根底上則是能寬容異教的。關於這一點，我這次到隨處得了一些事實的印證。而將來人類文化的大問題之一，還是在如何成就人類之各種宗教之眞正互相寬容與互相融通或互相尊敬。在此處我相信東方之文化宗教中之「道並行而不悖」之精神，將顯其至高無上之價値。在此處亦有不少西方之高瞻遠矚的學者能見到。惟在此文中可不必述及。

但是在現在的時代中，很明顯，東方之民族與其文化及宗教，同是在受壓迫的。在西方經濟政治力量所到的殖民地與租界地區，如香港與中國以前之上海者，更見其如此。在受壓迫的情形之下，再濟之以東方人之傳統的寬容忍讓的精神，只是逆來順受。東方之宗教與其文化，都可能逐漸被消滅的。在此處只談文化的融通，而不談文化的保存，多少樹立一點界限，是不行的。我在美時，曾遇見二十年前曾到東方，考察東方宗教的哈佛大學退休的老哲學教授霍金氏，承他送我一本他近著論人類未來文化的書。其中主要是論東西宗教之問題。他便是一基督教徒，而主張保存東方之宗教的。而其書中最使我感動之一段，是述一甘地之故事。簡單說是甘地之精神深刻的感動西方人後，曾有一西方基督教徒以誠摯之心向甘地說，其行爲乃眞基督教徒之行爲，懇求甘地成基督教徒。但是甘地拒絕了。甘地的答復是「我已經生爲印度人」。那基督教徒問：「你不入基督教，能有內心的平安嗎?」甘地的答復是平安。於是那基督徒說：「那我亦不能再說別的話了。」在此故事中，甘地是偉大的，那一基督教徒亦是偉大的。甘地之說他是印度人，而不願成基督徒，似乎只是一狹隘的民族觀念。然而實際上，則決不只如此簡單。此中，撇掉一切宗教生活內部之問題不談，純從印度之民族與宗教文化在三百年來受西方壓迫的情形之下來說，甘地即不能捨其印度教，而信基督教。甘地在此，不能不樹立一界限。然而此絲毫無碍於他對基督教的尊敬，與印度之有大量的基督教徒，並未嘗爲印度教之所排斥。

三

說到甘地之一故事，我同時不能不提到牟宗三先生前一個時候在一文中所說的一段話。牟先生是我所知之中國之非基督教徒的學者中，最推崇基督教在西方文化中之地位，而且對於西方中古哲學下過一番功夫的人。他在該文中說「吾人不反對基督教，亦知信仰自由之可貴，但吾人不希望一個眞正的中國人，眞正替中國作主的炎黃子孫相信基督」。此一段話，曾在本港出版之「人生」半月刊引起基督教徒與牟先生之學生們之數萬字的爭論。但是我可以說牟先生的意思，亦印度甘地的意思，亦是我個人的意思。這決不是排斥基督教之意，亦非對已成爲基督教徒之中國人而說的話。對這種人，我們只能希望其忠其所信，並把基督教中國化。此功德亦同爲無量。因在本性卽是寬容忍讓的東方人與東方文化與東方宗教之精神，是不能亦不當排斥任何外來宗教的。但是對於要獨霸宗教世界而帶排他性的基督教徒之傳教態度，如表現於以聖誕來指耶誕者之類，中國人亦只是一往的寬容接受，一面倒了，而更無絲毫界限之樹立，亦卻決非東方民族之所以自立之道。當然東方人眞信基督教，對基督教亦是很好的。因東方人之精神，亦可轉而透入基督教，以徹底轉化其排他性與不寬容性。據我所了解，耶穌本人並非不寬容的，其精神原是可超出一切之東方西方之區別的。但生根於西方歷史中的基督教，則根底上是不寬容的，排他的。此只要看如勒克之「西洋道德史」、比芮之「思想自由史」等書所述，便見種種歷史上之血淋淋的事實。十八世紀後之西方社會，雖明定宗教自由，但一切基督教派之互相排斥，並大多藐視其他東方人之宗教與信仰如故。此乃因其由中古傳下的傳統教義中卽有種種狹隘的思想觀念。這些觀念，如東方人信了基督教，當可重本耶穌之原始精神，加以清理，改造，以超化基督教到一更高階段。此我在年來之文章中所論不少。今可不贅。

四

但是爲中國作主的炎黃子孫，卻不能在現在皆一面倒，而更無絲毫界限之樹立。因如中國人與東方人，不能於此先有所自信自立，而有所自守，則此清理、改造、超化之工作，只能靠西方之少數高瞻遠矚的思想家如上述之霍金與諾斯羅圃等來作，這仍然是不够的。所以爲人所共認的二十世紀之聖人甘地的態度，仍然是値得我們效法。以至如猶太人之無論到何地，終不改其信仰的態度，固然狹隘一點，但此亦可有凝結其民族之效用。所以猶太人，雖數千年來散在世界上流亡，仍可處處出人頭地。爲了補救毫無界限之弊，卽暫學學猶太人，亦未嘗不可。當然此並非我之所望。然而，中華民族之固有的文化宗教與信仰中，是否還有值得炎黃子孫，寄其信心的地方，不少的現在之中國人與基督教徒，卻正都以懷疑之目光，側目而視。以至我們的駐美大使董顯光先生亦說中國人的固有的宗教與文化中已無東西可貢獻於世了，將來的中國之執政者，將大多成爲基督教徒（見「人生」雜誌一七一期董顯光之文化意識一文）。畢竟眞正的炎黃子孫，於此將何以自信自立自守；當今之世，値得大家細細想一想。本文止此。四十六年十二月廿八日

（一九五八年一月八日「自由人」第七一四期）

談西方哲學家對中國文化之認識

——在友聯出版社學術演講會講辭

一

我們要想對中國文化有所了解，應從自己先了解，可以不必管別人如何了解。不過別人對中國文化之了解亦值得我們了解，因為我們要想了解自己，也同樣須了解別人對我們的了解。在西方人之中，他們的漢學家是對中國了解得較多的，可是他們對中國了解，多是在於某些專門問題，這方面今天不談了。

我今天打算談的，第一是十七八世紀的西方哲學家對中國文化的了解，第二是現代西方哲學家對中國文化的了解。關於第一點，我只是根據第二手的材料；第二點則是根據我所看的他們的書；不過都不及注明出處。

二

現在先從第一點講起。在十七八世紀這一段時間，西方哲學家對中國文化之認識，主要是根據耶穌會士之介紹。當時耶穌會士到中國的動機是傳教。爲了傳教，他們一方面把西方宗教教義，和著一部份科學知識技術，傳到中國；另一方面，當他們回到歐洲後，也把中國的經籍和當時的宋明理學等思想，介紹到西方。據一些日本人、中國人與西方人之研究，中國文化對西方思想確實也有相當的影響。當時之西方哲學家亦頗有極推重中國文化的。德國理性主義的哲學家對中國文化之認識，法國大革命前夕自然主義哲學家對中國文化之認識，都有值得一說的。

(1)

德國理性主義哲學家對中國文化頗有認識的，可提兩個人：一是萊布尼茲（G. Leibniz 1646-1716）；一是吳爾夫（Wolff 1679-1754）。

萊布尼茲是十七世紀西方哲學家中最活躍的一個，學問極博，到處與人交遊討論。他對中國文化的認識是根據耶穌會士的介紹。我個人對萊氏最欣賞的一點，是他曾與龍華民辯論。龍華民是爲禮儀問題與利瑪竇相爭執的，龍氏（N. Longobardi 1559–1654）以中國祭祖祭孔之儀式，與天主教教義是相衝突的。後教皇亦卽採與他相同之一派之主張，不許中國天主教徒祭祖，以致後來康熙有禁止天主教在華傳教之事。龍華民說中國哲學爲無神論；中國所謂理，有如亞氏哲學中之原始物質；中國所謂天，亦是物質的天。當時法國之馬爾布郎許（malebranche）亦以中國哲學爲無神論而加以批評。萊布尼玆雖未到過中國，但以龍華民之說全不對。他以爲中國哲學中之理與西方宗教中之上帝的涵義，有相同之處，決非物質。這個認識當然很平常，但卻遠比到過中國之龍華民等爲高明。

他還說，在思辨之學方面，歐洲超過中國；在工藝技術方面，中國與歐洲差不多；但在實踐道德的哲學方面，則中國超過歐洲。他又說在歐洲的偉大君主，對於內閣會議，可有忌憚，但中國君主卻最忌憚身後史官的記載，後世子孫的褒貶。這個認識亦不錯。他很敬佩中國之康熙皇帝，對其與南懷仁對坐一室日耗三四小時來學科學的態度，尤爲嘆服。他很想溝通中國與歐洲之文化，曾希望俄國能作東西文化的橋樑。那知道現在之俄國之勢力竟果然橫跨歐亞，卻將中國與歐洲之正統文化，都加以壓制呢？但他這種世界眼光，與溝通中歐文化之抱負，在西方學者中要算是最早的了。

此外，他對易經，尤其是邵康節的六十四卦圖，曾特別發生興趣。劉百閔先生所譯日人五來欣造「儒教對德國政治思想之影響」及朱謙之「中國思想對歐洲文化之影響」，於此都有詳細敍述，大家可以看一看。

吳爾夫是承萊布尼茲之思想而將其系統化的理性主義哲學家，康德早年亦曾深信奉吳氏之系統。他以萊氏之介紹在哈爾（Halle）大學裏當講師，教數學、物理學和哲學等等。他之思想與其大學中之正統神學派之教授朗格（I. G. Lange）之思想相衝突，朗格曾請政府明令禁止吳氏講哲學。後來朗格升任爲這一學校的副校長時，吳氏卻於對朗氏獻祝詞之後，當衆講演中國實踐哲學，頗稱讚儒教，於是政府命令他於四十八小時內離開哈爾大學，附言如不聽命，即處絞刑。哲學史家齊勒（Zeller）把此事與非希特之爲宗教問題被驅逐出耶拿，相提並論。

吳爾夫認爲柏拉圖之哲王理想，只在中國曾實現過。他相信中國歷史中古代之君主，都同時又是哲學家，或是受支配於哲學家的。他又以中國實踐哲學之根本原理，在自然理性；此與基督教之根本原理——重神之恩惠——雖不同，然可互相調和補足。而此亦即其個人哲學思想的所在。

（2）

法國大革命前自然主義哲學家對中國文化思想，也有些特殊的認識和稱讚，此姑舉二人來談談：一是霍爾巴克（Holbach 1723-89）；另一便是伏爾泰（Voltaire 1694-1778）。

霍爾巴克初以化名寫「自然之體系」一書，講自然哲學，攻擊西方之宗教。後又著「社會之體系」。他公然主張用中國儒教之道德來代替基督教之道德，同時特別稱許中國政治與道德之合一，並以爲歐洲政府應學中國。此都是帶革命性的思想。

伏爾泰亦批評西方之基督教，主張以歷史方法考察基督教。但他亦肯定有賜給人以道德之天神。他以中國人所信者亦卽此種神。他相信人類如能只信一賦人以道德之神之宗教，卽可包括一切教會，而成立一普遍的教會。此卽人道自身之教會。他曾嘆息「我們之不能像中國人，爲一大不幸」。他以爲雍正禁教是對的，又以爲歐洲教會已經分這樣多的派別，自己就彼此衝突，還遣人到中國去傳教，實不應該。他甚而把中國孔子的像擺在他禮拜堂中，朝夕禮拜。他又稱讚中國之物質文化；說歐洲的王族同商人在東方只曉得求財富，但哲學家則在那裏發現一新的道德的與物質的世界。就是提到中國的一夫多妻制時，他還說這也總比歐洲人之通姦風氣好的多。

除了霍、伏二氏外，孟德斯鳩之「法意」中，對中國文化亦有些認識，但褒貶參半。此外重農學派，魁斯奈（F. Quesnay 1694-1774）之重農思想，則明受了中國之影響，故魁氏曾被尊爲歐洲之孔子。但魁氏是經濟學家，孟氏是法學家，我們不多談了。

（3）

除了以上所說的兩種哲學家外，像德國之理想主義哲學家，對中國文化亦有些認識。康德在「永久和平論」之一註中，論到中國之多神教與古代中歐之交通，不過說不上對中國文化之認識。席林對東方思想有興趣，曾說東方人因了統一而忘掉差別，西方人卻以差別忘記統一。但對中國文化本身亦無認識。只有博學之黑格耳對中國有較多認識。他在「邏輯」書中證無之範疇時，曾提中國道家之重無之說。但此不過舉以爲例。他對中國文化之認識，在他之「歷史哲學」一書中。他說人類之歷史文化是從東方中國開始；如太陽之光明從東方始。但太陽是由東漸向西，故人類歷史文化之精神，乃由中國至印度、埃及、希臘、羅馬，終於日耳曼。由此，中國文化又是人類文化中最低的。這其實並不易講得通。但雖然如此，他對中國文化的認識也還有對的地方，例如他說中國文化不重階級，及缺西方之自由觀念等。

此外叔本華（Schopenhauer 1788-1860）他在講自然之意志時，曾經提到朱子之討論天是否有心之問題。但此不過隨便提起；他最崇拜的還是印度的哲學。

在十七八世紀之前西方學者所以能够推崇東方，主要是因爲在那個時候的歐洲文化，整個來說可能眞是趕不上中國。到十九世紀，強弱形勢發生了大變化，他們於是開始看不起中國，自然也就連帶的看不起東方文化。中國在康熙禁教之後，與西方文化的交流就斷了，學術界只好埋頭於一般書籍文物之考證訓詁；至鴉片戰爭後，再與西方文化接觸交流時，整個情勢卽與耶穌會士來華時全不同了。

在較早的時期，利瑪竇等來華時，他們都先學中國文字，讀中國書，穿中國衣服，與中國士大夫往還，寫中國古文，去傳教時常常援引中國的經典作爲根據，所以中國人是比較願意接受的。到鴉片戰爭之後，卻是先以砲艦打開中國之門戶，訂下了通商條約之後，傳教士再乘商艦來到。這和從前耶穌會士的先中國化了之後而爲中國人所愛戴再傳教的情形，可說是完全兩樣。所以義和團的事件之發生，並不是沒有原因的。在過去耶穌會士曾把中國文化視作有價值，介紹給西方；鴉片戰爭後的傳教士，雖然我們不能說他們沒有做這種有意義的工作，但是據我所看見的一些傳教士與商人到中國後回去所寫之著作，卻對中國文化大都不如十七八世紀以前來中國時之推崇，亦有採一種極刻薄的批評態度的，與十七八世紀之西方哲學家把他們的理想世界寄托在中國的情形，更是有天淵之別了。這其中的原因，固然由於中國滿清一代後來政治文化不振，致使西方人看不起，但亦是西方人與其政治經濟文化力量之向東方侵入時，來勢太猛，其中夾雜一不正當的野心之故。這當然不免要引起中國人之反感，而此反感爲西方人所受到，西方人遂更覺中國人之狹隘，在排外，這樣西方人對中國文化的批評亦就更不易如何的好了。

三

大體上說，在十七八世紀時西方哲學家對中國文化之認識，較可取者偏在政治與道德方面。而二十世紀西方哲學家對中國文化之認識，較可取者，則是偏在社會與人生情趣方面。

在現代西方哲學家中，第一個值得提的是德國的凱瑟林（C.H. Keyserling 1880-1946）。此人所著之書極多，其書中不只是一些哲學思辨，而是充滿哲學智慧。西方今日之哲學教授多望塵莫及。他最早之一本書是“The Travel Diary of a Philosopher”。這部書是環球旅行後之所著。他到中國是在辛亥革命時，曾與辜鴻銘和沈子培二先生晤談。此書對中國、印度、日本，及世界其他各國文化，皆有所論。而對中國文化，極爲推崇。他說當他到中國之後便產生一種感覺，這種感覺，是覺中國是一個宇宙，卽是說，中國不只是一國家，亦不只是當今之世界。他說他到中國之大陸，遙看農民在地上耕作，就如同大地長出手來在地上撫摸一樣。他說中華民族是眞正生根於自然的，在中國文化中自然不只是一文化之背景，如在西方一般，而是與文化合一的。而中國文化過去之發展，亦不能以西方所謂進步之觀念來理解。因中國文化已超乎「進步」一觀念之上。此言亦頗有深義。他又以中國人理想之人格，非只爲個體化之人格，而爲表現普遍的人性之完全之人格。因此他相信未來時代之有最高度發展之個人人格，決非近代人之人格型而爲更接近傳統儒家式之人物者。他又說中國人之生活恆表現形式與意義的直接結合，形式外無溢出的多餘意義，故似不顯深奧性，而實則此正爲一切深奧之直接呈現於生活。他說到中國人之重圓滿之典型人格時，他並舉中國人的「頭」是圓的爲象徵。這些皆頗有趣味。他之書妙論重重，故不便歸納，以上不過略提數點。

其次可談的是羅素。他有一部書是“The Problem of Cnina”其中有兩章，論中國文化與西方文化之比較，及中國民族性。羅素與凱瑟林不同，因爲凱瑟林在中國思想方面是以對孔子與儒家之人格典型了解較多，亦深知老子之畢竟不如孔子；羅素對中國之了解，則似對中國人生活中之道家式的優閑情調方面，較能欣賞。他在這本書著重的指出了中國文化中：一、沒有西方人那樣的階級，二、缺乏科學，三、在宗教上富寬容精神。這些地方都表示出他對中國傳統思想的贊同和崇敬之處。可是在另一方面，他卻批評中國一般人有三個缺點，就是無情、貪婪和怯懦。這不知道是對不對了。

還有杜威，他訪問中國後，回去寫了兩篇文，論及中國人的人生思想，後來都收在"Character and Events"一書裏。我記得他對中國人之幸福觀念特別論到，意似重在說明與西方幸福觀念之不同。不過我印象中覺得他所認識者還不如羅素，更不用說和凱瑟林相比了。

第二次大戰諾斯羅圃（Northrop）有一本書名叫「東方與西方之會合」，內中說西方之宗教與科學思想都同有一套理智的構造，而東方思想則根本上是依於一審美性之直覺。他認為行於西方的基督教、猶太教、回教等皆是不寬容的宗教，主要是因為它們的神學各有一套理智構造，互不相容；至於印度、中國思想之最高概念，如仁、道、涅槃等，都是依於一個未分化的直覺，因此各教派之間可以互通。他說到世界未來文化問題，他說科學方面東方應向西方學習，而宗教方面則西方應向東方學習，然後世界纔能和平相處。關於對共產主義的認識，印度的哲學家拉達克芮西南（Radhakrishnan）曾著文說，共黨問題須用東方人的協調辦法來解決（文載 Schippe 編的「當代哲學家叢書」中拉氏的一册裏）。但在同書中諾斯羅圃的一文卻以為共產主義係西方產物，是純理智概念的構造，具排他性，所以決不能以東方思想來看，亦不能輕易用對待東方思想的態度來應付。

當代歷史哲學家湯因比，也認為世界應該有統一的宗教，但亦認為東方宗教對西方宗教與文化是一個挑戰。我對他對中國文化之認識最欣賞的一點，是他在「文明在試驗中」一書裏論到和平問題時，說和平有兩種：一是羅馬式的，一是中國式的；羅馬式的和平是不能持久的，中國式的則能。此言亦頗有智慧。

以上所講西方哲學家對中國文化之認識，不過就我所知隨便說說，既未能詳盡，亦不擬多所批評。大體上說，這些認識雖多見慧眼，但都是印象式的言論，不是研究的結果。哲學家們對中國文化固常常稱道，然而恐怕多是想藉此來批評本國社會和文化的某些方面，未必是衷誠推崇我國。眞正對中國文化有研究工夫的，則是漢學家們。可是，他們雖對中國學問之某些問題有所貢獻，我總覺得他們傾向於純知識的態度；似乎他們認識中國文化價值的慧眼與欣賞能力，多不及西方哲學家。

我希望西方能有一種人，兼具哲學家的慧眼和欣賞中國文化的態度，而又有漢學家的研究精神。可惜這種人還很少能見得到。

（陳建人記錄・一九五八年四月「大學生活」三卷十二期）

關於東方人文學會（註）

關於本會成立之經過，先係由王貫之先生提起，擬由人生社與各方通信，商榷進行。三、四年來，我們本有「哲學學會」，每月一個星期四夜晚在我家或新亞集會一次，經常有二十人左右自由參加。謝幼偉、牟宗三、程兆熊諸先生每次皆參加指導。哲學會不具形式，以討論哲學問題爲主。此哲學會之前，我與新亞一、二十位同學，有「人學講會」，每月第一個星期日早晨舉行。主要由我一人主講，舉行了二、三年，覺太單調，乃變爲哲學會。此外，牟先生七、八年前在臺北師大時，有「人文友會」，亦以講學爲主，並對臺灣許多青年發生了好影響。貫之建議把各講會的精神，集中起來，共同發展，而成立一世界性之學會。當由牟、謝、程、王和我五人共同商量定名爲東方人文學會，並依照香港政府法令規定，向社團註册處申請登記。經本人與王先生數次親往接洽，至三個月前始獲批准。因此乃積極籌備，研究如何進行。因初意本不欲只限於香港，第一步即先與海外年較長之講中國儒家哲學之友人，如在美之梅貽寶、顧翊羣、張君勱、陳榮捷、鮮季明等，居臺之徐復觀等，在星加坡之鍾介民等，在韓國之李相殷等，在日本之宇野精一及其父哲人諸先生連絡。他們大多是在大學中講儒家哲學的，都願列名爲發起人。此外則臺灣有人文友會諸友，在澳洲則有正德學會諸友。他們雖較年輕，卻皆富有理想。除此外，散居加拿大、菲律賓、歐洲諸友，亦多表示聲應氣求。我們之所以第一步便注重與散居各地之友人通信，是與我們本會之宗旨相關；我們不願我們之精神只限在近處，而在此寥濶之世界中，散在各地之微小之燈光，最令人懷念；四處飄零之花果，最需要精神上之相慰相溫，相滋相潤。同時因相距愈遠，愈易形成一純精神上之師友關係，略如我們之尚友古人之爲一純精神上的師友關係。至於首與講儒家哲學的人開始連絡，則是由於原來常相通信之故。至在本地香港，雖然亦有不少大體上志同道合的其他朋友，但可以其他集會及事業爲媒介，互相接觸，所以我們反不及與他們多談及此學會事。同時在香港地小人多，人都太忙，人與人相接觸，太多事務上的關係，不易形成純精神的關係；所以我們亦寧先遠而後近，冀由通信連絡，先形成一世界性之師友的精神交光網，以籠罩此寥濶之世界。今在香港先成立此會，我們亦想不務聲華，不想假借或依附任何已成勢力及社會人物與教育文化機構，亦不想一時發生大的影響，或與其他同類學會或文化機構，絜長度短。對於事務過繁，及正主持一教育文化機構或學會者，及專心於自己學問不暇他顧，以及特立獨行以自樹風範的朋友們，則我們雖加以尊敬，亦暫不以學會事相煩。所以我們五人上次開會商定，第一次成立會只由我們每人於相熟之年青而可與共同造學問，而有志於學會之事業者中，各先介紹二、三人，以合港府之最少人數之規定，先具備成立手續，此即今天到會之各位。此皆意在本中庸所謂

「君子之道闇然而日章」之意，從小作起，以後再謀擴大，最後則希望作到凡自動願意奉獻其一部精神、精力與財力者，皆能自由參加，使學會之門常開，可容人隨意出入，如孔子所謂「往者不追，來者不拒」，而來者之先到後到，亦無所謂。至於本學會與其他學會之關係，亦儘可並行不悖，如我們原有之哲學會，仍然照常舉行。其他同類之學會，我們亦希望多多益善，我們中之每一人，亦儘可同時參加不同之學會，如我個人在港卽參加了三、四個以上各種學會。我想此各學會及各個人之縱橫錯綜的師友的關係，亦正是客觀的社會文化秩序之建立之眞實基礎。此在本會之發起之緣起（卽組織原則）中皆已說到。今於報告本會籌備簡單經過中，再附帶一說。

至於本會宗旨，在緣起中亦說到，我們常談的意思是：中國文化從歷史上看來，在東方文化中是影響最大的；印度文化中只有佛教之影響是遍及於東方諸國，而佛教則主要爲中國文化所攝入。所以中國文化之發展，對東方文化之發展，應是一最重要的事。此所謂發展，包涵保守與創新；無所保守，無所創新，皆不能成就發展。保守是承先，創新是啓後。孔子在中國文化歷史中，卽一最重承先啓後之聖人，而儒家對於「人文化成」之學與教，亦實際上是中國文化之核心之所在。從歷史上看，此儒家之學與教，亦是日本、韓國、越南及東南亞各地文化之核心之所在。雖然近百年來儒家之學與教都衰微了，但唯其衰微，所以亦更需要有新的發展，此發展中當然包涵中西文化或東西文化之融合。但我們又不能站在中西文化之外的地位將此二者來加以融合，因我們實際是生活存在於東方之中國；我們只能就我們所站立之東方之地位，去逐步求此東方文化中國文化之發展。由此發展，自然便會去將西方文化逐步融攝於東方或中國；此有如西方文化之進一步之發展，亦可融攝東方文化或中國文化於其中。我們現在是站在東方之中國之地位，故定名爲東方人文學會，而暫不定名爲世界人文學會。這不是如一般之研究東方中國之文化者之只把東方或中國文化視如一研究分析的客觀對象，而自己則站在其外面而超臨其上；亦不是說東方中國之文化，莫有世界的意義。照我們的意思，我們今日亦正須發展出此東方中國文化之世界的意義。孔子在當時不只是魯國之孔子，亦是當時之天下卽當時之中國的孔子，後來成爲東方的孔子；今日我們正要再發展一步，使之成爲眞正之天下的孔子或世界的孔子，而中國文化、東方文化亦必須發展成爲世界文化之一環，使其對世界人類之文化前途，有眞正的貢獻，而顯出其普遍的意義與價值。我們知道中國思想於二千多年前卽善言和天下、治天下、平天下、安天下，而中國亦極早卽融攝了世界性之佛教；今又有世界性之基督教之傳入中國而無阻；此乃因中國文化之核心之儒家之學與教，原是以天下一家爲懷抱，所以亦能懷抱此世界性之佛教與基督教。現在我們正當將此能懷抱一切世界性之宗教之儒家之學與教，再加以發揮展開，以與世界之哲學與宗教及文化思想相摩相盪、相攝相入，以使之由東方的成爲世界的。而此時之中國大陸之政權之改信馬列教而喪失儒家之學與教，亦正是儒家之學與教之發展其世界性的一契機：如猶太人之殺耶穌爲基督教之散於世界之契機，印度人不信釋迦爲佛教流入東方諸國之契機。所以我們現在應當有一大心願，去求此中國及東方文化之發展，一面立根於我們自己所站之地位，卽東方與中國，一方目光注視到世界人類之文化之前途，去作我們多多少少能作之事；而這中間關於學術思想之理論本身之建立，講學之方式，及如何開展文化教育之事業之種種問題，當然很多，這都賴我們羣策羣力去逐步思索、研究、實踐。這可說是我們最初發起此學會並如此定名之一番共同意思。

至於剋就一學會之存在於社會之現實地位及其性質來說，則我們又不能加以誇大。其當下的影響能有多少，亦很難說。從中國歷史上看，東晉慧遠有蓮社，似爲最早之學會。據宋史孫覺傳謂胡瑗弟子千數，別其老成者爲經社。元明文士結社者尤多，儒者中則明末東林學派及劉蕺山等，皆有學會之組織。清初禁止結盟結社，至清末而學會蠭起，如強學會，南社之類，影響及於清末之政治。民國初年之少年中國學會、尚志學會、共學會，則分化出後來中國之政黨。此外尚有種種專門之學會，已被公認爲一合法的組織。但一切學會皆不同於負特定任務之社會文化教育之機構。負特定任務之社會文化教育機構，因各有其特定任務，故皆有一定工作，每一機構之各部亦各有職權，界域分明。此組織之形態與其功用，可以易傳之言名之爲「方以智」的。而學會則唯賴人與人之氣類相感而結合，初無特定任務，亦初無一定工作，然由氣類相感，亦可形成一共同精神，影響及於社會之風氣。如亦以易傳之言說之，可說學會之功用是「圓而神」的。此圓而神之功用，可透入於各種負特定任務之社會文化教育之機構之中，如與之以一生氣，而使諸特定機構中負特定任務之人之精神，不致僵化於其例行之工作中。而由一學會中人之氣類相感，亦可形成共同觀念共同理想，而形成若干新事業，政黨亦有由此中產生者。但是學會之根本精神，則是超越於政治之上的，亦超越於特定事業之上的；學會之本身，只是人與人以氣類相感之一表現或人與人之師友之道之一表現，或人們賴之以親師取友，「以文會友，以友輔仁」之一場合。因而其效用是看不見的，可大亦可小的；要說是「放之則彌綸六合，卷之則退藏於密」亦可以。要之人類社會中卻不能無此學會之存在。如無此學會之存在，則人只能在一特定機構中作特定之工作，負特定之任務，而人之精神即必然逐漸歸於僵化於其例行之工作中，而此亦即無異人之物化。這是泛說一切學會之共同性質。而一學會之特殊性質，則在其方向與目標。對本會而言，則如上所說。但是學會之本性雖只是人與人之親師取友場合，而自一學會之客觀存在於一社會而言，亦有其現實存在之條件。如一學會須有會所，並有其連帶之事業或社會基礎，以支持此學會之存在者。這，我們喜談理想的人亦不能忽略。我們談理想，本來應儘量的向高明處去；理想本身無所謂太高，只有不够高，理想愈高愈好。如談道德宗教的理想，就比只談社會政治之理想爲高明。世界各大宗教及儒家之學與教，在根柢上都有一極高明之道德宗教之理想的；因只有道德宗教之理想，可使人安心立命，並提挈起人之向上精神，亦使人與人之精神有高度之氣類相感，這亦是本會之旨趣。但從理想之生根於現實或連繫於現實方面看，則又要落到最低層之日常生活之規範，以及精神之器物的表現，以及人之物質生存之問題。故高要極高，以上升於天；低要極低，以深入於地；才能徹上徹下，以立人道之極，人文之極。從此說，中國從前之學會之只重社會、政治之理想者，則高明不够。理學家之學社則講學够高明，其不重學社之存在於現實社會之底層基礎及其精神之客觀外在之表現，亦不能算有根深蒂固之道。這些問題，亦是我們初發起此會對大家常談到的，而無論我們之上希高明，下求切實，都重在各人反求諸己，無所爲而爲的自己貢獻出自己一些精神、精力與財力，並本取人爲善、與人爲善之心量，互相勉勵，從小做起，不務聲華，不期近效；則細水長流，涓涓不息，將成江河；百川滙流，咸歸大海。這是我個人將籌備會諸先生大體上共同之意思，約略加以綜述；但其中定多不完備，並可能夾雜一些只是我個人臨時想到的意見，還希望諸位先生加以補充和指教。

（一九六二年十月「人生」總第二八六期）

註：本篇爲作者於一九六二年八月二十六日「東方人文學會」成立會上的報告詞。——編者

論越南僧人之絡續自殺與人類之良心

最近越南佛教徒，為抗議政府中之天主教之政要，對佛教之歧視與壓迫，前後以身殉道者，接二連三，合自殺未遂之一女生在內，已有四人之多。（原編者按：唐先生此文寫於本月十四日，實則此事發展至今，已遠超過唐先生為文時之所見及者矣。）此事之意義，從一方面看，實遠較美蘇之會談，中蘇共之爭執之意義為重大。因其不只關係到一時之國際政治，而且關係到當今世界有最嚴密系統的龐大的世界性組織的天主教徒之良心，以及整個人類之良心。我對此事，月前見友人徐復觀先生在「華僑日報」之論文時，卽擬作一文呼應。因循至今日，見自殺者已至第四人，乃不容自己而寫此文，粗率之處希讀者諒之。

天主教徒之吳氏家族，說越南之佛教徒有共黨之政治背景；此縱或有之，亦是後來的事，而為吳氏家族所逼成。因世界上只有與政府直接鬪爭的共產黨，絕無直接以自我犧牲，來求感動政府中人的良心，以表示其精神上的抗議的共產黨。如果居越南人口百分之八十的佛教徒，眞正學共黨的鬪爭方法，來對付此不識大體之吳氏政府，此政府應早已崩潰。而依中國儒家的道理，對此種不講理的政府，亦原主張以其人之道還治其人之身，作順天應人之革命，此政府亦應崩潰。

而吳氏家族中之天主教徒之罪不容恕的最大的一點，似卽在明知東方的佛教徒習於忍讓與和平，不會用共黨的方法或革命來對付政府；同時知道自由世界的人，還寄望於吳氏政府之負起在越南反共的責任，於是對佛教徒之以自殺爲抗議，毫無感動，略不懴悔；只想你死你的，與我何干，待佛教徒皆自殺淨盡，越南自然成爲一天主教國家了。若果如此，眞可謂毫無良心，禽獸不如。

我並非佛教徒，對於耶穌上十字架的精神，與西方中古之聖徒的宗教精神，亦素極尊重；並曾屢爲文道西方中古精神之長，以補近代精神之蔽。然對西方歷史中基督教與回教之戰爭，新舊教之戰爭與一切教廷中異端審判，則不能不認爲是人類歷史中之最可恥的一頁。而在近代之歷史中，西方教士坐着向東方侵略的商船與砲艦，到東方傳教而不先自認罪者，亦實大皆不知羞恥之徒；由此而其最初獲得之信徒，畢竟是眞信教的多，還是吃教的多，亦使人不能無疑。原以狩獵與游牧爲生之西方人，本是富於向外鬬爭向外膨脹之動進性與侵略性的。故東方的宗教如基督教到了西方，亦失去其原始之謙讓忍辱與犧牲自己的精神，再將耶穌偶然錯說了的什麼「不經過我，莫有人能到上帝那裏去」的話，加以引申，遂化爲極端排他的、絕不寬容的宗教。於是其轉而再向東方之國家傳教時，其以至誠感人者，固亦多有；而只以天堂福樂爲引誘，末日審判爲恐嚇，進而以一切俗世之事物如砲艦金錢救濟包爲威脅利誘之具，以敗壞人之良心，而求增多名義上之信徒者亦復多有。事實彰彰，無能爲諱。

近如臺灣天主教之青年借朝聖團之名，以便留學升天，不過其一例。耶穌與原始基督教徒傳教，乃面向鄉村中之貧者弱者，而近代之天主教士基督教士向東方傳教，則面向城市中之富者，有強權者。耶穌與原始基督教貧無立錐之地，亦無意爭政權，而後來之教會，則大量購買土地，投資商業，熱愛政權，竟至以最世俗的靈魂而披上最神聖的外衣。此不能不說是耶穌與原始基督教精神之最大的墮落。而近世以基督教傳入東方時之目中無人，乃有今之越南之吳氏家族之以天主教徒而把持政權，以強力壓迫佛教徒之事，而代表此墮落的頂點。

在二十世紀中，要問誰有眞正的宗教精神，誰有眞正的耶穌精神，誰能爲眞理作見證，此首應數印度教的甘地。他出身於基督教之學校，而仍回到其自己的信仰，他莫有排斥基督教，亦莫有政治經濟之力量可憑藉，以向西方人傳其印度教；他眞正的面向貧者弱者，他只以絕食而犧牲自己，爲其對英國政府的抗議。他臨死時，還以手表示原諒刺殺他的敵人。憶十五年前我見報知甘地被刺，立卽感動流淚。他的精神豈不卽是眞正的耶穌精神，或超過了耶穌精神？而他亦竟感動了爲統治者的英國之基督教徒，此證明這些基督教徒，還有良心，不全然是耶穌所遇之法利賽人。

在二十世紀中又誰能承繼甘地之精神，而犧牲自己以求感動他人？此正是最近越南絡續自殺的僧人。而這些僧人亦正是眞正的耶穌再世，然而他們卻感動不了在朝的天主教徒，而這些天主教徒，才是眞正道地的法利賽人。

在現代世界中，是否還有不甘心爲法利賽人之天主教徒？我想一定是不少的。平心而論，前任教皇之召集大公會議，還是一空前的事件；而據說現任教皇，對吳氏家族之政府，亦有所勸告。此證明二十世紀之教皇，似已遠較以前之教皇爲胸襟開濶，而漸從狹隘的宗教偏執中解放。

不過我們對於教皇之召集大公會議與勸告吳氏家族之動機，畢竟如何，仍不能無疑。如果此動機只是策略性的，而不是出自教皇對於不同教派之眞正尊重，在良心上爲越南僧人之忠於所信之殉道行爲所感動，這仍然是毫無價值的，仍不能逃於法利賽人之譏。如果此動機不是策略性的，而是眞誠的肯定宗教上之寬容，並在良心上曾受了感動，或認爲吳氏家族對佛教信徒之壓迫，亦違悖了天主教所肯定之「上帝賦人以自由意志」與「信仰自由」之基本原則，則現任教皇爲什麼不提議開除吳氏的天主教會的會籍或其大主教之職？又如果世界上之天主教徒認爲吳氏之所爲，不合天主教義，並見「同爲上帝之兒子」之佛教徒，絡續因窮無所告，絡續自焚而死，略有憐憫矜恤或尊敬之良心；又爲什麼不聯名向教會請願，開除吳氏之會籍？如果此問題，不能由訴諸天主教徒之良心而得解決，便只有訴諸人類的良心，來解決了。　八月十四日

（一九六三年九月「民主評論」第十四卷第十七期）

遊韓旅思

——一九六五年七月七日～十六日，在韓國漢城一旅舍中寫（註）

一

我常想最能表達人的自己的文章，應當是卽事卽情卽理的文章。因人總是能遇事生情而卽情見理的。一般說，言事是歷史，言情是文學，言理是哲學。文史哲分而人生道裂，其實是不好的。就我個人的生活上說，大約在正常的狀態下幾無一事不能引起我之情，亦無情不與理俱起俱現。但在忙迫的時候，卻一日只有事與事之相續，情理俱隱而不見。而在寫學術文章時，又只見理與理之相涵而不見事情。我自己的生活亦總在一分裂的狀態下，爲了成事，爲了顯理，似勢不能不如此，然亦實不當如此。

通常每當早晨起來，清明在躬時，對昨日所經歷之事或最近的過去所經歷之事，總有一番回味。

在回味中卽有許多思想觀念自然起來，如泉源之不竭。有的是舊日所已有者之重視，有的是初生，但同是新妍活潑。我有時想，如果我之筆能追得上我的思想，我應當能每日寫一篇長文章。但到了學校辦公室，便通通打斷了。許多思想觀念很可能一逝不回，更不留痕跡在人間。這是很可惜的。

遊歷與旅行可以使人將日日牽連不斷的事務暫時加以截斷。我常想如能在遊歷旅行期間，每日將所見所感所思記下，而處處卽事生情，卽情顯理，我當可有更能表現我自己之文章寫出。

但是現代方式的旅行已不同於中國昔人所謂遊歷。今日之旅行須有事先之計畫與每日之節目之安排。結果旅行之事只是照計劃節目行事，而無異於循序辦公。此與昔人之遊歷如魚游江海，時行則行時止則止大不相同。現代人只有旅行而實無遊歷也。

中國昔人之遊歷名山大川，在時間上一年兩年無定，在空間上隨處可去。今日之旅行，在時間上與每日之各時之節目計畫皆有安排，在空間上出入境皆須辦手續，而隨處見有禁區。故今日之旅行，雖世界任何處都幾可朝發夕至，實則時間限定而短促，空間局促而狹小，所遇皆成阻隔。如何能於此短促中見悠久，狹小中仍見廣大，亦復非易事。

要去掉方才所提及之種種阻隔，人仍須在有計畫中求無計畫，有安排中求毫不安排。只要暫時能欣於所遇，不思下一步的行程與一切出入境的痲煩。禁區固然隨處皆有，但我只須在無禁區處行，亦就可往來無礙了。

當我到任何一新地時，我總常常會想到，任何處的天地總是一般，天上同此日月風雲，從此地到彼地，空間畢竟連續，如我日日的行程時間亦總是連續的。這些事本來人人知道，不須說亦不須想。然而我卻總會時時去想到，而今還要寫下，並視爲十分重要。我似乎惟有賴想此一些本不須想的事，然後才能不見世界中種種阻隔之存在，將已割裂開的世界重新恢復其完整性。

二

古人云：雲日是同，溪山各異。然到處溪山亦無大異，草木禽獸亦無多異。以至人之膚色形狀亦無多異。然人之語言文字則差異顯然。當聞人言而不解其所謂時，當面之人便如彼此相距如天隔。然人之笑聲與小兒啼聲皆相距不遠。然則何以人之語言文字竟如此差別？此當遠溯至人原有以任何聲音文字指示任何事物、代表任何意義之可能性。此一可能又原於人可以任何有聲有形者以達於其任何意想之所及。此亦是人性之無盡莊嚴神秘之一種表現。然而不互相了解的語言亦造成了人與人的世界之分裂與阻隔。

幸而人與人之心情的交通的路道不限於語言。面貌、手勢及其他種種的表情，或看得見的風俗與可感覺的藝術，同可表現人之心情於他人之前，可容他人去更細心體會。古人說，瞽者善聽，聾者善視。當我們對他人語言文字不解所謂而成「聾者」，我們應當更易成爲一善視者，由善視以細心體會異地人的心情。

許多年前讀一德國哲學家 Keyserling 之哲學家旅行日記。他似曾說到他自己每到一新地，便能直覺的感到一種當地的氣息。我嘗希望我亦能够，但是我天生的此種直覺力極鈍。我知道有一條道路可以培養此種直覺力，此就是每到任何新地時，漫作思維，只讓所接受之一切印象存之於懷，任之自然混融泯化，便會有一種直覺自然浮起。然我知此一道路而愧未能行，只有賴一些有意的比較來幫助此直覺的不足。

我的直覺力雖然不足，但是我有一種心情並一種思想，使我不自造阻隔與人們接觸。此一心情是：我恒能忘掉我之所是，例如是一讀書人，一教書的人，以及亦寫了不少書的人等等，以至有時亦會忘掉我是人類之一分子，而直覺我卽在我所接之一切之中。此一思想是：我深信一切感覺所接的事物都原是我可能接觸的。它不出於法界之外，亦不出於我之具無盡藏的心性之外。此一哲學思想我喜歡到處應用，使我覺到我卽使走遍世界天涯路，仍不離我自己之外，而與世界中之人亦無本質上的阻隔感之存在。

三

當我在各地旅行時，處處見東西人士聚在一起共行或對談，卽生有一直接憑感覺所得的印象，就是西方人多高大，而東方人皆較矮小。西方人多挺胸直背，東方人多鞠躬如也。西方人之頭面棱骨都比較崢嶸，東方人之頭面卻較渾圓平順。此種人之身體的狀態，東西人士之身體的狀態是否與其精神的狀態直接相應?孰優孰劣?似難一概而論，亦難作科學的研究，但亦不能說全無關係，更當有一價值上的意義。

當我見一矮小的東方人與西方人握手時，目光上視，而西方人之目光卻下視，我常有一種難過之感。我覺東方人亦應當身材高大才對。又當我見西方人之高鼻深目，面上有丘壑，甚而有山高水深之感。東方人之面目是太平順了，亦應面上有邱壑才是。西方人之挺胸直背而行，旁若無人，亦似較東方人之行路時之徘徊瞻顧或蹣跚不前爲佳。我想在近代東西方接觸時，西方人之所以多傲慢，而東方人多卑屈，其一原因卽在此身體態度之種種表現上。人初步的印象總是認爲，東方人於此似遜了一着。

但是我們須轉一眼光看。人亦皆知身材高大不必卽代表精神上的高大，或價值上之高出一等。人類在動物羣中，其身材明不如象與駱駝之高大。如果人猿同祖，猿之身材明是在動物中較矮小的。人類之各民族中，似乎文明歷史愈久的則身體較短，如老年山脈之較低。在歐洲，法國人意大利人較矮小。古代的希臘羅馬人據說其身材亦較其外之蠻族爲短。中國則南人之文明時期較久，而身矮於北人。北人之南相者多有智慧；南人北相卻不見得好。人之智慧精神之發展很可能在某一限度與條件下，與其身體之高大成反比例。凡高大之物必滯重，矮小之物必較輕靈。象與駱駝之所以較愚笨，豈非因其拖着一滯重的身體？則人之身體過於高大，正是人精神上之一負擔。

一房屋多開一些窗戶，則房屋之整個重量必然減少，則當人之精神智慧因文明之陶冶而增加時，其心靈之窗戶日益寬大，其身體中之物質的質量亦宜當減少。而此減少亦正是如開心靈之窗戶之所必須，此又如山之低正使天光雲影多一往來之地。但是我方才所說，只能在某限度某條件下爲眞，不可眞概括化爲一普遍原理。若眞加以概括化，則應當人愈矮小者其精神心靈愈發達，而智者皆應爲侏儒，而人類文明日進之後，人將皆變爲侏儒，更進而使其身體逐步變小至阿米巴，以至變爲一幾何學的點而止。如此推下去便似成荒誕。然而我們如只說在某限度某條件下，人之精神心靈之發展可與身體之高大成反比例，卻亦有事實可證而未嘗不可說。因此至少可證西方人之高大不必卽較東方人之矮小者高出一等，而由此生出之傲慢與卑屈是不應當有的。

但此傲慢卑屈雖不當有，然要使其不當有，亦須要有一轉念的工夫。人之初步的直感總是以人之高大較矮小爲優。此是出於人之生理的直感，不是出於人之心靈與精神的直感。人之生理依於一物質的積聚而成。物質的積聚之少者，對物質的積聚之多者，天然有一種下意識的崇拜，故在生存競爭的動物世界中，身體小的動物總是會怕身體大的動物的。古人柳宗元「黔之驢」一文中，老虎亦害怕龐然大物之驢。所以人如於此不有一轉念的工夫，則只此身體之高大與較矮小之不同，便可使西方人對東方人傲慢，東方人對西方人卑屈。而西方人之忘其身體高大與東方人之忘其身體之較矮小，正是東西方人要平等相待之第一步工夫之所在。

其次，如以西方人的頭面之棱角崢嶸爲標準，亦使人不能不覺東方人頭面太平順而少趣味。有些東方人，其頭面好似一塊版，全無英俊之氣。西方人一般說都有英俊之氣。西洋小孩亦較東方小孩爲逗人喜歡。此卽因其五官與頭角較凸出崢嶸之故。凸出崢嶸的東西天然會更刺激人之感官，攫住人的注意力。西方人之多英俊，亦是一種美。此皆有其客觀性，我們當以忘我的心情加以承認、欣賞。但是，我對東西方人的面貌有一種感覺，卽西方人之相貌，在有知識教養的人與無知識教養的人間相差不遠，而東方人則二者間之差別可極懸殊。此中之關鍵在氣色，不在頭骨。頭骨天生，不能以知識教養而變；氣色之表情表德則隨人之精神態度而變。西方人頭骨較凸出崢嶸，其氣色之表情表德之修養變化者卽不易見。東方人頭骨不如此凸出，則氣色之變化易顯於顏面。故有教養與無教養者，其差別易見。東方人常說一人的氣味、氣度、氣慨、氣象。與一般的人相接，可說其人氣味如何，事業性人物應有氣度，英雄應有氣慨，聖賢應有氣象。尅就人之「慨」、「度」、「象」而言，由西方人之頭骨面目之格局規模亦能見其人之「慨」「度」。然「氣」之爲義尙有深於此者。氣乃運行於此慨、度、象之中之一精神之風姿。此風姿表現於人之生理，不在頭骨五官之結構，而在血澤之流行、肌膚之枯潤、健順屈伸等。西方人之頭骨五官凹凸性顯著，其血液之運行、肌膚之屈伸卽較多滯礙，而不易表現一精神的風姿。由有修養之功而生變化氣質之果，亦顯於其身體之動作態度者爲多，顯於顏面以成一直接可觀之「氣」象、「氣」慨、「氣」度者爲少。東方人則骨骼藏於肌膚血澤之中，其肌膚血澤更能表情表德以成人物之氣象氣度，而有教養修養者與無之者，其氣色之差別則更顯而易見矣。

我們如知此義，則知東西方人之相貌實各有優劣。西方人相貌之長處見于骨骼之成形，東方人相貌之長處見於肌血之涵氣。西方小孩肌血豐潤於骨骼之外，故似較東方小孩爲英俊。然當其成長而至衰老，肌血消瘦，則老羸近乎枯骨，其面目亦恒較東方人爲易老。東方小孩則溫潤之氣多而英俊之慨少。然東方人之骨骼有肌血扶持，不易見老。此亦是得失互見。

說東方人面目中之肌膚血澤善於表情表德，以形成其人之氣色、氣味、氣象，此非我一人之臆想。我乃初由觀中國戲劇之重臉譜之表情表德，而悟到此義。中國戲劇中之臉譜是一種充量的氣色之圖繪。故紅臉通紅，以表赤心赤血之流行於面目；白者皚白，以赤血全無，表無情無義。此外，並以種種面紋表血氣之流行於面目所成之姿態。此以臉譜表劇中人物之情之德之方式，分明與西方戲劇重於以人物之筋骨之運用所成之動作表人物之情之德者不同。我們如能了解臉譜之複雜，便可知人之面貌中氣色之流行之複雜，人之不同之中心卽可見於不同之面目而更無所隱遁。人由教養與修養以形成其見於面之氣味氣象等種種人格之美，亦卽由玆而可能矣。

人之德繫於性情。情之現不出乎喜怒哀樂，而見於歌哭啼笑。卽以笑而論，尼采嘗謂人是會笑的動物。笑之所以可能，要在肌膚之卷舒伸縮而不在骨骼之開闔。其他動物之所以不能笑，在其肌膚皆貼於骨骼，不能自由地卷舒伸縮。凡骨骼開張之人，皆不善於笑。此正是西方人的情形。不久前，有一西方音樂家來香港，卽曾與我談到西方人大皆不知笑。又謂觀中國人之笑，卽知其有數千年之文化歷史云。此當不是有意對中國人作諛頌，在我亦有同感。但此與其說是西方人之德性上缺點，不如說是生理上的缺點。因西方人骨骼開張，則肌膚掤起更近鼓鼙而不宜於笑。在西方之小孩及女人則較善笑，以其骨骼不如此開張故也。

凡此等等，都在指出東方人之面目上少丘壑正所以使其宜於表情表德者，未必卽爲一缺點。然此中必須有性情有德行之可自然表露者，先誠於中。若無此，則東方人之肌肉之滯積於面目，見肉而不見骨，又不如西方人面目之有自然之凹凸者之爲美者矣。

西方人頭角之較開張而崢嶸，與東方人頭骨面目之較渾圓與其肌膚血澤之更易見一氣色之流行，亦可作爲東西方文化之不同的象徵。西方文化之各方面各領域皆彼此劃開對峙，如各張旗鼓。人能知其一，未必卽能知其二。但東方文化之各方面各領域則似血脈，更易流通，無明顯之界限，人能知其一，亦卽不難通於其二。由西方文化之各方面各領域皆向外開張，則天然有一向世界各處擴展膨脹的性格。故自十九世紀以來之世界，亦到處看見原自西方之經濟、政治、軍事、宗教、科學技術的力量，而東方則爲承受西方之種種力量之膨脹的地區。是否東方在承受了西方之力量侵入而仍能有一氣度以涵蓋之，含融地消化之，使東方之世界仍有血氣之周流而保其生命之潤澤以自成一太和之氣象，並以此氣象感化西方？這當是人類文化存亡生死之一關鍵。

東方人與西方人都是人。人之人性應在根柢上相同。文化之各方面各領域如宗教道德藝術科學政治經濟，西方人有，東方人亦有。歷史文化之發展，西方可分爲各階段，東方亦然，其中亦有相應之階段可說。但在人生態度之表現與對於文化知識技術之運用的方式，確仍是不同。百年以前，東西初接觸時，人們便有西方人之態度趨於動進而向外，東方人趨於靜守而向內之說。此說似籠統，因動靜內外之名辭可有種種之內涵互爲其根而彼此互訓。然如此言者，亦有其眞實所感爲據。能知其所據者，則以此劃分東西方人之態度之不同，則未嘗不可說——或者略變其言謂西方人趨於表內於外，使靜者動。東方人趨於攝外於內，使動者靜，則更爲切合。

我此所謂東方人，至少概括中國與日本及韓國，印度則較難言。我因到了日本韓國，才更感東方人之人生態度之大體相似。

此種東方之人生態度之趨於攝外於內使動者靜，不似西方人重表內於外使靜者動，不須自學術思想歷史文化之異同上說，儘可自人與人相接之日常生活上小事上便可見得。譬如，我曾發現在當面談話或會議中，西方人每易發挑戰性的問題，而東方人則大皆先求虛心了解。問題當然可以發，但依東方的標準，未經虛心了解者不配發問；不是爲其了解而發問者，對方亦可不必答。西方人之輕於發問，一方表示其要挑動他人，使他人之靜者動，一方亦見其急於將其內心中所有表現於外；而東方人不輕發問，重虛心了解，則一方表示其善於攝外之所聞所見於內，以成其內部之了解，一方亦表示其欲使所聞所見者得所安止而歸於靜。

東西方人之態度之不同，亦見於彼等待賓客一事。東方人無論中國、日本、韓國，皆自奉甚薄，而待賓客皆禮貌甚厚。西方人有在北平教書者，見北平之大學教授有以月薪三分之一交予太太，三分之二用於請客者，而嘆為異事。今日之東方人宴客與禮物往來，亦無不較西方人為豐厚。我在日本、韓國，更感到此古風之保存於日本韓國者，更多於中國人之社會。在臺灣之中國人對賓客之厚又過於在香港染西方風習之中國人，而香港之中國人對賓客仍厚於西方人。西方人富而待賓客薄；東方人貧而待賓客厚。于此見西方人雖富而貧，東方人雖貧而富。東方人之所以能待賓客厚，固由東方之素為禮教之國，亦更由於東方人之為主人者，其心全在賓客身上，視外來之賓客如主家之人，意在使賓至有如歸之感。而此即一攝外於內，能使賓客之動者靜之一態度也。

東方人之攝外於內與西方人之表內於外之態度之不同之又一顯而易見之對照表現，就是東方人之向西方留學與西方人向東方傳教之對照。中國人首向印度留學，日本人韓國人在中國留學，今日之東方人皆向西方留學。留學即攝他人之長於內，此為一攝外於內之事。而西方人之來東方，則初皆是傳教者。依中國之禮，只聞來學，不聞往教。往教之所以不可，是在承教之心應由自發，不能由外入。

而西方之傳教士之欲以己之所信傳之東方，純出於一向外表現擴充膨脹之意志。而其乘西方之砲艦與商船而來，並賴政治外交上之條約爲保障，以及教會財力之優越爲憑藉，以破壞東方人傳統之信仰而擾動之，則正爲一使靜者動之精神態度之表現。

東西方人心靈態度之不同，更有一顯然易見之道，此卽由東西方人之音樂與語言文字以見。人雖直覺至鈍，不難辨別西方音樂與東方音樂之不同。東方音樂其聲音總是較沉抑凝歛，而反復環繞。此凝歛沉抑皆一求攝動歸靜的事，而反復環繞則是爲將一物廻抱而攝之於內之謂。

在語言文字上，西方之語言文字合衆音成一字，則人之心念不能在一音上停頓，必須由一音輕轉至他音，乃能讀完一字以見一義。東方之中國文與日文及韓文，皆以單音成字，音與義乃可一時完足。人由一字音至他音，再由衆音以求字義，此卽一向前追逐之動態歷程。如音義一時完足，則無此一向前追逐之動態歷程。又東方文字多同音異形以表異義的情形，又明與西方文字之凡異音卽異形者不同。東方文字多同音異形，故人必聞音而兼思其形，以求知義，而形之爲形，卽顯然爲靜態的，由形以思義，必賴人對字形之有一內在的靜觀方能思得此字義。此東方之重形之文字，卽亦爲培養人之靜觀能力之一因素，使東方人善於以靜攝動者。

與東方文字之重形相連者，爲東方人之重種種之圖象。中國之易經是圖象，佛教道教亦有種種圖象。此似明較西方人所重之圖象爲多。而東方的圖象之妙者，蓋莫過於太極圖。太極圖如作圖象看，是靜的，然其中之陰陽二者之交互透入，卻又表示一動態的歷程，此是一最善於攝動於靜之圖像。圖中之陰陽二者，如分而言之，亦正是一代表動，一代表靜。太極圖卽同時是以動靜之合一爲理想境之一圖。韓國以太極圖爲國旗，此實是世上所有國家旗幟中最有意味的一種。此正代表東方人之欲由以靜攝動而達動靜合一之理想者。

由一攝外於內使動者靜，以歸於內外動靜合一的態度下，東方的世界卽一無限量的世界，或全人類的世界。人不能攝外於內使動者靜，則內之外更有外。動者不能安靜，則一切動皆是一自離其位而外馳分裂的歷程。故在西方，人總以其外有一東方爲待征服者，或供其表現力量而馳驅自如的場合。東方人則視西方的世界之長爲其所當攝入於其內，而亦以使西方的世界對人類所施之擾動加以安靜停息爲目標者。人類欲眞安靜的存在於此世界，捨東方之道莫由。

四

東方人世界原是無限的世界，無限的天下。在百年前的東方世界中，中國、日本、韓國與越南，至少在文化意識上，皆無彼此之不同。儒佛道三教行於中、日、韓與越南，而日本人、韓國人、越南人並不覺其信儒佛道乃襲取中國者。以近代國家分立對峙之意識看，以前東方人之心情根本上還是一時代倒置的錯誤。從前的日本人、韓國人之看孔子、老子與釋迦，亦如中國之後來開化之邊地的人之看他們。只有先覺後覺、先知後知的差別，而不見有地域的距離。孟子說文王西夷之人，舜東夷之人，陳良，楚產也，北學於中國。陸象山說東海西海南海北海皆有聖人出。都原於以一無限胸量涵攝無限的天下，然後能於東西南北之聖人作平等觀。由希臘人之城邦觀念演變成之近代國家觀念，實與以前東方的世界中之天下觀念不相應。自西方近代國家觀念傳入東方，東方之中國、日本、韓國、越南乃相視如異國，而孔子、老子遂皆只為中國之產，釋迦為印度之產。道地的日本人、韓國人甚或以奉行儒道佛之教為恥了。

在一無限的天下觀念之下，於政治上出現「普天之下莫非王土，率土之濱莫非王臣」之大一統的思想是不奇怪的，中原之主之欲征服四夷而用兵旅，亦是常有的。但隋唐諸帝之征伐高麗、日本，正如其欲討平中國境內之叛亂。此並不同於近代之侵略。近代之侵略是在既確定各國家之獨立後而又欲對他國之獨立加以破壞，這便成犯罪。如希臘人之既承認城邦之獨立，則雅典人必須為保護其城邦而與斯巴達開戰。至於根本無近代國家觀念及希臘之城邦觀念之昔日的東方世界，則王者之征伐既無犯罪之可言，亦不同於今所謂侵略。

我由此聯想到日本在廿世紀之吞韓，與先後二次之中日之戰，日本固難逃侵略之罪。我身經後一次的中日之戰，面臨於中華民族的災禍，與韓國人民應同難忘對日本的仇恨。但是我以超越的心情去看日本此次侵略的罪惡，並不視此罪惡全由日本人自身負擔，而是由於日本人原有之東方世界一體之觀念與西方十八九世紀盛行而傳到東方之民族國家至上觀念之混合之所致。日本人自信爲天神之子孫，此未必錯，只是不該只信太和民族才是天神之子孫，而應該相信一切人種同是天神之子孫。今只以太和民族爲天神之子孫，益以原有之東方世界一體的觀念，日本人更發現東方其他國家之富強皆不足以對抗西方，於是才有八紘一宇，欲先統一東方之世界，先掃除西方在東方之勢力，進而統一世界的迷夢。此迷夢之所以爲迷夢，由其不能量力度德，混雜日本太和民族至上論與東方世界爲一體而產生。

但自此迷夢之所根之東方世界一體之觀念自身而言，則未嘗不算偉大。日本人言東方其他國家不濟事，受西方之侵略，乃欲以驅除西方在東方之勢力爲己任。此亦無嘗不類似在昔之中國當夷狄亂華，王綱不振時，四邊皆可有勤王之師，欲應天順時而起，進而逐鹿中原，覬覦天命，而兼以攘夷復夏爲己任。經第二次世界大戰後，以日人驅除西方在東南亞之勢力於先，而後東南亞之國家得紛紛獨立於後，則日人對東方之世界未嘗無一義上攘夷之功。今日本人既已因其侵略之犯罪而受懲罰，則對其「功」亦應重加追認。今日本人誠能將襲自西方之民族國家至上觀念還諸西方，而使原屬於東方之文化一體觀念還其淸淨之本來面目，則日本與中國、及韓國共存共榮於東方之世界之理想，正是東方人所當共有的理想。

日本人與韓國人原有東方世界一體之觀念，故中國之聖賢卽日韓之聖賢，中國之文字卽日韓以前共有之雅言。現在日韓之國語競用口語以代昔所公用之雅言，有如西方近代民族國家興起後競用各國之古語以代拉丁，以崇敬民族英雄代希臘羅馬與中古時期諸賢哲。中國今日之白話與各地方口語，其與「文言」之關係，略有如法文與意大利文之更近拉丁。日韓口語之遠於「文言」，則如英、德文字之較遠於拉丁。拉丁之爲西方學術文字之母，如中國昔日之文言實爲東方中日韓越共同之雅言。今之日韓越因誤認中國之文言只爲中國的古文，因而儘量減少漢字之運用，以顯其國家民族之獨立性，而不知此等漢字實東方共同之雅言，如拉丁之在西方，欲維持此東方世界之一體，實決不可廢者。今日此諸國力求廢漢字，競用口語，對西方之外來語乃皆以口語拼音以表之，徒自使其自身語言系統淪爲西方之附庸，未嘗眞能彰顯其民族國家之獨立性，何如仍重此東方原已共用之雅言而沿襲之，以自造新名成新字乎？

我希望東方諸國皆能還重此昔日之東方世界所共用之雅言，亦希望東方諸國尙能如昔日之視中國之聖賢爲東方之聖賢，以保存東方世界之統緒。我此願望決非出於我個人之國家民族觀念，要使中國文化凌駕於日本韓國文化之上而爲其主，而是有感於中國之文化原是東方共有之文化，傳統的東方原有一「文化之天下」意識籠罩於出自地域之分別之國家觀念之上。在同一之「文化之天下」底下，仍可有各地域之風土人情之差別與文教上之不同偏重之差別。此諸國家亦可各有特殊精神之發揮。

五

我個人對於若干東方文物之愛好實際上早已超出中國之地域之限制。卽在最平凡的衣食住行之生活上，我無不覺東方在原則上優於西方。如在房屋上，我喜歡東方之宮殿而厭惡西方之堡壘。無論在日本在韓國之東方式宮殿廟宇，我同樣喜歡於其中徘徊瞻仰，並不覺其屬於他國而非本國者，因一切眞屬於東方的，卽已屬於中國的了。

我喜歡東方之宮殿廟宇，乃由於其氣象開闊，構造的形式平正而通達。雖是一人造之建築而一若能涵攝無限之天地。西方之堡壘則全是意在造成一封閉的世界。我曾游倫敦的溫莎公爵之堡壘及羅馬之大彼得教堂，此一屬於世俗一屬於超世俗之建築，同使我入於其中覺得一精神的窒息，透不過氣來。這一種頑石的架構，一方出於人之居在其中得一堅固的保護安全之感，在教堂則兼引起一幽暗的神秘莊嚴之感，然而卻全無心靈的開闢與通達，徒使人時感此頑石的結構之重壓。然而東方的宮殿廟宇則無不寬大而開闊，安穩而平正，廊廡縱橫而四通八達。故殿可名爲太和，門可名爲天安，吾人今日游息其中，亦可感一使此心廣大清明而人生得其安和之道之一種無言的氣息於宮殿廟宇中蕩漾。我今有家不能歸，更不能徘徊於中國之故都，然日本之京都與奈良及韓國之漢城之宮闕寺院，卻對我是同樣的親切，使我覺如在鄉邦。

東方精神的寬和不儘表現於建築，亦表現於衣冠。在此點上，中國人更應慚愧其喪失自己的衣冠。我們看看日本女子所穿的和服與韓國女子所穿之宮裝，實不能不承認其具備一寬大飄逸之美。中國今日之旗袍與馬褂，乃原於滿人，滿人素習騎射，故其男女衣裝原不足以登大雅之堂。而今日流行之男女西服重在貼身，亦原於西方人之游獵騎射之裝束，西方人在盛大典禮中之衣冠亦未嘗不重寬袍大袖。是見衣冠之寬大爲大雅之容，而窄小貼身爲拘囚之徵。然窄小貼身之衣服易於到處攢動，亦使人行動爽利，故男子之西服得以普及於世界，我們亦未能免俗。然我敢斷言，只須一朝世界得安和，人不如今日之忙迫急促，則衣冠必然趨於尚寬大。而我能在日本韓國能見此古代衣冠之遺，亦無殊見我漢唐衣冠之尚在。

對於飲食，我向來惡西餐。刀叉切肉，明爲狩獵得獸而燒烤之，分割而食之遺俗。主賓讌集而一筵之刀叉齊動，牛排上之血肉横飛，非番俗爲何?依西餐之禮，取食必依量，不宜存不食之餕餘。然依東方之禮，則主人備餚饌必使有餘，而餘魚同音，故或有最後一菜必爲魚，而此魚又不食者。更或有製木魚以當之者。此必使有餘，乃所以使物量超溢乎食欲之量。客之食有量，而主人之所供食之食超溢乎其量而若無量，而主人待客之盛意之無量由之以見。此待客重有餘食與東方古代衣冠之重寬大而有餘布，宮室構造之重寬濶而有餘地，皆東方人「胸量之無限」之表現於衣食住之徵，而中國、日本韓國皆初未有殊者也。

六

唯因此等等在最平凡之衣食住之事中，我皆感一中國人與日本人韓國人之心情之共通。所以我覺當我在日本韓國時，雖語言不通而仍覺與當地人無阻隔，而與西方人接觸，則雖語言尚較可通，反時不免有一精神上之互相阻隔之感。我的感覺是，西方人像堡壘，雖望之儼然可觀可讚美，總對人不親切。他雖對你幫助，有時可使你生感，你仍難覺其有一親切之意存於其相助之事之中。東方人則雖對你無任何實際之幫助，亦可使人覺親切。此中之理由，我想全在東方人乃天生的有一能虛涵他人的胸量，而西方人似天生的缺此一面。故卽幫助人之事做了許多，仍吃力不討好也。

譬如以我自己之得到各處旅行之機會來說，亦由於西方人之出旅費和邀請，我亦應當感謝。但是西方人之出旅費來邀請，乃依其先預定的計劃行事，初無討好施惠之意，亦不要人感謝。此中有一種乾淨與爽朗，我亦能加以欣賞。依我的想法，我用天地間的錢，經行天地間的路，看天地間的人種與人們的風習文化，亦本無不可。而我再一想法是，百年來的東方與中國，事實上是受了西方的政治上的侵略與經濟上的剝削，東方人的門戶畢竟是西方的砲火打開的。如人類有東西方之分，則整個的西方對整個的東方是犯了瀰天大罪，一切近年來西方對東方的援助，或在西方人是執行國策，在東方的世界佈設其西方的防線，或是西方人之在盡其對世界之責任而彌補其十九世紀以來對東方侵略之罪。

這些援助，東方人皆可當之無愧。而我之受此區區之旅費以得游歷異地，亦不必慚愧，說什麼感謝了。

回憶八年前，我依美國國務院之什麼一種計劃，使我得去歐美六七月，直不知此計劃之目的安在。籠統的說是一種使東西人士更得了解的機會，促進文化交流的事。然我實未由此獲得什麼益處，而別人亦未由我處得益。後來兩次到檀香山開會，據說旅費多出自華僑的捐款，而且我亦有論文貢獻，我更可受旅費而無愧。然要說我之論文之貢獻有多大，我由此二次會議眞得了什麼益處？亦實說不上來。我由書上所知與實際上所見所聞差不多，而一般的歐美人或以爲東方人去歐美都是爲由下國至上國，並無特別的尊重請教之意，亦從無一歐美人要問我對西方文化特別的批評和意見，使我覺我對他們只是一單純的旅行者，是可有可無者的人，而我亦只是經過他們的地方，從未「眞實存在」於他們的地方。這就使我不能無遺憾了。

但在日本與韓國，我雖住的時間皆極短，然而感受卻截然不同。卽在此等處，我可覺我有一意義之眞實存在。首先，旅館之侍者便與西方旅館之侍者不同。西方旅館之侍者認識你，亦能爲你作當作的事，但決不把你視作賓客，而東方的旅館之侍者則多少把你視作賓客。當作賓客與不當作賓客的態度之不同，在有無餘情。此餘情卽在聲音笑貌中皆可表現，不必皆具體的在行爲中表現。人之有餘情，乃緣於人對人之有一興味，而能在精神上對人有一加以攝受而加以款待之意，不只是由人對人與人間之事有一興味。我的感覺是，西方人對人與人間之事能有興味，亦能認眞辦事，但其對人之本身卻少興味。東方人則對人之興味過於對人與人間之事之興味。事一辦便完，不須有餘情。然對人有興味，則事完而情不完，於此便有餘情。如我曾在一日本舊式旅館住，當第二次再去日本，住另一旅館時，原住旅館之侍者還再來送一東西與我以爲紀念。此乃我在西方旅館中絕未遇過之事也。

又有一次，我在日本一旅館中，忽有一不相識之二十多歲的女孩子來訪，因語言不通，只坐在那裏，直到後來一中國朋友來作翻譯，才知她來的意思，是因她幼年時期曾在中國住過。她久不見中國人。今聞有一中國人住此，故來訪云云。此乃由其對中國之餘情而及於我之此一不相識之中國人。人有餘情者可連類以及於其他相關之人物；無餘情者卽無如此連類之情。有餘情者則朋友的朋友亦是朋友，相識的相識亦成相識。我在美國曾有一美國人請我吃東西，而與我同去之朋友卻要自己付他吃東西的錢。此乃依於一「請你卽請你」的觀念，決無餘情以及於你的朋友。此眞是只在西方才有的習俗。

當我第一次經過日本，是胡蘭成先生與亞細亞學會的和琦博夫，池田篤紀先生爲我安排二週的招待節目。當時日本戰後，經濟尙未復元。後來才知道招待我的費用都是從多方面募集而來。在那二星期中，他們陪我到京都大坂奈良各地，都住很好的旅館，看一些代表日本的好神宮、宮殿、廟宇及其他東西。後來，胡蘭成先生對我說，他們看我是一眞正的中國人，應使我了解眞正的日本之好的一面。而確實在那二星期中，我所見的全是好的人與物。池田先生與我一次說到中日之戰爭，曾意味深長的說一句：那是受了西方之軍國主義之影響的日本，不是眞正的日本。我看眞正的民間的日本人，亦實與中國民間之老百姓一樣的善良，都同是道地的東方人，此中並無差別。池田先生的那一句話使我不忘至今。

經過日本兩次，我皆初未嘗有計劃參觀多少大學圖書館，一定要去看什麼有名的人物。會見安嵓、宇野、大野、中山、水野諸位先生，只因他們原是朋友的朋友，而見面時皆無阻隔之感。諸先生請我吃飯時，曾提到「天下士」的觀念。我看眞正的日本人，亦把他們作天下士觀而不作日本人觀。

在日本，我發現中日兩國雖然在數十年中之政治外交關係一直未搞好，現在還有日本人在搞臺灣獨立運動，中國人亦仍有不忘日本之舊惡者，但我發現眞正的日本人實對眞正的中國人遠較西方人有更多的了解與尊重，而我亦覺我在日本的期間是眞實存在的人，而在歐美即只是上文所謂旅客而已。

七

在日本，曾問日本朋友對韓國人的意見。他們似對韓國人看不起。然未嘗去分別眞正的韓國人與一般之韓國人。人要看得起曾被自己統治過的國家的人民是很難的。而我以前對在中國的韓國人亦無很好的印象。這次親到韓國，最初所見亦似多不順眼，似乎韓國人民有一種說不出的泥滯，亦不如中日人民之勤敏。但在我旅居的二十日期間，卻漸漸發現眞正的韓國人與眞正的日本人及眞正的中國人實同是東方人，並無根柢上的差別。韓國人若干外表的表現之似不順眼處，皆由歷受壓迫的結果。

在亞洲的民族中，韓國人在歷史上是受壓迫最多的人。中國隋唐的皇帝曾以大兵加以征伐，以後又有蒙、契丹的勢力之侵入，再臣服於滿清、亡於日本者三十五年。復國時依雅爾達協定分爲南北韓。北方有中共與俄共的力量對韓共的脅持；南韓有美國的駐兵。十二年前的韓戰使韓國成一世界性的戰場，爲數十國的軍隊馳驅之地。韓國的人民數千年中皆無異一被踐踏者，中間只有在新羅時期與李朝之數百年有一內部之統一與安定。對此一處於四戰之地而歷經災難的民族擔負了不知幾許人類的罪行，此使我深深同情。韓國人民之好酒，每飯必有辣椒，應是在藉此二物以澆愁，兼與自己激勵。但今日之韓國人對新羅時期的佛教與李朝時期的儒教似已失去信仰，在美、蘇勢力之夾擊中亦不知何去何從，似仍在徘徊歧路，時運未至，如有一晦氣尚籠罩在韓國人民之面上一般。這就是韓國人民在世界上尚未取得應有的地位的理由了。

對韓國人的接觸，我發覺其特性之一似是凡事都可以通商量。如我到其專爲外國人而設之百貨公司購物，都可多少講價。大約西方的商店都標明定價，以定價爲原則。東方的商店則多講價。講價雖費時間，但講價是人與人通商量的表現。我又發現韓國人之講價時，特別表現一彼此商量的表情爲他處所未見。講價使同一之物有不同價格。不識貨者於此會浪費時間而仍吃了虧，似不公道。但對於識貨者與不識貨者都以同樣價格售與，亦未必卽公道。識貨之人知貨之價值，則其為顧客之價值卽高於不識貨的人。講價的商店依購物者之為人的情形而異其價，熟人有熟人的價，生人有生人的價，朋友親戚同鄉來購物，價亦當低於外國人。此外還有種種依人而異其價的情形，似全無一定。但人不同，物價亦不同，卽使人覺到其人的存在。我到一韓國的書店購古書，書店老闆說如西方人來買，則價高一倍，我與之說到我是李相殷先生介紹來買的，而他與李先生正相識，於是再減價若干。此就使我覺得我之為人在此書商前是存在的了。

商店講價是可以產生欺騙，但此並非必然。講價的哲學基礎只是：物無定價。隨人而異卽隨人之價值而異。人之價值愈高則物之價格愈低。故楊志賣刀，說眞遇識貨的人而寶貴此刀者，此刀卽贈與亦得。

在韓國尙存之一古風是，人在鄉間旅行如路資已盡，則居停主人可以不收食宿之費。一言為定，以後回家再寄。旅客有時亦脫下價值遠高於所欠費用之衣服手錶抵押。但大皆不再去取，蓋視此皆為身外之物，已用人用都是一般。我有一親身之經驗。某日我一人獨遊韓國廟宇，遇雨，到一賣香煙糖菓小店避雨，語言不通，只以手勢表意，助以筆談。到了吃飯時刻，店主人便備了飯，飯後竟不要錢。但我仍以更多的錢給與其小姑娘。韓國昔稱為東夷，史書上屢載東夷之風俗仁厚。我所經歷之小事亦可證明直正的韓國民間仍是一東方的禮義之邦。

韓國人昔稱中國爲上邦，其文教之核心之儒佛思想皆由中國傳來。其以前之嚮慕華風，皆出於衷心仰服。隋唐之韓人留學中國者，已不知多少。高句麗人有成唐代的名將以遠征西域。李朝時期，朱子與孔子的後裔先來到韓，繼有李朝的朱子與孔子的祀典。

我曾到孔廟參禮，其中之杏樹已有五百年。每一舊書店都賣朱子的書。韓國人與日本人皆同樣能對其歷史文化飮水思源，對中國人亦有一先天的感情。但是一般到日本與韓國之中國外交官，多不像樣，一般來此謀生的華僑亦多不識中國文化之本原，更未必能從日本與韓國人之生命的底層去作同情的了解，更不了解他人對中國文化之飮水思源的感情。我個人之所以能得到若干的禮遇，只是我能體會到此一感情之先天的存在，而知此一感情之出自人類之天性與深心，而還能對之生出一種感激與慚愧之意。

很明顯，許多原出中國的東西在中國已經喪失，而日本與韓國人仍加珍惜寶愛。如中國之古樂與孔子之祀典在韓國仍皆保存。除上述之衣冠外，一般的禮俗如節日的舞踊亦在韓國保存。日本之奈良、京都，其建築保存長安、洛陽之形式，與無數中國文獻之存在日本，都使我慚愧與感激。日本人韓國人之保存中國的東西與大英博物館及美國之博物館圖書館保存中國的文物之不同，是後二者之保存只是爲陳列。陳列只是供人們的好奇的欣賞。故雖欣賞而無一番親情，而日本與韓國對中國的東西則有一親情，此其所以可感。

八

對中國文化之影響於東方諸國都見有感激與慚愧，才是正當的感情。若由此以產生民族的歷史光榮與自負之感，則並非一正當的感情，至於驕傲更不必說了。須知先聖先賢與一切古人之創造，只是古人的，而一切已成的好東西皆是人類的公產。直接的子孫不能傳道，道卽散在天下。任何不同民族的人都可以繼斯文爲己任，而繼承者之功德亦不亞於創造者之功德。先覺後覺亦原是一般。故今之中國人之因回念過去歷史文化之光榮而自負者，亦最無出息之徒。只有把一切虛僑之氣去掉，而以慚愧感激之心情，以至「以能問於不能，以多問於寡」之氣度，去學回我們喪失之事物，然後可當華夏之子孫而無愧。

我所謂學，是一種態度，不是說去跟一教授讀學位。學的態度並非容易養成。學的態度在根柢上是虛心無我如若無知。世界上只有孔子是眞好學者的模範。故孔子自謂能毋我，吾有知乎哉？無知也。孔子之爲教主，與其他教主之不同，則在其爲教不倦兼學不厭者。其他教主如耶穌，謨罕默德，皆爲先知爲全知、上帝之化身，可不須學，故只能教不倦，而不能「學不厭」。依孔子之學不厭的精神，耶穌，謨罕默德及一切人之長處，我們皆曰當學，以攝之於孔子之無限量的好學精神之內。故曰：大哉孔子，博學而無所成名。而我們今日最須學者，卽學孔子之好學，學孔子之虛心、毋我而若無知。唯此我們才有眞正之學的態度之根柢。

學的態度之根是虛心無我若無知。學的態度之嚮往是隨處發現價值與意義。此卽處處先從所見之事物之好的一面看，要看壞的亦是爲反照出好的。這樣人才能隨處有所學而得益。有中國人對我說，二韓國人昨日打架，今日可再一同吃酒，一若無昨日之事者，此可說是韓國人健忘。但我寧從此去看其「不念舊惡」之德性。日本人舊式旅館在厠所中亦有一花瓶。瓶中挿花，此可說是使臭氣薰花草，亦可說是使花草之芳香化除臭氣。同此一事，賢者先識其美者及美者之所在；不賢者則先識其惡點與劣點之所在。我在韓國，在一大旅館住十日後遷入一小旅館。小旅館無抽水厠所，厠所中亦無日本式之花瓶，以花之芳香平抑臭氣。初入厠時覺太臭，但我馬上想到此有臭氣才是厠所的本分，此才是眞正之厠所。大旅館中之厠所在寢室中無臭氣，反失厠所的本分。此雖是一笑話，但是善於發現價值與意義者正當如此。

人不善於發現價值與意義，則此整個的世界實無異於一大厠所。其所充滿之罪孽與醜惡使其臭不堪言。但我們亦須知此充滿罪孽與醜惡亦是世界的本分。而如實觀之，進一步可見此厠所中亦有花草噴芳香。厠所外尙有淸靜之庭園與人的居室。此卽比喩人心中之理想的世界。這樣人才能暫安於此厠所般的世界中，而隨處發現人生與世界之價値與意義。能隨處發現價値與意義者，然後能時時有所學而見値得學者之無量無邊。

九

依孔子之好學的態度來學，東方的好事物須學，西方的好事物亦須學。似乎我此一文只強調東方文化之長，而輕抑西方，則對西方之長可不必學，便與好學之意自相矛盾。其實不然。因我並未言西方之長不須學。且我亦承認西方人之人生態度有其特殊之價値，爲東方人亦當學者。此西方人之長處，我名之爲一種規定性。此所謂規定性之表現，如表現爲在一規定的時間約會，便大家準時而至。此點便非傳統的東方人之所重，東方人之時間觀念似遠較西方人爲模糊。在空間意識方面，國家的疆土之界限；在事業職業方面，各種事業職業之界域、個人之權限等，亦常模糊。在學術思想方面，許多不同種類之概念觀念之意義之分別，亦常不免模糊不清。此中之根源只是一個：缺乏一規定性。而此東方模糊不清之處，西方人都更能淸楚分別，其根原亦只是一個，卽富於規定性。

東方人缺乏此規定性，似乎是東方人之胸量之趨於無限之一種雖不必然而自然難免之一種表現。因人之胸量旣趨於無限，則人便不願爲一有一定規定，一定界限的東西所限，要去跨越過一切一定的規定與界限，而不遵守任何一定的規定與界限。然此不遵守卻是人的精神不能自作主宰以規定其自己之所是之一表現。此不能自作主宰之無限量的胸襟便成一莽蕩的無限，荒漠的無限。此莽蕩荒漠的無限與人的情欲權力欲雜糅，卽成一種東方式的浪漫與野蠻。此中可引生種種不同形態之罪惡。故東方人之缺乏此西方人之規定性，畢竟是一缺點。此與西方人之緣此規定性而來之固定性、限定性、執礙性爲西方人之精神之缺點，正是二五與一十之比。如何使東方人一方有無限的胸量，一方有能作自由而自主的自我規定以守其分界，同時使西方人能自超拔其規定性的限制以具有一無限的胸量，正是東西方人之精神之截長補短，以歸向於天下一家之道路。

胸量的無限之超出規定是乾陽之德；自主自由的規定自己於界限之內是坤陰之德。而依無限的胸量去攝受一切規定性者，又是一坤陰之德，而能將無限的胸量之所涵藏者表現爲規定性的東西，則又是乾陽之德。乾坤陰陽合而爲太極，此正是韓國之國旗中之圖象。我到韓國後，每日見其國旗之飄揚，亦更使我所證此若干年來常在我心中蕩漾之如何使東西文化之融和觀念。

註：本篇爲手稿，作者生前未發表。篇名爲編者所加。——編者

致陸達誠神甫書

達誠神甫先生大鑒：月前晤談，具見賢者之好學不倦，篤實謙冲。玆又奉大示及大著，均經拜讀。拙文論死生之說，承加以評介，並望　貴教教友留意及之；而於年前偶作之論越南僧人自殺之文，亦不如此間　貴教同仁之或視爲大逆；皆見　賢者之弘度高懷，並感且慰。拙文論死生之說與幽明之際，尚多餘義未申。所重者：在望人先由眞情實感，以契入幽冥。由此契入，自尙有種種玄義可論。若欲別求啓示，亦固未嘗不可，然此乃第二義以下事。又拙文所謂「精神由不存在走向存在，與物質由存在走向不存在」，乃尅就二者之往來關係，作現象學的描述；與唯物唯心之問題，實不相干，　大文視爲先唯物，蓋非鄙意也。

至於　大文論今日天主教對非基督宗教的看法一文，則讀之甚覺得益。今日教皇之能取　大文所謂新神學之說，一反過去之「羅馬教會外無人得救」之諸厄方舟之說，亦反今之辯證神學之「除信基督無人得救」之說，而傾向於普遍救援說；以一切宗教皆天主普遍救援史中之社會性的得救機構，並謀促進其發展。此誠不異開始人類之宗教史之新機運。毅以前嘗對宗基督者，妄有所評論，其根本義唯在：對其排他之救援說，不能同意。今能改宗此普遍救援說，固唯有加以讚嘆，並禱祝其說之更能普遍爲人所奉行也。唯鄙見以爲如此中之唯一根據，只在新神學，則新者乃別於舊者而言。今日所視爲新者，或原爲舊有，將來亦可有更新者。而此普遍救援之論，在教會神學中自阿利仁 Origen 以降，以及東方之印度佛教及中土儒道之論，亦早有之。然何以在基督教神學傳統中，此論不能早盛，正有其宗教史及神學史上之因緣；而純從歷史上看，今日所有者不保其明日之亦有，則將來再出一新神學或重回至諾厄方舟之說，或更有進於　大函所謂今日之神學中之普遍救援說之「只視其他宗教爲社會性的機構」者，又當如何？再出一新神學，而教皇不加採取，不經會議加以通過，又當如何？則新之與舊，蓋亦未必足以爲衡定是非之標準，而對各種神學之選擇，亦當另有其標準也。

誠然，人類思想之發展，不能無其文化史與學術史及其他歷史上之因緣。神學爲人之一種學術，亦自有其由歷史而來之一套老問題，人只能循此老問題之次第發展，以逐步尋求答案。此亦在事實上無可奈何，吾人亦不能於此責望過高者。唯昔年曾有基督教之西方牧師來談，嘗謂耶穌若生於中國，或其教義之解釋，自始卽不取希臘羅馬之哲學觀念，亦自始不與西方文化相連，則基督教之神學，應當另有一迥然不同之面目。其言亦不無理趣。則雖在歷史事實上看，今之基督教之神學如此如此，然吾人亦未嘗不可想像另一種基督教神學之可能，而其問題之發展，與尋求答案之方式，皆不同也。至於純從毅個人之見地說，則竊以爲今日天主教之普遍救援論之所以可貴，當不在其爲一新神學，而在其更能與貴教所宗之天主之無限之愛心相契應。然順此天主之無限之愛心，以觀世間之宗教，則恐不能只視之爲一社會性的得救機構；而所謂自然宗教與啓示宗教之絕對之界限，恐在一更新之神學中，亦可加以泯除。天主誠絕對無私，則亦未嘗不可直接啓示其自己於一切自然宗教中，而亦可更不私立一啓示宗教；而信一啓示宗教者，誠學天主之無私，亦必將不止於如　大著所介之新神學家之「自視其啓示宗教，爲其他一切宗教之完成之所，而先預言其他宗教之終將讓位，以歸於滅亡之地」也。此中之問題，誠幽深玄遠，決非簡言之可盡。而人若無無限之愛心，亦如何能與天主之無限之愛心相契應，以知其密懷？然人若有無限之愛心，足與天主契應，則又被視爲人之傲慢，爲宗教中之大禁忌。則此問題將無解決之望矣。

然在宗教以外看，則普遍救援之義，自有其道德理性上之必然與當然。人運用理性而成之神學，亦理當向此而趨。而循此以發展之神學，或更有其新而又新之義，實未可知。亦未知賢者其有意乎？

至在毅個人，則用心別有所在，要有感於人之主體不立，則不特社會性之組織之權力，與今之科學技術，所解放出之自然力量，人擔當不住；而對超越界之實在，人亦承受不起；天心亦終搖落無寄；則天主人，人亦主天也。此中之問題，皆極深邃，非片言可盡，然鄙見仍以爲一切學術理論宗教上之異同之見皆屬第二義。人之可貴，別有所在，人與人之相接，亦別有其道。日前晤談，知　賢者用心之誠。今得來書，又具見　盛情美意。故順筆覼縷言之以報，書不盡言，諸惟諒察。並請

文祺

唐君毅上　五十六年十一月廿八日

（一九六八年二月「人生」第三十二卷總第三八一、三八二期）

在中華哲學學人聯誼會上的發言

我有一感想：美國人常只利用中國人搜集中國歷史文化的資料，用以證明他們自身對中國歷史文化已成之觀念。許多留美的中國學人，不幸淪爲蒐集資料的工具。我以爲中國學人研究中國歷史文化，應有獨立創發的觀念，此觀念應由哲學思想來引發。對中國哲學的研究而言，若僅純粹運用訓詁考證的方法，尙不足發現其中種種觀念，更不足以由此種種再產生創發出研究中國歷史文化之其他方面的觀念。所以我想在海外教研中國哲學有兩種意思：內在的意義是通過交換意見以增益對中國哲學的了解，外在的意義是將西方對中國歷史文化之其他方面的教研帶上軌道。香港大學和新加坡大學均囿於英國的傳統，哲學系僅授西洋哲學，而完全忽視東方哲學，注重語言分析的牛津學派得勢。但是我認爲東方人辦哲學系便應兼顧東方哲學。我在菲律賓治療眼疾時，曾見某大學竟聘不到中國哲學的講師。菲律賓確有華人團體熱心促進東方文化，可惜當地研究中國哲學的水準低落，許多華僑願意捐款建築廟宇，但是廟多僧少，成怪現象。他們裝修墓地亦甚奢華。菲島華僑實具宗教熱情，但是他們對抽象的學術興味冷淡。新加坡某青年來港談話時曾經問及：作爲獨立國家的新加坡之精神背景何在？我覺得新加坡雖然面積狹小，亦可對之講文化上的大道理。譬如孟子見滕文公講大道理，而滕國面積僅五十方里。張君勱先生認識南洋某些熱心的商人，但張先生去年已仙逝。假如下屆東西哲學家會議能舉行於東方華僑衆多的國家，譬如日本、菲律賓、新加坡之類，那便很富歷史意義。

我曾批評美國一般人研究中國文化的動機不外傳教、政治與好奇，他們對中國哲學的興趣，多從對中國歷史的興趣轉來。我們縱使暫時難以糾正他們對中國哲學不正確的態度，也應保持超越的態度，以維護內在的純淨。

我們的組織如果稱爲「中國哲學會」，優點在蘊含國際性的意義，可以超越許多限制。會員的條件是以曾經參加東西哲學家合約及任教大學的學人，不管血統或國籍，對中國哲學必須具備相當的知識與喜愛。若果「中國」的意義容易引起誤解，不如稱爲「中華哲學學人聯誼會」，簡稱「中華哲學會」，以學人爲本而不以學科爲本，較易爭取經濟上的支持。

中華哲學會的年刊不必多登論文，應該多載通訊，亦可存納國際性的學術稿件，它對我們的後代將很有裨益。

下屆東西哲學家會議，如能在新加坡或東方某地舉行，可使新興的亞洲國家增強其客觀之學術地位。三十年來五屆的東西哲學家會議均於夏威夷舉行，能够遷移到東方舉行一次亦屬必要。但是一切須視其他之實際條件而定。

（一九六九年七月「中國哲學通訊」第二期）

在北大同學會「五四」運動座談會上的發言

——答「五四運動究竟是成功的、半成功的或失敗了的運動？」

我個人過去是不願接觸任何五四紀念活動乃至北大同學會活動的。我雖曾在北大讀過書，但我對五四運動一直卽不甚滿意。不過，我現在對於過去的這一態度，已有某種程度的修改了。

我願先說我何以不滿意五四運動。我認爲五四運動，在愛國運動方面是成功的，其對傳統的繼承意義更是可稱讚的，它不僅如羅先生所說，繼承北宋士子精神，更是繼承了東漢太學生以迄明代東林士人的精神，使二百七十年前因康熙之嚴禁學生論政而中斷了的讀書人精神得以復甦，對國族的積極意義自是極大的。不過，在文化上，則我認爲其成就尚值得再加考慮——新文學運動的貢獻便很難說，白話文本是古已有之，且僅不外文體的一種，它未必全能取代其他體裁，如在座的徐訏先生是小說家，但他也寫舊詩，卽是顯例。其次，科學是否眞能解決人生觀問題？張君勱先生所謂「玄學」，無非說科學不可能包辦一切而已。再說，民主有多種形態，且尚有更進一步的問題，這些全是五四運動的領導者所未曾思考的，因此後來的胡適之先生要用玩笑口吻對我說：「要打倒孔家店的不是我，是你們四川人（吳虞）呀！」而陳獨秀先生的晚年思想之修改極大，亦說明了他對自己在五四時代思想的不滿，說明了他後來在思想上的進步。

總之，我一直認爲五四運動的破壞性太大，建設性不多，一直對它不甚滿意。但現在我的看法卻略有不同了，我認爲對於五四運動的精神，我們仍是可作某些同情了解的：首先，五四時期的「打倒孔家店」，恐怕乃是勢逼處此，因爲當時祀孔尊孔的正便是袁世凱等人，「孔家店」早已成了禍國軍閥藉以自飾的工具，爲打倒軍閥而打進孔家店，自是可以充分理解的。其次，當時各種懷疑破壞觀點背後的那股精神，適如胡適之先生所引的尼采的那句話：「重新估量價值。」實則這一精神也正是可正可反的。反面表現固是破壞；正面表現亦同樣能形成五四領導先生們後來的進步，能形成對中國文化從事反面估價之後的再估價——甚至可以說，今日我們不再去打倒孔家店，亦正是「重估價值」之果，這也正是五四精神開啓出來的。因此，蕭輝楷先生這次對我的邀請，我便不再像過去那樣推卻，我覺得我亦甚願參加今日這種五四紀念聚會了。

不僅如此，我覺得對於今日的香港青年，五四精神還另有其積極重要的意義。民族意識的覺醒與文化意識的繼續覺醒，在今日香港還需要再作積極的提倡——中國目前局勢誠然是極混亂的，但我深願相信如前港督葛量洪等人說過的那句話：「二十一世紀會是中國人的世紀。」本來，湯恩比即有「十九世紀是英國的，二十世紀是美國、蘇聯的」之論，我願更加推廣說：「十五世紀是義大利的，十六、十七世紀是西班牙、葡萄牙的，十八世紀是德國、法國的。」世運的推移，冥冥中似亦有跡象可循。因此，我願以一種宗教信仰之忱，來相信二十一世紀極可能便是中國的。二十一世紀，距今尚有三十年，如說它是屬於中國的，精細點說，它卽屬於今日正是青年的這一輩中國人的。然則，今日香港青年，應該如何利用這三十年的準備時光呢？

香港青年絕大多數都在香港土生土長，不像我們這一輩的極難免除「寄居」心理，香港卽是今日青年的故鄉，眞正的定居之地。香港青年們對於這塊土地，這一社會，究竟應負起一些什麼責任呢？世局變動的最後決定力量在思想，我覺得青年們在這方面卽應特別努力去思想。我認爲：某種正面的五四精神，在這方面便是饒有價值的——香港是一個重視政府需要甚於重視社會需要的地方，一個太注重技術也太注重商業觀點的地方，而五四精神，則正是重視社會甚於政府，重視原則甚於技術，重視理想甚於功利計算的。

我盼望今日在座的同學們，能在這一方面特別留意。我認爲這些正是今日在香港要立志承繼五四精神的人所特別應去致力的。

（一九七〇年五月・「萬人雜誌」第一三四期）

現在這樣，將來怎樣？

這是一個煩悶、不安的時代，因為……

因爲好些在十八世紀、十九世紀提出來的社會理想，譬如「自由民主」、「社會主義」、「民族獨立」，大致上在二十世紀都分別實現了，沒料到在實現之後，卻帶來了許多其他問題。「社會主義」實現於蘇聯、中共，結果帶來了極權與獨裁；「民族獨立」實現於亞非國家，結果一些獨立了的民族，反而壓迫國內的少數民族，例如菲律賓與馬來西亞排斥中國人，就是兩個例子；「自由民主」實現於美國，議會裏有不同的政黨，這本來是好的，可是發展到後來，不同政黨背後的力量是什麼？原來有許多資本家的力量。當這些流弊都顯露出來之後，上兩個世紀的社會理想，「自由民主」、「社會主義」、「民族獨立」，就不再動聽了。

這三種社會理想，實現之後所帶出來的流弊，從前的人，是未有想過的。現在顯出了毛病，要直接反對它們，卻十分困難。所以目前的反對，大體上都只能是感性上的反對，情緒上的反對，而無法寄託於另一個新的社會理想。

事實上人類在二十世紀，已不可能再像十八世紀、十九世紀那樣，敢於提出理想了。倘若有人提出來一個新的社會理想，大家一定會懷疑，實現之後你如何保證它以後不變質？不帶出其他毛病？在二十世紀，人們很難相信別人，也不一定相信自己。當有人提出什麼，別人第一個反應不是問這個提議好不好，而是首先表示懷疑。

而情緒上的反對，感性上的反對，它的方向，是不定的。覺得這個不好，就反對這個，覺得那個不好，就反對那個，結果只是一種擺動。反對資本主義社會的自由民主（如美日左傾青年），就嚮往社會主義；反對社會主義（如東歐青年），又嚮往民主自由。結果大家只是在反對自己已有的，嚮往自己沒有的，最後雙方極有可能只是交換着互走對方的老路。

這個時代煩悶、不安，就因爲大家都沒有一個共同的方向，於是許多不同形式的反抗，就不可能有一個一定的結果。青年人感受力特強，當然有很多反抗，但是沒有方向，只有反抗，怎能有一個結果呢？

五四運動是有結果的，因爲大家的共同方向，是反抗日本侵略我們，要求思想自由，目標一致，就有結果。

現在世界各地青年的反抗行動，卻沒有共同的方向。在資本主義社會裏面的青年，反對資本主義社會的自由民主，在社會主義國家裏面的青年，又反對社會主義國家的專制獨裁。有些人很積極，用行動來抗議，有些人很消極，跑去做嬉皮。大家都沒有一定的目標，只知道不滿意，嚮往着一個地方，又不知道是什麼地方，用他們的話來說就是 nowhere。前幾天我去看過「胡士托音樂節」，覺得這些嬉皮，很可同情，他們實在是無路可走，對現實不滿，無以表示，只好用自己的身體來表示，用衣着、頭髮，來說明自己與別不同。他們本來要反抗，結果竟然後退到要用自己的身體來表現，這眞是很可同情的，因爲再沒有別的東西了，什麼都沒有了，沒有別的路，只能靠這一點。他們想改變外在的世界，不可能有行動，只好改變自己的感覺，譬如吃藥，就用改變自己的感覺來表示反抗，這些，都是很無可奈何的。

另外有些反抗，由於情緒散開，就變成零零碎碎，譬如與人打個架，拿刀子殺個人，他不能「整」來，就「零」來。這種「零」來的形態，又完全不同，他可以變成阿飛，或變成什麼都可以。總之是零碎的，像水流不順，激起了好些泡泡。反抗的泡泡。

這些都代表了一個時代的煩悶。這就是現在的情形。這樣子下去，將來怎樣呢？

還有好一段時候不安，過渡，反省……

目前這個不安的時代，我想它大概還要躭下去好一段時候。

現在這樣，將來怎樣？

客觀社會的理想，未有人提出過的，好像已經再沒有其他了。而「社會主義」、「民主自由」、「民族獨立」，此三者，它們已經很老了。而且都有毛病。現在分別實現了之後，它們的毛病，我們已經都看見。

這些毛病的出現，很不好。但是它們也督促我們去重新反省。所以這個不安的時代，其實應該也是一個反省的時代。

反省什麼呢？譬如——

以前人們提出一個理想的時候，只會想到這「理想」是好的，卻沒有人曾經同時想過，這「理想」將來實現之後，會有變壞的可能。

本來，「理想」實現之後，終於變壞，這也不能一定怪責誰。譬如「社會主義」最初爲勞苦大衆着想，這很好。就沒考慮到，當他只看見勞苦大衆的時候，他就看不見其他的人了。像詩人、藝術家，他都看不見，而且發展到極端，還變成極權，扼殺了文化創作與學術自由。

又譬如「民族獨立」，一個民族不再受他人欺壓，獨立自尊，這也很好。就沒有想到，當某個民族獨立之後，他到頭來會反過來去壓迫國內的其他少數民族。

再說「自由民主」，這理想原也很好。就沒想到，過度的自由，會帶來放縱，而且，所謂投票選舉，有時更會受到大資本家的影響。

倘若有人能預先看出，毛病出現的可能性，未曾出現之前便防止它的出現，那麼，「理想」就不易變壞了。

社會的理想如此。個人的進退亦如此。

譬如一個人喜歡「進」，他就奮鬪。發展下去，他可能會變成魯莽，再發展下去，他可能會變成殘忍，粗暴……。反過來，如果他「退」，決定不再管外邊的事，發展下去，他的心靈以至他的生命都可能會封閉。

這「進」與「退」，也可以說是人生的兩種基本態度。兩者過度了都不好。

一個理想也是一樣。理想的本身可能很好，但過度發展，便可能會妨碍了其他理想。就像前門拒虎，後門進狼。

要不出毛病，就得預先看見這些毛病。

預先看清楚大概發展到什麼時候，毛病會出現，就可以預先想出防備的方法。像自由選舉，何時會出毛病呢？以前從未有人預先考慮過，現在事實證明，當金錢出現在自由選舉之中，有錢人可以大肆宣傳，出錢買票的時候，選舉的結果，就不一定是理想的。國家的選舉如是，學生會的選舉亦如是。競選學生會長的人同樣可以請人吃東西，搞宣傳，而失卻了自由選舉的眞義。

好的本身會變壞，這個可能性，如果能預先自覺，這好的本身，就有節制。

這大概應該是「自覺」與「節制」的問題。

自由，也應該有節制的。像宣傳的自由，新聞的自由，倘若沒有節制，它就可能會給某些不好的東西在背後收買了，放縱了。

平等，也應該有節制。平等指的是什麼平等？如果是經濟上的平等，當所有人的生活水平都一樣，這也會有新的問題，因爲藝術家們怎可能跟普通人一樣做同樣的工作，過同樣的生活呢？一個唱戲唱得很好的人，我們怎能要求他必定要朝九晚五上班下班呢？現在我們看中共「文化大革命」把藝術家都革掉了，就是平等而沒有節制的結果。如何在平等裏面容許某些必然的差別，這就是節制。藝術家得天獨厚，有能力爲人羣帶來無可替代的歡樂，他的生活爲什麼就不能比別人過得更舒服一點呢？

凡是相對的東西，總有兩面。你若只看一面，毛病就要來了。

因此對於將來，我們只能希望，倘若有任何人再提出任何客觀的理想，這理想必須通過「自覺」，再來建立。自覺，就是自覺到本身可能會出現的弊病。

情緒的不滿，直接的反抗，這是靠不住的。推翻了目前，以後用什麼來代替？代替的東西，又能保證不會再出毛病嗎？

對於情緒上的不滿，我很同情，但是這些不滿不一定對，因爲，下一步是什麼？不知道。

我們看過去上海亭子間的中國青年，他們眼見外國銀行，外國輪船的種種，不覺都左傾起來了，那感情，很眞，後來的變化，誰也料不到，結果連自己也犧牲了。

下一步是什麼？不應該事先不知道就把情緒上的不滿化而爲直接的反抗行動。卽使知道了，也必須同時自覺到，這下一步的新理想，實現之後，可能會帶出什麼毛病，大概發展到什麼時候這些毛病便會出現，如何防止——這樣看清楚別人也同時看清楚自己，才把不滿化爲反抗不遲。

看別人也看自己

看清楚別人也看清楚自己，這絕不簡單。這需要雙倍的力量。雙倍的力量，這才是最強的強者。

反抗別人，這只需要一次的力量。

同時防備自己，這需要雙倍的力量。

對外，對內，這就是二面，不只是一面。

反對別人，不算難。

自我節制，這才是最難的一件事。

譬如一個人去競選，如何自覺絕對不用金錢去收買選票，如何自覺收買別人乃是一種罪過——這

現在這樣，將來怎樣？

反省，這自覺，這就是現時世上大部份人最缺乏的一種心靈了。

這大概是老話了。但老話也不能不說。這始終是——

文化的問題。精神的問題。道德的問題。

倘若沒有對內的反省，卽使你除去了一個災害，你只會帶來另一個災害而已。

政治與經濟淩駕在文化之上，這會使人窒息

對於將來，我當然不能預言怎樣怎樣，但是我有一個感覺，或者說有一個希望，就是在大家不斷摸索「一個理想的社會制度」的同時，最好也能花一點精力，去把「文化」救一救出來，不要讓她再給壓在「政治」與「經濟」的底下。

大家花時間去摸索「一個理想的社會制度」，這是好的。由現實的教訓，我們可以嚮往「自由民主」，但必須避免美國的覆轍；我們也可以嚮往「社會主義」，但必須避免蘇聯與中共的覆轍。這擇乎中道，不過度，不放縱，自我節制，需要更上一層，需要雙倍的努力，需要大智慧。

可是不管什麼國家，什麼社會，今天，有一個普遍的現象，令人十分痛心，那就是大家都已經不再把「文化」放在眼內，一切皆以「政治」爲先，以「經濟」爲先。結果，整個世界快給全部「物化」了。

這已經不是提出或者不提出一個客觀理想的問題，在「社會主義」與「自由民主」之間還有一個什麼中庸之道，這是另一問題。關於「文化」之被貶抑，這才是一個最基本的大問題，因爲這關係到整個人類的心靈。

當一切都是政治，一切都是金錢，而詩人、藝術家、文化工作者、教士，都不再被人尊重，人們尊敬一個高薪者多過尊敬一個窮藝術家的時候，這個世界，就只是一個「物化」的世界，人類的心靈，就是下墜的，而不是向上的。

我們回顧一下歐洲中古時代，宗教的力量很大，當它過份大的時候，也帶來了好一段黑暗時期。教皇、教士，也盡有不肖份子，但是人們對於宗教的那一份尊敬，還是值得我們懷念的。目前，「敬」的情懷，是太稀少了。

我們回顧一下中國的古代，大家都尊重讀書人，這種難得的風氣，更令人懷念。當然無論什麼，過份了，都會帶來毛病，過去很多假讀書人懶洋洋的，還有八股、科舉之類，都是沒有節制的結果。所以我們才說，自我反省，自我節制，擇乎中道，始終是不可須臾離的道。

在古代，讀書人給捧得過份，有一點毛病，但是我們眼看今日藝術家與文化工作者快要給「政治」與「經濟」全給窒息了，對於過去「文化的力量先於政治的力量與經濟的力量」這個難得的現象，怎能不懷念？

現在這樣，將來怎樣？

今天，反過來，是「政治的力量與經濟的力量，超過了文化的力量」，這使人窒息。二十世紀整個人類的心靈，所走的正是這一條「物化」與「下墜」的路。

由於反對讀書人不做事而成爲有閒階級，二十世紀整個人類越來越重視「職業」，結果什麼都「職業化」，連哲學家也是每個月拿薪水，做一個「職業化的哲學家」，教哲學。這一個毛病，未免太大了。

有些東西是不可能職業化的。文學、藝術、宗教、純科學、哲學，都不可能職業化。詩人本來多一個錢，少一個錢，都沒有關係。我們今天何苦要用金錢來衡量一個詩人的價值呢？人類倘若只有政治與經濟，只有文明，而沒有文化，那將會乾枯。

我們必須希望，每一個人都有餘閒來從事文化活動。只有這樣，人類的心靈才可以提昇。從事文化活動的意思就是說：有創造力的人，創造文化；沒有創造力的人，欣賞文化。有創造力的人，天生不多，我們理應尊敬他們。

所以對於將來，我有一個感覺，就是通過全人類的共同自覺與共同努力，將會是一次「大復古」，把「文化」由「政治」與「經濟」的重壓之下解救出來，讓「文化的力量」重新超過「政治的力量」與「經濟的力量」。而不再讓「政治」與「經濟」扼殺「文化」。

這也就是「人文主義」。尊重藝術、文學、哲學、純科學。因爲只有這些，才是人類生命之所在。

我相信「自由民主」與「社會主義」在再三反省之下，將來總會遇合的。而「民族獨立」，倘若是「文化」先於「政治」與「經濟」，一個民族在獨立之後，又怎會因爲「政治」與「經濟」的緣故，而排斥其他民族呢？

我們等待的，就是全人類的自覺，找尋一個共同的目標，然後共同努力。

這共同的目標，可以分開兩方面來說，就是：

一、必須把「文化」由「政治」與「經濟」的重壓之下解救出來，盡量做到「文化的力量」超過「政治的力量」與「經濟的力量」（卽「人文主義」）。

二、不論新的社會理想是什麼，努力於實現這個理想的人，必須同時自我反省，預先看明白可能出現的流弊，而及時防備之（此有待於大智大慧者）。

至於目前的各種反抗，不論是積極的、消極的，我們都只能同情，不能鼓勵。

不能鼓勵，因爲積極的反抗行動，反抗者還未有考慮清楚「代替物」應該是什麼，或自我反省將來自己保證不會帶出新毛病。

消極的，譬如嬉皮，看「胡士托」我們就可以明白，他們的煩悶與表現雖是很可同情，但是他們的內心實在並無 inner peace，他們說「三天和平」只是做給別人看的，這「做給別人看」就沒有內在的力量。何況，他們的音樂也實在絕望，急躁，說是「絕望的呼聲」，「絕望的叫囂」，那可以，要希望他有化成天下的力量，就很難，因爲他其實只是在反映現實的不安與煩悶，但並未化解之。

目前現代藝術與現代音樂，給人的印象都是如此：是反映的，過渡的，零碎的，急躁的，從不給你一個完整的感覺，只是不斷給你點滴的刺激，你來不及思想，它第二個並不完整的畫面馬上又來了。這只是一片熱鬧，沒有思想，只有感覺。這就不能持久，也不能成大事。只是對現實充滿「反感」的一種反映與表現。

眞正的內心和平，那應該是一份陶淵明的情懷。其實想世界和平也不是絕對沒有可能的，如果人人都有一份陶淵明的情懷，或者起碼對這種情懷，這種境界，會得欣賞，世界不就太平無事了嗎？好在人類總有對「好」的「嚮往」。這永恒的「想好」，就是我們對人類前途不至於絕望的地方。

現實可能是春夏秋冬，我們永遠有一個「四季常春」的理想，這理想本身，就表示了一種嚮往，一種境界。

石頭難免會在水流出現，水還是要流下去的，路還是要走的，碰到石頭，也可以讓我們醒覺：轉開，避開。問題只是，你必須事先看見這些石頭，而且無須打碎它，而是防備它。

（陸離訪問記述·一九七〇年八月七日「中國學生周報」第九四二期）

翻譯與西方學術殖民主義

復觀兄：

前承轉告許冠三先生盛意，要弟對翻譯之問題寫一文，未能應命。現在大家能重視此翻譯之問題，自然很好，亦宜多加以討論。憶在七、八年前，新亞書院與其餘兩學院共同籌辦中文大學時，當時之新亞同仁即提議在大學組織法中成立一翻譯部。但當時政府之意，似重在提高學生英文程度，並多請西方教授來此講學，負介紹西方學術於中國社會之責任，遂未通過。後來弟個人亦嘗贊助陳伯莊先生之翻譯社會科學及科學方法著述之計劃，此計劃已得一美國基金會支持，因陳先生逝世而告休。憶前數年亦嘗與許冠三先生再談商過此事，但已無機緣實現。大約以前大家所注意者，要在西方學術著述之翻譯，與由目前之中文法定運動所引起之翻譯問題似重在法律語文之中英互譯者不同。照弟個人之意，中文法定的原則，應先在立法局中通過，翻譯技術儘可次第研究改進，但不能以技術問題的討論拖延「原則」通過的時間。至於由此引起的學術著述之翻譯的問題，則是一長遠的工作。此翻譯之目標，亦不應是西方學術的殖民主義。許冠三與金耀基兩先生之討論的文字，是很有價值的。但我仍認爲，無論是翻譯或介紹西方一些第一流的學術著述，皆比只請一些二三流以下不通中文之西方教授來此講學，更對好學的青年有益。我因此想到十五年前在　兄所主辦之民主評論五卷十二期中曾寫一提倡翻譯的文。（註）弟當時爲求言行合一，亦試翻譯了幾首哲學詩。此一文發表後全無人理睬，等於石沉大海。但現在看起來，其中亦還有些意思，並未陳舊，值得現在提倡與從事翻譯的人注意。其中有的意思，與許先生之文所說，亦有不謀而合者。今影印一份，並改正題目請　兄及許先生一看。如視爲還多少有值得人參考的價值，可借「人物與思想」的篇幅，加以重載，亦湊湊大家對此問題注意的熱鬧，並答你們的盛意。如可刊載，卽連此信一併發表亦可。匆此　卽候

日安。

弟 君毅上 十一月二十三日

（一九七〇年十二月「人物與思想」第四十五期）

註：見本書「說西方學術著作之翻譯工作」一文。——編者

赴意大利參加 中國十七世紀思想學術會議後答問（註）

問：唐先生這次去意大利開的是甚麼會？在什麼地方舉行？有哪些國家參加？

答：這是個關於中國十七世紀思想（就是明末清初思想）的學術會議。會中也有人談論日本這一階段的思想，不過，大多數集中在中國方面來講。開會時間是九月六日至十二日，地點是意大利的一個小城叫科蒙（Como）。出席國家有中國學者五、六人，日本、德國、英國、及美國，不過二三十人，是一小規模而比較專門的學術會議。

問：外國人對中國明清時期的思想感到那麼大的興趣嗎？

答：外國人所說的十七世紀思想，在中國就是明清那一段。其所以選這個階段，是與西方研究近代中國之政治社會學術思想有關。此二三十年西方學者對中國鴉片戰爭後的近代政治社會與學術思想方面之研究頗多，但他們漸發現單只研究近代中國是不够的，一定要上溯中國文化學術思想的根源，這就是這次開會之目標之一。因爲明清時代是一個中國思想學術文化之轉變的時代，但這轉變仍在中國學術文化思想之大範圍中轉變，由此可了解中國學術文化思想之內部的問題，亦可由此看出中國近代思想的根源。本來同類的會議，四年前就曾開過一次，是哥倫比亞大學舉辦的。那次我也出席。討論專題是研究明朝思想，由明初至明中葉以後，後來還出了一本論文集 Sely and Society in Ming Thought，大家可以找來看。這次是連續上次的。一般來說，現代的西方人理解三百年前之中國學術思想亦很不容易。我出席這次會議，是希望能多少幫助他們，使之能從中國學術思想自身的發展著眼。

問：依唐先生看，西方人對中國學術思想之研究有進步嗎？唐先生在這次會議上所講的是甚麼題目？

答：西方學者對中國思想的了解，近十餘年中進步甚大。如二十年來夏威夷開了數次東西哲學會議以後，西方大學都逐漸增加中國思想史與中國哲學之課程。以此次會議之討論明清之際思想來說，對焦竑、方以智、株宏，以及復社、東林的人物與王船山、顏元，都有人作論文論述。而有兩位西方學者專門研究王船山，據說已下十年工夫，尤爲不易。至於我講的題目，是關於晚明之東林學派與劉蕺山。

問：中國爲甚麼不舉辦這類會議？

答：中國比較窮，西方找開學術會議的經費容易。中國人亦非未舉辦過世界性學術會議，如前數年臺灣之中國文化學院即曾舉辦華學會議。

問：請問對這次會議的感想。

答：我認爲西方人研究中國學術思想，應當至晚自明淸之際之思想家開始，因當時之思想家，皆未失中國傳統之學術思想——如王船山、黃宗羲、顧亭林之㮾範。其後之淸代學術，雖非沒有價値，但已多不能承繼中國傳統學術思想之精神。五四時期如梁任公、胡適，以淸代爲中國文化復興或以淸代學術有科學方法，可以接上西方學術，而看輕宋明思想，這是不正確的態度。以後中國學術文化思想如要發展，主要應承由宋至明末淸初諸思想家而求發展。淸代學者之考證文字訓詁工作，只可當參考之用。這些話錢賓四、牟宗三、徐復觀先生，皆已說得很多，我以前亦說了不少。在此次會中，我亦將此意對西方人說，希望他們亦不要爲五四時代之梁任公、胡適之等人上述之觀念所束縛。五四時代之對中國學術之觀念，即在許多中國青年之心目中亦已不重要了。參加此次會議之幾位青年中國學人，皆大體上與我同一意見。此一對中國學術思想史之估價態度之轉變，將會逐漸影響到對中國歷史社會政治文學之研究。不過此處說來話長，今天暫不說了。

註：本篇爲未發表之記錄稿。——編者

儒教之能立與當立

編輯先生惠鑒：承寄「新儒家」創教文獻專號，並蒙兩函徵詢對新儒教意見，至爲感幸。但因對貴教教規教義等尚未能細加研究，故未能在細節處詳述鄙懷。但中國之儒學原有宗教意義，先秦之禮教有祭天、祭祖，亦祭有功烈之人與賢聖，即可稱爲一宗教。但儒學亦不能限於此一方面。今將此一方面特加重視，更連於身心之修養道德之實踐，以成一宗教，自是於儒學及世間之其他宗教，兩皆無害，而有弘揚儒學及補益其它宗教之益。關於此點，敝人於二十年前所出版之「中國文化之精神價值」一書言中國文化之創造中已嘗及其義，復在「中國人文精神之發展」一書，更言及中國宗教之核心在上述之三祭，並一述其對世界其他宗教可以補益之理由。此外，拙文中亦時有論及儒學之兼可爲一宗教者，但皆只自哲學義理上立論以言儒教之能立與當立。而對一般之教義與教規之問題，則未能思及。貴教同仁能兼及於此，身體力行，亦甚不易。望於弘化之事，不期近效。大率在宗教之實際上，哲學、義理與教義教規，皆在其次，要在有至誠，而無人僞之夾雜，亦不宜有爭勝之心，以求人數之衆。則千萬人信之不爲多，一人信之亦不爲少。然義理亦當有高明深遠之一面，一般教義教規，則當由中庸以達高明。弟度德量力於二者皆不足言。故所論者亦只就所見之義理，加以陳述為止，以待賢者之更緣之而進。昔年所作亦或有足供貴教同仁參考者。去歲所發表之孔子言仁及天命鬼神之文，亦重及此上所提之三祭之義，合併交郵寄上一份。此文在大學刊物發表，自不失學院氣習，然鄙懷所契，亦固有超乎學院氣習者在也。諸希　明察指教為幸。匆此奉復，聯報盛意，餘不一一，並請文祺

弟　唐君毅拜復　十二月八日

（一九七二年一月「新儒家」第三卷第一期）

再論中國民族主義與馬列主義之矛盾，及中國之道路（註）

一

承「明報月刊」七十八期，將拙文「談中國現代社會政治文化思想之方向及海外中國知識分子對當前時代之態度」一長文刊載，並代爲加印一百份以後，恰巧我再有機會至美國夏威夷，參加東西哲學會所舉行之王陽明先生五百周年紀念會，歸途並經日本臺灣，在一月中，遇見許多海外中國知識分子，我便將「明報月刊」所代爲加印之文，隨處分發，並聽取他人的批評意見。同時我自己對此文所說者，亦再自加以反省。其結果是我仍認爲此文所說之中國現代社會政治文化之方向，是中國民族與其文化之一齊站立。中國大陸之民族主義與馬列主義原有一內在的矛盾，中國之前途繫於此矛盾之展開，而以其民族主義揚棄馬列主義，此決不會錯。只要馬列主義在思想上被揚棄，自然有的下文，是眞正中國之道路自然會出現。但他人之批評意見，亦對我有所啓發，而我之此文所談之問題，如此大，當然有種種不足之處。若干論點，亦不能期望立卽得人之共許，並必須在討論與批評中，再受考驗。所以我願更寫此文，將他人與我自己對此文之批評，亦加以一說，並補充若干前文所不足，亦對此若干批評，本我之良知之所及，加以答覆，以重申此文之主要結論。此亦卽我之所以學五百年前之王陽明先生之致良知之學之一事。

大約人對此文之批評，總結起來說：一是說此文所謂中國現代社會文化政治思想之方向，是從太平天國之亂，論至民國二十年，並未說到此最近之四十年之思想方向。此卽不够現代。二是說此文亦未論到當前國際形勢，中國民族與其文化之現在的處境。三是說此文曾希望中共自己放棄馬列主義，全是一廂情願的幻想，乃絕對不可能之事。四是說，如果承認中國大陸能自己放棄馬列主義，自己和平演變，則臺灣更無反攻的理由，則此文之論，無異要臺灣國民政府放棄反攻以重歸大陸的願望，緩和其敵愾同仇之心；而此文之歸向，無異在事實上，幫助中共作統戰。五是說如果中國大陸放棄馬列主義，卽等於中共又抗俄，又反共，全順從臺灣反共抗俄之政治路線走，則此文之歸向，卽無異促成中共之自我否定，而無異在事實上，幫助臺灣作攻心爲上之統戰。

對於上列之批評之前二點都是對的，第三點値得討論，但第四、五兩點，則全不値答覆。此統戰乃天下奇臭之名辭。如果此文兼有兩種方向相反之統戰的涵義，則此兩者可正相對相銷，而皆成毫無意義，亦可任你去向何方向去看。此文原是一不殺人的兩面刀，向任一方向運用，皆可殺另一方向的人，但其原旨則在不殺人。依我說如果中國大陸放棄馬列主義，則至少在大陸中國之中共之民族主義者之目標實現，而得眞正成功，而臺灣國民政府之反共抗俄之目標亦全部實現，而國民政府亦成功。此正是爲了兩成。如果說此是統戰，此是爲整個中華民族與其文化之兩足俱立，作統戰，使中華民族生命與文化生命之流行自然導向於一天造地設之共同方向。現在眞正的問題所在，是中國大陸有無放棄馬列主義的可能與必需？有此可能而必需，才能進一步談如何實現此一必需的可能。此一問題，値得海內外之中國知識份子共同思索。我現在願把我這一月中與一些海外知識份子談論，及回家一月個人反復思索此一問題之結果，更從根本上一說。此所說者，我自以爲較前文之只是泛論者，更大爲深透，而進至問題之核心。文字亦經一月來之反復修改求縮短，但仍太長，希望讀者耐心細看和指教。

關於中國大陸之有無放棄馬列主義的可能與必需的問題，我仍擬先泛說在此次旅途中所印證之海外中國人士之人心。毫無疑問，現在美國、日本以至臺灣之知識份子，都多少有一想回中國大陸一看的願望。因國際形勢的變化，亦實際上中共先讓美國總統踏上中國大陸，故亦先順序輪到已入美國籍的中國高級知識份子，先得了一度回家的機會。我並不視他們爲「靠攏」、「投機」，或爲了怕美國人的同行人之看不起，如一般之批評。我亦不視此爲他們對中共政治全加以認同的證明。而從得了回家機會的知識份子之口中，亦至少無人表示贊同中共將思想學術的封蔽於馬列教條的態度。大家想回去，實只是中華民族在異地之飄零花果之思鄉的感情。此一感情，中國人，人同此心，心同此理。我亦不在例外。此亦可說爲數千年來中國人之「不忘本」的文化精神至今猶在的證明，而與馬列主義毫不相干。我只對要回去的人說，應帶點什麼思想觀念上的東西作爲對大陸中國的奉獻才好。此中我更要特別提出之一小故事只作爲一笑話以引起興趣，再開始後文之鄭重討論。此是關於電視中所出現之毛澤東與尼克遜晤見之一幕的。我在香港，在日本，在美國，同樣聽著人們不謀而合的談論毛宅中之充滿線裝書的事。大家異口同聲的說，這證明毛是重視中國文化的。更有人對我說：「吳稚暉先生於四五十年前常說，中國要強，先要別人用機關槍打來，我們亦能用機關槍打去。今不要講中國文化，應把線裝書丟在毛厠裏。然而現在線裝書仍在毛宅裏。毛澤東不只能用機關槍打別人，亦能造原子彈，談線裝書，豈不比吳稚暉大爲進步？這豈不是你所說中國民族與其文化之兩脚俱立於毛宅？我們知識份子此時不歸向大陸政權，更待何時？」這是他自說其急於回大陸的理由。但是我試問：他的話證明什麼？大家注意毛宅中之線裝書，證明什麼？這只證明大家所希望的毛澤東，是尊重線裝書中之中國文化的毛澤東，大家是因爲以毛能尊重中國文化而對之歸向，而並非因毛能信馬列主義而對之歸向。則海外人心，評論的標準，仍然是中國文化與中國民族主義，而非馬列主義。豈不顯然？現在的問題，只在象徵中國文化之線裝書之在毛宅裏，是眞在毛宅裏，或仍在毛厠裏而已？我說如果中共仍信馬列主義，則此線裝書所象徵者仍在毛厠裏，必需中國大陸揚棄馬列主義，然後此線裝書所象徵者，才在毛宅裏。現在我來言歸正傳，試鄭重討論中國大陸有無揚棄馬列主義之可能與必須。

對於中國大陸之是否有揚棄馬列主義之可能與必須的問題，一般人們之所以感到惶惑，實由於一般人們對「理想」的智慧與熱情因挫折太大，而皆冰凍起來。人們之目光只注意到現實的事實，亦更不注意到此事實中所由成的機勢，及其所涵伏的機勢，亦卽其發展的可能性與必然性。我今亦不擬更談理想，只能談此一事實中之機勢。依我說，當前之事實，誠然是馬列主義爲中國大陸社會政治文化之最高指導原則，但是此事實之所由成，與其涵伏之機勢，卻並不是。要看事實之所由成，與所涵伏之機勢，需要一超越當前事實的眼光去看一事實之來龍去脈。此當然不是易事。此尤如黃河之流到河套，在事實上是向北逆行。此時人要預斷黃河雖北行十里，仍將越過河套，再向東行。只有乘飛機到河原去看黃河之水如何由巴顏哈喇山之高處下來，其方向原是向東，然後才能斷定：此黃河之水越過河套，仍必然再東向而去。欲知黃河之水之去脈，必需先看黃河之水之來龍。人能如李白之知「黃河之水天上來」，便能如李白之知其「奔流到海不復回」。故要看現在中國之社會政治文化之一切事實之所涵伏的機勢，亦需先看此事實之所由成之機勢。

當前之事實，是馬列主義爲中國大陸社會政治文化之最高指導原則，此無人能否認。但是此事實由何而來，向何處去，必由歷史的回顧與展望而知。我之前文論中國現代社會政治文化思想之發展，是一種歷史的回顧。但只說到民國二十年，又只偏重在文化思想方面，當然不備足。此更當從中國百年來之社會經濟、國際地位、實際的政治文化教育之風氣之變遷，去看當前事實之所由成，才知其向何處去。這我個人只有承認知識不足。但亦莫有人能備足此中之一切知識。然而有若干中國近代史的常識，卻為人人所共許。即百年來之中國人是在不斷尋求其自己站立的道路，不斷仆下，而亦不斷求再站起，而其目標則初在民族自救，尚不在救整個人類世界。同時其民族自救的道路，又是採歷試其他民族之立國的方式，而不斷改變。此簡單說，由清末至民初，是想學日本之富國強兵之路。但袁世凱之竊國，張勳之復辟，使人知國體之為民國或君主國，更為重要，而富強之源在科學知識。五四時代與新文化運動時，想學英美之以民主科學立國的路。但曹焜之賄選，又使人對英美式之代議制失去信仰。國民黨之改組，而定聯俄、容共、農工三大政策，初明是傾向於俄國的路。國民黨清共以後，曾有一黃埔系之青年軍人為中心之復興社的運動，曾想學德意之法西斯的路。教育方面在抗戰時期亦有學歐洲大陸的傾向。中國共產黨則自始是想徹底走俄國的路的。由此而中國民族數十年之求自救，可以說已歷試海外仙丹，世界奇方。由中國向東方走，先到日本，再到美英，到德意，到東歐之俄國，正是繞世界一週。六十年中之中國人已將此諸世界大國立國之路，一一模倣而走盡。無論走那一條路的，其最原始之目標與動機在救中國而無不良善，此不應成問題。照共產黨的說法，其選擇馬列主義，亦是中國走了其他的路，在歷史事實上未能走通，才選擇馬列主義的。如果清末民初之學日本的富國強兵成功，民國以後之代議制成功，或國民黨之學德意之法西斯成功，都可以使中國民族站立，即都可以莫有中共。如中共之第一任領袖陳獨秀，卽原是信日本之富國強兵主義，亦曾極力鼓吹英美式民主的。陳獨秀何以改信馬列主義？孫中山何以要重定聯俄、容共、農工三大政策，而在遺囑中特重喚起民衆。這中間當然亦有一不得不然的機勢在。這機勢，是由於社會上層之政治人物發動的政治運動既然不能成功，卽只能求之於社會之下層的農工，或所謂無產階級。中共卽順此機勢，而在中國大陸取得政權，並由其取得政權，以證明其選擇馬列主義而走俄國的路，是正確的。只是它還不全知道其與俄衝突，卽證明此路亦不通，而回頭是岸。岸上更有繞過世界一週後使中國民族與其文化一齊站立而行走之陽關大道。

對於中國過去六十年之歷史，我不想再多說。一切存在的事實，總有其存在的理由或原因，我亦無意爭辯。但是中共的人們，亦明只是說因為馬列主義，對中國之民族之自救自強運動，證明有用，然後才選擇馬列主義。則其思想之大前提，仍只是求中國民族之自救自強。中共在事實上已選擇馬列主義，事實勝於雄辯，我亦不能爭辯。但中共與大陸的人們是否必須繼續選擇馬列主義，或必須放棄馬列主義，則我認為仍大有爭辯的餘地。

二

此爭辯的餘地，今不擬從純粹政治哲學的理論說，亦不擬從民國之已往歷史說，而是從中共選擇馬列主義後，中國大陸在當前現實上之處境，與此處境中所涵伏的機勢說。中國大陸在當前現實上之處境，明包涵兩個大問題，一個是對俄國的問題，一個是內部政治之核心，如何免於走馬燈式的權力鬪爭，以眞得安定統一，而立大信於天下的問題。此二問題，乃中國大陸政治與社會文化問題之核心。而後一申大信於天下之問題，尤爲重要。因孔子已說過「自古皆有死，民無信不立」。其餘由中國大陸廣大人民天性勤儉而有之經濟建設的成就，內部政治社會文化之好好壞壞，如我之前文所說及之二十餘點，或他人本一時之旅遊觀感印象與新聞報導，一般加以稱讚之好處，或斥責者之好好壞壞，皆尙是從大陸政治之結果的現象上說的好好壞壞。此種種現象所由發生之原因，非本質所在，亦非中國大陸政治社會文化核心問題所在。關中華民族之國運升沈之關鍵所在者今唯此二核心問題。由此我們卽可發現中國之民族主義與馬列主義在本質上之根本矛盾，勢不兩立。而如以馬列主義爲立國之道，則此二問題必然不能解決。辯證法之矛盾的統一，於此亦用不上。其矛盾之表現將繼續不斷而無窮，卽上帝下凡亦不能挽救。今試細加以申說。

對於前一問題，大家都知道大陸中國與俄國之緊張關係存在的情形。此一緊張關係之爆發戰爭的可能，無人能否認。此中蘇間的緊張關係之形成，當然主要是由雙方之民族主義的對立而形成，而初非由於所共同信仰之馬列主義而形成。約百年前，左宗棠便說過，中國民族如要眞站立於世界，必不免經兩次戰爭，一次對日，一次對俄。此有如十九世紀德國之興起，是一次對奧，一次對法；日本之與起，一次對中國，一次對俄。中國今已對日本有一次戰爭，下一次應當是對俄。故中共與俄國之戰爭，是很有可能的。但是我們試問如果中共與俄國戰爭，中國究竟是用什麼名號而戰爭？是否能用一名號，說「中共是爲保衞眞正馬列主義，反對修正主義而戰爭？」此明是不可能的。當希特勒打俄國時，俄國最初的名號是保衞社會主義，結果兵敗如山倒，兩星期之內，德軍長驅直入數千里，如入無人之境，直搗斯大林格勒；後來改爲保衞俄羅斯祖國的鄉土與民族的光榮，由美國援助軍火，在斯大林格勒逐屋巷戰數月之久，才挽回軍隊之劣勢。若中共要提保衞眞正馬列主義，反對修正主義之名號，以與俄國戰爭，則俄國人豈不先笑脫牙齒，再只須說一句「列寧是俄國人，你們立國的靈魂，早已賣給我們，你們豈配與我們作戰？」中國軍隊崇拜列寧，亦只有對代表列寧精神之俄國軍隊，全部投降繳械，難道俄國軍隊還會以爲中共代表眞馬列主義，而向中共投降繳械？然則在此戰爭須用什麼名號？此中只有一個名號可用。卽「反抗社會帝國主義，保衞中華民族」。然而試問在此一名號中，馬列主義安在？

中國大陸與俄國之戰爭，只是有此可能，尙未成爲事實，但是我們再試問我們是否希望此可能立成爲事實？或爲中國民族國家之前途想，我們眞願意促成此事實？亦許有極少數反共之人，私下會望此成爲事實，讓中共與俄帝同歸於盡，然後回大陸收拾河山。但是我經臺灣時，知道最反共的人，亦不如此想，而說眞到那時亦只有共謀挽救，然大家仍不望有此一事實。因如有此一事實，受災難的，仍是中國人。如俄國與中國大陸戰爭，俄國人必首先在新疆西藏東北製造孟加拉式之獨立國，而先分裂中國。則人們又將待至何時，方能收拾此分裂的河山。我想中共亦決不望眞有此中國大陸與俄國戰爭的事實，以免妨害到中國之建設。中共亦必然希望最好無此中俄之戰爭。而凡是中國人都應在中國大陸與俄國發生戰爭之前，先儘量求消滅此戰爭之可能。然則我要請大家想一想，如何消滅此戰爭之可能？

三

我提上列之如何消滅中國大陸與俄國之戰爭的可能之問題，希望大家正視。此一可能當然非常之大。如其不然，毛周亦不會想建立與美國之關係，讓罵了二三十年之美帝總統尼克遜踏上中國的土地。中俄之邊界相接者萬餘里，原隨處可引起衝突。而俄國的人種、社會風俗、語言、文化，自始與中國全然不同。因荒寒的西伯利亞與蒙古新疆之大沙漠與高山之隔絕，中俄民族一向缺乏經濟、文化之交流，及今連中國人與俄國人通婚的，亦莫有幾家，中國人留學俄國的亦莫有幾個。但俄國人不會忘掉元代蒙古人對俄國的征服，中國人亦不會忘掉清初俄國沙皇對與安嶺以外的土地之覇佔。在中國人心目中，恒可視俄國今日之政治領袖爲沙皇再世，而在俄國人心中，亦可以作「一代天驕，成吉思汗」的詞句之毛澤東，即第二個成吉思汗。在俄國不能忘記，其在抗日戰後，曾將其在東北所攫取之資源與軍火，交與中共，而扶植中共之事，而以今日中共之反蘇，爲恩將仇報。在中共亦不能忘記其曾宣稱一面倒，以取媚蘇聯，毛澤東在二十二年前，至俄見斯太林，住三月之久，才得三億美元之技術援助，而蘇俄終於撤走其技術人員之冷酷無情。中共與俄共大家亦都不會忘記在一九六九年在東北與新疆互相衝突，所引起的戰爭，而中共與蘇俄之邊界談判，亦屢陷僵局。這都可成爲中俄之一直互相猜忌恐懼，而引起更大之戰爭的理由。但是中共與俄國之當前緊張關係，與爆發戰爭的可能之加強，則顯然由對共同信仰之馬列主義之理論與實踐方式之爭吵而起，實卽由俄國視中共在同他爭世界革命之領導權而起。俄國這歐洲人所謂北極之熊，其臥榻之側當然不容他人鼾睡，而要與之爭此領導權。在此對馬列主義之爭吵中，雙方互罵對方背叛馬列主義，亦互罵對方爲投降帝國主義，再互罵對方之所爲，卽帝國主義之行徑。此卽一永無結果，而只有增加兩民族間之仇恨的爭吵，使彼此更覺對方爲一腹心之患，而更增進此戰爭的可能。然則如中國所需要的是想減少此戰爭的可能，何不釜底抽薪，自此無結果之爭吵中拔足？讓俄國人去信他祖宗列寧所先奉行創造的主義，讓他去抱一領導世界革命的幻想，而讓我中國人自己相信如何使自己民族與文化先站立起來的主義？中國人縱然想從事世界革命或稱霸世界，至中國人先眞正站立於世界之後，再從事世界革命或稱霸世界亦不遲，竊他人之主義，以與他人爭霸，亦決非大丈夫之所屑爲。何況要實現中國文化中之天下一家的理想，亦可用王道而不用霸道或挑動世界革命的方式。

此間爲中共必需標榜馬列主義而加以辯解的理由：一是說俄國今之國力之強，與中共之在大陸上之軍事上之勝利，更完全改變中國社會，皆由運用馬列主義而來。而此足證明馬列主義爲眞理。二是說現在人類之政治上主義，只有二陣營，一是西方資本主義帝國主義，一是馬列之社會主義。中國如不走前一路，卽只能走後一路，而以此馬列之社會主義爲立國之原則，不能讓俄國人獨佔此馬列之普遍眞理。但此二理由，實皆不能眞正成立，玆先說前一個。

四

在前一個理由中，對於今日俄國之強，畢竟如何解釋，此原有種種說法。在第一次大戰後俄國殘破不堪，其時作「西方之衰落」之斯賓格勒，卽依於世運之輪轉，一民族之生命力總要表現，預言嘗爲歐洲人之奴之斯拉夫民族之俄國會總要出一次頭而強盛。此論或太玄妙。如更實際點地說，俄國今日之強，乃初由斯大林之放棄世界革命理想，只在國內實行集權統治而來。此集權統治之所以有效，如依湯因比說又承東正教之政教合一精神而來。而此斯大林之初只重國內政治，卽已多少背叛馬列之世界主義。次由第二次大戰中，希特勒之軍隊長驅直入俄國，直打到斯大林格勒，才激發起俄國人之民族主義，自此以後乃發憤圖強。三由其國內之經濟政策自列寧之新經濟政策以來，卽不斷向資本主義生產方式退讓，自己修正，而容許若干私人企業，或將國家企業托管於私人之經營以發揮此經營者之創造力，而增加整個國家生產，此亦不是純社會主義。故中共亦責其爲蘇修。四由大戰勝利後俄國對東歐與中國東北資源之掠取，及對德國之自然科學家之囊括，由此而能造大批核子彈。凡此等等皆非純依馬列主義之社會主義，使俄國能有今日之強。至於中共在大陸之軍事勝利，則一由於國民黨政府之對日抗戰八年元氣已傷，而吏治貪污。二由在對日戰爭中，中共之放棄蘇維埃政府，而標榜抗日的民族統一陣線，以吸引有民族主義意識的青年之歸往。三由其抗戰後聯絡所謂自由民主人士，運用自由民主之思想，以瓦解國民政府之統一的政權。第四才是製造農村之階級鬥爭，以使其革命力量，有其階級性的民衆基礎。此中只有第四一點，似可歸功於馬列主義。然實際上亦不能說全依馬列主義而來，此可更多說幾句。

我們之所以說中共之階級鬥爭，並非全依馬列主義者，卽依馬列主義，將人類社會帶到社會主義共產主義之階級鬥爭，乃產業社會中之工人與資本家之階級鬥爭，而非農奴或農民與地主之階級鬥爭。此後者之鬥爭，依馬克思之歷史的法則，只能帶到近代之產業社會中之資本主義的民主。所以早期之中共，亦願意國民黨先建立一資本主義的民主國家，以爲進一步之社會主義共產主義革命，備足歷史條件。後來中共轉向農村求建立革命力量的民衆基礎，故在我之前文從其最好處論此只代表中國之知識份子與農民結合以形成革命之傳統，卽已背叛正宗馬列主義。至其在農村中實行階級鬥爭，亦不是因中國社會有西方世界中之地主與農奴之階級分明的情形。在中國原來之農村社會中，雖有大地主，然一般說，則據調查中國以前農村社會，地主、半自耕農、自耕農、富農、中農、貧農之界限，並不分明。其宗族與親戚之關係，更彼此交織。中共之將階級鬬爭之理論，應用至中國農村社會，乃於自然的階級界限不分明之處，用人爲的方法，劃出界限，並將此界限，隨時移動，以製造鬬爭。如先以無業游民與佃農富農鬬地主，次以貧下中農，鬬富農；而其所謂中農，更顯然可上可下，或於其中再分階級。由於中國原有之農村之階級界限原不分明，於此用人爲的方法在有親戚宗族關係的人間以掀起你死我活之血淋淋的鬬爭，自然使中國農村社會，成鬼哭神號之地。而中國之農村土地改革，本來亦可有其他更溫和之辦法。此當然是不仁。但是於此只責備中共之不仁，是莫有用的。毛澤東亦承認，故謂「說我不仁，我就是不仁」。他可說此不仁正是大義。實際上他之要在農村製造階級鬬爭，有一更深之政治上之理由。此卽他要爲其革命力量不斷尋求一特定之民衆基礎，因而需要不斷製造階級鬬爭。在中國歷史上看，自來之造反以打天下者，皆有其民衆之基礎。此卽中國歷史上游民流民。此游民與流民，又必須打家刼舍，以造成種種血債，然後一齊逼上梁山，只有隨其領袖造反，共同替天行道之一條路可走。故中共之在農村製造階級鬬爭，並使人於此得有寃報寃有仇報仇的機會，乃是將曾鬬爭了別人的人，一齊逼上梁山，只能跟中共走，而使中共之革命，有特定的民衆基礎的方法。在中共的良心中，自覺其是爲大多數人民，爲救中國，爲使人類到共產天國，故可以其鬬爭之不仁，卽所以行大義。而其他的人，如不能否認此中國之革命力量須要特定的民衆基礎，亦卽可被說服，而承認此階級鬪爭的必要。試想以前孫中山亦知革命須一民衆基礎，故在遺囑中特以喚起民衆爲言。早期之國民黨理論家，亦討論國民黨之革命基礎在何階級之一問題。有人說在小資產階級與農工，亦有人說只在農工。但後來卻找不出特定的階級，爲國民黨的基礎。於是國民黨脫離了民衆，只留一些黨人。國民黨的人之不能如中共在於階級不分明之中國農村社會製造階級鬪爭，以狠抓狠鬪，以使其革命有特定民衆基礎，卽國民黨之由缺乏此一種不仁的智慧，而不及中共者。此中共之由製造階級鬪爭，以使其革命力量，恒有一特定的民衆基礎，亦眞可如梁漱溟先生在中共征服大陸後所說，乃一鬼斧神功之創作。此卽意謂其仍堅不承認中國社會原有分明之階級。然而此一鬼斧神功之創作，卻由毛之知中國歷史中原有農民變成之游民流民造反革命之傳統，又熟讀水滸，遂知集體的逼上梁山，爲使革命勢力有特定的民衆基礎之方法，然後方用馬列主義中之階級鬪爭之理論，加以理由化，而所謂馬列主義與中國之革命實踐之結合，其眞實義亦卽正在此一點。於此自亦可說馬列主義幫助中共在大陸之軍事勝利。然而如只溯中共之軍事勝利之根原於馬列主義之階級鬪爭理論之運用，亦是不恰當的。

由上所說，則中共在大陸上之軍事勝利，原自始非眞賴馬列主義，其勝利亦非馬克思所謂歷史的必然。如上述之四條件，有一不備，中共亦不會有其在大陸上之軍事勝利。而在馬克思之理論中，亦從無帶農民打天下或革命，以走到社會主義，爲歷史的必然之說。此中共之由製造階級鬥爭，而有特定民衆力量以獲得勝利，不論其動機與最後理想如何偉大神聖，而說是爲大多數人民，與昔之打天下之爲一家者不同，但至少在方法上仍只是走的中國歷史上之帶游民農民打天下之一傳統老路。但依中國歷史傳統，凡帶游民農民打天下者，成功以後，恒亦卽使軍人解甲歸田，或殺戮功臣與同黨，而偃武修文；轉而與在天下大亂之時，散在天下，俟機待時而能知民生疾苦，如中國社會之神經細胞之知識分子結合，以走上中國歷史大流，人文傳統之文治政府的道路。故亂世之山林中之知識分子，亦恒爲開國之能臣。而戰亂的破壞之社會經濟亦一二十年莫不自然恢復繁榮，此卽中國歷史傳統中由亂而治之老路。由此老路而返治之後，亦恒繼而有若干深觀禍亂根源，而欲立千年之人極，定天下長治久安之基之大儒出世，以倡明教化。此則爲中國文化慧命之眞正所寄之人，比上述之俟機待時之機會主義之知識份子又更高一格。但依已往歷史事實看，則此由亂而治之後，昇平日久，人習于宴安酖毒，人口繁殖而生產不足，又恒天災人禍再起，而天下又亂。此卽成中國歷史中一治一亂之循環。歷代大儒心願所存之長治久安，終成孤負，其所說者亦只被視爲迂闊。只有數百年再出之大儒，能知其心事，以使其心光相照，慧命相續，亦可悲之至也。但此中國歷史之情形，亦不必比西方歷史上一治一亂之情形更壞。中國歷史之循其老路而行者，亂數十年，治亦可數百年。現在不問中共之如何取得大陸政權，其取得之方法之是否不仁，其不仁是否眞爲大多數人民、爲中國、爲人類未來而行大義。縱然是不仁不義，以中國歷史上觀之，自來打天下之風流人物，亦原無不心狠手辣，殺人如麻，只要能逆取順守，卽皆是神聖文武。我們亦不必專頌古責今。故中共在其取得政權以後，如循此中國之歷史上之老路而行，亦原可開數百年之治。而中共在大陸勝利後，最初六、七年中之封其軍人以元帥之職，釋其兵權，使之移住京師，并對知識份子，初亦似多少能寬大包容，亦嘗任其自由議論，大鳴大放，亦似欲走上一文治的老路。但歷二十餘年，大陸之軍事統一，較國民黨之國民革命國內軍事統一只三年，卽有日本之侵華之情形，全然不同，而今仍不能使其政治核心走上安定的路，何也？此固可說由民國以來之知識份子，多只習西方之學，不知民生疾苦，與中國社會原有一游離的性質，不同以前中國之知識份子之由社會生長而出，多是耕讀傳家，故中共對此等知識份子認爲應先加以勞働改造使知稼穡之艱難，而被改造之知識份子，亦可自覺其原與中國社會游離而有一罪孽感或自視爲無用。其結果是無現成之知識份子堪與中共結合以達到文治的路，但其主要原因，則在其秉欲以馬列主義之鬥爭理論建國，中共仍一直固執此，更依之以不斷挑起內部之政治鬥爭，使其核心政權永不安定之故。此馬列主義之所以能不斷挑起大陸之內部政治鬥爭，尙不只在此「鬥爭」二字，卽引起人時時在鬥爭，亦不只在對任何社會要劃分階級，亦永可加以劃分而在此中挑起政治的鬥爭。此乃主要爲反西方帝國主義資本主義之侵略，而須以此由西方來之馬列主義，反此侵略，而達到以夷制夷之效果，如我之上一文所說。又馬列主義之鬥爭理論之目標，原在世界性之階級革命，并不直接在中國民族之求富強，而撥亂反治。今若只以此中國富強與由亂反治爲目標，則縱然在造反革命時期，須借用馬列主義階級鬥爭之名號，以將一階級的人民，集體逼上梁山，以形成有民衆基礎之革命勢力，有如以前之造反革命者之用

「蒼天既死，黃天當立」之名號，以結成造反革命之力量之類。但造反革命成功，卽可如上說之自認為已至超原有階級之社會，同時知以馬列主義之馬上得天下者，並不能馬上治之。而廢棄階級鬥爭之理論，強調內部之統一團結，及人與人之和平相處的重要，以使國家安定富強，更蔚成人文教化。此原是易知易明之理。然中共竟不能忘其舊習，智尚不及朱元璋之得天下後卽放棄其打天下時所信之明教。故在大陸軍事勝利後，仍然天天依階級鬥爭之理論，不斷在內部製造階級鬥爭。更由對黨外之階級鬥爭，轉成對黨內之階級鬥爭，使中國亦不成中共所謂「中華人民共和國」，而只成為一「偏枯階級互鬥場」，一無共和精神，更無行于中道之華夏文化意味。此則由于馬列主義之鬥爭理論原有一世界主義目標，與中國民族主義之目標，原有一根本矛盾。而中共不知先只取其一，而必欲同時兼有其二。此正為其內部永遠鬥爭而不能達到內部之統一安定之基本原因。

此馬列主義之世界主義的目標，一方看來，當然比中國民族主義之目標更偉大。中國人原有之天下一家之情懷，亦明似可由馬列主義之世界主義得其寄托。中國之早期之正宗馬列主義，亦原是眞心相信馬列主義，可使天下一家，導世界至大同之世的。依此，而中共最初之一面倒于蘇聯，視之為社會主義家庭中之老大哥，而甘受其領導，方是正宗馬列主義之精神。反之，則中共要反蘇，鬧分裂，卽明是破壞此一大家庭，而延緩世界性的共產天國實現于人類的時期。在家庭中，弟從兄是天公地道，中共從蘇共，亦是天公地道。則中共中之親蘇思想，亦正是直依馬列主義的世界主義的精神而來。然此一思想卻正與中國之民族主義在思想觀念上，有一根本矛盾。此馬列主義之世界主義與民族主義，在蘇聯之由列寧至斯大林，曾在思想觀念上，加以統一，此卽「蘇聯是眞正之社會主義的祖國」之一觀念。此一觀念可說是俄共一天才式的發明，可與中共之在中國農村社會製造階級鬥爭，以建立革命之基礎之天才式的發明，並稱雙絕。依此觀念，蘇聯人可說其民族主義卽是世界主義，而世界之一切民族眞信社會主義者，卽皆應以蘇聯爲其眞正的祖國。此卽郭沫若詩之所以謂斯大林能在克里魔宮指揮宇宙的旋轉也。然而中共雖可仿效俄共之用馬列之辯證法唯物論以爲研究事物方法之一，卻絕不能相信馬列之世界主義，而仿效俄共之以社會主義祖國之觀念，以綜合此世界主義與民族主義于中國。因社會主義的祖國只能有一，不能有二。中共不能既依馬列之世界主義，以蘇聯爲社會主義之祖國，而又以中國爲祖國。此卽形成中共之世界主義與民族主義之一根本矛盾，而只能在此二者間選擇其一。亦卽在馬列主義之世界主義與中國民族主義之二者間，選擇其一。而在其不能確定的選擇其一時，則此一根本矛盾，卽化身爲中共內部之無數的鬥爭，而相續不斷的出現。

在共黨過去之十次鬥爭中，毛歸于爲勝利者，毛說此話或意在由此回憶中，以獲得其個人之滿足，其預測或再有十次二十次三十次之鬥爭，或是表示他之不乏鬥爭之英雄氣慨。但試問每一次鬥爭中，連帶着多少人的血淚，毀了多少人才，斷喪了多少國力，增加了多少人民對國家統一的失望？而他之說此話，亦可能是坦白。

關于中共之內部鬥爭，如十年前有對高崗、饒漱石的鬥爭，後有對彭德懷、黃克誠的鬥爭，對劉、鄧的鬥爭，及今之對先定爲毛之繼承人，封爲其最親密的戰友之林彪的鬥爭。在鬥爭林彪時，毛澤東說：其黨內之歷年之大鬥爭已有十次，以後可能還有十次二十次三十次，（八月十日「星島日報」、八月份之「紅旗」雜誌，亦謂此鬥爭，數年中還要再來。）自招認對此鬥爭無法消弭，而作一絕望的哀鳴與感嘆，此是最好的解釋。對此中共黨內之一切鬥爭，一般只說其是派系權力之爭。因道地的共黨的人，可不愛錢，不好色，亦不信宗教，更不必能于文學藝術、個人道德生活中，得其安身立命之所。馬列主義中，亦曾無使人寄託生命于個人道德生活及其他文化生活，以消解人之權力慾望的智慧。故對共黨之人言，政治權力卽唯一之人生價值，政治權力所在亦卽其生命所在。有如佛家所謂阿修羅道的衆生。而其黨的組織之嚴密，亦使其失去政治權力卽雖生如死。故在政治權力之爭上只能進，不能退。不似在民主國家中在政治上失敗者，可從事于其他社會經濟文化事業，亦不如在中國從前改朝易姓之時舊朝之政治人物，可當和尙道士，當隱者，新朝亦卽將他們放過。由此共黨中之權力之爭中，人無退路可走，以銷滅權力之衝突。共黨之人更無此一銷滅權力衝突之高明偉大的政治智慧。而愈在其政治之高層或政治之核心，更是山高路險，獨木橋上敵我分明，勝則升天，敗則沉淵。故爭權力之鬥爭，最爲慘烈。但人之爲爭權而鬥爭，仍必然有一客觀的理由，若無此客觀的理由，則不能獲得他人的支持，亦不能問心無愧地鬥爭。此客觀的理由，表面上，可能是對內對外之內政外交經濟之政策上的，但歸根到底，仍必歸到政治的基本思想觀念上去。而在政治的基本思想觀念上說，此馬列主義的世界主義與民族主義之思想觀念之同時存在于中國大陸，旣爲其與蘇聯可隨時發生戰爭之原因；而其互相矛盾，則又正是中共之內部之不斷有爭權的鬥爭之根本種子。

對于中共內部之鬥爭之詳情，我們不知道。我們大家所奇怪的是，至今爲止被鬥爭者皆有傾向蘇修，裏通外國之罪名。此罪名可以只是栽誣。但必因確有傾向蘇修裏通外國之思想先已存在，或亦實有俄國人在暗中勾搭，然後有此罪名。而此一思想，則依眞馬列主義說，又原決不能成爲罪名。以裏通外國爲罪名，乃只依民族主義才可說。若依馬列的世界主義，則裏通外國並非罪名。如在第一次大戰時，德俄相戰，而德國人之威廉第二，將列寧送至俄國，使其在俄國內部造反革命。此時俄國在危急存亡之秋，而列寧受德國人之命，反國作亂，當然是裏通外國之俄奸。但列寧志在世界革命，則可理直氣壯而問心無愧。你說他是賣國賊，毫無意義，因他根本無國可賣。馬克思說工人無祖國，而眞正中共中馬列主義信徒，以蘇俄爲社會主義之祖國，或反對中蘇分裂者，亦可甘心接近蘇修，裏通外國而理直氣壯，問心無愧。而反可轉而以不肯裏通此外國者爲狹義之民族主義、大國沙文主義，爲背叛馬列主義。此應當正是接近蘇修裏通外國而有所謂叛國罪名者，會不斷接二連三起來之根本理由。至于此罪名，如何羅織，加在何人頭上，何人被視爲階級敵人，應加以鬥爭，而對失敗者則總可造作種種理由說其是內奸與騙子，而以天下之惡皆歸之，凡被鬥爭者總可說之爲另一階級，而爲一敵人。此中之重要者在：中共原以馬列主義的世界主義爲立國之原則，卽本身在不斷製造此所謂叛國者。中共之在思想上，先捨棄中國之民族與文化精神，而以馬列之世界主義立國，卽已先自叛國。先自叛國，而欲不使叛國者如走馬燈之屢仆屢起，則必不可得之數也。毛澤東于鬥林彪時談話說其原則一要團結不要分裂；二要攪馬列主義，不要攪修正主義；三要光明正大，不要攪陰謀詭計。不知馬列主義之正宗在蘇聯，乃一無法爭辯之事實，攪馬列主義，卽必使人心傾向蘇聯，不說別的，「列寧」之一名已使人身在中國心在蘇聯，亦使人天天想着找一敵人來鬥爭，而自己製造分裂，亦卽永不能團結，而此鬥爭在不能化爲依一客觀的政治制度下的競爭，卽永不能是光明正大，大家同得要用陰謀詭計，而于此要他人光明正大，以便加以看清打擊，此本身正亦是最大的陰謀詭計。這些道理亦皆不難一思便得，故中共只有或放棄馬列之世界主義，在其所已作之對外的社會革命政治革命，對自己之文化革命之後，再舉行一最內在最核心而亦傷害最少的對自己的思想革命，或不放棄此馬列主義，而任此馬列主義之馬，橫行亂走中國，以不斷製造其所謂叛國者，如走馬燈之不斷出現，以使其內部之政治永不能安定，而歸自毁。此外決無第三路向可走。目下周恩來對外對內所走之和平團結路線，似較少以馬列主義爲標榜，但如其無力，不同時澈底肅淸此馬列主義之鬥爭理論，周之地位，亦只是暫存于火山之上。今有許多海外知識份子一廂情願的寄望于周，而共黨之精神自來是思想理論領導黨，黨領導政府，于此周卽取得若干外交的勝利，而不能使內政安定；亦正如一女人之不能治家，而只善于外面交際張羅，其家之必敗。為政者應知此理，而觀天下大勢者，應知此理。

五

再其次自馬列主義之階級社會之觀點，與中國民族社會原來之構造說，這中間亦本有一根本的衝突。馬列主義要證明其為眞理必須先證明其確能完全改變此中國原來社會之構造，而事實則正證明其不可能，而一相反機勢已經出現。中國原來社會之構造，梁漱溟先生說之為一倫理本位之社會，此說決不會錯。中國之倫理本位之社會，乃以家庭為本，而通達到國家天下。家庭中先求父慈子孝，兄友弟恭，夫和婦順，通達出去，是要政治上之官吏以保民如赤子之心，為父母官，要社會上的人皆能老吾老，以及人之老；幼吾幼，以及人之幼。四海之內之年相近者，皆兄弟，年長者則敬之如伯叔。天下的朋友，皆以兄弟相稱，師生亦有道義上的父子之誼。職業團體、會館或幫會，亦依推廣出的兄弟之誼，加以組織。此以家庭為本位之中國社會，卽非西方之個人主義，亦不同西方之產業社會，純由經濟利益之追求而組織者。家庭宗族之情誼，可以通到天下國家，此點如費孝通亦同見到，故不同于馬克思所謂原始共產社會之共同體。馬克思名東方社會為亞細亞社會，卽證明東方社會初不在其對西方社會之分類的範疇之內。此東方之中國社會，只宜稱之為中國之倫理本位的社會。此一社會，乃經二三千年之歷史而形成，大率在治世，則昔之中國人皆于自愛其家庭宗族之外，亦能老吾老，以及人之老，幼吾幼，以及人之幼，而爲政者亦眞保民如赤子。是謂天下太平。在衰亂之世，則人退而只保其家庭宗族之門第，以求延福澤于子孫。衰亂之極，則欲于亂世打天下者亦或帶着其家族以打天下，其餘人亦可只保其一家，而凡個人自感不行了，則寄望于後世子孫之成龍。然家學之傳承，亦中國之學術文化之命脈所在。故中國特有孔子之世家，傳至七十七代，歷代之帝王皆封以爵位，加以護持，以爲中國之有一貫之二千五百年之文化學術之相傳的象徵。又在治世，會館幫會皆能本四海之內皆兄弟也之精神，作互助之事。在亂世則幫會之義氣，亦如俠義之士間之義氣，亦可變爲流氓盜匪之義氣，及一切打天下者之團結黨羽之義氣。故我們可說，自此中國人之倫理社會之範圍之始于親近之家庭，而擴大至于天下國家，乃可伸大，亦可縮小者。自伸大而趨爲治世，自縮小而趨爲亂世。然無論如何縮小，亦不至縮小爲單純之個人主義。而其伸大，則卽對外國人，中國人亦可本老吾老以及人之老，幼吾幼以及人之幼，四海之內皆兄弟之情，通之而以天下爲一家。而由此更有民胞物與的心情，祭祖、祭天、祭有功烈與聖賢人物之祭禮，以使人與天地萬物及鬼神間皆有一倫理的情誼。此倫理之義可伸大至于無限，此卽使中國人，一方是家族主義，一方是世界主義、天下主義、宇宙主義。此宇宙主義須自中國之哲學宗教了解。今不多說。

但此一中國之倫理社會，在百年來，以西方之侵略則向縮小而趨，每一人之倫理社會之範圍，先只限于宗族，再只限于一家之私。而欲對抗西方之侵略，必須加強國家意識。于是中國始于家庭之倫理，遂爲人所詬病。而新文化運動時，人便已非孝，中共更以此中國之家庭意識，屬于宗法社會，亦只屬于封建社會之過去的時代。但他們只見在周以前宗法與封建社會合一，不知秦漢以後，中國之宗法社會中之倫理意義，更大爲擴大，非原始之宗法之所能限。于是共產黨只知由反封建，而反宗法，由反宗法而亦反中國之始于家庭之倫理。馬列主義亦原無對家庭倫理加以積極肯定之理論（雖然恩格斯曾爲共產主義辯護說其無意破壞家庭）而只有已爲漫無邊際之無產階級或人民而服務之道德意識。于是近年大陸中國種種對此中國之倫理文化作倒行逆施，如曾國藩所謂使祖宗痛哭于九泉之事，如有以兒女清算父母之事，又有叫兒童唱「爹親娘親不如毛主席親」之歌，使父母不成父母。稱夫或婦爲愛人，使夫婦不成夫婦。稱朋友爲同志，若非政治上之同志，則朋友卽是敵人，使朋友不成朋友。更以中共之組織，破壞一切代替宗族同鄉會幫會等一切具中國倫理意義之社會組織。只以共黨之組織，成爲一統治聯繫中國社會之各方面之核心的政治組織，而將中國大陸一切人民皆在其照顧或管制之下。對大陸二十年來之農工業水利等之集體建設，此一共黨之組織明發揮其若干推動領導的作用，如果此共黨之組織，一直果屬于一國際共黨之統一的組織，不與蘇共分裂，亦不自己分裂爲傾蘇與反蘇二派，則此一共黨之組織亦可類似于歐洲中古之教會組織，雖不依家庭倫理而立並違悖中國文化原則，亦能依其特務制度，秘密警察，繼續成一中國社會之核心組織，而或可維持數百年之命運。但中蘇之分裂，與中共自己之世界主義與民族主義之二傾向之自相矛盾，卽同時使中共不能消滅中國之倫理，而且轉而仰賴于此倫理關係、倫理意識之存在以存在。此中有最凸出之二事爲例證，只須指出，便可證明我之所說。此二事之指出，卽勝于一切之雄辯。此中之一事是大家所知道的最近數年中，毛澤東之妻江青之成爲維護其政權之重要人物，對此事我不擬以毛之個人的私心去加以解釋。我毋寧說此乃由于毛之發現一切同志之皆可化爲敵人而不足信賴，乃只有求救于與之有倫理關係的人之支持。而天下事無獨有偶，則是毛江所要推倒之劉少奇與其妻，及併肩合力推倒劉氏夫婦之最親密戰友，後又成最惡毒的敵人的林彪與其妻子，皆同爲政治上妻隨夫貴賤，隨夫生死之共命鴛鴦。第二件例證是毛之發動紅衞兵以保衞他自己，乃一任何人事先想不到之一天才式的創作，我推想此乃由毛讀「三國演義」見劉關張之起兵勤王亦能形成一大力量而悟到。有如其在農村提倡階級鬥爭，以使農民有血債，而集體逼上梁山，乃由讀「水滸傳」而來。毛之能讀中國之此二書，有此二大創作，卽其超于一般馬列主義者之所在。但若非毛之深知中國之青年心中，仍有此勤王之意識之遺留，依此勤王意識，人可對毛有無限的熱愛之倫理性的感情，毛不會發動此紅衞兵，紅衞兵，亦不會于見毛時叫萬歲萬萬歲，至于聲淚俱下。此二凸出的事件之產生，與其次爲中共向所謂封建宗法主義之倒退，不如用來證明在中共之政治領袖人物心中仍只有倫理關係是最眞實的，亦只有中國青年之倫理性的感情，値得加以利用，而對之低頭。此整個證明中共要以馬列主義翻出中國之倫理之如來佛的掌心，到頭來仍在掌心中打滾，而未嘗翻出。

在此二事件之發生後，一切中共的黨人，必皆明白，其爲非馬列主義，亦違悖馬列主義之一政治權術。而曾反對所謂國民黨四大家族的一般共黨黨員對此三對夫婦之馬列主義，在根本上亦可發生懷疑，然而奇怪的是，竟無人敢依馬列主義對此二事加以批評。此卽反證馬列主義之思想之無力無能，而此二事之影響，則將是中國人民之將不再信任所謂黨的照顧，因而亦不信黨的統治力量。因毛尙要待其妻女之照顧，及小孩子之紅衞兵之保衞，則黨不能照顧一般人民可知。由此而中國人民卽只有鑒于上述之形勢，大家亦學毛，而各自求其家庭中人的彼此照顧。此卽無意間，開出之恢復中國之家庭倫理之幾，亦可開出恢復中國之倫理社會的道路，以及其他不全受共黨指揮之種種社會之自己生長出來的道路。

總上所說，中國大陸社會二十年的變遷，不能用唯物論去理解，但可用辯證法理解。此中國民族之倫理社會與共黨統制之社會，原有一內在的根本矛盾。共黨之表面統制中國大陸，而此中國倫理意識，被壓服至底層，但仍不能加以滅絕，卽此內在矛盾依然存在。于是其表面的統制者中之親蘇派與反蘇派之矛盾出現時，反蘇派之毛卽轉求救于有倫理關係之妻女，并利用人民之原有的勤王倫理意識，以製造出紅衞兵，此正是此被壓服之倫理意識，再出現的機勢，亦卽其內在矛盾之再展開。此時之倫理意識，初自只是以變態的方式，被利用爲工具之資格而出現。然依辯證法說，以工具資格而出現者，第二步卽可以本身爲目的之資格而出現。至于當此中國人之家庭倫理意識皆仿效毛而出現，漸不要共黨之照顧，同時不要共黨之統制其私人生活之事之後，則又必有合天下之家，以反毛之一家之政治思想之出現。此卽中國近二十年之大陸社會之辯證的發展之大方向。無妨拭目以待之。則謂馬列主義已證明其能完全改變中國原來之倫理社會，而證明其爲眞理，亦是錯的。因與馬列主義一相反之機勢則已先在毛澤東之身上出現。而順此機勢之發展，亦卽同可見到一揚棄馬列主義之可能與必需。

六

現在再來說爲中共辯護其不能放棄馬列主義之第二理由，卽世界二大陣營，乃卽資本主義的帝國主義、社會主義的人民主義，中國的道路必居其一之說。二大陣營之說，乃由第二次大戰後美蘇爭霸而出。故一方說此是資本主義帝國主義與社會主義人民主義之二陣營之別，一方說此是民主自由與極權奴役之別。皆是謂此二大陣營，實際上已存在。第二次大戰後十年之中，中共宣稱一面倒以後，形勢似更爲鮮明。故美國不能不參加韓戰、越戰，協防臺灣海峽，而世界若隨時在第三次大戰之邊緣。卽以我比較知道的世界之哲學家在十餘年前之言論而觀，亦似以此二大陣營之火拼爲不可免。故英國之羅素，十餘年前曾想到第三次大戰之核子戰必毀滅人類，而主張所謂自由世界向蘇俄之極權世界投降，以免人類毀滅。此自是一出自悲天憫人，而萬不得已之想法，爲馬恩列斯所夢想不到者。但此時美國之杜威學派之最有名之胡克(S. Hook)爲保持西方之民主自由之傳統，曾與羅素筆戰，反對投降之說，但亦承認此二大陣營之實已存在。至于此時之美國之哈佛新實在論之哲學家培黎（R. P. Perry）則有文主張，將臺灣交與中共，以換回東德返于西方陣營，以平分東西世界。而講存在主義哲學之雅士培，亦似有同類之主張。此一以西方爲中心之主張，當時使我十分厭惡，曾寫短文抨擊。但亦是西方人在當時一無可奈何的想法。而被列寧驅逐出境，著作等身，亦在世界聞名之俄國哲學家貝加葉夫（Berdyore），于一九四一年所著「開始與終結」一書論末世紀之來臨，乃不可避免者。其于一九五二年譯爲英文。總之，在十餘年前，大家都相信此世界二大陣營之趨向于一火拼，而岌岌不可終日。我們在當時寫文談人類文化問題，亦是在此一心境寫的，不免過于情急。但是此二十年的歷史，卻幷不如當時人們所想。今只憑常識以略觀天下大勢，卽見此所謂二大陣營，其陣線今實已互相紊亂，混淆，而日益模糊不淸。此二十年之天下大勢，是歐洲、日本賴美國之扶助，而兼憑自力復興之後，都想自走一獨立之路線。歐洲之共同市場，已漸使歐洲自成一經濟集團。印度與阿拉伯國家及其他亞非洲國家，在美蘇之爭取之下，左右採獲，以自求其民族國家的利益，其算盤比美蘇打得更爲精密。中共任人民衣食不足，亦要對亞非之民族國家，加以援助、爭取，可謂愚不可及。而在思想上看，則不特歐洲日本印度的思想界，求超出所謂資本主義與社會主義，或民主自由對極權奴役之範疇；在美國有反對產業軍國主義之思想之興起，而近社會主義者。在東歐亦有少年馬克思之人文主義之興起，而嚮往于自由民主者。俄國之出了淸算史太林之赫魯曉夫，亦明是要想打開共產世界的閉鎖。美國之尼克遜到中國，毛周開門迎接，則證明中國之亦不能自己閉鎖。此二十年之世界各國間之政治外交，可說只有現實主義的縱橫捭闔。所謂世界性之主義名號，或意識形態，大家心裏都明白，全是誑言。只有各民族自己之實際利益，才是各要自己爭取的。故所謂二大陣營之分野，亦隨之而模糊不清。至于在經濟與文化上看，則我望大家注意，此二十年來之趨向，是走向經濟與政治分離，文化學術與政治分離。在經濟上，連所謂資本主義國家與共產主義國家，其政府與人民之向外作生意，向世界伸展其經濟勢力，都同樣是唯利是視，並不問對方是那一陣營之國家。在文化學術上，則在此二十年之世界；才出現無數世界性的宗教會議、學術會議，及其他文化性教育性社會性之會議。亦只在此二十年之世界各國之學校，才力求爭取更多之世界各國之學生來留學，以為榮耀。而世界各國人士之能互相稱讚互相欣賞者，則是其各民族之文物、傳統、藝術、文學、哲學、宗教思想等有普遍的精神價值者。今無論臺灣之國民政府與中共，亦皆同只能以與馬列主義毫不相干之祖宗遺產之文物藝術、醫術，以及哲學、宗教智慧，作對外宣傳之用。但其以毛氏之哲學與馬列教條作宣傳者，卻只能為一天下之笑談。依上所說，可見此二十年之世界大勢，在政治外交上是現實的民族主義，而人之世界主義的興趣則表現于尋求世界性的經濟利益，與國際的文化學術之交流，以及由此而連帶產生之相互移民、異族通婚、旅遊事業等等。這些亦都正又是人類未來世界之天下一家之直接間接的紐帶。總而言之，則此二十年之天下大勢之演變的方向，乃是世界之各民族在政治外交上求自固，而在經濟文化學術上，求其民族之經濟力量，向世界伸展文化光輝，向世界照耀。在此中，因每一民族皆可有其過去歷史上之光榮的回憶，皆可以其民族爲最優秀，又皆可有其曾受其他民族欺侮、壓迫而產生的種種心理上的情結；故在其互相接觸時，互相競爭，亦互相嫉妬，而或互相藐視。此仍可爲諸民族間隨時爆發爲戰爭的種子。所以曾預言甘迺迪之死之美國女預言家，乃預言一九八〇年世界仍有一將先由中俄戰爭所挑起之一東西方大混戰，唯幸一九五二年已有聖人降生，至時自會出來挽救人類；一九九九年天下自然太平云云。對此女預言家之預言可以姑妄聽之，此一世界大混戰之可能，我們亦不能否認。但是純依資本主義社會主義意識形態之對立，或民主與極權之意識形態之對立，而有之二大陣營之對立，則依此二十年之政治外交及經濟文化之情勢看，則今已完全互相紊亂，而根本不存在了。故卽此女預言家之預言中俄戰爭，亦不自此意識形態說了。

七

如果我們看清了在二十年前大家所想之二大陣營之對立分明之事，已不存在，此時猶執定二大陣營之說，亦太不識時務了。則說中國之立國于此二大陣營，不入于揚，卽入于墨，卽根本不能成立。同時，中國的道路亦不復是或循蘇聯式之社會主義、極權主義走，或循美國式之資本主義個人自由主義走的問題。以今日之事看，美蘇之自身亦在變，中共稱蘇聯爲社會帝國主義，無異承認馬列主義之社會主義，亦可成帝國主義。而馬列主義之社會主義之名號，亦更無特別可愛之處。今一個國家民族要爭生存與獨立于世界，當然是天公地道，但各民族各有其歷史文化所帶來自身的問題，亦有其歷史文化之發展流行自身的方向，只有分別去自己規定其向前更發展流行的道路。今中國若不再東倒西歪，隨人脚跟，學人言語；收拾精神，自作主宰，則當知中國文化原來之倫理主義的社會可簡名人倫社會，其方向正自始異於單純的個人自由主義，或以國家或政黨之集體權力虐殺個人自由之集體主義，而是一重個人與個人之生命人格，在倫理關係中，互相涵攝，互相內在，以使其個體生命得通貫於他人之生命的倫理主義。一個體人由對其家庭中之人之關心，伸展為對國家天下之人之關心，而老吾老以及人之老，幼吾幼以及人之幼，四海之內皆兄弟所形成之人倫社會，正既非所謂美國式之個人自由主義，亦非蘇聯式之集體主義。依此人倫的觀點，人最大的問題，是人在倫理關係中之無依。故孟子以鰥寡孤獨為天下之窮民而無告者。物質上之窮非眞窮，只此孤獨無依為眞窮。故美國雖富而其老年人之無依，是眞窮。斯太林雖能領導一大集體的政黨，而由其轉入美國籍之女兒口中所述之斯太林，時在恐懼孤獨中，亦正一天下之窮民。則以前邱吉爾亦大可不必面稱斯太林大帝，以表其醋意，斯太林只為窮民之可憐人而已。毛澤東使自己早年之一一朋友皆成敵人，亦在朋友之倫中成一窮民。他雖有一妻子，而妻子變成了政治人物，不能閒話家常，亦卽等於無妻子，故其生命之孤獨，比斯太林亦好不了許多。故據報載：毛亦嘗對外國記者自比為一打破雨傘之獨行老僧。比喻亦實有詩意，但實則其內心不如老僧，因老僧知其尙爲諸佛菩薩所護念他。他之唯物論，使之不能有諸佛菩薩，他只是一絕對的孤獨者。而中國老百姓之任一眞有妻子朋友親戚之倫理生活的人，亦皆有資格對此一代之風流人物之心境，加以同情憐憫。大家如注意到現代西方之講深度心理學、哲學人類學者與重人生存在問題的哲學家，如雅士培、馬賽耳、沙特、馬丁布伯、貝加葉夫之論述，則大家不難了解，人生存在之最大的問題，決非物質生活的問題，而是在一一個人生命之孤獨，如各居一太空中之冷酷的星球，雖有瓊樓玉宇，亦不足慰其寂寞，而更感高處不勝寒。由此而人遂產生種種自卑、自大、自虐、狂虐，以及自殺、殺人之種種心理變態。他們於此之文化病態論與人生價值論、心理變態論與人類之本質論的分析，亦正多極精密深透之論，遠非十八九世紀之一般學者之所及。這些西方學者亦大皆共認人在二十世紀，在資本主義的科技社會中作自由競爭，與在社會主義之集權國家中受集體統治，人皆不能獲得其眞實的存在地位，無能免於孤獨；故他們皆求建立一人與人間之「我與祢」之「I and Thou」之眞正倫理關係，以使人與人之生命可以互相涵攝在內，以爲解決此一問題之路道。但他們不知此正是中國社會文化數千年來所定之路道，而中國之儒佛道對人性之眞正要求與人心病根、世界亂源所在之認識，亦不在他們之下。而中國社會，在本質上，正可標之爲一人倫社會。

在中國過去之人倫社會中，當然亦有許多問題，及不完足之處。自粗處看，如個人與個人間之五倫之外，亦應有個人與團體間之倫，及團體與團體間之倫，及個人對個人自己之倫。如我昔年之所論。而中國過去將政治關係與倫理關係合一，將君臣之倫與父子之倫合一，此要求爲君者皆爲聖人，以父母心待人民，理想太高，亦可說要求於君者，亦太苛。同時產生許多流弊。因爲君者之以天下人之父母之尊位自居，亦可使之更變爲極權專制，其最好的表現只使人民之精神，永如被保之赤子之不能獨立生長，如牟宗三先生嘗論及。其不好的表現，則是君要臣民死，臣民不得不死，要之生亦不得不生，以任意揮洒其專制權力，如徐復觀先生之所痛心疾首。若說當前的例證，則如最近毛之忽然將青年赤子撒豆成兵，一一皆造反有理，忽然一一加以下放，而驅兵變豆，有理皆成無理，亦正是一專制形態之任意揮洒。要去此中之弊害，唯賴於對人之倫理關係與政治關係，加以一適當之重新安排與配合。中國以前之安排配合方式亦在根本理念上，有所不足。我以前曾在「文化意識與道德理性」一書，及若干文中所嚮往的政治理想，是在有一人民共同參與，而自動推賢讓能的民主政治，存於中國之廣大的人倫社會中，以求兼去名爲「無產階級專政」實爲一黨專政，名爲「一黨專政」實爲政治局中之數人或一人專政之極權政治；與只重爭選票數量，而政治上賢能無財力支持者，亦不能參與競選，而競選者或譁衆取寵之的西方民主政治之弊害。故以前中國之倫理社會中只視政治人物與人民之關係，如父母與子民之關係，西方封建社會中政治人物與人民如主奴關係，固是不當；而現代西方民主社會中之視政治人物與人民之關係，乃政治人物爲納稅之人民服務之「商業關係」，現代之極權政治中之以「政治人物爲牧羊人，人民爲羊羣之關係」；皆不如使政治上之人物爲賓，由爲主之人民所

「禮聘而來，不禮而去之主賓關係」的好。此當然只是一政治關係之根本理念上的劃分，而意在以孔子之禮讓爲國，代替西方之爲政治而政治之主義，亦代替由孔子以前「天子作民父母」，孟子而下之單純的「保民而王」之理想，與由之而衍生之歷代專制政治。此禮讓爲國之理想，亦意在使政治關係，兼成一人與人之倫理關係。如何措施爲政治制度，自更有種種問題。但中國大陸之政治，明有一轉變的方向：卽由其已有之地方上社會經濟的建設，更向地方上有「依直接民權而有之地方自治，而由各地方、各職業之人民代表以組成之上級政府之民主政治」而趨。此可以是一無政黨，亦絕滅一切黨爭之民主政治。如在孫中山之原始理想中，及馬恩之無階級的社會中，皆可以是無政黨的。抗日時期早期之國民參政會，卽是一超政黨的組織，而嘗發揮民主政治之大作用的。如必需要政黨，一政黨亦可只以一時期之政策爲號召，而不須是以一全能之主義爲號召。而要銷滅政治核心之權力之爭，則依禮讓之倫理，輪替轉移政權於有政治興趣的人之制度，必須建立。而提高人之社會文化生活、個人精神生活，以使人知政治只是人文之一端，於政治權力之價值之外，知另有與之平等之人生價值與社會文化中之地位，行行出狀元，可以寄托生命，正是似最迂濶，而最足以銷滅權力之爭，以免生民受禍的。但自有人類以來，政治的現實是最無情最冷酷的；理想的政治，而合倫理者，則是最莊嚴最神聖的。合而言之，政治恒是神魔交戰之區。詩人布拉克所謂天堂與地獄結婚之地。但人總不能無理想，向此一理想的方向去想，並向之而趨，則並不是不能作到。而人在現實上逼得走頭無路之時，亦正常會自然逼向一理想的方向去。而只要承認此一方向之存在，即已證明中國人之可有超出所謂集體主義與單純之個人自由主義之社會政治的獨立道路，需我們自己不斷的去尋求創造。中國並非必於所謂世界二大陣營之政治之對立矛盾中，偏倒其一，亦非只能在此對立矛盾之夾縫中左衝右突，而徬徨無路。

至於經濟上的事，不外生產、分配、及消費使用之三大端，我多年前曾說此主賓關係亦可說爲一倫理關係。所謂資本主義之重財富之「生產」的效率，社會主義之重財富之「分配」的平均，兩者之對立，則正可由在重財富之「使用與消費」的目標，以求加以融通。今定置財富之使用消費的目標，在人之美好的文化生活、倫理生活之成就，此卽使經濟附屬於人文人倫，可簡名之爲人文主義的經濟。很顯然，財富之生產之本身，不能成爲目標。無盡的生產財富，追求利潤，爲西方社會學家穆爾Simmel所謂無盡追求銀行簿中之數目字的增加，是資本主義國家中的人之心理變態。而將一切生產手段與財富，求歸爲國家政府所有，由政府按勞平均分配，則是社會主義的國家的庸俗的理想，而不能保證政府中人不成新階級者。於此我們首須認識人縱然平均分得財富，而不能善於使用消費此財富，此財富亦毫無價值。人類之文化生活、倫理生活，皆由財富之如何使用消費而形成，而不由於財富之生產與分配而形成。故只有在對同樣的財富，善於加以使用消費，以達其文化倫理生活之目標處，才見人之眞正的經濟智慧與文化智慧。故對同樣的食物材料，中國人最善於加以烹調，卽有更高之飲食的文化。而中國之飯館遍天下。對同樣的布料，中國人更會製出更多之大人與小孩的衣服，而皆能適身，即中國人有更高之衣的文化，而香港之製衣業，能名揚世界。我數十年前曾讀德人李爾之「社會進化史」，他說在同樣的土地上，只有中國的農人，曾發明用換季交替種植不同五穀蔬菜的方法，使之有更多之收穫；而中國的園林亦正是在一小土地上，佈置出更多之丘、壑、花木、亭臺樓閣之勝。在一象牙之中能刻字雕花之中國技師，在紙上以淡淡水墨，畫出咫尺千里之山水之中國畫家，亦明比不能如此之他國人，亦有一更高之用象牙用紙之文化的智慧。此外之例，不勝枚舉。總之，只有在同樣的物質財富，愈能善於加以使用消費處，才愈代表更高之文化智慧，亦愈能實現人之所以要生產財富分配財富的目標。中國人的經濟生活，過去的缺點，在生產不足。中國人一向「安土敦乎仁」，亦缺乏西方人之到海外冒險淘金，以武力建立殖民地而掠奪其財富的野心。中國過去，除了人民配田，災荒配賑，兵士配糧之事外，亦未能發明一將一切人民生產所得之財富，皆由政府集中控制，再分配於民之集權經濟制度。（大體上只是不藏富於國，而藏富於民，任人民財富之在社會自然的流通分配，並隨其使用的文化生活上的目標之合理，而自然合理。）故在增加生產與分配統制財富的辦法上，中國人亦許不如其他民族，但在知愛物、惜物，善於使用財富消費財富，以使之達到人之文化生活上種種的目標的智慧上，我敢說世界無一國人可以相比。我們亦可以說，世界上一切人所生產得分配之財富；若眞要最經濟的加以使用消費，以達其文化生活之種種目標，最後皆必須有此中國式的智慧。而中國文化中之經濟觀念，早卽定置在財富之使用以成就文化生活之人文經濟，本身卽是一莫大的文化智慧。此正如中國人看不起只鼓勵人爲生產財富而生產財富，對財富本身作無盡的追求之單純的資本主義經濟制度，亦不以求將一切生產手段與所生產得之財富集中控制於國家政府，按勞分配之單純的社會主義的集權經濟制度之故。

中國如順此人文經濟的道路走，生產之求增多，當然是需要。但如何加以增多，則本於尊重個人之自由與創造力之原則，卽可容許若干生產手段爲私人所有之私人企業；本於人之國家社會意識，卽有種種生產手段屬於國家之公營事業。二者如配合爲用，則此中並無所謂資本主義社會與社會主義社會之生產方式之必不相容。今之世界亦無一切經濟事業，皆屬公營，或皆屬私營之一國家存在，而實只有公私企業之多少，配合得宜與否之分別，亦卽只有各國經濟專家視各國情勢之不同，所製定之經濟政策上的分別。今就其政策之所偏重，而名之爲社會主義之生產方式或資本主義之生產方式，自無不可。但一國之經濟政策之視各國情形之不同而經專家製定，正遠比宣傳家之空談與經濟上抽象之主義者，更爲重要。而中共二十年來之經濟政策，因爲宣傳家之抽象的馬列主義之教條所束縛，故稍有私人企業，卽斥之爲走資路線修正主義，加以摧殘，不知只須公營事業爲本，此私人企業之發揮個人經濟上之創造力，正所以增加生產速度，使國家早走上富強之路。卽見此馬列教條主義之爲害。至於說到所生產出的財富之分配，則只須求大體接近公道平等，貧富不過於懸殊，卽備足了社會主義之精神。但並非要一切財富皆屬國家政府，而由政府按勞分配，使人各取所值，此並不能亦不必眞正作到。因莫有一全能的政府，能將一一人之體力以及腦力之勞働量，作定時工作的工人以及依天時變化而作不定時工作之農人之勞働量精確的估量，按勞分配，而絕對公平。而人於此亦非必專要求此一絕對公平。因人所視爲好的東西很多，除物質財富以外，如健康、長壽、體力、美貌、裝飾、聰明、婚姻之美滿、子孫之多且賢、名譽、地位、權力以及眞善美與神聖的東西，皆是人生所求之好的東西，而這些東西之分配於不同的人，自來未嘗平等，亦永不會平等。莫有人能對一切好東西能全部加以獲得。而皆不免得於此則失於彼。故一人之勞働，縱然不能適取其所值，他如能獲得一些其他好的東西，如有健康與美貌等，亦不必覺他在世間受了不平等的待遇，而處處怨天尤人。反之，如果他要因其健康美貌裝飾、聰明之不如人，而怨天尤人，則縱然其勞働皆適得其所值，他未得其他之好的東西，亦可怨恨及於父母之生我，並嫉妬他人之健康與美貌，更對世界作一翻天覆地的鬪爭。此一切之憤懣不平皆可以政治鬪爭之型態來表現。所以有人說毛夫人之所以要在政治上鬪劉夫人，卽因後者之頸上多了一項鍊的裝飾。此卽見經濟上之按勞分配，並不能解決人之一切不平等的問題，亦不能由之以銷解人之嫉妬所化出之政治權力的鬪爭。要解決人之此上之問題，三句話可以說完。一是使人所可能得的好東西數量，種類更增多。如多有一些項鍊，或無項鍊的人，可有其他之裝飾物，無裝飾物的人，有天生之美貌，無容貌之美的人，可有其心靈之聰明智慧之美，無聰明智慧之美的人有德性之美。二在人之對他人所得之好的東西能取一欣賞的態度，而在欣賞中分享其好，更不嫉妬好。（無人會嫉妬一畫中或電影中之美人之容貌與裝飾。）三在人對其所得之好的東西願意施與貢獻於人，如人將其聰明智慧貢獻於文化之創造，則人亦不會嫉妬其聰明智慧。合此三者，一個能幫助世間人所可能得之好東西種類數量更多，對世間之好東西都能欣賞讚美而同時將其自己之一切好的東西，都願施與於人，而一無保留以至一無所有者，卽是世間的聖人，如堯、舜、孔子、釋迦、耶穌。人在聖人之前，其一切所得之世間的好東西，皆被其所欣賞所涵容，而更被其所施與而一無保留、一無所有，於是人在聖人之前亦自覺其自己化爲一無所有。故佔有世間最多之好的東西之帝王，遂亦會在聖人之像前頂禮膜拜。世間莫有人會嫉妬聖人，而皆未嘗不想學聖人。只有一切人皆爲聖人，才是人類究竟的平等的理想之所在。所以孟子說人皆可以爲堯舜。毛澤東之詩句偶然有「六億神州盡舜堯」一句卽見其亦不能逃亦逃不掉此一究竟之理想，亦不能相信馬列主義之在經濟上按勞分配卽能解決人類之不平等的問題。馬列之以按勞分配作爲人類平等社會的理想，實在太卑下了，連最信馬列主義之毛皆不能服信，何況其他有更高智慧之中國的神明子孫？

以上的話說得太遠太高，今再至切近處說。按勞分配，顯然不是人實際所實行的對財富之分配方式，如果眞要按勞分配，則一不能勞働之老年人、病人、與一切鰥寡孤獨的人，豈不該當餓死。而人對他人所作之事有恩於我者，人對一畫家畫一張畫，爲我所喜愛者，我之願將財富分與，我可並不知其所作之事所費之勞力有多少。故人們對有功業的人，其人格值得大家尊敬崇拜的人，如一個聖人，亦不知其成聖人費了多少勞力，仍可覺將天下之財富與之不爲多。所以歷史上的人類會以無數之黃金白玉，爲耶穌釋迦孔子建廟宇。人們對一物一事之價值，一人之價值之估量，乃依其價值意識而定。財富之價值，本不能用以計量一切價值的。一辛勤堅苦勞動者之所以可貴，在其辛勤堅苦的人格，此人格之價值亦不可以其勞動量計算。如用財富去計量，亦永是可少可多，而可多至無限。只可依人之價值意識之種種不同的情形，其價值意識所決定之文化生活的種種目標，而隨時依民主方式決定其已有之財富應如何分配，而加以使用，以達其文化生活上之目標。此外並無機械的依勞動量而定其所值而按勞分配的方式。由上所說，可知人類之平等的問題，不能由按勞分配而解決，勞動力亦不是估量人物事之價值之標準。「各盡所能，各取所值」、「各盡所能，各取所需」皆非人類經濟生活之理想之所在，因其不知何謂價值，亦未說出人需財富是爲何用。人類經濟生活之理想之所在，只在對生產出之財富如何更善於使用消費，以達其文化生活之目標。故政府之職責，亦不在集中控制社會之財富，再加以按勞分配。政府儘可藏富於民，於人民之財富，只要不間接由外國所操縱，則正當任其在社會之自然增殖，自然流通，自然分配；而只須於貧富太不平均處，用稅收等方法施若干調節控制之作用，使不致貧富過於懸殊爲止。政府之主要職責，更應在指導人人之善於生產財富，更善於加以運用，尤當重在以教育使人皆有善於運用財富的「智慧」，以創造「器物」、「文物」，達其文化生活上之種種目標，而使人皆成有人文教養的「人物」。我們之重此智慧，是唯心的，但我們之重此「器物」、「文物」與「人物」，卽比馬列主義之唯物論，初只知自然物與生產工具之「物」，爲「更唯物的唯物主義」，而尙此三物亦卽正是形成人文經濟社會之道路。我們今循此而行，豈又不可在經濟文化的理想上，更順乎天理人情與人之文化生活上的需要，而超乎今所謂只重生產財富之多之單純的資本主義，與只重政府之集中財富而按勞分配之單純的社會主義之上？

八

此文之所說，當然不能窮盡此人倫社會與人文經濟之全幅涵義。我個人以往之所論亦已有十倍於此，可供大家參考。此文只是用最簡單的文辭以指出中國之社會經濟原有超出所謂單純個人自由主義與集體主義之對立、資本主義與社會主義之對立之中道可尋，而又合乎中國原有之歷史文化之發展流行之方向者。我此文之目的，只在打破在此上之二對立中，中國別無中道可走，只能一面倒之說；亦卽打破中國不能揚棄馬列主義之說。我之根本目標，只在揚棄此馬列主義，並視爲唯有揚棄此馬列主義，才能消滅中蘇戰爭的可能，及大陸中國之馬列的世界主義與民族主義之矛盾所化身而出之走馬燈式的權力之無數鬬爭，然後中國才能走上一安定統一富強的人文經濟與人倫社會的道路上去。如達我之目標，則我以上之所論，雖然疏略，但實已足够解除一切以爲中國揚棄馬列主義卽無路可走的疑慮，亦足够駁斥一切認爲馬列主義必不能揚棄的理由，並足够使中國人自己放開胸襟，堂堂正正去走中國民族與其文化一齊站立的道路。

至於如何揚棄此馬列主義，則所有的中國人皆有責任，但此中最直接的方法當然是中共之自己覺悟，解鈴還須繫鈴人。此事當然亦很難。此時如中共的人在中國大陸標出反馬列主義之旗幟，要於自己革自己之文化革命之後，再有一自己革自己之思想革命，亦必先被視爲大逆不道。而習於馬列主義之知識分子，亦會千方百計，造作理由以自己維護。但中共自順其反蘇之思想傾向下去，其機勢卻必歸於對蘇之馬列主義一齊俱反。此時之中共，事實上誠然仍信馬列主義，尙在十字街頭，但我可斷定其決不能停止於此十字街頭。此十字街頭，乃絕對站不定腳根的滑路。最近之數年，當是中共與大陸中國之事態急轉直下，有其決定性的命運的時期。毛與最親密之戰友及繼承人之林彪之鬪爭，卽表示正爲此急轉直下的開始。中共今後如果不順其民族主義，由反蘇而更反馬列主義，則只有順馬列一面倒於蘇聯之懷抱的世界主義，而再以蘇聯爲社會主義之祖國，而重新反中國民族主義。蘇共已明白表示其在等待於毛死後，此事之再來。果則比現在情形還要壞。此値得我們深心憂慮。但大家如再回顧我之此文篇首所說，中國百年來之問題，根本是一民族求站立之問題，其歸到今之中共之信馬列主義，初亦是爲藉之以打倒帝國主義，而自求其民族之富強，則民族主義仍爲百年來之思想之主流。則此更壞的情形當不會再來。此時所需要只是要完成此民族主義之主流之發展。至於與中國文化之兩足俱立，

「中國」的道路應是一超於所謂兩大陣營之政治經濟之觀念對立之外的中道，而集中國人之智慧循此中道，以創建一能接上其文化傳統之以人倫社會爲基之民主政治制度，以及求善運用財富於文化生活之人文經濟制度。已往之事，可以不咎，因其發生，亦皆可說其有歷史的原因與理由，亦大家都有責任。中國自現在起，從事於揚棄此馬列主義，而求自行於一「中道」，以使中國眞成「中」國，還來得及。於此要中共能自己覺悟，以其中國人的資格，否定其馬列主義者的資格，而舉行一思想革命，當然很難，我們亦可說此事等於叫中共不成中共，而在思想上集體自殺。自古以來，皆是殺人易，自殺難；自殺其身體易，自殺其思想，則難上加難。故人可認爲此事乃決不可能，因而仍主張對於信外國之馬列而背叛中國文化之本質上的叛國者，不能姑息，只有武力加以討伐。武力討伐失敗，亦當視爲中國之於夷狄，歸諸天命。仍將不息其口誅筆伐，以俟歷史之裁判。此種反共精神，我亦可尊敬佩服。因爲中共雖信唯物論，但其唯物論並不能到家，而看清此「中國民族之一大物」歷史文化發展之客觀機勢之所歸向，而太重其主觀思想中之馬列主義。我亦不能斷定中共之人們能看輕其主觀思想，順此客觀機勢，而繼其「自己對自己之文化大革命」之後，百尺竿頭再進一步，而有一次舉行此「自己對自己之思想大革命」之大智大勇。但我可說中共不能者，中國大陸的人可以能，中國大陸的人不能者，海外中華人民與知識分子，仍有思想之吸引之力，以使之能。對於中共，我們仍當先視之爲中國人。知其信馬列主義乃由外感，而非其本質，對其信馬列，自當加以口誅筆伐。但孔子亦曾以至忠厚之心說過「不教而誅謂之虐」、「以人治人改而止」。故亦不必存以牙還牙之心，要加以斬盡殺絕。其看事理不明的地方，我們如看明白了，亦應先盡我們之善加開導之責任。我們認爲我們對中共如此之要求極少，只改其道不去其人，卽只要在思想上脫去馬列之外衣，反本還原爲一眞正中國人。故行之最易，一念之間，而河山草木，大地回春。在以前因中共一面倒於蘇聯，則一切話無從說起。只有你走你陽關道，我走我獨木橋，待千秋萬載以論定是非。但它今旣以順民族主義，而反蘇，在外交上亦求打開門戶，則我們可以要求其本民族主義而尊重中國之文化中之開放精神，而先有學術思想的自由，將馬列之重自然物與生產工具的唯物論，改爲重人之心靈的智慧之制器物文物，與以人文教養的人物，同於唯心論之唯物論。以人倫中之安和人我之大中至正之仁道，代替只講階級鬪爭與矛盾之偏激的、使人民皆成敵人之不仁之道。以推賢讓能的民主，代替一黨專政。而堂堂中華大國，自然不能以蘇俄之衞星國家之國名爲國名，而當恢復中國人自定的中華民國之名號。自然「人民共和國」之「人」字很好，「民」只是政治概念，「人」則能指人性、人倫、人道、人文，如大家同意，中國改爲中華人國，而共志在建立一尊重人性、人倫、人道、人文的國家，爲人類世界之模範，以上通於天，下立於地，以備三才而立人極於天下；我亦贊成。然蘇俄之衞星國家之名，則侮辱中國，亦與中國民族主義之精神不合，決不可用。凡此等等，皆是由取消馬列教條，而順理成章必然歸向的事。如黃河之龍門一開，黃河之水卽自然會自天上來，向東流去。而今之中共旣反蘇，則開龍門，反馬列之客觀機勢已見。百年來中國民族生命與其文化生命向前流行的道路，雖如黃河之九曲，然其經河套必過龍門而去，則爲定局。我希望中共與中國大陸的人們，共同看清此點，亦望有機會回大陸之海外知識分子，將此一觀念帶回大陸去，逢人卽講。人總是一理性動物，應當可以理喻。誠然，中共之執政權者雖反蘇，而仍可對由取消馬列主義教條後，順理成章而必然發生之結果發生畏怖。遂更堅執馬列主義，以統制學術思想，以便厲行專政。而對我們之以其人之道還治其人之身之治病救人苦口婆心的話，充耳不聞，置諸不理，更加以惡意曲解，對馬列主義則曲爲辯護。則我望大家重看前文，所說此維護馬列主義，與蘇聯爭霸天下之結果，必歸於與蘇聯彼此猜忌日深，中蘇間戰爭之可能，亦日益加強，以至眞的發生戰爭，並導致國內親蘇之叛國者層出不窮，如毛所謂黨內之鬪爭，還有十次二十次三十次，永不能使內政安定以立大信於天下。而親蘇派或終於勝利，中共自歸於附屬俄共而自毀。此卽中國古詩所謂「公無渡河，公竟渡河。渡河而死，當奈公何?」如我所說之話不幸言中，此時，有菩薩心腸的退隱，卽不能阻止有金剛手腕的人自然出現，以武力與口筆加以誅伐者，去收拾河山，主此中國之「蒼茫大地」之浮沉。而今之臺灣之國民政府之所以當存在，亦正所以留此一着棋，待有金剛手腕的人加以運用，而中國之民族與文化之生命之大流，無論如何千廻百轉，總要向一齊俱立之方向流下去的。到那時，我亦只有自認我今日之一切話，全是白說。無此白說亦不爲少，但在此天下未定之時，有此我之一白說亦不爲多。希望大家與以同情的了解。

註：本篇爲手稿。原稿篇名前有作者按語：「草於一九七二年，未發表。其內容多已分別見於近二年之其他時代問題之文中。君毅　一九七四年二月」——編者

海外中華子孫之安身之道（註）

十二年前，我曾在「祖國」周刊發表一文名「中華民族之花菓飄零」，一時曾引起許多人的注意。這只因爲大家有同樣的感受。後三年我又寫了一文名「花菓飄零與靈根再植」，表示我對此飄零的花菓如何自植其靈根於其內心之道。這亦是九年前的事了。但在前三月，香港中學生研討會中編輯部忽來一信，要我寫一文名「花菓飄零與香港中學生」。此事卻令我感動。因這些中學生年齡不過二十歲，在我寫此二文時，他們不過十歲左右，何以後來亦會看到此偶然在雜誌中發表之二文呢？此外我還常接得青年來信要看此二文。最近見到「明報月刊」□先生一文，亦提到此二文，並表示同類的感受。實際上在我寫第一文時，只因當時由報章知馬來亞、印尼、菲律賓，東南亞之各地排華運動讛起，即依一時之感情在一日之中寫了一二萬字的文章，但對東南亞各國之實際情形並無親切的了解。在前三年，我因治目疾，到了菲律賓，最近便道經過泰國、星加坡，亦經過馬來亞之機場。在菲律賓與星加坡時，對於此中之問題重新想了許久，同時對我前此二文之不足之處，亦有了補充的意見。前我之第二文講靈根再植只是植於內心，但人有一個身體存在於現實的環境中，人為何安放此一身體於其現實的環境中，是一現實的問題。此簡言之卽安身的問題。此一安身的問題，更有其複雜性，非設身處地的想，不能有同情的理解，亦不能指出一安身之道路供感受此問題的人行走。對此問題，我因親到了非律賓與星加坡，覺此中有一條道路可供在世界成爲飄零花菓之中華子孫行走。故決定再寫一文以補我前二文之不足。

一

對於此上之問題，我並不想只以狹義的民族意識來處理，我個人亦不是一狹義的民族主義者。中華民族的問題亦是中華文化的問題。中華文化是站在世界文化之立場亦應保存的，中華民族是站在世界人類之立場，亦應加以尊重愛護的一個民族。而中華文化思想中，對於人的觀念，原認爲一切人都是人，都應依人之所以爲人之道而行，亦依人之所以待人之道以應付。人道之觀念，有其放之四海的普遍性。如人之行爲不合人道，無論屬任何民族，皆是不應當有的。人道是一超越的標準。任何民族的人亦應超越狹義的民族觀念來思索民族間的問題。所以當我三年前在非律賓時，曾問當地之華人知識分子一個問題，卽除了非律賓本地人出於他們之種族意識及嫉妬華人之經濟上之優越地位而排華之外，客觀的說，是否我們華人亦有引起人排斥之其他因素?有好幾個知識分子有同樣的答案，卽若干華人利用與菲律賓女子之婚姻關係而取得利益後將女子拋棄，於是其子孫遂因同情其母親的遭遇而成為劇烈排華的人。此外華人之利用其經濟上的優越條件而賄賂政府中人的事亦常有之。再有華人墳場之豪華氣派，宛若皇宮，使居於其旁之菲律賓人感受精神上之壓迫，亦是他們厭惡華人之一因素……云云。菲律賓人之排華，其由於這些因素者與純出自菲律賓人種族意識及嫉妬之心而排華者，前者或比較的少，但我卻仍認為此是我們華人當自反省的地方。所以當我在菲律賓時，曾在當地華人所辦之唯一高等學府中正學院中講演，便提出此反省的必要。對於賄賂的事，賄賂者與受賄賂者同不應該，不能專責怪一面。華人墳場原出於孝子慈孫之愼終追遠與報恩之心，此原為中國文化思想中之所重。但是否必須於墳上再造宮殿式之建築？並於其中設宴打牌呢？何不捐獻些錢造平民屋供周圍之貧苦人居住呢？至於中國人與菲律賓女子結婚而更加以拋棄，則我當時卽曾直加以指責為不合人道，亦不合中國文化思想。依人道與中國文化思想，夫婦是人倫，既「結髮為夫婦，恩愛兩不疑」，便不能先存利用之心，而「始亂終棄」。我當時的講演歸結於一面反省我們自己是否有原應受人排斥的地方，一面爭取政治上合理的待遇。如由華人自己之勤儉而獲得之財產地位，此當然應加以維護，並求有法律為之保障，此是人權的問題。一切人皆有人權，華人當然亦有。這是當時講演的大旨。我之所以說此一段故事，一方是表示我個人並不願只從狹義的民族觀念來想東南亞國家之排華的問題，或中華民族之花菓飄零的問題，一方亦是希望大家亦超出狹義民族觀念來想此中之問題，再看我們能否為這些飄零的花菓求得一當下安身於其現實環境中之道。

對於這種安身之道，有許多人似認爲不能求得的，不特東南亞各國之華人在當地的政治壓力之下不能安身，卽無此種政治壓力之下之散在海外任何地區之華人，都可覺其寄身當地是客居。如我在香港二十年便總覺是客居。一切來到香港的人與我個人之感覺亦不會差許多。大陸的人到臺灣，亦是朝朝暮暮想回大陸。移民歐美與到歐美的留學生，亦總覺當地「雖信美而非吾土」。此一不能眞正安居而安身之情調，可說遍在海外華人之心靈中。這一種情調之原因是可理解亦可同情的。由此種情調，人只能永遠的期待盼望些什麼，而不能獲得。但反之人如將此種情調壓伏，則只有儘量求與當地環境適應。菲律賓華人便儘量求菲化，馬來亞華人便馬化，歐美華人便歐化美化。然而此情調被壓伏而仍存於心底，又使其並不能眞正完全菲化、馬化、歐化、美化。此兩面的矛盾，卽使其求安仍不得安，而似只能安於不安。一年二年，五年十年，在此矛盾的心情中過下去。於此，人縱有若干感慨，此感慨亦只是升起又痲木，再升起再痲木。由感慨，人再可出若干抱怨：怨中國何以不強盛，怨臺灣政府，怨大陸政府，以至怨到祖宗何不先爲我們造一強盛的國家，或至怨到中國之文化學術思想。但抱怨又有什麼用？誰又聽見你抱怨的聲音？怨政府，政府是誰？還不是一些中華子孫！怨祖宗，祖宗已死，怨中國之文化學術思想，是中國之文化學術思想的錯？還是西方之文化學術思想的錯？還是我們現在人不能承受此文化學術思想的錯？但是，人在其現實環境中不能眞正安身時，卻第一步只有感慨，第二步便只有抱怨這，抱怨那。感慨抱怨都是無出息的，但都是人在無可奈何中不能免的，都是可同情的。我們自己亦不要只去抱怨：人們為何只有感慨與抱怨。我們應想想是否可以在上述海外華人之矛盾的心情中，找出一個可以使大家安身於其現實環境中的道路。

二

此一道路之求得，最初只能是思想觀念上的，因人在思想觀念上常常有許多葛藤，此葛藤須先在思想觀念上加以清理、斬除。否則在思想觀念上先無路可走，更不要說行動了。就我個人來說，我就曾想一問題，初覺是一死結：如海外華人究竟應否入當地的國籍呢？如應入當地的國籍，則只能算該國的人，只能忠於該國，便不能再忠於中華之祖國。當地之政府與其他居民之要求當地華人不再以中華為祖國，卽是應該的；要華人用當地語言，受當地教育，以至從當地之風俗……皆似是應該的。如不入當地的國籍，在我們固稱美其忠貞於祖國，但當地的人又何不可說其不忠於其居住之國家呢？此一問題，對我個人卽初覺是一死結。但當我知道臺灣國民政府與中國一般社會對入外國籍的華人仍視作中國人時，我對此問題卽有一開悟：卽國籍法中之屬地主義與屬人主義，原為二型，屬地主義是生於何地卽算何國人，屬人主義則為何人之子孫便可稱為屬何人之國之人。中國之國籍法是屬人主義，則中華子孫之生於何地而屬何國人與其祖宗為中國人而仍屬中國籍二者並不衝突。中華子孫亦原是可有雙重國籍的，但雙重國籍的人在現在國際公法上又不容許，則我之問題仍然不能全加以解決。但對此一問題，我此次到了星加坡，忽然覺悟到：在思想觀念上，我還應當再退讓一步，即我們可不要求生於世界各地之中華子孫在國籍上屬中國，而只要求在文化意識上爲中華子孫。於是，我之思想觀念上之死結遂忽然打開了，而中華子孫如何在海外安身之道亦忽然展現在我之前。當然此安身之道亦只是在思想觀念上說，然而思想觀念無道路，行動上亦必無道路，而思想觀念之種種糾結之次第打開，由於成見之障蔽，亦並非容易的事。

我之所以此次在星加坡才打開許多思想上之糾結，主要由於見星加坡政府與社會之有一番朝氣。星加坡之社會，百分之七八十是中華子孫。其自殖民地之地位而變爲共和國，主要是一中華子孫在海外自建立國家，對於當地負政治責任之一偉大的嘗試。如此一共和國能成一理想的國家，其間接影響到在馬來亞、婆羅州、印尼各地之華人社會之地位的提高，皆不可量。然而他明是一獨立國家，我們並不能亦不須要求他成中國的一省。我雖是偶爾路過，但對之寄莫大之希望。而我之所以寄與希望，明不是只站在中國之國家之立場，而是純由其人民大都是中華子孫之故。由此我便了解對中國之希望與對中華子孫之希望，並不全然同一；而中華子孫如何在海外安身的問題與中國的問題亦可分別處理，分別思索，不須全混而爲一。我想我們能不將此二者混而爲一，則對散在海外各地之中華子孫或飄零之花菓，卽可同有一安身於當地而又不失其爲中華子孫之安身之道。

三

此一安身之道繫於兩個基本責任觀念的確認：其一是對當地之現實社會之直接的公民責任的確認，其二是對其爲中華子孫與對中華文化及對中國之未來政治之間接責任的確認。玆先說前一點。

前一點之須要說明，是人之生活於何地與當地人過羣居生活，卽原當有一羣居之道。此不管民族同不同，人與人羣居便有一羣居之道。羣居而有一政治組織，以至成一國家，人便須盡公民之責：納稅、服兵役、參加街坊會，在同一法律之下從事種種職業，以及救災恤貧等，都是公民之責。而現代之國家，亦只要求人盡此種種公民之責。人住於一地一國而不盡此公民之責，與人之羣居成國之道不合，亦與人道不合。但是否海外之華人皆有此一自覺的認識呢？我想亦應有先行自我反省的地方。如以東南亞地區之華人社會之形成來說，則初只由中國人口過剩，家家戶戶次第求食四方而逐漸形成，因而初無對當地社會之責任感，而可只有對當地人民在文化、道德、倫理、生活上之一優越感，而又並無將中國文化道德倫理上之優越之處傳播與當地人民之心。此是東南亞地區之華人社會與當地社會不易和協之一先天缺點。此一缺點拿中國唐宋以後之知識分子之到日本、韓國的情形一加比較便明白。中國唐宋以後之知識分子到韓國、日本，不是爲謀生或求得任何利益，而是將中國之風俗文化學術傳播與當地之日本人韓國人，此純是施與而非獲取，而中國之風俗文化學術中之有價值的部份，亦卽爲日本韓國所接受，而中華之聲威亦賴此遠播。然而最初到東南亞地區之華人卻多非文化知識分子，他們能保存一些倫理風俗於其地之華人社會已屬不易，但要說將此中國文化學術以及倫理風俗中之優良部份教育當地人民，以傳播於當地社會，卽說不上。而依人對人之道上講，此華人卽尙未能盡其當盡之責任，於此卽不能全怪當地之土人只視華人爲一些淘金的人，而對華人存歧視之心。所以照我的意思，海外之華人無論住任何地區，必須先確認對當地社會與人民亦有一責任，此責任是一公民的責任，而公民的責任中亦包涵教育文化上的責任。譬如華人一向勤儉，亦應教當地人勤儉；華人孝敬祖宗，亦教當地人孝敬其祖宗。這不是站在功利的立場，而是站在人之所以爲人之道的立場。站在功利的立場，則如當地人愈不勤儉，華人愈得利，但此卻不合我們把當地人亦當作人看的道理，亦不合中國文化的道理。依中國文化的道理而把當地人當作人，應當希望他們亦勤儉，亦孝敬其祖宗，以至使當地的人亦能畫中國畫、下圍棋、有中國的禮節，如日本人、韓國人一般。這些事不能看作中國文化的侵略，如日本人韓國人之接受中國文化之優良部份而保存之，並不視之爲文化的侵略。這只是中國文化之優良的部份之爲他們所承認、爲他們所欣賞、所受用，而對他們自身有益的事。以此種心情傳播中華文化，如宗教家之傳教是爲信者自身得超渡得救，非爲傳教者的利益。

註：本篇爲手稿，作於一九七三年。原稿篇名前作者自按：「未完，□□年草」。——編者

王陽明之良知學之時代意義（註）

王陽明先生生於西曆一四七二年九月三十日亥時，今年是陽明五百周年紀念。在臺灣之中國文化學院預備重新出版王陽明全集，並出一論文集；日本出版了陽明學大系；在檀香山將有一世界性的陽明學會議；可見王陽明先生仍活在世人心裏，這不應當是一偶然的事。

在我個人數年來亦絡續寫了有關陽明學之文，合起來亦有十餘萬言。但是這些文章只是學術史的講法。我看臺灣、日本與歐美之論陽明學之文，大約仍皆是學術史的講法。這當然很需要，但在學術史上把陽明學之來龍去脈全講明白，並不能窮盡陽明學的意義。陽明學要人致良知於事事物物，而人之致良知是每一個人在其當前生活中的事，此事在現在而亦延伸至未來，不屬於我們的研究的歷史。所研究的歷史只是過去的歷史，而人之致良知於當前生活，則是創造其由現在至未來之生活的歷史的事。此二者是不同的。所以人如果未嘗致良知於其當前生活，於其當前生活所在之家庭、國家、社會，或當前之時代的世界，不能算學陽明，亦尚無眞實的陽明學。而我們亦當試想，我們之是否眞能致良知於我們之生活所在之家庭國家社會或當前之時代的世界，亦卽當試想五百年前之陽明學，對於我們當前之時代以及其未來有無意義與價值。所以我之本文卽以「陽明學之現代的意義」爲題。此我亦只能本我個人當前之良知所感受所知及者說，當然不能說得完全，因我個人當前之所感受所知及亦不能窮竭我未來之所感受所知及，更不能窮竭他人之良知之所感受所知及。我只說：我所感受與所知及，希望他人與未來之我各本其所感受所知及者，試加以印證。

一

對於陽明學之現代的意義，我認爲是有的，而且其意義十分重大。說我們每一個人由現在至未來之生命或生活必致良知而後眞實存在，或說人類由現在至未來之生命或生活必覺悟到良知之存在而致之，然後眞實存在，皆不爲過。

現在，我想先從陽明先生悟良知的故事來照應我們現代人所生活的時代。陽明之悟良知，大家知道是在他遭受朝廷中當權之大臣劉瑾迫害，而貶謫到當時之蠻荒之地的龍場悟到的。這使我回憶到十餘歲時所讀由商務書館重編之王陽明傳記一書之所載。這重編之王陽明傳記，比正史或年譜所載，更爲活潑，其中似尚有插圖，使我至今對陽明先生之受迫害之歷史尚有一鮮明的印象：如劉瑾如何於朝廷之貶謫命令卽下之後，再派二人追踪他，以便俟機加以殺害；陽明如何脫下鞋子於海邊，使追踪者誤以他爲投水自盡；如何在一古廟中遇虎不死；如何到龍場之蠻荒之地，築石棺自臥其中，欲體驗死亡時之心境，於此時悟到良知……；皆如一片一片之圖畫重浮現在之前。這使我想到，陽明之悟良知，如用現代之語言說之，我們可說這是一大迫害所引生的智慧。而當前的時代，亦正是一大迫害的時代。在此時代，我們亦應當重現類似的智慧之光。

說現在的時代是一大迫害的時代，我們每一人可從自己切身的遭遇、家庭的遭遇、國家民族的遭遇、二十世紀世界人類的遭遇，切實的反省一番，便都可明白。如撇開我們個人家庭的遭遇不談，最近幾天的世界大事，是中華民國被其所手創之聯合國驅逐。中華民國的人與同情中華民國的人，無疑是感受了一大迫害。美國一心想製造兩個中國，而失敗在對它所援助的國家不加以支持，亦無疑自覺受了委屈、壓迫與傷害。而中共則感受蘇聯在西伯利亞之大兵壓境，要加以迫害。蘇聯亦覺中共將與之共爭世界革命之領導權，如黃禍之將至，亦未嘗無被中共迫害的恐懼。這些當前時事的常識，卽見當前的人類與一切國家民族，都在互相迫害，而共存在於迫害的處境之中。至於就此迫害的處境中之個人而言，我們無妨具一點超越的同情心，去想在我們二十世紀之風雲人物，如威廉第二、慕沙里尼、希特勒、斯達林、劉少奇的下場：那可憐的斯達林流放了托洛斯基，殺了布哈林與無數革命的同伴，何嘗料到他親手培植之赫魯曉夫要拆他的墳墓，女兒要投入美國籍，更爲他作傳說他是一陰狠的人。他的幽靈如尙存於地下，豈不說他亦是遭受了無寃可伸的迫害。再有那可憐的劉少奇，革命數十年，貴爲人民政府主席，到頭來乃落得內奸工賊之名，他如尚在人間，豈不亦自覺亦是受了無冤可伸的迫害。然而那清算斯達林的赫魯曉夫，又被迫下臺，那清算劉少奇的理論家，又再受清算。而無名的紅衞兵們，今亦永不會再有名，他們無名地出現，聚合、打鬪、傷亡，又無名地消失了。然而他們一一都是與你及我一樣有血有肉的人，他們又豈無被迫害之感。這些都是我們在當前時代中所共知的事。後之視今，亦如今之視昔，清算人者，人亦清算之，迫害人者，人亦迫害之。當前叱咤風雲的人物與無名之人，皆同一命運，而共存於彼此先後相迫害的處境，亦無異一一皆須如王陽明先生之被貶謫到蠻荒之地的龍場。明代的蠻荒之地之龍場，有如今日之南北極之地的荒寒，而現在的時代，正如天下掉下一大魔掌，要將一個一個的人，貶謫到南北極之冰天雪地中作他的龍場。然而王陽明先生在龍場悟見了良知，這良知我願比喻它作南北極的極光，光輝燦爛。共在相迫害的處境中之人們亦當到了開眼看見此極光的時代了。

二

我以上的話，只是先多少引動一些人們的情感，形成一些圖像的思考，尚未落到實際說。落到實際說，良知的光明是在每一人的當下生活中遍照，亦是如陽明所謂萬古如一日的光明。這是一最現成最眼前的光明，不在遙遠的南北極。但是最切近的亦可以成最遠，如人要繞地球而行最遠的路卽重回舊地。人以雙目看完上天下地之一切萬物之後，還可有一物他未看見，卽他之能看之眼睛。人以其思想智慧曠觀人類社會與歷史時代之一切事之後，亦還有一物他忘了用思想智慧去了解，卽人們自己之良知爲人類社會歷史時代之一切事之最後之根原所在。所以陽明說其良知之說由百死千生中得來。他是在被迫害到山窮水盡之石棺中悟到良知，現在的人類要眞悟此良知，亦要經百死千生同被迫害到山窮水盡之大石棺中，方能眞正悟到其爲一切人類社會及歷史事變之最後的根原。亦只有人類之共致其良知，才能創造其未來之光明的歷史。

對以上的話，讀者馬上會問：如果人之悟到良知如此艱難，則如何可說人有良知？何以人有良知人不知道他自己有良知？又何以必待五百年前有王陽明出才特提出此一字？又何以陽明之學盛於明代，談良知者滿天下，無救於明之亡？又何以有顧亭林、王船山諸大儒出反對王學？再何以清代自卲廷采、王崑繩、李穆堂以後，王學卽衰落無聞？再可問人如必須如陽明之被迫害到山窮水盡方可悟得良知，則此迫害陽明的人、一切迫害人的人、他們之良知安在？如迫害人的人無良知，如何可說人皆有良知？如迫害人的人亦出於其自己之良知，則良知卽迫害人的東西，良知又何是貴？人們共致良知卽共致人入於相迫害之大石棺，又豈能以致良知使人類免於當前之彼此先後互相迫害之處境？

對於上述之問題如當作學術思想史與純哲學理論問題來討論，亦够麻煩。然而這些問題之出現與似不易解，實亦只恰恰證明人眞悟到良知，而信得過，確實不易，而不證明人莫有良知。對以上的問題，簡單答覆如下：

一、人有良知而不知其有良知，莫有什麼奇怪，此卽如上述之人有目而初可不知其有目。

二、王陽明提出良知之先，人亦可知其有良知，而用其他名辭語言表示。

三、反對陽明之學的人，亦許是不了解陽明，亦許是鑑於空談良知之弊。其反對良知之說，仍可說出於反對者的良知。

四、人與人相迫害，當說不出於人之良知，而出於人之私欲、意見、意氣，知此相迫害與私欲意見意氣之不當有者，才是良知。講人有良知，不必否認此相迫害與私欲意見意氣在人間與個人心靈生命中存在之事實，但知此事實之存在而更要化除之者，才是良知。而此良知之存在亦是高一層面之事實。故致此良知，卽致此高一層面之事實之出現，而化除其下一層面之事實。故致良知卽可使人類從大石棺中出來。

對於上之第一項與第四項之答復，純理論的講，人們都可以不滿意。人們可以說人有良知而不能知其有良知，可見其良知之知並不必能知其自己而可對自己無知，則良知對其自己亦可有此無知而非知。人們亦可以說人有私欲意見意氣以形成人之相迫害，而人類自古及今皆處在相迫害之情境，卽證人類的共有之良知無力亦無能化除在其下一層面之一切事實。故人類要眞知其有良知之光明亦要更待一外來的超越的光明，人類要救自己亦要有一外來的超越的力量，此是上天上帝或一眞法界來的光明，此是上帝或佛菩薩的大力。這卽是宗教家的想法。而人在對其良知眞生了上列之疑難之後，莫有人能不信宗教，則人到山窮水盡之時，不是自信此良知之存在，而是共跪禱於上天及佛菩薩之靈前。

我無意反對人宗教，更無意否認上天與佛菩薩之眞實存在，但是我必須說人在信宗教時必同時自知其「信」是當有的、善的，此知仍是人所自發的良知之表現。如無此一表現，人亦不能自持其信。人不能以此良知之表現自持其信，一切宗教信仰無不崩潰。如只有所信，而無能信，無能信以信所信，則所信者無論如何神聖莊嚴，無不飛颺至於無影無蹤。於此有千百萬言可說，但一語亦可道破無遺。本文亦不擬對此多論。我下文所要說的，是從百餘年來之中國歷史、人類歷史之事實上指出：此人之良知未嘗無力無能以表現他自己，卽在此人類之私欲意見意氣瀰漫天地的形成大迫害的時代，此良知之光明仍遍佈於人心以表現他自己於此一切私欲意見意氣與大迫害之進行之中，以指出其光明確是萬古一日。此處人如能悟得到、信得及，更將此中已表現之光明加以充拓，此大迫害的時代亦能終止，而無數人們當作的事、可作的事亦可次第的展現於人之前。我們要能在汚水中見明月之影，知道基督教之魔王乃一最大之天使所變成。然後才能回頭望天上之明月，以魔王之原有之天使性降魔，而轉化當今之大迫害的時代爲人類之良知之光明充量表現的時代，亦復如是。

上文所提到之基督教的神話以魔王爲最大之天使所變成，是一極有意義的神話。最大的天使本是上帝之一最大的創造，而上帝之最大的創造則是創造一個後化爲魔王的天使。這話翻譯爲本文的語言，卽是萬古不息的良知之表現亦可以與人之私欲意見意氣同流，而形成人們的良知之相迫害與今日之大迫害的時代。此今日之時代，近要從十九世紀之歐洲之文化、經濟、武力向世界各地之膨脹，向有色民族加施壓迫傷害說起，此卽所謂十九世紀之帝國主義。此帝國主義在根底上當然有一大野心、大私欲在推動。但是我們如稍以一超越的心情看，便知此中未嘗無歐洲人之良知與其貪欲共流行，以爲其貪欲進行之根據。人之良知只是一價值的意識或價值的選擇之意識，此所謂歐洲人之良知卽是他們自己覺到他們之宗教文化之價值是高於世界各地民族之宗教與文化的意識。因而視他們之宗教文化應當加以普被於世界。而傳教士更初是自覺有救世界人民的使命，然後自覺或不自覺的爲西方之帝國主義當開路先鋒。我們能說此西方之帝國主義中卽無他們之良知與貪欲共流行麼？此不只說是有而亦正因其有而使其侵略之事得問心無愧，一直霸佔了全世界，只留中國與日本在例外。於此很顯然歐洲人不先自命爲天使，亦不會成爲帝國主義之魔王。他們如無良知之光明先照見其宗教文化的價值，亦不會使世界各地之民族感到一大陰雲、白天罩下之一大黑暗。現在，我仍願以爲此大陰雲大黑暗所籠罩百餘年之神明華冑之子孫之一的資格，以一超越的心情，肯定西方十九世紀的文化的光彩，其時的西方人其侵略世界雖貪欲彌天，仍是與他們之良知共流行。若無此良知共流行使他們自覺問心無愧，他們亦不能霸佔世界。爲了指明陽明先生之言良知之萬古不息，無所不在，我們只能如此說。

人問：我之如此說，豈非以光明爲黑暗之源，人之良知亦爲人之罪惡之源，而成一大弔詭。我的答復：良知不是罪惡之源，但人將其良知所視爲有價值者強迫他人接受，是一切罪惡之源。然此強迫不是良知，是不許他人有自發自動的良知之選擇，此強迫卽阻塞封閉了他人之良知。此不含於我之「知我有良知，他人亦當有良知」之良知，此強迫之欲只是一貪欲，此是人之一切罪惡之源。然人若先無其良知之選擇若干其良知所視爲有價值者，亦不會強迫他人選擇其所選擇，而有此貪欲，故此貪欲仍依其良知之選擇爲根而後有。此強迫是罪惡，是阻塞封閉他人之良知，人在知他人有良知時亦卽可進一步知其爲罪惡，而他人之良知在不甘被阻塞封閉時亦必求衝破此一切強迫，而加以反抗，並以此強迫爲罪惡。故二十世紀被西方侵略壓迫的民族，必須以西方帝國主義爲罪惡，由此而印度出甘地，中國出孫中山，日本要建大東亞共榮圈，一切亞非之民族要獨立。這一切的一切，都由於對十九世紀之西方帝國主義之反抗，不甘以西方人之良知視爲有價值者爲有價值，而要求皆有其自發自動的良知之選擇之表現，以自定價值標準。此卽見一切對人之良知爲阻塞封閉之「強迫」只是罪惡，只是人之良知所要加以衝破的，加以否定的。不能由其初亦依於他人之良知以生而不是罪惡，其必須依於他人之良知以生，只證明罪惡亦要依賴良知而存在，然亦正因其是依良知而存在，所以亦依於人自己或他人之進一步之良知之表現而得化除。如正因魔王原是上帝所造之天使，故上帝能更加以降伏。

三

上文所說人之罪惡亦要依賴人之良知而存在，人依其良知而有其對價值之選擇，而強迫他人接受，阻塞封閉他人與其自己之良知之進一步之表現，卽罪惡之源，可用來說明西方帝國主義的罪惡，亦可用來說明現代之各形態之極權主義的罪惡，以及人類社會與個人生活中無數之大大小小的罪惡。人時時都可阻塞封閉其他人與自己之良知之進一步之表現，故人時時都可墮入罪惡之淵，然人亦時時可更有良知之表現以自此淵中拔起，而此求拔起之事之從未休止。如自二十世紀之極權主義者之罪惡來說，慕沙里尼想恢復羅馬的光榮，希特勒想實現黑格耳歷史哲學中所說之日耳曼時代的世界精神，都依於他們之良知之選擇，他們之罪惡亦只依於他們之強迫天下衆生與他們作同樣的選擇。共產主義之極權國家最初是想建立一經濟上平等的社會，此更初依人之良知上同有之經濟生活上平等之要求，此亦本於共產主義者之原始的人道感情，亦是人之良知之表現。但是其求經濟生活的平等而不許人有政治上的平等，並將學術文化思想桎梏封閉於辯證法唯物論之筐筴中，則又形成了封閉阻塞人在政治上、學術文化思想中表現其良知的選擇之大罪惡，而為一切人之良知所厭惡。二十世紀中一切極權國家的壓力永只能使人口服而心不服，亦必無一眞能如此長存下去。這都只因人之良知之明，總是萬古一日，亦無所不在，亦永不能停止其進一步之表現之故。

以上的話，是自當今之世界說明此良知之萬古一日而無所不在，亦總要有進一步表現。現在我要專自中國近百餘年之歷史看此飽經憂患之中華民族如何依其良知表現其價值的選擇，由此以展望中國的未來，與現在我們散在海外的知識分子所能作的事，以致我們的良知之道。這我無意強迫人接受，我亦只能本我之良知之所知以說，希望大家各以其良知之所知加以印證判定。

註：本篇爲未完之手稿，作於一九七二年。原稿篇名下有「未完」二字。——編者

一千八百年來的中國學生運動之歷史發展

前言

此文是我於一年前，在中國文化協會及北大同學會所舉辦之五四紀念會之講辭。乃是以千八百年之學生運動——其中包括五四運動——爲背景，以略談當時之保釣魚臺運動之劃時代的意義。我認爲此一保釣魚臺的運動，在本質上應視爲海外之神明華冑之知識分子，所自發之直接針對外國之一愛國運動。當時在臺灣之國民政府雖因在外交方面以不願得罪美日，未加以積極支持，但亦加以容許，故臺灣學生仍有結隊游行之事。只有中共因在外交方面更早準備與美日建交，大陸之中國人，竟毫無舉動。中共只是間接曾想操縱此運動之風向，以打擊臺灣之國民政府而已。此運動之無結果，由於臺灣國民政府與中共皆欲與美日有外交關係。臺灣怕在外交上孤立，中共則受了蘇俄之威脅，亟於另開外交局面，於是委屈了中華民族，便宜了美日，使美日得左右逢源。然中國之分裂，與蘇俄之所以成中共之威脅，主要由於中共之先一面倒於蘇俄。自己先投懷送抱，然後引起蘇俄垂涎三尺的貪欲與野心，故不能容忍中共再自其懷抱中爭脫出來。而中共之對蘇俄，先投懷送抱，則原於其思想上先為馬列主義之奴役。故我近來在「明報月刊」、「東西風」有幾篇文章以為中國今日之一切政治文化問題之解決，須自先逼使中共放棄馬列主義，反本還源為中國人開始。至於如何逼使，則不在今所論之列。如果中共不放棄馬列主義，而仍想本馬列主義與蘇俄爭世界革命的領導權，我可以斷定，無論蘇俄或英美日本，亦皆同樣不願見中國大陸與臺灣之統一，以成為他們的更大威脅。此國際形勢，實十分清楚，而毫無疑義。又因中華民族只能統一於「中國民族生命與中國文化生命合一的尊重人權的民主國家」，故中共只以一單純之民族主義的口號作統戰，亦絕無使中國統一之可能。而在中共不放棄馬列主義的情形下，其民族主義亦必然不能伸展。此乃因馬列主義經斯太林主義，早已發展至以「蘇俄為社會主義之祖國」的世界主義之階段。中共要信馬列主義，就得以蘇俄為社會主義的祖國，故中共之在思想上若仍為馬列主義所奴役，此主義即必然終將導致其在政治上之再一面倒於蘇俄，而其與美日之外交關係，亦隨時可以動搖。中共現在的地位乃站在一絕對的滑路的中間。不上升，而自馬列主義之思想解放，即再向蘇俄投懷送抱。但說來說去眞正受苦難委屈的，仍是中華民族。此民族，應當在根本上有一覺悟：不更在政治上與文化思想上作任何對外的依傍之想。從此來看去年之保衛釣魚臺之運動，自其本質上為一「海外知識分子之自發的愛國運動，而直接針對外國」言，則有一比五四運動進一步創時代的意義。如我之講辭所說：順此「直接對外國」之意義言，繼此而有之中國人之政治上文化思想上，必然不能只是「隨人腳跟，學人言語」。其中卽包括逼使中共「放棄蘇俄之馬列主義」在內，如此「逼使」成功，自然更有下文。又純從此運動之由中國海外知識分子發動而言，則此運動正當成爲「中國海外知識分子對中國之政治文化，作主動性的發揮先導作用」的開始。我希望中國海外知識分子注意其歷史的使命之重大。因「中華月報」上期載有今年五四座談會之紀錄，故我念及此舊講辯，亦交中華月報發表。

講　辭

主席、各位先生：本來今天我是最沒有說話資格的。剛才說話的幾位先生如李幼椿、黃文山、羅香林、王德昭諸先生都是歷史學家、民族學家；而我是研究哲學的，實際上對五四運動的知識可說知道得太少。今天能够有機會聽到幾位先生發表的演說，在我個人來說，是有很大收穫的。

今天我沒有什麼特別有關五四運動的材料，我想講的是一千八百年來的學生運動。這個題目雖然很大，但我想講的卻很少。從一千八百年前的學生運動一直講到保衞釣魚臺這個學生運動。這個運動，諸位同學們或許也有參加的，或許也有沒有參加的。當前保衞釣魚臺運動，將來究竟怎樣的發展，我們現在還不知道；不過從歷史的眼光來看，中國的學生運動，其意義是在一步一步的擴大。無論是那個時代的學生運動，無疑的也都連接著兩種意義，一個是社會政治的意義，而另一個則是學術文化的意義。

在這裏我想簡單的從一千八百年前東漢的時候說起，我想這是中國學生運動的開始。在這個時期，我想世界上還沒有一個國家的學生運動，有發生得這樣早。東漢末期，根據後漢書紀載，其中有一件事，就是鮑宣拒絕了皇帝的使者，皇帝說其對君無禮，要將他判罪。當時太學生一千多人對這件事表示不滿，並阻止丞相孔光的車，提出抗議。最後皇帝雖仍然判了鮑宣的罪，但已大大的減輕了。這是一件事。而另一件事，是郭林宗等三萬太學生結納名士陳蕃、李膺等，評議朝政，攻擊當時的宦官。這要算是中國一千八百年前第一個學生運動。在這個運動中，後面的學術是什麼呢？可說是東漢之儒術。東漢當時的儒術，著重對人的品評，什麼人是賢善的，什麼人是不肖而惡的，什麼人是清的，什麼人是濁的。激濁揚清，褒善進賢，貶惡退不肖，這是東漢末年的儒學。而這批太學生的目的，就在激濁揚清，褒善進賢，貶惡退不肖。在我們看來，這次學生運動比後來的學生運動，其意義尚比較小，它只是維護賢善的個人而已。

第二個學生運動是在九百年前南宋時候的高宗，當時正和金人打仗，國內分成兩派，主和的有李邦彥等，主戰的有李綱等。參加運動的幾千學生，要求政府罷黜主和派的李邦彥，起用主戰派的李綱。結果朝廷用了李綱，但最後李綱還是受到貶謫。這次學生運動的意義，較東漢末之學生運動意義更大了。漢末的學生運動，只是求鮑宣個人獲得減刑或誅宦官。而這次的學生運動，卻干預到政府用人方面。同時這次學生運動，不只是內政問題，而且牽涉到對抗金人的民族對外戰爭，其意義自更大了。

第三個學生運動，是在三百多年前之明朝末年，一批在東林講學的師徒——依年齡看他們亦多只是三四十歲的人——對政府力爭幾件事。黃梨洲說他們以「冷風熱血洗滌乾坤」。他們所爭的，並非是對個人的問題，亦非只是對抗異族的問題，而是有關禮制的問題。當然以現在的觀點來看，他們所爭之梃擊、紅丸、移宮之三案的禮制問題，似乎意義很小；但東林的人之所以爭此三案，乃是從禮制問題是朝廷之大經大法著眼。所以其意義亦很大。宋朝的學生運動後面的學術思想，是從宋儒由石介、胡安國以下所講之春秋大義。至於明朝的東林學生運動的學術思想，卻完全是以王陽明與東林學派的辨善惡是非，知行合一的學術爲基礎。

再往後就要數到七十多年前廣東康南海聯合其他學生公車上書的這個學生運動了。他們要變法，要改變國家的憲法，要立憲。這同東林黨只是爭朝廷之禮制不同，爭朝廷之禮制意義小，而爭整個國家之憲法則這個意義就大了。這次學生運動，同樣後面也有一個它的學術背景，就是清朝的今文經學家所重之經世致用之學。這是中國學生運動的第四階段。

接著就是六十年前的黃花岡革命運動，這個運動自非全由學生參加，但大多是青年則是無可置疑的。黃花岡革命運動目的在推翻滿清，爭漢民族的平等地位兼建立民國，我想這比康、梁要求改變憲法的精神，當然又進了一步。

再說下去就要算是五四運動了，五四運動我想比黃花岡又再進了一步。黃花岡革命是反對我們五族內的其中一個民族——滿清的專制統治，五四運動則是反抗日本帝國主義向中國提出廿一條不平等條約。五四運動後面連結著的一個學術文化思想，這就是剛才幾位先生提到的新文化運動。以前的幾次學生運動多是繼承中國傳統文化的，而五四運動則剛剛相反，它對中國傳統文化予以嚴厲的批評，同時提倡和接受西方的學說，尤其是民主、自由、科學等等的新思想和新知識。

由中國一千八百年的學生運動的趨勢來看，它的政治意義與文化意義，是一步一步的擴大，由對個人而對外敵，由對朝廷的禮制而對國家之憲法，由爭五族地位平等，而爭國際地位平等。但這一切學生運動皆在國內發起。由此以看當前學生之保衞釣魚臺運動卻另有一特色，卽此運動先是由中國留美學生發起的。這個運動將來如何發展也不知道，不過我們當注意，以前的中國學生運動，因皆在國內，故間接對象雖或是異族或外國，但直接對象只是中國政府。而這次保衞釣魚臺運動卻先發生在國外，而且直接以妄想分配中國土地的外國強權政府爲對象，而不是以本國政府爲對象。在此點上卽見這個運動有其劃時代的國際的意義，而比五四運動又更進了一大步，我們應該予以正視。但在這裏我聯想到一個問題，就是以前的學生運動的後面，都連接著一個文化學術思想，現在保衞釣魚臺這個運動，又究竟當連接著一個怎麼樣的學術思想呢？我想這是當前青年學生，應該加以探討思索的重要課題。

五四運動，客觀的來說，在當時的社會的確曾發生過很大的影響，在歷史上是應該得到很高的評價，這是無可置疑的。不過五四運動距今已五十三年了，五四的精神重民主、自由、科學自然是有價值的，但此重民主、自由、科學乃屬於當時所謂新文化運動。所謂新文化運動，當時之胡適之先生曾藉用尼采的話，說這是一重新估量一切價值的文化運動。此話並不錯。但是胡先生本人與當時之言重新估一切價值者，只偏在重新估量中國傳統文化之價值，而消極的指出其不好的方面，由此而有打倒禮教打倒孔家店之思想之流行。並只以西方文化爲新文化而加以崇拜，而對中國文化之優良的方面與西方文化的缺點，並未能加以重新估價。這是當時之新文化運動之根本缺點。

但是五四運動到今日已五十三年了，此五十三年中，無論是中國與世界之學者，對中國文化之積極的有價值之方面與西方文化之缺點與壞的一方面已有更多更廣更深之認識。說現在我們還須停留在五四時代的思想，我看已毫無意義。由此以看今日之世界學生之保衞釣魚臺的運動，則除了其實際上不同於五四運動之直接對象是本國政府，而是以美日之政府爲直接對象外，與之相配合的學術文化思想，亦不當是五四時代之新文化運動的思想之只指向於中國文化的批判；而當是擴大當時所謂「重新估量價值」的態度，來兼對西方文化之壞的方面，與中國文化之好的方面，作重新估價。現在世界的學生之保衞釣魚臺運動，既然實際上是，亦應當是直接針對美日政府，此重新估價之態度亦當直接針對美日之霸道文化，此霸道文化在根底上是由十九世紀之歐洲遺傳至美洲，並由歐美傳至日本的。

孫中山先生早說過西方文化是霸道文化的話。此話原則上不錯。所以重新估量西方文化之價值的學術文化思想乃是與此青年之保衞釣魚臺運動直接相配合的。照我們的看法，至少在對外關係上，所有西方國家無論蘇俄系統，英美系統，在根底上都是霸道的，而兼商業的，即不知道義而唯「權」「利」是視的。在此點上我們要先加以藐視。孟子說「說大人則藐之，勿視其巍巍然」。對今日之所謂大國，我們亦當先藐視之。五四時代之新文化運動只要人以西方文化爲新文化，因而有數十年來之盲目的崇拜西方之馬列主義、崇蘇、崇美之風氣。而中共終爲蘇聯所賣，國民政府終爲美國所賣。我們現在應當澈底覺悟了。

（一九七三年八月「中華月報」總六九五期）

東西文化之相互「感」「應」之歷史階段及其特性（註）

一、釋　題

此題目牽涉太廣，本文只指出問題，以供研究。今先釋題中之名辭。

「東洋」與「西洋」之名，不如「東方」與「西方」之名之包括大陸與海洋；又「方」之一名，具一「文化傳播之方向性」之意義。但隨俗，則「東洋」與「東方」可互用，「西洋」與「西方」可互用。

「文化」與「文明」二名，一般互用。但「文明」二字，重在表文化之成果與光輝；「文化」二字，重在表文明之次第化成或形成。

「感」「應」爲中國思想中之舊名。「感」包括今所謂「影響」、「刺激」，或湯因比所謂「挑戰」。「應」包括今所謂「適應」、「反應」；「適應」、「反應」可統名爲湯因比所謂「回應」。此「回應」可同時成爲對挑戰者之「反挑戰」，亦可成爲對回應者之自身再作「自己挑戰」。

西方人以土耳其爲近東，中國、日本爲遠東；而中國則以西域爲西，以西歐爲泰西。今以西歐及美洲爲西方，以土耳其以東爲東方。則東方文化以日本、中國、印度文化爲代表。印度乃東方之西，中國在東方之中，日本爲東方之東。

二、東西文化之相互感應之二階段，及印度、日本與中國對西方文化之挑戰之回應方式之異同

東西文化之相互感應之歷史階段，可先分爲二。

㈠在十六世紀以前，乃東方對西方爲主動的挑戰，西方爲被動的回應。其歷史上之大事件，一爲張騫通西域與亞洲通往歐洲之絲路之形成，漢之征伐匈奴，間接引致西歐北方蠻族之南下，以致羅馬之亡國。二爲回教之西佔耶路撒冷，引致西方之十字軍之東征。三爲成吉斯汗之橫掃亞歐後，乃更有西歐近代之民族國家之興起。

㈡自十七世紀至二十世紀初，乃西方對東方爲主動的挑戰，東方爲被動的回應。此始於十六、七世紀之西方敎士之東來傳敎及西方之經濟軍事政治力量之次第侵入亞洲，而征服印度，佔領東南亞地區，於十九世紀之末之意圖瓜分中國。東方對此西方之挑戰之回應，有三型態。

一爲印度對西方之回應方式，可保持其傳統文化與宗敎之精神，但不能解決其人口衆多所產生之

經濟問題與其民族複雜、階級差別、語言不統一所生之民族問題、社會問題、文化教育之傳播問題。而其傳統之宗教文化，於此卽形其不足，而勢須向現代化西方化而趨。

二爲日本對西方之挑戰之回應，則初爲鎖國時代之拒絕西方文化，次爲明治維新以後對西方之科學技術、政治制度、及西方文化之其他方面之接受。而明治維新之尊王削藩之思想，則原爲中國的東方的。日本以君主立憲制度立國，同時保存東方傳統之倫理藝術與佛教，爲日本人之道德生活、精神生活之本。故其回應西方文化之挑戰之方式自始兼有「保存固有」與「適應現代」之二方面。而日本亦成爲亞洲國家中最早達現代化西方化之目標，而成富強之國者。但日本之現代化西方化，同時包涵對西方式之軍國主義、帝國主義之模仿，由此而有第二次大戰中之建立大東亞共榮圈之迷夢。由日本與中國及美國之戰爭，而日本之武力對西方亦成爲一「反挑戰」。第二次大戰後日本之產業之突飛猛進，其國際貿易，亦對西方之經濟勢力作反挑戰。然此日本之強與富，同時使日本人之道德生活、精神生活，趨於現實主義化、功利主義化，將其固有文化「政治宣傳化」、「商業化」，此再形成一對日本文化之一內在的自己挑戰。

三爲中國對西方之挑戰之回應，則明似不如日本之相當成功，此乃因中國在東方之中，地大人衆，其文化政治經濟之問題，較日本大爲複雜。中國人對西方之挑戰，其回應之成功，可能爲大器晚成。

中國對西方之挑戰之回應，所以迄今未能成功，首由於清帝之不能成爲明治天皇，中國之大多數之漢族之民族主義不能不革少數之滿族之統治之命。由此而清帝退位，中國之變化卽無一定常的函數。於是，「君主制度之推翻」，「傳統倫理原則之破壞」，「孔子之信仰之動搖」，「傳統之士人之精神與人文敎養之喪失」，遂與「西方之武力經濟力之侵略與西方式之功利主義享樂主義之輸入」所導致之「民族自信心之動搖」、「農村經濟之破壞」及「社會風俗之變化」，相連而至。而此百餘年來，中國人之奮鬪其表現於學習西方科學技術、變法圖強、辛亥革命、國民革命、對日抗戰，以及種種改革或保存復興中國文化之運動者，皆未能完成其歷史的使命。中國當今所處之情勢遂爲屬西歐文化思想之旁支之馬列主義，成爲中國大陸之政治文化之指導原則。此馬列主義源自西方，然又有一反西方之帝國主義與資本主義之侵略之性質。此卽可適合百餘年之中國人旣崇拜西方、又厭惡西方之一心理情結。此爲馬列主義之所以能在一時控制中國大陸之根本理由所在。由此馬列主義之控制中國大陸有一反西方之性質，而中共之勢力遂對西方亦成爲一威脅，而對西方形成一「反挑戰」。又由馬列主義原出自西方，故對東方中國固有之文化，亦只視爲封建文化而要加以破壞，遂對中國文化形成一「自己挑戰」。由此而中國之問題成爲東西文化之共同的問題，亦成爲今日之世界人類問題之一核心。

此上所述東方之印度、日本與中國受西方之挑戰後其回應方式，雖有三種之不同，但初皆是由西方之武力經濟文化力之東侵，爲西方之主動的向東方挑戰，而東方人之回應則初爲被動，然後此東方之回應再轉成一對西方之反挑戰與對其傳統文化之自己挑戰。此卽東西文化之相互感應之現在的基本形勢，亦卽其現在的歷史階段。

三、東西學者對東西文化之評論之歷史發展

研究東西文化之相互感應而有東西文化之互相傳播交通之歷史，乃一專門之學，其範圍甚大。研究東西學者對東西文化之性質價值之評論，其範圍雖較小，亦可爲一專門之學。

此東西學者對東西文化之性質價值之評論，在東方蓋始於明清之際之中國學者對西方之宗教與科學技術之評論。在此評論中看，則中國學者對西方宗教乃「貶」多於「褒」，「疑」多於「信」。對西方之科學技術，則「取」多於「捨」。然隨康熙之逐教士而中西文化之交流中斷，而此評論亦中斷。在西方則始於十七、八世紀，西方學者對耶穌會士的傳譯之中國學術政治思想之評論。其時之西方學者如來布尼玆、沃爾胡、伏爾特爾、昆勒，對中國之政治與哲學中之理性主義，皆褒多於貶，並持之與彼等之理性主義哲學及政治理想相印證。但十九世紀之西方學者對東方之評論，則日益傾向於將中國印度之思想宗教文化，加以貶抑爲一人類歷史進化之早期之階段。如黑格耳「歷史哲學」之以

東方世界只屬於「一人自由」之歷史階段。而如依斯賓塞之社會學，中國社會只屬宗法社會或軍國社會之階段，尙未至產業社會之階段。又如依孔德之社會學，則中國與印度之思想，皆應屬神學玄學之時期，尙未至科學之實證主義時期。而十九世紀之東來之教士學者，對東方之印度中國之政治及社會文化風俗，亦多視爲未開化，而貶多於褒。至於二十世紀之西方學者之識見深入者，如凱薩林、羅素、杜威、諾斯諾圃、湯因比、李約瑟，對東西文化之評論，則諸人對東方文化之特殊性質與價值之所見雖不必盡同，然大體能對東西文化取一平觀之態度。故此三百年來西方學者對東西文化之評論可謂循「東方優勝於西方——西方優勝於東方——於東西作平觀」之方向而進行。

至於三百年來東方學者對東西文化之評論，則明淸之際之中國學者對西方宗教，雖貶多於褒，疑多於信，但亦未盡拒，故有徐光啓、瞿式耜之信天主教。對西方之科學技術則更取多於捨。故可謂已早取一對東西之學術宗教之平觀之態度。但在二百年內，西方之文化隨西方之武力經濟力之東侵而輸入，東方之中國、印度、日本，則其對西方文化之性質與價值之評論各不同亦不斷變化。大約在印度之哲學家宗教家仍多堅持其固有之宗教與哲學高於西方之見，以至於今。日本則自明治維新以後，其大學之哲學系一直有印度哲學、中國哲學及西洋哲學之三系；其歷史系一直有日本史、東洋史、西洋史之系；其文學系亦有日本文學、中國文學、西洋文學之三系。日本之井上圓了、西田武多郎、金子馬治、宇野哲人對東西文化哲學皆能自始平觀，此與中國清末民初之領導學者對東西文化哲學之見多跌宕翻覆者不同。此卽表示日本對東西學術與文化之平觀並重之態度能大體維持。而對東西之思想宗教與文化作比較之評論，則在東方雖以印度學者之對基督教與印度教之比較研究開其先，然日本自明治維新以後，因對西方文化有更多方面之吸收，而對東西文化之比較的評論，則早及於多方面。至在中國之近世鴉片煙戰爭以後，中國學者對西方文化之評論，則初只以西方之科學技術優於中國，而以中國禮教優於西方，而歸於清末張之洞之「中學爲體，西學爲用」之說。次以其政治之民主立憲制度優於中國之君主專制，而歸於清末之變法運動與民國之革命。再次以爲西方文化優於中國，而歸於五四運動、新文化運動之本科學與民主言吃人的禮教、打倒孔家店，及中共之以中國傳統文化爲封建文化，其現在之文化爲半殖民地之文化，而以西方之馬列主義立國，一面倒於蘇俄。唯以中國之民族主義與蘇俄之民族主義之矛盾，乃有近年之現實政治上的反蘇。但中共之文化思想，則仍是順五四時代之反中國傳統文化之方向而進行，其所嚮往者，仍在西來之馬列主義，以反西方帝國主義資本主義，而非中國文化、東方文化之復興，亦非對東西文化作平觀以求加以綜合貫通，則無可疑。然中共之信馬列主義，其所根據之不自覺的要求，又正是此中國民族與其文化之不甘受西方之壓迫，而欲求正面的復興，以求綜合東西文化，而正面的貫通之。此不自覺者必趨向於被自覺，以反此馬列主義之反西方及反東方之「反」，而使中國之歷史推進至一更高之階段。

此百年來之中國學者對東西文化之評論，其以中國之文化本質上優勝於西方者，可以辜鴻銘之「春秋大義述」爲最早。彼謂西方賴警察法律宗教治國，不同於在東方之不須以警察法律治國，以倫理禮教代西方宗教，西方之國與國間只有互相爭勝之利害關係，不同於依春秋之義，國與國間亦有道義關係。其論皆不誤。後則有孫中山之以西方文化本質上爲霸道的，東方文化本質上爲王道之說，而亦承認西方民主政治之長。再後有梁漱溟之「東西文化及其哲學」，以西方之科學民主，乃依於一人之向自然、向他人作向前要求，與中國傳統文化重人與自然、人與人取調和持中之態度，印度文化作向後要求，之東西文化之平觀之論。但此辜鴻銘之評論東西文化之思想與其忠於滿清之思想相結合，又只以幽默之態度出之，亦不夠深入。孫中山之中西文化平觀之思想，落實在政治上之三民主義，而此主義正經共產主義之挑戰。梁漱溟之思想後轉向於中國社會之鄉村建設，亦爲中共所倡之農村之階級鬬爭所挑戰。而今之對東西文化能加以平觀，或承認中國與東方文化在本質上優勝於西方者，只成爲中國學術界中少數學人之見。然此少數學人之見，則對中國文化之未來、東方文化之未來，以及人類文化之問題，皆可有極大之重要性。我個人亦可自居於此少數學人之一。

四、東西文化精神之根本相異處

今若吾人對東西文化先取平觀之態度以觀其同異，更論其孰爲優勝，當更說其優勝之點在何處，此則有依種種觀點而生之不同之說。然東西文化要非只有同而無異，則爲世之論所共許。依吾觀，在十六世紀以前，東方對西方之挑戰，其表現於漢之通西域、成吉斯汗之東征及回敎之佔耶路撒冷者，對西方之影響除東方之若干技術知識之傳入西方外，並不能使西方人對東方文化發生嚮往。在十六世紀耶穌會士所傳入中國之理性主義的哲學與政治，只以符合於當時之來布尼玆、沃爾胡、伏爾泰本人之思想，而被重視。二十世紀以外之學者，對東西文化能平觀者，如凱薩林以至湯因比、李約瑟亦只對東方文化更能加以理解與欣賞爲止，而皆無將東方文化傾心攝受之意。然以前之中國人對印度文化之佛敎之攝受，則爲傾心攝受。日本人以前對中國文化之攝受，爲傾心攝受，一、二百年來日本與中國人對西方文化之攝受亦爲傾心攝受。唯印度學者與宗敎家則雖接觸西方之哲學宗敎最早，而對其固有之宗敎與哲學之保守性仍極強。但整個言之，此三百年之西方文化乃以覇道之方式向東方膨脹勢力而東方人則對西方文化大體能傾心攝受。然此東方人之對西方文化如此傾心攝受並非西方文化優勝於東方文化之證明，亦非卽東方人甘願被西方奴役，而可正是東方文化之精神在本質上優勝於西方之證明。而東西文化之性質上之種種差別亦卽可由此西方人之尙缺乏對東方文化之攝受力而東方人則已有此對西方文化之攝受力去理解。

對東西文化之性質之差別，印度之學者首先感到西方宗敎之以神人對立，而與印度敎之梵我不二爲一根本之差別。中國、日本與西方學者多謂中國、日本之文學藝術中所表現之天人合一、人與自然合一之思想，與近代西方思想之以人力征服自然而有之科學技術，乃以人與自然對立、主客對立、天人對立者互不相同。中日與西方之學者亦大皆承認。由此而有東方早有天民觀念、普遍的人道觀念，與在西方則希臘之自由民、近代之國民觀念不同，其皆非普遍的人道觀念。至於斯多噶派哲學、基督教及近代理性主義哲學中雖普遍的有人道觀念，人更可依之以建立西方之個人主義之人格尊嚴與一切個人之人格平等之道德思想，但此與東方之依此普遍的人道觀念，中國日本之以之建立人倫之聯帶關係者，仍有不同。西方社會自希臘而來之階級，與東方中國之社會中更多職業之流通、階級之轉化者不同。西方之學術文化之分化、學者趨向專門，與東方文化之各領域之相互爲用以日常生活化，學者重通識者亦不同。而西方人之待賓客不如東方人待賓客之多禮，亦東西人士所同承認。然此種種之差別，我將說其根源於西方文化之根本精神爲由內以向外膨脹，而非由外以向內攝受的，東方文化之根本精神則正爲由外以向內攝受的。

西方宗教何以不免於神人對立？以人不能攝受神，以使之全內在化故。西方之文學藝術何以不如東西方之文字藝術表現天人人與自然合一之境？因其人之精神不能攝受自然之美而與之無間隔故。西方人之道德何以至高止於一切個人人格之平等而不能爲東方之重人倫？因其一一個人之精神不能互相攝受通感以使諸個人之精神互相內在化故。西方人何以無東方人之禮節？因其各自爲主則不能眞視他人爲賓客而以敬意加以接待，如攝受此賓客於此敬意之中故。西方宗教如只停於神人對立，則可有人對神祈禱懺悔之宗教，不能有東方之合天德之聖。西方之人與宇宙觀，如只有人與自然、主與客之對立，則可有征服自然之技術與工農業，而不能有東方之園林與其他藝術；可有解剖人體以治療疾病之西方醫學，而不能有本於身體生理的有機關係之體驗而有之印度之瑜伽術、中國之醫學中之針灸。西方人如只有個人人格之平等之道德觀念，則可以有西方之平等競選之民主政治，而不能有尊賢讓能之具禮意的民主政治。西方人如不能有東方人待賓客之禮節，則東方人不能以西方爲家，而東方人之此禮節如眞實化則可使一切西方人以東方爲家。

此上所述乃東方文化之本質之優勝於西方文化之若干點。此優勝之標準，亦可說在：可安身立命，可受用之文化，高於只可應用爲工具之文化；成就人之「存在」Being 之文化，高於成就人之 Having 之文化。而此標準則正亦爲西方論文化之哲學家如今之存在主義者所承認者。但此東方文化之本質上優於西方文化者，卽皆出於東方人之生命精神之有一寬廣開濶之攝受量，亦卽見東方人之生命精神之內具一廣大的空間。對此生命精神的內具之廣大的空間之自覺，表現於印度佛家所謂「空」慧、「般若」慧，中國道家之「虛」慧、「無」慧。依此精神生命之內具空間，以涵攝自然與人間以及神靈之世界，而與之相感通，成就人間之禮樂，以達之德，而參贊天地之化育，則爲儒家之「德」慧。此佛、道、儒之三教，在中國日本文化中原可不相矛盾而並行不悖。此中有種種微妙、高明、博大之哲學義理可說，但今皆可存而不論。

要之以東西文化相較而論，依上文所說，東方文化之生命精神之內具一廣大的空間，而能眞實的攝受感通於自然與人間，以至神靈之世界，爲其本質上優勝於西方文化之生命精神之以自己爲中心以由內而外以膨脹其勢力者。由此後者，必然產生西方式之帝國主義、資本主義、宗教文化之侵略主義、國際關係之勢力均衡主義、弱肉強食主義、共產主義，矛盾鬬爭之世界觀、人生觀、政治觀等。由前者乃能有個人之內心之和平，人與自然、人與人間之禮樂，以至使國際間亦有道義關係之存在，而使天下太平之事成眞實可能。而人類文化之未來之前途，卽係於以東方攝受西方，而使西方存在於東方人之生命精神的空間之中。至於要使西方能攝受東方文化，則亦必須西方人先有東方人之願攝受、能攝受之生命精神的空間，然後可。否則至多止於東方文化之理解與欣賞，而不能爲東方文化所化，亦不能眞攝受東方文化也。

以當前之世界人類文化之情勢而言，乃西方文化之主動的向東方侵入，而東方人只居被動的攝受之地位。東方人之對西方之反抗，表現於日本之欲建立大東亞共榮圈、與美國戰爭，及表現於中共之反西方造核子彈，與美蘇爭霸。二者皆同源於西方式之軍國主義，亦皆只表現東方對西方之報復或反挑戰。此爲一階段中所不能免。但此不代表東方文化之生命精神之眞正復興。此眞正之復興繫於對此東方人之何以能在一時如此傾心攝受西方文化之反省，由此反省而認識東方人之生命精神之內具一極廣大之能攝受一切之空間。而東方人實先依此空間以攝受感通自然人間神靈，以創造其特殊之文化，而此文化，乃本質上優勝於西方之人神對立、人與自然對立、人與人平等對立之文化者。由此自覺，則依其今日之傾心攝受西方文化，亦只是表現其生命精神之攝受量之一歷史階段中之事，故不可弄假成眞，而竟忘其文化之生命精神之本原所在，與其本質上的優勝於西方文化之處。則在當前之情勢下，東方人對西方文化儘可一面放開胸懷加以攝受，而愈攝受則同時愈自覺其生命精神之空間量之大，亦同時愈自覺依其對自然人間神靈皆能攝受感通而創造成之東方之藝術、倫理、宗教——總而言之卽東方之禮樂文化——之優勝，則對西方文化之攝受與對東方文化之性質與價值之自覺，可並行不悖，而東西文化於此卽可得一眞實貫通之道路了。

五、東方文化之本質上優勝於西方文化者在何處之討論

㈠文化價值衡量之標準。目的價值、歸宿價值，與受用價值、存有價值，高於手段工具價值、過渡價值、應用價值與佔有價值之原則。此一價值標準，亦可依西方哲學思辨而建立——以存在主義之哲學思想爲例。

㈡文化中之宗教、文學、藝術、道德倫理、日常生活之價值，乃人之生命之目的價值、歸宿價值、受用價值、存有價值之所在。

㈢宗教中之神人對立，以神人合一爲歸宿。文學藝術中自然與人對現，以自然與人合一觀爲歸

宿。道德倫理中狹義的種族倫理、階級倫理，以普遍的人道倫理爲歸宿。依平等的人格尊嚴與人權觀念，而有之倫理道德，以人與人之相互的內在之倫理道德爲歸宿。

㈣社會組織政治必依於倫理，階級的社會政治以人之職業與其意義通流於全社會及民主政治爲歸宿，民主政治以尊賢讓能之兼禮治的民主政治爲歸宿。

㈤經濟與對自然之科學技術以成就人之日常生活之藝術化、道德倫理化（卽禮樂化）爲歸宿。故經濟之生產交配，分配非經濟之最後目的，此最後目的在對財物之使用與消費之道，在能否達到人之生活之禮樂化之目的。

㈥依上列之文化價值之標準之論，可就東西之文化理想及過去之歷史事實，以逐步確定東方文化之本質上的優越於西方文化之所在。但此不礙西方文化可爲東方文化所應用之工具的價值。

六、東方文化之生命精神的根源之哲學的討論

西方人對東方文化之生命精神，亦能有同情的理解與欣賞，但尚不能傾心攝受，而東方人對西方文化，則已能傾心攝受，此由何故？

㈠東方人之生命精神之攝受量問題。人之生命精神間之關係或可喻爲力學的平衡關係，或可喻爲電磁的感應關係——感應圈之大小與其攝受量之大小成正比。此吸攝感應圈，又各爲生命精神之內在

的空間——對此空間之自覺，與對由此空間所出之感應之性能之自覺，賴一深度之哲學智慧。

㈡印度之哲學宗教中之空慧與般若慧，道家之虛慧、無慧，及儒家之仁心感通慧，爲東方人能攝受感通於自然與人間，以至神靈世界於一己之內在的生命精神的空間，而創造印度之宗教文化、中國、日本之禮樂文化之根本。

㈢但東方人如不能「自覺其生命精神之攝受量之大與由之而創造之文化之價値」，而只本之以傾心攝受，其今所遇之西方文化，則亦可泯失沉陷其自己於所攝受者之中。旣泯失沉陷，而又不甘心，則必然表現爲崇尚西方之反西方之思想——卽馬列主義。此卽由道入魔。反之，而能有此一自覺，則可本生命精神之攝受量，以攝西方文化之一切有價値之部份，而仍不失其自己，亦不失其「對其源而創造之宗敎藝術道德倫理與日常生活之價値之肯認」，而再由魔入道。

註：本篇爲手稿，作於一九七三年，未發表。——編者

在中華哲學協會第四屆年會上的發言（註）

今天中國傳統的哲學漸受重視。過去我們在大陸的哲學系，所講授的差不多都是西洋哲學。就算有人研究中國哲學，也多是外國人而非中國人，那時很少有中國人研究中國自己的哲學。現在卻不同了，有不少中國人研究中國哲學。但是，今天的哲學不能再孤立了。東西方漸趨向融滙之路。而東西方哲學交流最大的困難，是翻譯上的困難。因爲東方文字不易表達，所以大多數只能翻音。如陰(Yin)、陽(Yen)是。但翻音需要加以解釋。而西方文字翻成中文亦有困難，因爲西文單字太長，不易新造一字。而中文可以數個單字拼成一新詞，比較方便。中文之缺點則是彈性很大，定義不清楚。

如「敬」字在翻譯上只能加以解釋，沒有一已有之英文字可以翻。又如「理」字，翻成 Reason, Principl 都有問題。翻譯成「理」字之音，並另加解釋卽可。「良知」一語亦以翻音並加解釋爲當。

過去的翻譯工作，如光啓社，翻譯工作就很不錯。我們目前可翻譯西方可以一讀的東西，印爲一套。商務、中華均已絕版之譯本亦可重印。這種工作對於不通英文或雖懂英文而不能用中文表達者，均有用途。目前專爲初學編印淺近易解之叢書十分缺乏，但卻十分重要。可重印若干好的絕版書。

對於不同解釋加以整理。如本人講「道」字，卽曾作多種解釋。要以「概念」作焦點，加以研究。找出那些概念與西方相對應，那些沒有對應。亦可以以「問題」爲中心，找出他們（西方）重視那一類問題，中國重視那一類問題。

要有程序。如利馬竇，他的譯本中文程度亦不錯。嚴幾道亦佳。翻譯求其盡善頗爲不易。中國人先接受西方，然後由西方教士介紹中國文化，現在則由中國人自己介紹。起初如魏禮賢（德）得勞乃宣之助譯易經譯得很好。翻譯亦眞不容易，英文大師如辜鴻銘翻譯之論語，亦受批評，其他人更不用談了。由於事實形成，各國文化已在交流，如有些國家舉行王陽明五百週年紀念，卽其一例。近代歐美多有學生暴動亦前所未有，可以說明西方文化之缺點。日本亦然。單獨來說，西方頗有缺點，西方人之驕傲慢慢減少。

西方現在之哲學，如牛津學派及美國之語言學派等，多忽視倫理。但符號邏輯之用途頗可懷疑。與數學連繫不一定有用，必須與其他思想方法連在一起才行，現在邏輯進步甚大，概念也比較淸楚，但光這些是不够的，必須兼而重視倫理。至於推廣倫理教育之方法有如下述：㈠將倫理教育編入小學教科書，以「人」爲先。㈡通過故事。㈢通過文學（小說詩歌、歌曲、戲劇……）㈣中國之格言短而有力，乃極有價值之倫理教育，可以在公共場所懸掛格言，旅館等處亦宜懸掛。㈤繪畫可以幫助倫理教育之推廣。如天主教將聖母及耶穌畫上穿中國衣服，使人有親切感。廣泛之倫理教育要找大家無爭論的，共許的。如「愛人如己」，對於儒、耶均適用，但在學術研究上則爭論頗多。所以推廣倫理，不必講哲學基礎，不講哲學基礎則無爭，例如找出幾個愛人的故事加以描寫，則有效而無爭論。中國許多的格言，爲大家所共許，各派哲學均應無爭。例如朱子之近思錄，即係把可爭的形上部份去掉。共許之歷史、文學配以美術，乃最好的推廣倫理之方法。如豐子愷之畫即係倫理教育（愛護動物），也可以通過音樂來表示。只有通過文學、藝術，倫理教育才能生根！倫理學應重「描述」而非「解釋」，如「愛人如己」，但只描述即可，不必解釋爲什麼。因爲解釋可導至爭論。例如多馬斯乃由有爭論才解釋，可導至爭論。哲學家之爭論最好互相觀摩。現代有些理論上之倫理學，亦有只描述近代人所重視者，使讀者由欣賞而體會。具體之生活，具體之生命最重要。光談理論是不行的，倫理要在多方面潛移默化。歷史、文學，如儒家之詩教（興於詩）、基督教之讚美詩均是。天天講理、氣、道也不行；化民成俗，則非有具體之方法不可。

註：本篇爲打字稿，摘錄自「中華哲學協會第四屆年會紀錄」（一九七四年）。——編者

書生事業與中國文化

一

明報月刊十周年紀念，是值得慶賀的。其所以值得慶賀之理由之一，是因整個明報之事業，現已可說爲一相當成功的書生事業。此所謂書生事業，是指一先有文化性的思想觀念，而後才生根於社會的事業。此卽初不同於先有經濟上之財富，依傍政治權力而有之一切事業。

說到書生事業，我首先想到淸末民初之張季直先生。張先生一方辦實業，一方辦南通書院的教育。其事業是一模範的書生事業。其次，我想到梁漱溟先生及其他從事鄉村建設的先生們，他們的事業，亦顯然是先有文化思想上的觀念，然後從事於實際的鄉村的社會建設，經濟建設。再其次我想到張菊生先生時代之商務印書館。張季鸞先生時代的大公報，亦是一有理想，而能自己在社會生根的出版或新聞事業。這些大皆爲世所共知，但我今尙擬舉出不大爲世所共知，而爲我個人所敬重的兩個書生事業。

其中之一個，是盧作孚先生所領導之民生輪船公司的事業。盧先生是我讀小學時的老師，他並沒有讀過大學，他開始民生公司的事業時，只有一條小船，在重慶與合川之間的川江中航行。此小船之特色，是船上有小圖書室；又船到合川碼頭後，可直上一山峽的圖書館，其中藏有四川近世名賢之手蹟等。盧先生從此小船，開始其書生事業，而在對日抗戰前，即幾收買了川江中不善經營的其他輪船公司的全部輪船。在抗戰時，民生公司之輪船，兼擔任運輸軍隊，往來長江上下游的責任；在抗戰完結後，盧先生曾一度任國民政府的交通部次長，後來則計劃發展民生公司之國際航線。他的生活之一直刻苦，其友人稱之爲當今之墨子。但中共佔領大陸後，他在大陸的事業，即被收歸國有。他的死亡，據說是自殺的。但現在香港與九龍間的渡海小輪，大皆標有「民」字號則都是由他的公司賣出來的。

再一個是我的家鄉四川宜賓一位姓熊的先生的計劃的寶元公司的事業。此一事業，在開始時只是一雜貨店，進而成一小百貨公司。此公司之特色，是店員同時要自學讀書，還有一相當平等的福利制度，及共同的生活方式——如職員之衣服，無論地位高低，皆穿布的中山裝……。此百貨公司，在我家鄉時名寶元通，漸附設小工廠。此寶元通之商業與工廠的事業，由金沙江與岷江長江交界的中國最偏僻之一地，四川宜賓，發展至四川瀘州，稱寶元瀘；再發展至重慶，稱寶元渝；至漢口，稱寶元漢；至上海，稱寶元滬。亦是中共佔據大陸後，其事業全歸國營。現在香港荃灣的寶興紗廠，正是遙承此一工商事業系統而來的。

我之要舉出盧熊二先生之書生事業，一方因其事業之遺跡還在香港。實際上以中國之大，在各地以書生，而不爲個人私利，而成就種種社會事業的人，一定不少。不過我們不知道，不注意而已。如我們天天在香港九龍間往來，有多少人注意此渡海小輪的名稱，上有一民字者，皆是盧先生的事業之遺跡呢？

二

現在我想再擴大一步說：書生事業，原是中國文化精神之一表現。據說在未有現代銀行以前的山西票號，最初是顧亭林先生所設計。則山西票號，即是顧亭林先生的書生事業。在清末之揚州與廣州之商人，對刻書的事業之幫助，則是商人之商業的事業，幫助書生之文化事業。從明以後之中國之海上貿易看，中國人早有經營世界性的商業之才。但在整個中國文化中看，則一切商業，恒須服從中國士人之從政者心目中的整個的政治文化的目標。依此目標，而孟子即以壟斷的商人爲賤丈夫；自漢以來，政府即有抑制商業之過份利得的政策。司馬遷的貨殖列傳，溯中國之商人之始，於孔子弟子之子貢，及陶朱公。子貢固然初是書生，陶朱公先從政，名范蠡，後隱於五湖，名鴟夷子，乃道家型的書生。則子貢與陶朱公之經商，亦皆是書生事業。

在中國傳統文化中，士人學而優則仕，從政原是書生事業。士人多自農人出身，士人未仕以前，罷官以後，皆事農耕，則農耕亦是書生事業之一。此則由於在中國古代之農業文化中，自來之政治上之人物，卽出自田間，然後論語有「禹稷躬稼而有天下」，孟子有「舜發於畎畝之中」、「伊尹耕於有莘之野」的話，詩經有讚頌后稷至文王從事稼穡的詩。

因商業可以是書生事業，故有儒商之名；又如醫可以是書生事業，而有儒醫之名；從政是書生事業，故有仕學之名；農耕是書生事業，故有耕讀之名。則在中國文化中，書生事業，實可遍於一切行業。由此而在中國傳統社會中一切行業的人，對書生同有敬意，然後有過度的成語如「萬般皆下品，唯有讀書高」一類的話。人若以此類成語，來證明中國以前讀書人除讀書以外，全是四體不勤，五穀不分，一切行業的事都不做，則是不合事實的。實際上中國人講學問，都要講知行合一。行卽實踐。此實踐或是做人的實踐，或是作事的實踐。眞正的中國學人莫有不是有知有行，有做人的實踐，亦有作事的實踐的。而在作事的實踐中，則從政，從商業、農業、醫、或其他，皆是無所不可的。

三

實際上把求知讀書的事與實踐的事分離，是西方文化的傳統，而非中國文化的傳統。在中國，只有近百年一些西洋留學生，與受西洋式教育的現代中國知識分子，才有爲知識而求知識，不會做人、做事，只知享現成的情形。在西方，則在希臘的奴隸社會，照恩格思之「家庭私有財產與國家起原」所說，雅典全盛時代，自由民九萬人，男女奴隸卽有三十六萬五千人，平均每一自由民有四個奴隸。故勞働的事皆由奴隸作；爲自由民的知識分子，卽不須做勞働生活上的事。亞里士多德在他的「形而上學」一書中說，世間的學問，以不關實踐之純粹理論觀照性的哲學爲最高；如在競技場中，以坐看競技而不動的人，其社會地位最高；競技的人，低一等；其餘之工作的人，與賣東西的商賈，又更低一等。哲學之名，初卽愛智之義，故希臘之哲學家，可有知而無行。此與中國古代之農業社會中之聖王、哲王，卽出於農工，必知行合一，以成其德，顯然是不同的。此希臘哲學家之將知行分離，正所以建立一尊重純粹知識的哲學科學之西方文化傳統，亦不能說全是不好。但要講知行合一之學，則須反此傳統。如杜威於五六十年前之「哲學的改造」一書，卽嘗指出此由希臘而來西方哲學傳統，須加以徹底改造。馬克思之「弗爾巴哈論綱」，說哲學家不當只理解世界，當改變世界，亦正指西方哲學家而言。

對於西方經濟史、文化史中，商人的地位之演變如何，我們所知太少。但我們在希臘羅馬史中，未聞有子貢、陶朱公之人物。我們只知中世紀之教會曾禁止商人之高利貸，又知直至近代之猶太商人，如莎士比亞之「威尼斯商人」，仍是唯利是視。中古之商人，如何轉變爲近代之商業資本主義、工業資本主義、金融資本主義中之商人與資本家之儘量求積聚財富，崇拜財富，我們所知亦不多。但是在西方近代，商人之力量，不肯受一切原有的社會政治文化的力量之控制，轉而要控制整個社會政治文化發展的方向的情形，則顯然是中國以前文化中所莫有的。

希臘的哲學家看不起農工商，而西方近代的商人與資本家，卻轉而要求控制整個之社會政治文化。這是一西方文化發展的大反動。至於對西方近代的商人與資本家的勢力，要加以反抗，或控制，以致加以消滅的，則是西方近代之社會主義者，如馬列主義者，此可稱為西方文化發展的反動的反動。

西方之馬列主義者，原要革正宗西方文化的命。馬列主義者，以近代西方文化，只是一資本主義經濟控制一切的文化。由此上推過去歷史，而說人類的文化歷史，亦自來受其經濟生活的形態所決定；由此下推人類的未來的歷史，則是在今日之資本主義社會中，被壓迫的無產階級起來專政；而馬列主義者所組成之共產黨，則為此階級之政黨，而當代表此階級，對其他階級專政。以此一專政的政治力量，代替資本主義，而控制一切的學術文化，即是馬列主義者的野心。

但此馬列主義並未能在代表正宗的西方文化之西歐與美洲，取得勝利。此因西方近代之資本主義經濟，雖有弊害，但亦有一自己矯正其弊害的力量。西方文化的本原之希臘哲學所發展之近代科學，以及自希伯來接受之基督教，皆是一超經濟上之階級之分的文化力量，並不全受資本主義的經濟控制，亦不容許想代替此資本主義的馬列主義的政治思想，加以控制。馬列主義原想對西方文化亦進行世界革命，但爲西方文化本原之希臘與希伯來之文化，自有其正面的意義與價值，則絕不是「只爲西方文化的反動的反動，其本身無正面意義」的馬列主義所能代替的。馬克思之預言夢想西歐之共產主義革命，正是注定要不驗的。

四

馬列主義，未在西歐勝利，而先在東歐之俄國勝利。此何以故？此乃因俄國，原在資本主義的經濟發展中，是落後國家，而受西歐之經濟力量之侵略與壓迫的。俄國民族要站起來，須反抗此西歐之資本主義；而馬克思正是出於西歐，而反西歐之資本主義者。儘管馬克思在其書中，極討厭俄國，亦從不對俄國之未來抱何希望；俄國之民族主義仍與馬克思主義結合，成後來之列寧斯太林主義；俄國之民族主義中原有之「救世主的使命感」如俄哲貝加葉夫 M. Berdyaev 所說，卽化爲世界革命與征服世界的野心；而使俄國成今日之社會帝國主義。

馬列主義後來又在中國大陸取得政權，竟至以綠野神州的中華大國，而取蘇俄之衞星國之人民共和國之名，而不以爲恥，此又何以故？則此亦初是由：中國嘗受西方之資本主義之侵略與壓迫，於是中國知識分子，亦不管馬克思之曾譏笑侮辱鴉片烟戰後的中國，如木乃伊中的殭屍，見風卽化；而仍要去接受馬克思主義，再加俄國之列寧主義，成馬列主義；以反西方資本主義，此自亦有以西方的東西，反西方，而使中國民族站起來的動機。然而若非因中國之傳統文化思想，自來不將商業之地位，凸出於整個社會政治文化之上，中國知識分子對於西方之資本主義，亦不會有一先天的厭惡，而會在一時選擇此針對西方資本主義的馬列主義的。此中國知識分子之一時選擇馬列主義，並不「由於馬列主義」，而「由於欲以馬列主義為工具，以對付西方資本主義的侵略」。為此工具的主體者，只能是中國人，與中國原有的文化。

平心說，中國人如能本其文化中之人文精神自作主宰；知中西文化歷史之不同，不以馬列主義為解釋過去中國文化、指導中國未來文化之最高原則；而只以之分析西方近代資本主義社會之一方面，而加以批評，以為抵抗西方資本主義的侵略的工具之一，此原如以西方的學術反西方，以夷制夷，以牙還牙，以毒攻毒，莫有甚麼大不好。中國之馬列主義者，最初亦是有理想的中國書生。但馬列主義尚有對人類過去文化作徹底革命的野心。馬列主義要以經濟上之一階級卽無產階級，唯一的政黨卽共產黨，控制人之全部的政治社會生活，與全部的人之文化生活。如對人之宗教、道德、倫理、科學、哲學、文學、藝術之文化生活，馬列主義者無不要以其政治力量，加以主宰控制，使人之文化生活，更無創造性的自由。馬列主義並不自甘居於一工具的地位，它要自成一絕對的目的，絕對的主體。如列寧嘗自稱其主義事業為第一因——此第一因在西方原指上帝，此卽形成一人類文化思想上之大顚倒、大迷亂。實際上馬列主義在最初不過人們對西方近代資本主義經濟的反省，而有之一種經濟思想。將此思想擴大爲唯物的經濟史觀，以與近代資本主義者之唯利是視，針鋒相對，正是出於一個經濟的眼孔的轉動之兩面。人類之宗教、道德、文學、藝術、哲學、科學的思想範圍，與生活範圍，大得很；馬列主義者於此等等之所知，少之又少。他們有何資格要來控制人類之多方面的文化生活？他們爲什麼敢於說要對人類文化生活，來一個徹底的革命？則此除由馬列主義之唯物的經濟史觀之本質上的狹隘性、獨斷性、排他性以外，兼由於後來之馬列主義者，在獲得政權以後之貪得無饜的權力欲。依此權力欲，而馬列主義者可以對於他不懂的一切人類文化生活中的東西，都加以壓制、摧殘、毀滅。俄國之馬列主義者，卽已壓制宗教，摧殘學術，於歷史可以改竄，於科學的定律，亦可不許人講述。而中國之馬列主義者，則可以對於孔子以降一切聖賢人物之人格，任意誣蔑；對中國歷史文化中之一切事物，任意曲解；而仍對中國學術思想，心懷畏怖，而終於有文化大革命以來之效法秦始皇之焚書坑儒，而逼使大陸之書生只能去發掘墳墓中的遠古文物，以充當活的中國文化，而聊以自慰。由此等等，而馬列主義者，卽走入反人文、反中國文化的魔道。毛澤東曾說馬克思現已是地獄中的閻王（見「毛澤東思想萬歲」一書），他的意思是稱讚馬克思之權力無所不到，人死了，亦脫不掉他的裁判。但大陸書生發掘墳墓的事，穿到地獄時，會發見此一反人文反中國文化的地獄中的閻王，恰巧是一魔鬼的容貌。

但馬列主義者眞能對人類文化作徹底的革命，對一切與馬列主義者想法不同的人類文化中的東西，都能加以壓制、摧殘、毀滅嗎？照我們看來，仍無此可能。因爲馬列主義者還是一個人。中國的馬列主義者，還是中國人。人對於人性的尊嚴，人類文化的價值，終將認識；中國人對中國民族的民族性，與中國文化的價值，亦終將認識；中國的馬列主義者，對於他們自己這一些中國人，何以一時會相信馬列主義的原因，亦終將認識。這一些中國人之所以一時會信馬列主義之原因，乃如上文所說，因中國民族要站起來故要反西方之資本主義及連於此資本主義的帝國主義的侵略，而這一些中國人之所以對西方資本主義有先天的反感，則因其先生活之中國文化的傳統中，原不容許經濟上的力量控制人之政治社會文化生活的全體。

但是中國文化之傳統，不容許經濟上的力量控制人之政治社會文化生活之全體，乃要使商人爲儒商，要使經濟事業成書生的理想所主宰的事業；同時亦卽是相信：人之政治社會文化生活的理想，人之人格，能決定人之經濟生活；因而不能相信經濟決定一切的經濟史觀，亦不能相信經濟上之任何特定階級，不管是資產階級，或無產階級與爲其代表的政黨——應當獨佔政權，以控制人之政治社會文化生活的全部。故此中國文化傳統，一方是馬列主義之所以在一時會爲一些中國人所接受之理由，一方亦是馬列主義必須再被全體中國人加以轉化，超越，否定之理由。

上文最後二句，似乎有矛盾，實際上並無矛盾。我要重說：一些中國人之所以一時會接受馬列主義，是因中國之傳統文化原不喜西方資本主義之控制文化生活，此乃依於中國之數千年來，原有一以人的文化生活，指導主宰人之社會、政治、經濟生活的理想與實際。依此理想與實際，卽同時不能承認馬克思之經濟史觀與只建基於其經濟史觀之政治社會文化思想。依我說，現代中國人之思想道路，何去何從的關鍵，卽在我們之能否自覺到：此使中國人在一時會接受馬列主義的中國傳統文化背景與中國人之人性，其本身原是一超越於馬列主義以上的，而在原則上遠較馬列主義爲偉大神聖的東西。若無此自覺，則中國文化沉淪，中國民族沉淪，中國之馬列主義最後亦將沉淪，因皮之不存，毛將焉附。若果能有此自覺，則中國文化再生，中國民族再生，馬列主義必然被修正，被超化，被否定，而終於死亡。然而在此馬列主義死亡時，中國人之所以一時會接受馬列主義，以反西方之經濟勢力的侵略之目標，則眞正的達到了、完成了，這亦可說是馬列主義的成功。馬列主義只有其死亡時，才能成功。此中正有一辯證法的智慧。希望中國馬列主義者回頭猛省，早日返本還原，爲堂堂正正的中國人，爲黃帝堯舜禹湯文武周公孔子的子孫，不要當反人文的、反中國文化的地獄中的閻王治下的獄卒與牛頭馬面。

馬列主義被修正、超化、而死亡以後的中國，將是一以人之科學知識、藝術、文學、宗教、道德的文化生活，領導社會政治事業，社會政治事業領導經濟事業的，而表現人文精神的中國。如依本文之題目說，卽此時之社會政治經濟事業，全要化爲書生之表現其創造性的自由之事業。此時，無產階級的「無產」不是什麼光榮；光榮乃在人人有產，而皆受教育，而「有知識」，亦無不成爲有創造性的自由的大大小小的書生。但這只是理想中未來的事。當前的事要在對「書生事業與中國文化」的關係，有眞正的認識。同時對於現有的書生事業，希望其更能發揚光大。明報的事業，卽我希望其能更發揚光大的事業之一。卽以此慶賀明報月刊十周年。

著者附註：本文原是爲慶賀明報月刊十周年而寫，初並不想涉及太多的大問題。但隨筆寫來，又談到大問題上去了。短文自不足盡我之意，讀者於此文有疑，應看我之他書。我最近出版之「中華人文與當今世界」之論文集二册（東方人文學會出版，臺灣學生學局、香港新亞研究所發行），有五十餘萬字，尤可供參考。補本文的不足。今借明報月刊將此書目錄載於後，有興趣者可去找來看。

（一九七六年一月「明報月刊」第十一卷第一期）

人的存在問題與中國文化

——在臺北實踐堂講演辭（註）

今天講的題目是「人的存在問題與中國文化」，擬分為四點來講。

第一：人的存在問題的四方面

第二：西方現代存在主義哲學的問題

第三：中國文化中對人的存在問題的解答

第四：從解答中看中國文化的偉大

本講範圍很大，而時間很短，只能提幾點意見供各位參考思索。如有機會的話，願請各位指教。

人的存在的四方面

關於人的存在可由四方面看：

一、人在自然界的存在

⑴就「物」而言，如房屋、茶杯的存在，存在就存在，不會有問題。一般自然物對其本身亦不會產生問題，因自然物的存在，不會超出他自己來反觀自己。

⑵從「人」的方面，就存在的事實言，人與一般自然物同是存在於自然界，但人能超出自己反觀自己。

人能反觀自己，這就產生問題；卽產生人存在於自然界之問題；同時，有其如何存在於自然界之問題。

二、人在人間的存在

人與自然界的物，就存在的時間、空間言是相同的、差不多的。不同的是人尙有如何存在於他人心目中的問題。我如何存在於其他人心目中，例如我如何在我父親、哥哥、社會的心目中存在?若一個人不在任何一個人的心目中存在，只有在自然界中的存在，則這個存在對人來說是不會滿足的。假設外太空某星球中，只有一個人在那生活、存在，則此一個人可能生活不下去，因爲人要求在別人心中的存在。

三、人在超人界的存在

除了人在自然界、在人間的存在外，人之存在尙有其如何存在於超人界的方面。如：神、上帝、佛、菩薩，卽屬於超人界。我們人如何存在於超人界？怎麼使上帝、神、佛、菩薩的心目中有我的存在？

四、人之存在於自己

我們是否能存在於我們自己？在某種情形下，我們怕看見自己，不願看見自己，想逃避自己，則我們就不能眞正的存在於自己。人要能存在於自己，自己與自己相處得很好、很平安，並不容易。與別人相處，固不易爲。就是與自己相處，有時也很麻煩，自己會同自己搗亂，產生無明煩惱。

人之存在問題，大概可分成上述四點：一是如何存在於自然界，二是如何存在於其他人心中，三是如何存在於超人界，四是如何存在於自己。存在於自然界是存在於地的問題，存在於他人是存在於人的問題，存在於超人界的神佛是存在於天的問題，存在於自己是存在於我的問題。合起來可稱爲天、地、人、我。若人能同時存在於這四方面，則人的存在問題卽可以完全解決，若有一方面欠缺，則人的存在的問題卽未能解決。

存在主義哲學家如何感受人的存在問題

西方的存在主義哲學是一個很時髦的哲學。我發現他們所硏究的問題，歸根結底就是對人存在的四方面：天、地、人、我的問題。最早的存在主義哲學家齊克果，他最初感到的問題是宗教的，是西方哲學中，人如何存在於天（神）的問題。他感到人神之間有很大的距離，他感到人與神並不親近，好似有一深坑，這個深坑似跳不過、跨不過去，而使人不能存在於神。在這種感覺之下，人產生了無數的戰慄、煩惱。此人之如何存在於神之問題，卽人如何存在於天的問題，是西方存在哲學最早的問題。西方早期的存在哲學家，除齊克果外，另一個人是尼采，尼采也是一個了不得的人物，最後爲他自己所思想的問題苦惱而瘋狂十一年，以後再醒起來，對自己所寫的書也認不出。他可說是近代一個悲劇性的天才哲學家。他所感到的存在問題與齊克果相反。齊克果認爲上帝存在，人無法接近，無法使我得以存在於神。尼采說上帝死了，這時代是個上帝死亡的時代。尼采沒有存於天的問題，因爲上帝死了。但另有問題在他心中：首先爲人如何存在於自然的問題。以近代科學說人是進化的產物，則不能說人不再進化；若再進化，人就要成爲超人。若說人是由猴類生物進化來的，則人類進化到超人時，超人同人的關係等於人同猴類生物的關係；超人在人之上，如同人在猴類生物之上。如果相信自然進化是眞的，則進化到人，不能說不再進化，則人是可進化成超人的。如果人可進化成超人，則超人超出一般人一等，則此超人是否能在此社會中存在。尼采嚮往超人，他看現在的一般人等於現在的人看猴子一樣。於是尼采的存在問題就變成超人如何存在於人類的問題。假定超人不能存在於現在人類，則更不能存在於自然界，因爲超人是自然界超出自己的產物。自然界不斷地進化，不斷地超出他自己，而產生超人，結果超人不能生存於自然界。這個超人上不能存在於上帝，中間不能存在於人類，下不能存在於自然，則這個超人是懸空的。在懸空的心境下，便不能不瘋狂。尼采嚮往超人而瘋狂以後，他自己也不能存在於自己。於是對人之存在的四個問題在尼采皆不得解答。他不能存在於上帝，因爲沒有上帝。他不能存在於人類，因爲他是嚮往超人。超人超出自然界意味着他不能存於自然界。最後超人也不能存在於自己，因爲他要超出他自己。

尼采之歸於瘋狂，其意義也許是很深的，因爲人類是有這許多問題的。尼采沒有很好的辦法解決，所以成了悲劇。雖是悲劇，但卻是一具有深刻意義的悲劇。至於西方現代之存在哲學家，可舉數人爲例，以見其所感受之人的存在問題之不同於齊克果與尼采之處。一是海德格，一是馬丁布柏，一是馬色爾。這三位哲人所講的人的存在的重心，均爲人如何存在於他人的問題。馬丁布柏與馬色爾同樣感到在現代工商業社會中，人只是以生產者、消費者、交換財物者的身份存在，這卽是以一種一般人或街上人的資格而存在，不是以一獨立個體人的資格存在。比如在商店中買東西，是以一個一般人的資格買東西。對商店而言，任何人買東西都是相同的，他們是收一樣的錢；商店並不注意個體性的人，如買者之姓名、個性、來歷等等。對商店而言，人只是單純的購物者。又如人在工廠中做工，也只是一個單純的做工人。個人的特性於此亦是不重要的。此中之人若變成一機器人，只要他能照樣付錢買東西，能在工廠中做工，商店與工廠照樣歡迎。所以在工商業社會中，有了機器代替人工作，就可以不要人。此乃因在今之工商業社會，人的存在只是以一個一般人或街上人資格而存在，不是以一個有姓名、有特殊的個性之個體人而存在之故。這三位大哲學家都認爲在今天的工商業社會中，完整的個體人是失落了。

由此進而談到在今天的工商業社會中人與人的相互存在。馬色爾和馬丁布柏認爲：我是「I」，別人是「you」，但亦可被看成「it」。馬色爾和馬丁布柏所注意的就是如何將「I」和「you」、「it」的關係，變成「I」和「thou」的關係。「you」變成「thou」表示尊重。但現代人並沒有一個「I」和「thou」的關係，只是「I」和「it」的關係。「it」是物，並不是「祢」，因此現代人與人的關係中並沒有一個眞正的「祢」存在，而我在你的心目中也沒有一個眞正的「我」存在。上述這一問題在我們東方人的心中，並不深切感到，因爲我們尚未高度的工商業化。在西方，高度工商業化的社會，他們會感到這種自己人的資格失落的問題。這可說是馬丁布柏、馬色爾以至海德格所共有的問題。馬丁布柏、馬色爾解決此問題的方法是要使人與人的關係成爲「I」和「thou」之關係。另外一位法國的哲學家沙特，他認爲人與人之間，「I」和「thou」的關係建立不起來，他說我同人的關係只能把別人當作對象 object，我是 subject，我是主體。當我認識一客體時，客體只是一對象，是在我這主體之下的。當二人相對時，我要認識你，把你當成 object，你要認識我，也把我當成 object。這時兩人互相爭奪當主體，把別人當客體。人把對方當成客體，則這客體與物差不多，因爲物只是 object。把人當成 object，則人與物一樣。人不願當物，要當 subject，但有時是不成的。沙特舉一例說明：一對夫婦，當太太醒時，丈夫覺得他自己不能眞正的存在，因爲太太要認識他，把他當客體，他就不是一個絕對的主體。一定要他太太睡覺的時候，這時丈夫才能把太太當作客體，他才覺得他自己是眞正的存在。這種想法很奇怪，我們中國人不一定會有，西方人也不一定都有。馬色爾、馬丁布柏就沒有。

存在主義哲學家的第四個問題是人如何存在於自己的問題。西方有一位德國心理學家旅居美國，叫佛洛姆（Erich Fromm），他從佛洛依德、阿德勒（A. Adler）的變態心理學來研究人的心理。他說人的心理，常會產生心理變態，卽自虐狂，或被虐狂。在某種情形之下，人怕看見自己，一定要出去，到街上、到教堂、去旅行、在家裏住不下。這表示這個人不能與自己生活在一起，自己不能在自己內存在，所以要逃出去。在變態心理學中，是有些人要借虐待自己、或虐待別人的時候，才覺得自己存在。或看見別人痛苦，自己才覺得快樂。佛洛姆就是用這個來解釋人會在某種情形下逃避他自己、逃避他自己的自由。人可以逃避自由是現在集權主義社會所以存在的理由。依佛洛姆的意思，希特勒、史達林、毛澤東能造成集權社會，就是因爲在某種情形之下，有些人逃避了他自己的自由；集權者得以虐待人民，因爲人民甘願受虐待。這種情形在一個狀態、一段時間之內是可以的，但不是永遠的，因爲自由的要求是壓制不住的。

中國文化對人的存在問題的解答

西方的存在主義哲學，大體上，可分成四個問題：你怎樣存在於天、存在於神？怎樣存在於自然界？怎樣存在於他人的心中？最後怎樣存在於自己？現在我試從中國文化立場，看中國文化，對此四個問題究竟答覆到甚麼程度作一解答。中國文化的範圍很大，有不同的講法。現就以中國文化中，從最早的周朝傳下來的禮、樂精神來解說人存在的四個問題，並把其長處、短處說一說：

第一，人存在於自然界的問題有三方面。先是人如何去掉自然災害的問題，如征服水旱災、蝗蟲等自然災害，再是人如何利用自然界的物質能力創造人類文化的問題，這兩個問題都要靠科學技術來解決，單是哲學是不能解決的。中國文化不是反科學。李約瑟的「中國科技史」，講中國的科學在宋以前決不在十八世紀的西方之下。中國文化講利用厚生，利用自然界物質能力來豐厚人類生命的存在，自然亦包括了對自然災害的征服。但以現代科學之標準來看，中國的科技對上述問題的解決仍是不够的。不過人存在於自然界，縱然能去掉自然界的災害，能利用自然界之物質力量創造文化，人仍可以覺得不眞正存在於自然。因爲如只講去掉自然災害以征服自然，自然卽是我們的敵人；如只講利用自然界之物質力量創造文化，自然卽只是我們的僕人，是被利用的對象。人在自然界中，只看見敵人、僕人，並不能滿足人在自然界中存在的最高要求。人需要在自然界中過其藝術性、審美性的生活，能欣賞自然界的美，在自己生活中與自然界有一種默默的感通，才會覺得自己眞正存在於自然界。陶淵明詩：「孟夏草木長，繞屋樹扶疎。衆鳥欣有託，吾亦愛吾廬。」這種心境，草木生長，圍繞我的房子；鳥喜歡樹，我喜歡房子，而房子在樹林裏。這時的我就生長在自然界的生命之中。重視這種藝術性的、審美性的在自然界中的生活，便是中國文化了不得的地方。在中國山水詩、田園詩、山水畫，中國的建築、園林、彫刻，可見人與自然分不開。如中國的亭臺、樓閣就是在自然界中，與西方古代堡壘式的建築是不同的。因堡壘與自然界分開，而亭臺樓閣在自然界中。人在亭臺樓閣內，亭臺樓閣在自然界裏；這時的人才眞正感到他的生活在自然界內。這使我想到中國未來都市建設的問題：如何使都市鄉村化、園林化，這需要很多的金錢、勞力，但從理想的社會上言，是値得的。如中國從前的都市杭州、蘇州就是園林化、鄉村化。如我們現在的中國一步步工商業化，上不見天，下不見田，如紐約般，人就不能覺得他眞正生活在自然界中。都市園林化、鄉村化，就功利立場上說是不行的，但從文化立場，一定要把工業、商業、農業打成一片。這是中國未來文化應有的理想，也是中國文化對上述人存在四問題的第一問題的解答。

第二，中國文化中對人存在於別人的問題的解答。在經濟生活裏，人參加經濟生產，獲得分配、報酬，按照現代西方存在主義哲學言，這只是使人以一個普通人或一般人的資格而存在，並不能使人眞成為一有個體性、特殊性的存在。人要成一有個體性、特殊性的存在，首先在經濟生活中人要參加共同的生產管理，與人共同工作，使每人的主動性都可以顯示出來，這可說是經濟中的社會政治生活。在社會政治生活中，每人都有其地位、名譽，由此人在社會中才有眞正的存在。但由人之參加共同的生產管理以發展人之社會、政治生活，在中國文化中似尚未能眞正重視。人由其有賴於經濟、社會、政治性的生活，可使人在經濟、社會、政治之活動中，得一存在地位，但整個的人是否能存於他人心目中仍是問題。只有在倫理關係中，整個的人才能爲對方視爲完整的存在。如在夫婦關係中，丈夫在妻子心目中的存在是整個的，在妻子心目中有一完整的丈夫。父子、兄弟、朋友的關係亦如此。師生的關係，如孔子同學生的關係，也是朋友的關係。在學生心目中老師是個整體的存在；反之，學生在老師的心目中亦然。我們可說只有在人與人的倫理關係中，我們一個人才能在別人心中有整個的存在。我認爲：中國文化之重視倫理是了不得的。除了父子、夫婦、兄弟的倫理關係外，最大的倫理是朋友，天下人皆可成朋友，範圍最廣。朋友相知，就成了相互的存在，即整個的人格互相在對方中存在。

西方存在哲學家如馬丁布柏、馬色爾、雅士培都認爲西方文化最大的問題是人與人間沒有眞正的倫理關係存在。家庭破壞了，朋友間的信義不講，對整個人格的崇拜、讚美，一天天少了；人最多只成爲一經濟的、政治的、社會的存在。他們說西方文化沒有人的整個的人格；他們要恢復眞正的宗教性倫理。在我們中國就直說倫理，因爲倫理就有宗教性。

第三，人存在於天的問題。這是一宗教問題，很複雜的。中國的宗教有佛教、道教。儒家一般言不是宗教，但也有他的宗教性。孔子曾言一般人不知道他，說：「知我者其天乎！」天知道他，這句話與孔子其他的話合看，可說孔子的天也是一種客觀存在，同西方的上帝差不多。但深一步看，也可以說天是存在於他自己內部，所以能夠知道他。天如果是神的話，則這個神也是在他生命的內部。由此我們談到西方宗教的神。西方宗教來中國後，究竟我們對西方宗教的神、上帝有何種看法？究竟我們是注重他能創造天地萬物、超過我們一切人的能力之上，全能、至尊、至善、至美、無限，或是注重他在我們內心的深處這一面？若是強調前者，則他是超人的，人只有歸依他，向他祈禱、要求，請他來幫助我們，這只是一種宗教情緒。若是後者，則天、上帝就在我心深處，就是我們的本心、中心，則西方的宗教是可與中國的儒家、佛教思想打通的。若只注意前者，重神的超人一面，我們只有膜拜他、祈求他、讚嘆他，這對中國文化是好，是壞，便很難說。因爲經常崇拜一個超越我們的存在，人會逐漸減少他獨立自尊的精神，同時亦可引起如齊克果所感受到的問題：卽人天天想着一個超越一切、無限、全能、永恒的神，只見其偉大的存在；他越大，我越小，則我如何能眞接觸祂呢？這也可說是西方現代宗教信仰會衰敗的原因：上帝太偉大、太超越、太高了；上帝越高，人越墮落，宗教越衰敗。西方的宗教如要不衰敗，除非把上帝擺在人的內心裏面；不要只注意其超越性，而要注意其內在於我們生命的一面，這樣的基督教才可在中國生根。在中國文化，孔子的天可能是與上帝差不多的。這個天知道他，他也知道天知道他。孟子的「盡心知性則知天」，能盡心知性就可知天，天與心性分不開。大概中國宗教思想的傳統，講天、講神，總不離人的心靈。人的心靈就是天，就是神。佛學講的心，般若心、法界大我（這個法界大我功德不在上帝之下），是連着我們的生命講的。般若心、法界大我就是我們心中最深奧的部份。

第四，人存在於自己的問題，這可能是中國文化最有貢獻的一面。人之存在於他人，於神，於自然的問題固然重要，但對中國文化而言，最要緊的還是人怎樣存在於自己心靈中的問題：人怎樣看自己，能够不慚愧；仰不愧於天，俯不怍於人。能自己看自己一直看下去，而不逃避，這是中國文化最重視的問題。所謂「君子求諸己」，這種「求諸己」的思想顯示人生最大的學問是爲己的學問，使自己在自己面前，覺得不慚愧，自己對自己便有一內在的安樂。如果我們自己對自己慚愧，則自己的心靈變成戰場，就不會有內在的安樂。自己對自己不慚愧，能和平相處，就會有自然的安樂。再者無論是存在於自然的問題，或存在於他人的、神的問題，最後都要變成一個如何存在於自己的問題。因爲衡量自己存在於自然、神，或別人心中的主體仍然是自己。如果我們擴大我們自己來看，則擴大後的自己，便包含我心中的自然界，包含我心中的人間界，及神界。所以如何存在於自己的問題是一個最大的問題。中國傳統文化這種注重求己而能免於慚愧的學問是完美的。現代人對古代人不慚愧，則可承繼古代文化。文化上可以承先，可以啓後；可以繼往，可以開來。在道德上對自己可以不慚愧，文化上可以承先啓後，則我們自己個人的文化生活的前前後後都可通貫起來，成一整體的生命、整體的文化生命。啓後的創造開新固然重要，承先的保存亦重要。西方的歷史並不如中國之長，他們文化上求開新創造的精神多些，這很對。但若缺乏前後文化貫通的意識則不好。因我們個人生命都很短促，若要個人生命長久，則文化生命的長久可幫助個人生命長久的感覺。若文化生命中，只有開新創造，而沒承先保存，則我們的生命只有向前進的一半，沒有回顧過去的一半。如同一個喪失記憶力的人，縱使活動力很強，生活也沒趣味。人要在生活中有趣味，一方面是現在做很多新的事情，一方面也因爲能記憶過去。文化亦如此，過去的文化不能忘記，如果我們忘記過去的文化，則我們中國人就不是中國人。

西方文化到中國後，有些人只見其長處而忘掉自己，如毛澤東便要徹底與中國文化決裂，我們當然不贊成。這可說是佛洛姆所謂之自虐狂的擴大，因爲看不起自己的文化也是一種自虐狂。我有個感覺，中國大陸的問題，除了哲學的、文化的、社會的、政治的問題外，也可能有心理的問題。反對過去文化，內部鬪爭，一方面是爭權，一方面就是自虐狂與虐待狂。鬪爭別人是虐待狂，自我坦白、批評、悔過是自虐狂。中國文化如只以大陸上的情形來看，這種由百年來的自卑情緒而演成的自虐狂，看不起自己的文化，似乎中國人不能眞正的存在於自己。但這現象該是暫時的，總要過去的。

從解答中看中國文化的偉大

總之，人的存在問題有四個：一是存在於自然的問題，一是存在於人的問題，一是存在於人之超越界或上天的問題，一是存在於自己的問題。第一個存在於自然的問題又可分三方面，一是去自然的災害，一是利用自然物質的能力創造物質的文化，這方面定要採用科學技術的方法去解決。還有是如何在自然裏有審美性、藝術性的生活；若沒有，則人也不能眞正地存在於自然。最大的問題是現代都市的建設，怎樣使中國將來的都市建設鄉村化、園林化，使中國人眞正的存在於自然世界中。

第二個是人存在於人的問題，除了人在社會經濟生活中，通過生產、分配以獲得存在外，還應該有許多主動的參與。例如社會政治性的活動，每個人都可以從中獲得地位、名譽、榮耀。其實現代的民主生活不限於政治上，也表現於社會。

人存在於人的問題最後表現於倫理關係中：人一定要有好的父親、或者有好的子女、兄弟、夫婦。如果都沒有，至少要有好的朋友，了解自己的朋友，人才能存在於別人心中。

第三個是人存在於天、神、佛、菩薩的問題。我們說，基督教到中國來可有二個方向：一是注重耶穌超人的意義，一是依着耶穌的話：上帝的天國，就在我們心中。我想只有後者能使基督教在中國生根。若只講上帝的超越性，要人謙卑，是不够的。有些研究中國宗教的學者認爲：中國的人文主義把人的地位抬得太高，太講人的尊嚴，這在上帝面前是傲慢，而傲慢是最大的罪。這說法我不承認。中國的人文主義並不是傲慢，講人的尊嚴並不傲慢，而是謙虛。若只強調上帝的偉大，顯出人的渺小，用西方的宗教思想排拒中國的人文主義，這點我不能贊成的。如果西方的宗教要在中國生根，應注意上帝的內在性，傳教要謙虛，則可與中國固有的宗教精神相融，而並行不悖。

又中國的宗教精神包括在禮教內，如祭祖先、祭聖賢、祭有功烈的人，這種禮教亦有宗教意義。此中之宗教意義不一定着重人對鬼神的祈禱，而着重對鬼神之尊崇、讚美。如到孔子廟中，不是向孔子祈禱，而是表達對孔子的尊敬。中國人舉行對祖先、聖賢與有功烈的人的祭祀時，宗教性與道德性的情感一定要保持。

最後第四關於自我存在的問題。中國文化中一向注重求諸己的學問，做人要問心無愧，這是中國人偉大的地方。面對失敗，總是要求諸己，而不求諸於外。所以中國人可以經歷很多困難，別人過不去的，中國人都過得去。我國的命運當然很困難。比如有許多外國人預料中共入聯合國後，中華民國就過不去，現在也有人預料美國承認中共，我們就過不去。但是我看都要過去的。因爲我們能求諸己。若求之於外，就過不去。因爲外面沒有了，自己也沒有了。若求之於己，則外面沒有了，自己還有。所以在這方面講求諸於己的文化是中國文化偉大的地方。

（一九七六年一月十七日）

註：本篇爲記錄稿，曾經作者修改，未發表。收入本書時編者加小標題。——編者

在臺講學之感想

我在香港生活已有許多年，亦過得很習慣，覺得此地也有很多好處。香港的好處，徐復觀先生曾列舉過，如：言論、衣、食、住及旅行等等活動皆可自由。我個人的感覺，以上各種好處，都是可以承認的。但當我在臺灣時，對香港卻另有一種感覺：香港固然是很很自由的，一切都自由，但卻沒有什麼成果；沒有成果，卽不能成就任何的使命。而這點（卽成就某些使命）在臺灣便很突顯。在香港，我個人亦曾參加許多事情，但可惜皆沒有什麼成果。卽如眼前的新亞，只能維持現狀，而與理想相距甚遠；在其中，各個人當然有其個人的成就，但「事」的成就，便莫有什麼了。這當然可以責怪許多人，而第一個要責怪，便是我自己。但究竟是什麼原故會這樣的呢？這很難說。以前我曾參與辦「民主評論」，許多先生也有參加，但二十年也就完了。又如「人生雜誌」，亦有許多人幫忙，但王道先生去世後，亦便結束了。其他學術性的雜誌，亦很少有能在社會上長期存在的；根本沒有一個有政治想理或文化理想的雜誌，是能長期延續的。以學生來說，亦不能說得上有什麼成就，只是一純粹爲現實而需要的存在，不代表什麼理想。這可以說是無所謂主義。說得好一點，是自由主義。但這不能決定一個方向。一般的雜誌，若只是作爲消息的傳播工具，而不談甚麼方向與立場，倒是可以存在的。新亞則代表一個方向，但現在似乎已維持不下去了，往日的理想，現在人已不喜歡提，就是提出來，也是會被人詬病的。由此可知香港的自由是無成果的自由。

我最近去過兩次臺灣，逗留的時間也比較久。我的感想是如此：臺灣最近有些很好的現象，如學術性的講演，聽衆會很多，這固然一方面是因爲人們對於講演者感到新鮮之故，但這與學術風氣亦是有關係的。在香港，便決不會有數百人來聽講的，而這在臺灣則是平常事。此外還有更特別的，便是出版事業的旺盛。這方面的風氣盛，是代表著文化界的朝氣。在臺灣，每一個出版社都可以在社會上立足，而有一些學術性的雜誌更是由少數無任何憑藉的年輕人辦的，亦辦得很好。我在臺灣時，有些大專同學跟我說也要辦雜誌，能有這種精神，是很難得的。這固然是由於青年人有朝氣，而與社會上的支持亦很有關係。還有一些小事：臺灣的計程車司機亦與別地不同，有兩次我坐計程車時，司機因走錯了路線，多彎了一點路，便自動少拿一點車費，這在香港是絕對沒有的，就是世界其他各國也沒有，這可見臺灣的社會有一種基層的道德風氣。此外，在臺灣，不管是知識份子或一般老百姓，向上心都很普遍。

香港當然也有它獨特的好處，如它是最好的文化傳播的據點，最好的媒介地區；從這裏，可傳到一切其他地區。倘若能將臺灣與香港的好處滙合起來，便十分理想了。

我在臺灣時，曾有一次到東海大學講演，由梅貽寶先生主持，題目是「國運、史運與文運」，我亦是說這些話，即如能將港臺合起來，很可以做一些事情。每一個時代，都是有它的世運的。戰國時鄒衍說的五德終始，可以說是一種歷史哲學，亦可以說是一種地理哲學。政治文化是會從一個一個的地方轉動的，鄒衍說這些話所根據的是當時五霸的轉動的事實，一個地方的王侯當一段時期的霸主，如齊桓、晉文，而楚、吳、越、秦的一個轉一個。西方人也有這個想法，如黑格爾在「歷史哲學」中說精神由東方開始，而逐漸至中亞及西方，每一個時代，都有某個地方承當著此精神。西方的近代，在文藝復興時，精神在意大利，十七世紀時在西班牙，十八世紀在德意志（日耳曼），十九世紀在英法，二十世紀則輪到了美俄。史賓格勒對這種趨勢已早有預斷。其實在史賓格勒時代，蘇俄還未興起，但他說空白的地方總有其行運的時候。從中國歷史的演變，亦可以看到這種變動：中國文化經濟的重心，最早時是在北方的黃河流域，後轉至長江流域，到了近代，中國的世運已轉至最南方的珠江流域了。在清末能綜合漢宋之爭的人物，如陳蘭甫、朱九江，都是廣東人；另一方面，能根據中國本身的學問與西學相接頭的人物亦在廣東，如康（有爲）、梁（啓超）、孫（中山）等。研究學術是不能偏狹的，必須包涵廣收，而這些能包涵廣收的人物都在廣東，可知學術文化精神的重心，已轉到珠江流域了。上述那些人已將許多爭辯消融了（如漢宋之爭，中西之爭）。以前朱謙之先生曾提倡「南方文化運動」，說的也是這個意思，朱先生的學問不實，而理想則是有的。

但中國文化精神並不是便止於珠江流域的，卽如近世的華僑，便已將文化播遷到世界各地，故不可說中國文化只止於珠江流域。現在我可以說現代的中國文化的世運是在海外（臺灣、香港），而希望亦是寄託在海外；除非共黨能作本質的改變，否則他們決不能承當中國文化的世運。而若中國大陸將來會改變，亦必然是由海外所喚醒的。這便是我最近常說的回流反哺——將中國文化倒流回去，如鳥之反哺其年老的母親——必如此，中國方可有新的機運。我說這些話並不是沒有根據的，是故今日身居海外的中國人要當仁不讓。

我在回香港之後，曾再三反省這問題：在這裏面，海外的中國人是否也有其缺點呢？當然是有的，如臺灣的青年固是很可愛，很値得人懷念，但不免給人有軟弱的感覺。在臺灣的同胞，不幸曾遭受日本人的統治，在不平等的不合理的統治之下，由於外力的逼迫，而養成有禮貌、不貪求的風氣；這固然是一種美德，但這是從「順」而產生的美德，是不得已的。這樣並不夠力量。而從大陸播遷到臺灣的國人，多少有以文化之輸入者自居，這樣難免會惹人反感。當然現在已改變了許多，臺籍的人士現在亦已能有許多表現，有許多貢獻；但臺灣的同胞並未能完全自覺到他們對大陸有一種很重大的責任，他們會自覺的要建設臺灣，但對於承擔中國文化軍政的責任感及使命感，便不夠了。這比起老一輩的中國讀書人，如曾（國藩）、左（宗棠）、胡（林翼）、李（鴻章）等，便差遠了。爲臺灣作事與承擔中國的世運，並不是一樣的。以前大陸上的讀書人，要不便是胡裏胡塗，若稍爲有點自覺，便都是要爲中國做事，以擔當國運爲己任的。而香港人，則根本是沒有責任感的。一切政事，都不去參與，因在此地給人有寄居的意味，似是在「空空」裏過生活，一切和自己都是漠不相干。這地方之自由，是討了英國人的傳統的便宜（其實在臺灣只有一樣不自由，卽只是對共產黨、馬列主義不能有宣傳的自由），我們不曾爲此而奮鬪過。自由是英國人的習慣與傳統。香港年輕一代的知識分子，亦不覺得要爲香港負什麼責任。由於香港被英國佔據了百多年，香港的中國人是可以不負責任的。以前住在香港的中國人對香港都是不關心的，一覺得不滿意，便捲舖蓋回大陸去，對此地並無任何留戀，故對之亦無歸屬感。現在此地則是一個政治避難所，而亦更不會使人對它有責任感。在此氣氛之下，便不能培植對什麼事情的感情及責任感了。

在此地能作些甚麼呢？我實在很悲觀。悲觀固然很不好，但勉強去鼓舞打氣，亦會害事。我對這有一個折衷的作法。我現在深切感到有限制力量的存在。以前辦新亞時，純粹是理想性的、「義」的表現；現在我對「命」有很深的感受。我們不能一定要求有大成果，太強求反而會弄至毫無成果。我現在不希望要在一時間便發生很廣大的影響，一下子風潮性的興盛，多不能持久。我只希望能將一些有價值的東西保存得長久一點，如細水長流，範圍大是不太可能的，但可有較長久的存在。其實文化理想常是只寄託在少數人的身上。這亦是在「等待」的意思，好像海德格所喜歡說的「待」（Waiting)。此期待的維持是很不容易的，因若是根本不可能實現的，當然不能待。故要維持此待，極不容易。很多人都想「得到」，但當一旦得不到時，便連期待都沒有了。此期待亦如基督教所說的「天國近了」般的期待；天國固然一直未出現，但若能維持此期待，它便可隨時出現，若不能維持此期待，便將永遠不能出現了。現在我的想法便是如此，卽要維持期待。一般的期待有二：一是宗教上的期待，二是對外在世界的期待；而我現在所想的期待卻都不是此二種。我是期待有人來了解這些東西。卽如寫一部書，並不一定要現在便有人能了解，而可待在那裏，待後人來了解。如鄭所南的「心史」，王夫之的各種著作，在他們當時，都是沒有人看到的，而後來的人便看到了。他們結果是等待了一、二百年才有人了解，他們可以待上一、二百年。而我所想的，便是這種期待。禮記儒行篇有「懷忠信以待舉，夙夜強學以待問」的話，孟子亦言伊尹待人而明堯舜之道，太公望亦待文王而後興，諸葛亮在作梁甫吟時，亦是在等待人來舉他，隋末的文中子王通亦是如此，而房玄齡、杜如晦等人都是他的學生。故每一個新時代自然有一些新人物出來，但這些新人物亦都原是舊人物，只是在舊時代時，他們是在期待著。故人必須要維持此期待，而今日我們所能作的便是如此。

以上是從現實方面說的話，從道德方面說，當然可以無所待，而這無所待的精神，是每個人當下便可有的。而我們現在這期待的心情，亦是要有一無所待的精神作支柱才可以。因待是待於外的，若待久了而無成果，人便會待不下去。故必須以無待的精神爲根本，來撐起一切有所待的東西；教育、文化、政治、等等都是有所待的，而都須要有無所待的精神來維持。此無所待的精神，是要人隨時下工夫來保持的，不然久了便會疲倦。我近來便常有疲倦之感。儒者便常要以此無待的精神來安頓其生命，如中庸說的「無入而不自得」的精神，便是無所待的，有了這精神，然後才能對外眞有所待。

臺港兩地都有許多限制，這是「命」之限，當然這是可轉可改的，但我們先要面對這些限制，了解之然後再加以轉化。如香港的自由是無成果的自由，這自由不是我們自己創造奮鬪得來的，雖一切都不受限制，但除了個人舒服的生活以外，又成就了些甚麼呢？但一旦了解了這個以後，便可以有期待，而這期待便不同於空想。

我在臺灣講學的感想都如上述，其中經過了幾重跌宕。而所說的種種限制之所以會形成，在臺灣方面，是因爲曾遭受日本人的統治，而香港則由於是英國的殖民地之故。而若臺灣不是曾遭日人統治，而香港又不是英國的殖民地的話，便不會有這些限制。但若是如此，我們現在便可能連立足之地，連期待的機會都沒有了，這實在是一大弔詭，亦是近代中國的一大悲劇。

記錄者按：此文是唐先生六十五年在臺講學回港後，在新亞研究所的講演紀錄。唐先生看過後說當時只是粗略的講，有許多地方是須要補充的。且有些話亦說得重了一點，須要修改，待修改後再行發表。但此後不久他便被病魔纏身，此文便一直擱著。現在我們只好拿原來的紀錄來發表，其中當然會有記錄上疏漏及不當之處，但可惜再也不能給唐先生校正了。

（楊祖漢記錄・一九七八年三月「鵝湖」第三十三期）

附錄：唐君毅先生談人之尊嚴及民族文化

程文熙

唐君毅先生於六月被邀赴夏威夷，參加十二日至十八日所舉行之王陽明五百週年紀念，唐夫人隨行。會後取道日本，於卅日到臺北，探訪親友並在宏恩醫院作全身健康檢查。十日晚飛回香港。九日晨，周開慶先生電話告知，謂唐先生下午六時到新店劉泗英先生處晚飯，請就近卽到劉寓一晤。是晚同座者，唐劉周三先生夫婦，文守仁先生及我共八人。飯後，彼此所談甚多。周夫人並各爲攝影留念。十日晨，我前往臺北女青年會訪唐先生夫婦，作二次談。彼此所問多，所答亦多。唐先生答我所問，要爲十事：㈠美方面已早研究東方情勢及東方學術思想，近年更甚。此次所召開王陽明先生五百週年紀念，尤爲一大盛舉。美國方面參加人員並不如我國之多。牟宗三方東美兩先生及我三人外，在美之學人甚多參加。凡被邀參加者，均致送來回旅費，美國學人擔負此項費用，據聞約爲兩三萬元美金。牟宗三先生未辦入境證，在臺北機場稍停留卽返香港。徐復觀先生仍多在華僑日報館，在新亞亦兼有課程。大陸方面，梁漱溟先生保持中國學人風度，始終說自己哲學思想絕無錯誤，聞已被下放到某一城鄉。㈡陽明先生學說，在明末曾遭人批評。我所提論文，卽係對王學批評之批評，其題可曰

「明代王學之評論」。將來可在「東西哲學」雜誌發表。㈢近時所感觸，已有一文，在香港民報發表。此爲一中立性報刊，尙未能進口。聞「民主潮」雜誌，將考慮轉載。人皆對國事有其意見，我之所言，可能爲另一部人所不能完全滿意。然心中之言，不能不說。此則吾個人之見解也。㈣大陸中共之和平攻勢及宣傳其爲民族主義者，近來益甚。由此可知民族意識，確是超越了階級意識。然我以爲中共如眞能回到民族主義，至少應有三大困難：⑴馬列主義，非我所固有，亦不合我民族文化傳統所在。此在若干共黨國家，且已有修正。中共如講民族主義，便應廢棄馬列主義。如何廢棄，是一難題。於此，吾人如何批評馬列主義，應多再爲致力。⑵所謂「某某人民共和國」云云，乃蘇俄各衞星國家所同用之名稱。中共如徹底反俄，現在如何取銷「中華人民共和國」這個名號，也是一難題。⑶「中國共產黨」這一組織及名稱，如果要回到民族主義，是不是也要改一改？假若要改組，是否可以改稱，譬如改稱爲某某社會黨之類，這也是難事。凡以共產黨爲名者，必以階級鬪爭爲手段。待以此革命手段獲得政權後，又必以無產階級專政，而行其一黨專政。如是而能使國家太平有治，決無是理。大陸中共，亦曾允許其他黨派存在，但只是一種外表，在實質上各黨派雖存在而不能活動，難能有政黨政治之一日。人皆知任何共產黨皆是革命的。不將革命的本質取消，卽不能成爲普通政黨而能與他黨同在。故中共如要回到民族主義，因我們中華民族是講仁講公的，所以應該改組改稱。總之，中共從有以來卽有重大錯誤，由於時間經過，今已有其證明。至於有人認爲中蘇共可能發生戰爭，我看尙非其時。有主張聯俄者，揆之往事，我更期期以爲不可。㈤吾平時所知，吾平時所信，吾平時所事，爲人之尊嚴一事，以此希望有一人文社會之立。此次在美在日所見聞，以與吾國相比，尤覺此事之重要。吾以爲今後吾國所當從事及力爭者甚多，然要以「拿人當人看」之一事，爲第一義。如不能對人有所尊重，則一切盡是戲論。今天大家不是都在喊民族主義口號嗎?殊不知不能認知人之尊嚴，則空喊之口號，終無益於民族主義之立也。願從卽時起，大家都能自尊尊他，承認他人亦存在，承認他人亦有價値，而互爲人之尊嚴是尙。㈥我國典籍中，極多富有自由民主含義之文句。特其解釋不易，隱而不顯，非如現代語之明朗，而未能一一知之。我以爲於此，應致力研究發掘，以光大吾民族在此一方面之貢獻。今歐美所謂民主思想民主制度，自爲吾人所折服。以我所感，我國在此一方面所蘊藏之實義，可能另有超越歐美所謂民主者。㈦我以爲發揚我國民族文化，此後應就地域及季節有其紀念特徵者，分別就其時就其地，契機以爲之，以加強文化之復興。如端午節，可就屈原史實，倡導愛國運動，提高愛國情操。如七月七日，應就牛郎織女之傳說，倡導家庭手工業等。又如某地曾降生某人物，卽可就其地倡導其人之學說及事業，爲之賡續。不特傳其人，尤當傳其未竟之事業，並能隨時代之累積，更有其光輝。如是就時地而爲適人適事之文化活動，親切感人，當更見其實效。㈧若干年來，曾感於人才之成熟及續持之不易。然另在若干處，亦見後起人才之多。我意果能有人之尊嚴及民族文化之復興，則人人有其學術思想自由，人人有其自動自發，皆有活力，想我國將來學術思想，必有另一新境界。㈨張公權張幼儀兩先生已撥款，以充新亞書院之獎學金，以致送於研究君勱先生學術思想之同學。現同學中早有人從其事，想不久卽可有人提出研究報告。吾以爲君勱先生之哲學思想及政治思想，皆有高深境界，如何將二者爲之融滙，尤其將其哲學寓於政治中，要爲最有價値者。至使國人此後所難能忘者，則爲君勱先生就民族文化及世界潮流自訂一種安穩之新政治制度，而其立國之道之種種方案，近時國人中，恐無有能及者。君勱先生一部份書籍，由公權先生送中國文化學院，另成立「君勱文庫」，以供閱覽，此事至當。所說尙有一部份，無論如何處理或送新亞，均無不可。㈩康梁學派所貢獻於國家者甚大。任公先生許多預言，似皆有其應驗者。此派學術思想及其歷史，亟應一如其他學派，亦得有其敍述及發揚。如是各有其平等之進展，始有民族文化光大之可言。我與唐先生所談甚多，以上乃擇要所記。記旣不詳，恐亦多辭不達意而欠當，更未經唐先生過目。如有不合，請另閱唐先生其他著述。談約一小時餘，以有青年來向唐先生呼「老師」，似亦有所洽談，卽告辭。我曾另說：明（六十二）年農曆正月廿六日，爲梁任公先生百年誕辰紀念，似應有所紀念之法，唐先生謂此事可多研究。到電梯旁，唐先生似語有未盡，又曰：「我是反對唯物的，可是我贊同的物，是人物，是文物等。」我點頭表示亦然，乃卽握別。按唐先生兩次談話中，從未見其有任何悅愉之色，似有無限隱憂，而語多遲重者。對國是所說尙多，蓋盡是悲天憫人之言。如有知所以爲哲人，並熟知君勱先生所嘆吾民族爲苦命民族者，則唐先生之愛國心情，可以知矣。

（一九七二年七月「再生」臺字第二卷七月號）

附錄：風氣敗壞上下爭利，學者理應堅守原則

——與中文大學教授唐君毅先生的一席談

在一個難得的機會中，與著名學者唐君毅先生進行了談話，內容除討論學術研究及教育工作者在商業社會中應該堅守的原則之外，更對現存環境裏的各種病態問題，加以批評。唐先生是新亞書院的創辦人之一，現任教於本港中文大學。他以私人身份接見記者，所談事物絕沒有針對任何個人的含意在內。不過作爲一個傳統下的中國知識分子，他對目前瀰漫於社會上的貪婪和浮誇風氣，感到相當不滿和憂慮。這次談話或許可以代表固有道德觀念對物質社會中各種病態現象的反應。

問：唐先生，由於本港股票市場日趨狂熱，引致許多人終日向這一方面動腦筋，希望賺錢發財，你對這個情形有甚麼想法呢？

答：股市狂熱所能帶來的經濟危機早已受到有識者的注意，我對經濟情況不熟悉，所以不打算參加意見；但從社會和教育立場而言，大家都熱衷於暴利的確不是一種好現象，由此發展下去，人人都養成了僥倖投機的心理，以致疏忽或放棄了本身應盡的責任，只在利慾場中打滾，結果不但會使各階層、各行業的秩序受到破壞，卽使人與人之間的關係及道德親情等都蒙受損害。

問：有人認爲在商業社會中，追求經濟利益應爲一種正常的動機，你同意嗎？

答：求財本是人之常情，但我以爲不能太過份，在一個健全的社會中，每個人都應該各有其本份，假如大家都唯利是圖，不守本份，這社會自然會面臨崩潰。

問：最近甚至連學術及教育工作者也不能獨善其身，你又有何意見呢？

答：知識份子應以研究學問探求眞理爲其本份，他們的收穫在於精神上的滿足和社會地位的崇高，物質報酬只是極其次要的一點而已。當然，若果一個入不敷出的窮教員被迫兼營他業以維持生計倒不能算是逾份的事情。我只是感到，要是生活獲得了保障，甚而相當優裕時，一個人——特別是學術工作者——便應該把主要的精神放在自己的本份上，孜孜地與人爭利是很市儈的做法。

問：可是物質的誘惑實在不易抵抗呢！

答：以往中國的讀書人講求氣節操守，而輕視錢財利慾，他們受人尊敬之處是學問和人格，不是金錢。讀書人縱使窮困仍然不失其社會地位，倘若抵受不住物質誘惑的話，大可轉營商賈。否則，一方面既要在學界求名，而又不放過在商界求利，天下豈有便宜盡佔之事。

問：你可以談談學術工作者應有的原則嗎？

答：當社會風氣十分敗壞的時候，教育和學術工作者應該努力於糾正錯誤的觀念和腐化的人心，例如最近股票市場狂熱造成了偏差的局面，知識份子便應該幫助政府，使股市和風氣回復理智，而非推波助瀾，增加投機的熱度。

問：在資本主義社會中，能够認識個人原則的人相信十分難得。

答：這就是資本主義制度的弊病了，經濟因素控制了一切，不論從政、從學、或從事任何事業，都擺脫不了金錢的影響，但人活着總不能光靠錢財，「利」字之外，還有「義」字，兩者之間，應該謹愼權衡。

問：我想起一件事情，中文大學有一位教授會與人共同組織公司，發行股票，直接參與商場活動，請問你對此抱何見解呢？

答：我不清楚大學行政法則中對這等情形有沒有限制，我個人則不便發表評論。不過，正如我前面所說，學者與商賈爭利，是非常市儈的行爲。

問：假如學者研究有成，由此而換取若干物質報酬是否過份呢？

答：一個學者獲得任何成就，並不能完全是由個人的努力所致，例如學校所提供的設備資料，研究環境和生活保障，師友的幫助和鼓勵等，都是有助於取得學術成果的重要因素。況且，學者的本分固不在計較物質報酬，一定要販賣知識圖利的話又與商賈有何差別。

問：那麼說來，你對學者介入商業社會是頗不同意的了？

答：我的話並無輕視商賈之意，他們將本求利，鑽營謀生，是他們應有的本份。但學術工作者自持名位，或者以研究成果作爲本錢，便想分奪商人利潤，是否有欠公平。在以往的中國社會中，讀書人絕對不肯跟商賈爭利，而且不羨逾份而得的錢財，這或者是因爲氣節的關係罷。

問：你前後說過的話中，都強調了本份的重要，是不是認爲今日社會人心已經有混亂的情況呢？

答：的確有如此情形，現時許多人祈望暴發，達到了不顧一切的地步，社會中競尚浮誇，唯利是視，多數人不肯安守本份的結果將導致社會分工制度的鬆懈破壞，妨礙正常的生產程序。對金錢的慾望過份膨脹更會進一步惡化人與人之間的相處關係，造成隔膜和敵對。

問：你希望提出知足安份的觀念，是嗎？

答：不錯，在目前的環境中，不能再縱容貪婪和愚昧的心理繼續滋長了。

問：因此你認爲學術及教育工作者應該以身作則，樹立模範，藉此達到轉移風氣的目的？

答：我本身從事學術及教育工作，所以對自己所具的本份有比較強烈的感覺，如果連我們都捨棄所負的責任，只問利益報酬的話，那麼這個社會的前景就絕不樂觀了。

（毛國倫訪問・一九七三年二月二十日「明報」）

人物紀念與書評序跋

評許思園著「人性與人之使命」

近年來國內出版界關於哲學的著作，出版的似乎不很少。但是大多數都是關於整理的或介紹的，眞正自成一套的著作，仍很難見。而且國內出版的哲學著作（成篇的或成書的）所討論的問題大都關於認識論的問題，或論理學的問題，對於道德哲學的問題很少人注意。僅有的幾本人生哲學書，都只是從科學上或某一種的形而上學上把道德問題隨便討論便了。眞正對於人之義務與責任是什麼，人究竟應該怎樣行爲等問題，加以深切的把握和嚴肅的討論的，幾乎沒有。本書究竟是否可稱自成一套的著作，或眞能嚴肅的討論道德問題的著作，誠難依據個人的意見來判斷；但是本書至少是從作者自家生活的體驗裏流露出來的一本著作，至少不至於抄襲，而是前後一貫用一個根本觀念連串起來的；本書至少是一本集中於道德問題的著作，是可表示作者對於道德根本問題之所在已有相當深切的認識。作者的心目中似確有個責任義務的觀念存在，想由此了解人生眞正意義。而且，在我看來，此書中的確有些獨到處——至少對於中國現在的哲學界是獨到的——所以我在百忙中都願抽出時間來，對於此書加以介紹，同時也對它的缺點加以批評。於此文中，我將每一段的介紹之後，即加一段批評，並爲清楚起見，使尚未讀過此書的人也知其大略起見，我將於介紹時採取提綱式的介紹方法。

不過，在我將作提綱介紹之前，有一點須得先說——就是治哲學本有兩種態度：一種是純粹理智的，卽專門以所謂比較分析抽象綜合爲事，對於一切現象都想把它化成不可再分的物理上心理上或論理上的原子，然後綜合起來構成一幅明白清楚的宇宙底畫圖。另一種態度則可謂爲直覺的。它不只是把宇宙尸解成許多抽象的共相，獨立的原子。這一種態度是在把握我們直接經驗中的宇宙，認識這具體的，未經解釋的，原始的，純粹的，在我們意識中呈現的宇宙。這兩種態度顯然不同：前一種態度是偏於用「腦」的，近乎科學的；後一種態度是偏於用「心」的，近乎藝術的。哲學的古義是愛智，前一種態度可謂着重在「智」，後一種態度可謂着重在「愛」。前一種態度是尼采所謂清明的亞波羅式 Apollonian 的態度，後一種態度是尼采所謂陶醉的笛奥尼叔斯式 Dionysian 的態度。

這兩種態度雖然相反，然而都是需要的。假如一個哲學家太過偏於後一態度，那他便將爲其直接經驗所限，只能成一詩人。所以哲學家很少公開主張哲學只限於採取後一態度的。縱然有少數哲學家如此主張——如柏格森，但他們只要寫到哲學著作，批評他派的哲學，他們便免不掉要採前一種的態度。

然而只用前一種態度也是不够的。因爲分析所能涉及的，只限於我們所自知自覺的，但凡是我們所自知自覺的，都是一共相，都是一個變中的靜，雜中的純，多中的一，都是 what 而非 that，所以分析的對象根本就非實在的全體。而且分析常使我們忘記了分析的對象之原來的整個性。因爲分析常是一種有目的的活動，當我們分析所認識的對象時，我們常是想要分析出什麼結果。尤其是當我們分析許多現象都得什麼結果時，我們更想把我們當前的對象分成什麼。這是人心活動的原則，勢必要使我們忘掉我們所認識的對象底整個性。因此，我們必得補救之以後一種的態度，使我們對於每一直接經驗都能認識它的表面價值（用詹姆士的意思），使我們的哲學的材料加多，而後圓滿的哲學方始可能。

但在現代中國，有許多人對於後一種的態度，心存鄙棄。這實在是不對的。我們只要把歷史上各大哲學家的著作一翻，便可知道每一個偉大哲學家都是兼採二種態度的。如蘇格拉底，柏拉圖，奧古士丁，斯賓諾薩和康德等，都有明白的話來說明哲學要兼採二種態度——柏拉圖尤看重後一種態度。至如尼采，斯丁納，基爾德，歌德，居友等，則其治哲學的態度殆全偏於後一態度。此外，不少的詩人文人，如歌德，席勒，卡勒爾，柯律己等的著作中，常表現着哲學上許多深刻的見解；他們之得這些見解，更無容疑，是從他們實際生活的體驗裏得來的。在現代西洋的哲學家中，如虎塞爾與桑他耶那，都正在明白鼓吹這種治哲學的態度的重要。虎塞爾所謂現象學的態度，桑他耶那所謂極端懷疑的態度，都是要去掉一切解釋而認識直接經驗中所呈現的事物的本質。

然而本書作者卻是很能注重後一態度的。他在許多地方，雖仍表示着他對前一態度的諳習；但是本書的特色卻在重視後一態度上面。本書引論便以 To feel……開始，洩漏了作者重視後一態度之消息。在 ON THE SOUL 一章裏面，作者更充分的提出了他的所以重視後一態度之理由，所以本書中所說的話，都是作者自己直接經驗的告白。在讀此書之先，我們要把平常閱讀國內一般流行的哲學書時的預想全部撇開，決不能够心存着一般哲學書的章目項節。卽是我們通常對於許多名詞所下的定義，也得暫時取消。我們必須另取一種欣賞詩歌時的同情的態度，按照着此書的文字所暗示的去讀此書，然後纔能體會出作者的直接經驗是些什麼，作者對於哲學問題究竟接觸到了什麼境界，作者的哲學造詣究竟已是怎樣，然後纔說得上批評。否則，一定是格不相入，縱然批評也是隔靴搔癢。這一點是我在介紹此書之前，希望讀者注意的。

本書共分兩卷，計十四章，目錄如下：

Book One: 1. Introductory; 2. On the Soul; 3. On the Constituents of Personality; 4. On the Nature of the Good; 5. On the Freedom of Will; 6. On Immortality; 7. On God; 8. On the Meaning of Life.

Book Two: 1. On Hedonistic Morals; 2. On Kant's Ethical System; 3. On the

Ethics of Schopenhauer; 4. On virtue and Knowledge; 5. On the Doctrine of the Mean; 6. On wonder, Reverence, and Mercy.

在這十四章中，最可見作者對於道德問題認識之深切者，爲上卷第一，五，六，七，八章及下卷第六章。不過這書的中心問題是何謂善，所以最重要的最可見作者之獨到處者，是上卷第四章及下卷前五章。但是本書之論善，全是根據作者之人性論，所以全書中比較分析的細緻的卻是上卷第三章。然而本書之論人性，全是由作者之分二種知識而來，所以本書的關鍵卻在第二章。因此，我把我對此書的介紹與批評分爲四部份：一，論知識之分類；二，論人格之構成；三，論善；四，論意志自由、不朽及其他。

一、論知識

作者分知識爲二類：一是觀念（Idea）的；二是概念（Concept）的。概念的知識由悟性（Understanding）而來，觀念的知識由理性（Reason）而來。這兩個名詞之分，在一般習於讀國內哲學書的人，首先會覺不可解，因在國內哲學書上，照例是把這二名詞看作同義，至少不是絕異的。然而，本書作者則以二種知識爲截然不同的。而且作者又把悟性與心（Mind）看作同義；把理性與靈魂（Soul）也看作同義。這更易使一般讀者莫名其妙。因爲什麼叫靈魂，是早已絕跡於國內哲學出版界的名詞，除在小說詩歌中偶用之。什麼叫心，國內哲學家心理學家也通常至少用意識來代替。至於心同靈魂的不同，也是很費索解的。所以一個習於讀國內哲學書者，看見此書開始便用這些名詞，也許馬上會把此書放下，望望然去。但如讀者眞能抱着上述的同情的態度去讀，便知作者之分此二種知識，確實有些眞知灼見，縱然我們不贊成作者所用的名詞（也非作者所創而有歷史根據的）。

作者之所謂「概念」，係指那從感覺經驗得來的知識。在 P. 6 有作者爲其所謂概念下的定義：Concepts are abstract notions generalized either from outward sense-impressions or from internal states brought about solely through physical causes. 作者並分概念爲五種，一一論其適合於作者概念之定義。

至於作者所謂觀念，則指不從感覺經驗而來的知識。在 P.7 有作者爲 Idea 所下的定義：

Ideas are the archetypes or images of our spiritual moods. They are in a sense inborn and inherent in our Soul, not derived from our intercourse with the outer world; but we can seek to approach them only under the guidance of the partial revelations they make in our spiritual longings and activities called forth by our contemplation of what is beautiful in nature or in man.

並舉崇高之感（Sublimity）爲例。作者以爲只從感覺經驗中決不能有崇高之感。崇高之感必件以吾人精神上之活動。他在 P.8 說：

……nothing sublime can be conveyed by mere sense-impressions without corresponding activities of the spirit……nor can it be explained in purely physical terms.

在 P. 26 又引柯律己的話：

Idea, so says Coleridge, can be awakened and suggested but cannot, like concepts and sensuous images, be adequately expressed in words.

因此，作者認爲此二種知識是截然不同的。在本書中隨處可見作者所舉關於二種知識不同之例，雖然此二種知識有些時候似乎混淆，如作者在 P. 9 所舉朋友之例，對於有的人只是一概念，對於有的人卻是一觀念。然而此非二種知識本身的混淆，而是由於認識 friend 一字者有無某種知識能力之故。

作者先說明了觀念與概念來源的不同，進而說明二種知識的價值之高下。作者認爲概念是由抽象而得，所以是靜而定的，浮泛的，無生命的，呆板的。而觀念則是活動的，滲透全生命的，使生命向前的。他在 P. 9 說：

Ideas……are dynamic principles, ever evolving and progressing of themselves.

因此，作者以爲觀念之價值是比概念爲高。在 P. 10 作者曾引歌德之言以證己說：

The divinity works in the living, not in the dead; in the becoming and changing, not in the become and the fixed. Therefore the Reaso n, with its tendency towards the divine, has only to do with the becoming, the living; but the Understanding with the become, the already fixed, that it may make use of it.

此後作者更進而申論一切天才都是產生於對於觀念的渴慕 (longing after the world of Ideas)。作者認爲天才的童心與創造的自由，只有從永遠新的觀念之啓示而來。在第二節中，作者從觀念在哲學宗教藝術三種文化領域中所佔的地位去證明觀念的價值。在第三節中，作者又據其知識之分而分人爲三級：Men of Ideas, men of Principles, men of words。這便是本書第一章內容的綱目的大概。

至於我對第二章的批評，則作者之分知識爲二種，是我非常同情的。人類的知識的確有的可以說是全部由感覺經驗而來，有的不是。作者將二者對比時所提出的二者不同之理由，許多都很明確。但是我覺作者之分知識爲二，似乎劃得太嚴。作者以爲此二種知識爲自二種截然不同之官能出發。而我則覺二者雖異，然亦非無溝通之徑。假如說作者近乎倭鏗，而我意則寧近乎柏格森。不過這也許是由作者此書是專討論道德哲學之問題，所以未論及其知識分類之形而上學的根據之故。也許作者在形而上學內有路溝通此二者，也說不定，所以我在此不必申述己見。不過假如作者在形而上學上，是有具體主張的，而在此文中未述及作者形而上學之主張，則亦殊爲遺憾，因爲一堅固的知識之分類一定應涉及形而上學之問題的。這是我要批評的第一點。

第二，我覺得我們在提出自己的主張或自己所下的名詞定義以前，應先對於別人所下的名詞定義加以標別，同時對於別人的主張加以駁斥。因爲一般讀者多有成見，若不先把他們的成見撇開，他們是很難虛心去探索一種貌似奇怪的見解的。譬如關於「觀念」和「概念」的定義，便非常複雜，尤其是前一名詞的意義更爲複雜，作者實應明言其異同。在知識分類上，其他異說亦不少。如行爲派心理學以一切知識都不外文字語言，根本無所謂 Soul 與 Mind 之別。作者爲申其說起見，實有一加剖析之必要。不然則必至於使淺見者，如我前面所說，望望然去之。雖然一個眞正的著作家，並不要得這種淺見者的同情，然而這至少於一個眞正的著作家是非常不值得的。這是我要批評的第二點。

第三，作者論觀念時謂觀念之生，必伴以吾人精神上之活動。然所謂精神上之活動如何，作者未加以明白之界定。究竟自作者之心理學，精神活動與其他活動如何劃分？又作者論概念時曾分概念爲五類，然於論觀念時則未將觀念分類。這是我要批評的第三點。但這些也許都由作者爲篇幅所限，未能言及之故。所以我希望作者將來能於他作中將這些補足，同時也望讀者暫對作者之知識分類姑予接受，進看作者如何運用此種分類以去引到道德問題之討論。

二、論人格的構成

在本書第二章，作者論人格之構成，以人格有四方面：(一) 身體；(二) 心；(三) 靈魂；(四) 良心。所以人之欲望衝動也有四種：(一) 生理的欲望；(二) 利己心；(三) 愛；(四) 義務之感。作者以爲人的行爲都是由人格之此四部或其結合而生。於是分成四節去討論：(一) 論感官衝動；（二）論利己心；（三）論愛；（四）論義務。論感官衝動一節，無甚豐富的內容可言，故從略。

論利己心。作者認爲利己心不是只由 Sensuality 就可產生。利己心是由概念的分別而來。這是作者很着重的一點。於是 P. 32 作者遂進而討論種種所謂利己心，如驕矜（Pride），虛榮（Vanity），嫉妬（Envy），幸災樂禍（Malice），憤恨（Hatred），殘忍（Cruelty）之性質，謂均由於概念的分別而來。

論愛。作者以爲眞正的愛是以美與善（二者之領域作者認爲無根本之異，見P.63）之理想爲對象。我們之所以愛自然，愛偉大的人格，愛藝術，實都是愛其中所表現的美善。作者於此，一一都有詳盡的述解。

論義務。作者以爲只有義務才是人格根本的本質，並以爲從感官衝動、利己心與愛之間，必然地產生義務的意識，命令我們使感官衝動和利己心，絕對無條件地服從着愛。只有從義務之感，我們方能認識最高的價值。只有從義務的觀念，我們方能知道我們的尊嚴，知道這最崇高最深邃的眞理：

that man is no fixed entity, but a self-evolving process towards ever greater perfection and fullness of Life.——P. 47

作者於是進而說明正義的觀念之必根據義務觀念，及懺悔（Remorse）義憤（Indignation）之情緒與義務感之關係。作者以爲一個有義務感之人，想着自己過去的罪惡，必然要懺悔，發見他人的罪惡，必然要生義憤。作者認爲懺悔與義憤都有其唯一之性質，悔恨與一般痛苦失望不同，義憤與一般發怒不同，因爲一般的痛苦發怒都是由個人外表之受挫折而來，不是由內心深處的愛發出。

他在依次論完人格之四部以後，又論到這四種之常混合，並舉性愛爲例。

以上已將作者之論人格的構成大要介紹過了。我對於作者之分人格爲四部，大體上都很贊成。作者之論感官衝動本身不能產生利己心，及分析驕矜……等等，頗類唯識家之意，都很精審。論義務一節尤能表現作者之獨見。這節中一字一句都由作者內心生活體驗中流出，所以非常親切。讀者若眞是個富於義務感者，對於此節當無一處會不同情。其論懺悔義務之 unique character，可謂毫無可移。不過作者既分人格爲四部，且視利己心爲與愛衝突，則將如何以使利己心降服於愛？誠然，義務之感便是連結此二者，而使利己心降服於愛者。但如二者根本相反而對立，則義務之感如何可使利己心降服於愛？利己心之部如何能接受義務之感的命令呢？（假如利己心是與愛同樣眞實的話。）所以我以爲利己心與愛決不能同樣眞實，不過這又要討論到形而上學的問題了。我以爲從形而上學的觀點，利己心決不能與愛同樣眞實，猶如黑格爾與鮑桑奎之所謂「惡」，決不能與「善」同樣眞實。因爲既有一種義務之感來命令利己心去降服於愛，則所謂利己心者便已可謂 pre-determined to disappear 的。但此意不能詳說，因爲我自形而上學的觀點，認利己心決非與愛同樣實在，故認利己心不能與愛同樣看作構成人格的，而是有眞實與虛妄之別的。不過這與作者之分二種知識相關，也許都是因爲作者並不討論形而上學的問題而未論及的。假如不論形而上學之問題，而只就道德哲學的範圍論，作者之以利己心與愛相反對立，卻是不錯的。因爲道德行爲之存在，就根據於二者之對立相反。這是不能否認的。不過我認爲道德行爲之可能，必引到形而上學之一眞實一虛妄而已。又此章論利己心處，言與 Pride 等並舉時有 Arrogance 等，而後未並論之，我亦認爲憾事。

三、論　善

現在我們輪到介紹作者之論善。這包括一部第四章及二部前五章，是全書的重心。這六章是非常密切地聯繫着，很難作提綱式的介紹，只得勉強去加以割裂，略爲介紹如後。

作者之論善，完全以作者之論愛爲基礎。作者以爲只有了解愛的本質，方能了解善。在第一部第四章，作者首先便論愛之本質。他認人類都有擴張其生命以使生命之意義更加豐富的要求。這要求是從人心的內部發出的。這要求永不能完全滿足。所以人類是永遠繼續擴張他的生命過程，而無一時一刻休息的。而所謂愛，從作者看來，正使我們的生命得着擴張。因爲我們愛時，我們的內心必然增加豐富，使我們超越自己。

Love is that kind of activity whereby the upward tendency of the life-process gots confirmed and quickened. So long as one loves, one necessarily feels an expansion of life. All working of love,……always and,……to our inward wealth of Being. It is Love that impels us from within to surpass ourselves, and we can surpass ourselves only in loving. -P. 55-56.

所謂良心，所謂義務之感，從他看來，都不外我們生命擴張（上升）之意識。

The consciousness of this universal ascending tendency in ourselves at forming the very core of our Being constitutes what we generally designate under the name of Conscience, And the feeling that we ought to make ourselves more rich, more active and free. that is, we ought to direct our activities so as not to impede, but to sustain and further, this fundamental tendency of the Life-process, this and this feeling alone leads to an adequate Idea of Duty. -P. 56.

就是同情心之產生，也只是由於生命之要求擴張。蓋要求擴張爲生命之律。生命中既有此律，故凡遇與此律相反者，我們必感苦痛，遇與此律一致者，我們必感愉快。我們之所以同情於人之憂樂，完全是因爲：別人之憂卽表示生命之縮減而違我生命之律，別人之樂卽表示生命之擴張而順我生命之律。

既然懂了作者之所謂愛的本質，便可了解作者之所謂善。因爲善的唯一標準也就是生命的擴張。只有生命的意識 (life-consciousness) 是有絕對價值的。故凡促進生命的便是善，縮減生命的便是惡。

從這定義出發，作者進論所謂品德。依據作者，品德就是按照生命求更豐富之律，爲較高之價值而犧牲較低之價值。

其次，作者批評善存於禁欲之說及善存於文化之說，認此二說都有不是。

再次，作者論到善美領域之同一，以爲二者不能分離。

> Whatever springs from the Soul is Good, so far as it is judged from the Idea of Duty; and it is beautiful, so far as the mere contemplation of it brings us joy.
>
> -P. 63.

甚至於主張

Morals must have an aesthetic basis, while arts a moral one. -P. 64.

在第四章末，作者又論到通常所謂消極的善。這從作者看來，實不能說是善。因爲消極的善並不表示生命的擴張，而只表示生命的缺乏。

It should therefore be more properly called "inoffensive" "innocent", "harmless", instead of "good" -P. 65.

以上均係本書第一部第四章之要點。在第二部裏，他便根據第一部第四章中之意見，來批評其他各派之道德學說：首評快樂派學說，次評康德之道德學說，叔本華之道德學說，蘇格拉底，柏拉圖和亞里士多德的知識爲道德之學說，最後則評亞里士多德之中庸說。

本書二部第一章卽評快樂論：（一）論「人但欲求快樂」說之非；（二）論「人但欲求一己快樂」說之非；（三）論「人之所以有品德係求良心之樂」說之非；（四）論愛人之心不能生於自愛之

心，並論純正之愛不能生於計度或偏私；（五）論「最大多數最大幸福」說之非；反復責難，頗饒興趣。

第二章評述康德之道德學說：（一）論純粹理性與實踐理性之絕對不同；（二）論康德之所謂道德律（moral law）者，並非外於良心（conscience），並斥叔本華對於此點之誤解；（三）論康德之無條件的道德律，並論叔本華誤認其爲有條件的之非；（四）論康德之反對一切情緒爲其道德哲學之一大缺點，並謂無「愛」則無義務意識；（五）評康德之「至善說」爲無意義，但仍進而解釋康德何以有此觀念之動機；（六）論康德之唯一缺點是在忽略人之自發的高尙的衝動，並作一段扼要的總論。

第三章論叔本華之道德學說。（一）論叔本華對於康德之根本誤會，卽在不知康德並不否認道德在人性中，不過否認道德律在感官衝動中而已。（二）論叔本華否認義務之非，良心定義之非，及不了解人類尊嚴之非。（三）論人類行爲之源泉，非如叔本華所謂只有 Egoism, Malie, Compassion；若如叔氏之說，則冒險家科學家與詩人之活動均不可解。（四）論叔氏以道德與同情爲同義之非，不同情於一般平凡之人者，未嘗不可言有道德，如尼采。不對他人同情而自努力者，有時亦不見得比較同情於一般庸俗者爲不道德。（五）論叔本華之形而上學的同情解釋之非。作者以爲同情非如叔氏所說與己有形上學之同一者。如果萬物皆有形上的同一，則吾人所發之同情心何以又有強弱之別？（六）

論叔本華必然論之非。作者以叔本華之以人之行爲受其本質之支配爲不合理。因物之本質由物之動作而見，而物之動作又常隨其關係物而異。如採叔氏二界（現象界與本體界）之說，以爲本質在本體界不變，作者又提出三問題以駁之：（1）自叔氏言本體界之不變由於本體爲一，夫然則物照其本質行爲便無意義，以各物同一故。如各物有本質，則本體應有多。（2）如人受其本質決定，則本質中仍應無自由。而叔氏又謂在本體中由本質可見自由（In his essence there is freedom）。這是自相矛盾。（3）人既不能自由，何有懺悔憤恨？

第四章知識與品德之關係，批評蘇、柏、亞諸氏之知識卽品德說。(一)重述其所謂知識之分類：一爲心之知識，卽手段之知識；(二)爲靈魂之知識，卽目的之知識。作者首論心之知識與品德無關，蓋一富於心之知識或手段知識之人，仍可爲一毫無品德者。至於目的之知識或靈魂之知識，則唯認識目的而有靈魂之人方能知之。所以作者的最後結論是：Virtue and wisdom spring from the same source. (P. 157) The knowledge of soul can never be fully attained by one deficient in moral or spiritual depth......It is only because a man has goodness and virtue in himself that he can attain any knowledge of them. Wisdom is always born of virtue. (P. 158) (二) 其次論到品德可否教育問題。作者認爲品德決不能如普通知識之教育。(三) 評蘇格拉底、柏拉圖及亞里士多德之道德知識的關係論。作者先對柏拉圖語錄中 (Protagoras 與 Meno)

所表現之蘇格拉底及柏拉圖之說加以批評。在 Protagoras 一章中，蘇格拉底似認品德卽知識。作者以爲其誤（1）在錯信快樂說，（2）在誠信一事只有一個反對。作者均一一加以駁斥。在 Meno 章中，其最後結論雖非品德卽知識，然最初仍以品德全部或一部可爲知識。作者仍尋出其錯誤推論之原，加以批評。最後，作者復據亞氏倫理學一書以批評亞氏之品德知識關係論。作者頗同情於 One can't be good without practical wisdom, nor practically wise without moral goodness 一語，但認此句微有語病，而願以 One can't be good without being capable of practical wisdom 易之。作者又引亞氏他語以證此非亞氏所不及見，惟在此處殊忽略耳。

第五章論中庸，亦評亞氏之說。(一)論亞氏中庸說之全部錯誤。例如「勇敢」之所以爲可貴的品德，全由於表示人之肯爲高尚目的而犧牲，非因「勇敢」之在「怯懦」與「魯莽」中間，如亞氏所說，蓋因怯懦與魯莽爲相對的。怯懦一方爲善之不及，一方爲自利之過。魯莽則一方爲過勇，一方爲不及於謹愼和先見。故此三者決非如亞氏所謂一性質之三階級，而係根本不同之三種性質。(二)論中庸之教，流弊甚大，常使陷於庸常，而不容許特殊人格之產生。凡民族之深受中庸之教的影響者，恆致其中 men of a genuine or original nature become so rare that one is almost let to believe that the fittest type of our race consists of those men and those alone who are devoid of true love as well as of true hate. 專養成「一種既不能爲善亦不能爲惡之人」。(三) 對中庸之教之產生，提出三種解釋：（a）由一個民族的文化歷史太過悠久，而又常與新的文化接觸，遂使他們誤信眞理必在極端之間，而生中庸之教。（b）由歷史悠久的民族多以「節度」「比例」爲美，故欲表現之於行爲態度。（c）由歷史悠久的民族往往缺乏活力，貪圖安逸，而中庸之教最能使人安逸。

以上已將本書中之論善部分簡單地作了一個提綱式的介紹。我對作者之主張，幾乎無不同情。他以生命的擴張爲善，可謂獨到之見。雖然居友柏格森也似有過同類的主張，然而他們的所謂生命（偏於生物學的），實非作者之所謂生命（詩人的），其意義根本不同。他反對禁欲之說，主張善美合一，並視消極的善爲非眞善，議論都很透徹。但我覺得，作者之所謂生命，既非生物學家之所謂生命，便應加以聲明；就是對於居友和柏格森之說，亦當加以比較批評。而作者於此，默然無聲。這是我所認爲不能滿意的一點。

第二，作者從形而上學方面推論到愛之起源由於生命之要求擴張，雖很精當，但從心理學的見地來講，卻不能說是十分完滿。因照作者之說，我們的所以同情於他人之憂樂，全是因爲他人之憂違我生命之律，而他人之樂順我們生命之律；故而叔本華的「人我本體同一說」應受駁斥，這是不錯的。但我以爲人我本體同一說雖可排斥，而在我們同情於他人時，我們心理上的人我同一之感，卻並不必連帶排斥。蓋當我見他人之憂樂時，心理上若無他人之憂樂亦卽我之憂樂之感，則決不會覺其違順我的生命之律。

第三，作者以爲我們應爲較高的價值，犧牲較低的價值，完成靈魂的活動，根本取消利己心，並將感官衝動降服於靈魂的活動之下。其理由爲：愛是唯一的促進生命者，而靈魂之本質便是愛。利己心爲愛之限制者，故當根本剷除。此誠無問題。但感官衝動何以應受抑制，而不應與靈魂活動同樣滿足，則作者尚無充足理由提出，且如欣賞自然界與藝術品之美，乃作者之所謂靈魂活動，貪口腹男女之慾，乃作者之所謂感官衝動，在作者之意，自以前者爲高，但其理由爲何，應有解答。若謂靈魂活動比較感官衝動更能增加生命之豐富，則亦無所逃於計算之難。作者在評快樂論時，謂其病在計算之難，今若欲以促進生命之多少來斷價值之高下，豈非也有同樣困難？如謂不須計算，則此判別高下之標準爲何？此標準之概念的內包與外延，是否與生命概念同的？如其不同，則生命將非評判一切之最高標準。如其全同，則將仍須計算。

第四，作者之論善，只是抽象的，不是具體的。究竟實際上善有多少種？那種善性質怎樣？各善間之關係怎樣？那類行爲之目的應達何種善？對於這些，作者也未論列。

這四點中，第一點是因爲全書主旨本在立宗，不在破敵，第二點是因爲作者未論心理學問題之故，第三四點是因爲本書之目的，重在建立道德哲學之原理，不在建立實用道德學之故，所以都可原諒。不過我總希望作者在第二部道德哲學裏，無論如何，應該涉及這些問題。

至於作者根據其說來評其他各派道德學說，亦多中肯之處。評快樂論諸點大致同 Green，惟第五項有特見。關於快樂計量之難，H. Sidgewick 於其論理學之程式中曾有不少答覆，作者似應舉出批評，方能確立己說。論康德之道德學說一章，非常精審。其斥叔本華誤解康德處，尤可以見作者對於實踐理性批評一書了解之深。至作者之評康德缺點爲在不知重視情緒，雖非創見，亦有精論。論叔本華學說一章，亦有非常銳利的批評。但悲觀論爲叔氏道德哲學中的重要部份，豈可置之不論？其評知識卽道德說，力闢許多關於道德教育的誤解，足供國內一般教育家之參考。至論中庸與道德部分，則作者之指出中庸之教之種種流弊，與分析中庸之教之產生原因，均甚深刻，而又針砭中國人之通病。但在此地，我將附帶聲明一點：卽作者所評中庸之教，實卽孔門所謂鄉愿之道，或孟子所謂執一之執中。

四　論意志自由、不朽及其他

（甲）論意志自由　本書上卷第五章是論意志自由的，可分四段來介紹：(一)評人之行爲，受其最強衝動支配之說，及以 Strongest impulse 釋作 Strongest bent 之說。（二）謂物之本質旣不可以直覺，而憑觀察實驗亦終不能推斷支配萬物之定律；宇宙流動不息，萬物變化無常，物之本質永難認定；物之進化愈高等者，愈不易以定律概定；所以預測人之行爲，絕對爲不可能。因欲預測人之行爲非先知道人與他物所共遵守之定律不可，而欲知此定律，非先知道人與他物之本質不可，但本質不可知。(三)論物之本質視其所與發生關係之物而變，與物發生關係之物爲無限，其本質亦無限。故欲預測一物之未來，非知一切物不可。以全世界之物無不相關，卽無一有定本質故。(四)論冥冥中是否有律支配宇宙問題，作者分爲三方面討論之：一曰自然之全部過程是否爲一預定計劃之展開？作者認此爲與人視宇宙常在自發的變化一樣：同爲假設，同無證據，同無關於宇宙的實際狀態，故不能信以爲眞。二曰是否無事無因？對此問題，作者認爲答案若謂人之過去行爲孕育現在行爲，現在行爲孕育將來行爲則可；若謂人之行爲可由個人之心理決定則否。三曰一物之行爲是否與其本質相應？作者認自客觀言之，則人之行爲恆有貌似而不與其本質相應者。而自主觀言之則必相應。(四)評自由活動之自由說。作者以爲唯人眞自由。若以一物之能影響他物爲自由，則一切木石皆應有自由，以其亦能影響他物故。(五)引康德之意志自由論，謂人之所以有自由，因人具有「應該之意識」故。蓋自由便是義務之感戰勝了欲望(inclination)。

作者之論意志自由，在我看來，也是很能認識問題所在。在此章中，作者對許多錯誤見解的分析與駁斥，都很可見作者的智慧。其評預定的計劃說與人之行爲受其最強衝動支配說，都是別具匠心的。但論人之義務之感戰勝欲望處，則尙殊嫌草率。義務之感何以必能戰勝欲望？有何保障？此自作者看來，實爲本問題之中心，而竟只以極狹窄之篇幅論之。反之，他卻肯用四倍於此的篇幅來論行爲不可預測之理。試問此與義務感之戰勝欲望有何必然關聯？縱人之義務感永不能勝欲望，人之行爲何嘗不是仍歸於不能預測？自作者之說，非對任何一物之動作人均不能完全預測乎？縱人之行爲可預測，義務感何嘗不可戰勝欲望？又作者於論意志自由及論不朽諸篇中，雖常表示其對義務之感必能戰勝欲望之信念，然作者同時以信人性尚有不可超越的限制。關於此點，我們很可仿效作者批評物物動作受其本質決定的口吻，質問作者如何知道人性確有不可超越的限制呢？我們只能依據某人之不進步，而說某人已被限制，然而我們如何可知某人不再進步？如何可斷定他已碰到了不可超越的限制？且據作者說，物之本性依其關係物質定。然則，某人在某環境內所受的限制，豈不可在他環境下超越之？且在人性中既有不可超越的限制，我們還能相信義務感能戰勝欲望嗎？所以我以爲作者如要貫徹其主張，便應放棄其人性中不可超越的限制之說。

(乙) 論不朽　第六章論不朽，其要旨爲：(一) 論不朽之要求爲人性之根本要求，但人之要求不朽，非只要求無意義之不朽，而欲要求善之不朽。(二) 論人之要求善之不朽，實根原於宇宙之內在傾向。何以知之？作者謂宇宙之內在，由感官不可得，以感官所得者爲現象而非本體。故只有反身內省，方知宇宙之內在傾向。吾人偶一反身內省，便知心之深處實有善常勝惡而永存之要求。作者謂此要求，爲無須證明及指出者，以此根本不是證明及指出之所及故。最後作者謂唯一之證明即在feeling of humanity that the Good ought to triumph finally over the Evil.

不朽問題可以說是道德哲學中一個最深厚的問題；各派道德哲學的高下，簡直可拿它對這一問題的接觸之深度而定。這個問題是任何有系統的道德哲學派別所不能避免的。在中國研究道德哲學的人本來不多，至對這個問題加以精細討論的，簡直可說沒有。作者此篇可以說是破天荒的一篇。但作者太把問題簡單化了，把人格的不朽問題歸到善不朽問題，我卻不能十分贊成。我以爲不朽問題，分析起來，雖或可以化爲善不朽問題，然在事實上，仍是人格不朽問題。故於人格不朽問題，仍當加以注意。又作者謂不朽不能證明指出，能證明者惟此善應勝惡之情緒。我以爲作者於此，再應說明此爲主觀的或客觀的情緒。如爲主觀的，則此情緒實不能保障客觀上之善勝惡。故非爲客觀的不可。然作者並未說明，容易引起誤會。以通常所謂情緒，均屬於某個人而爲主觀的故。又不朽誠不可用經驗證明，然似不能因此而卽斷其只能用情緒證明。於此二種證明外，尚有所謂論理的或邏輯之證明，無論可用與否，總宜加以討論。

（丙）其他　以上已將本書十章之大要，略加介紹。其餘數章，除第一章引論不必我再加介紹外，上卷第七章 On God，主旨在以 God 與 Good 同視。第八章 On the Meaning of Life，主旨在歸納上卷前六章之意而得一人生道義總括之結論。下卷第六章 On Wonder, Reverence, and Mercy，主旨在論一個富於精神生活之人，其心對於宇宙之無限與神聖，必定感到「驚奇」；而又以宇宙之無限與神聖爲人所探索不盡者，故必由「驚奇」而「虔敬」；同時因爲對上「虔敬」，故必對下「慈憫」。不過此三章之好處，全不在其論證，而在其美妙的文字之所暗示。On the Meaning of Life 前半部及 On Wonder, Reverence and Mercy 全部，都是充滿詩句的。讀者如要了解這幾章，只有自己去讀。這三章中，當然以 On Wonder, Reverence and Mercy 爲最好。在這章中，表現了作者心靈生活中最高的境界，也是一切偉大的人格之心中常有的境界。誰不能夠深深的了解道 Wonder，這 Reverence，這 Mercy，那他是永不能入眞正的智慧之門的。

以上已將本書全部分段介紹批評完了。總括的說，我們可謂此書最大的長處是在作者對於許多道德問題都有深厚的實感，同時提出了自出心裁的答案。至其缺點，則爲缺少形而上學的基礎、心理學的徵引與實踐倫理的討論，此外則對許多敵派思想，未能一一加以駁斥。不過，沒有一本書是能同時論到各方面而毫無缺點的。就全體看來，此書終是一部現代中國難有的有價値的著述。

（一九三三年「圖書評論」第一卷第十二期）

梁漱溟先生「中國民族自救運動之最後覺悟」介紹(註)

誰也得承認，中國民族現在是遭遇著亘古以來世界任何民族從未遭遇過的大變局，因爲中國民族是世界上歷史文化最悠久的民族，因而是傳統精神最深厚的民族，同時現代的世界是各種社會經濟政治矛盾最尖銳的世界，中國民族現在一方正演到中國自來一治一亂的循環劇中亂的一幕的時期，一方又遇著現代這矛盾最多的國際環境，中國民族現在正背負著牠有深厚的傳統精神的歷史文化向這矛盾最多的國際環境投去，這好像一股來源很遠很高的瀑布正向原已波濤洶湧的大海奔流，在這二者互相衝激之間當然無疑地要引起掀天動地的巨浪，而中國民族的前途問題成爲最困難最複雜，糾紛最多的問題。

中國民族前途問題是許多人知道嚴重的，而中國民族前途問題的複雜性是很少人注意的。數十年來國人對於這問題的答案，大概都忽略這問題的複雜性。人類的眼本來只看得見現在，只看得見一方，所以國人對這問題的答案，大概都是從那一國那一洲搬運來的。歐美的民主政治，蘇俄的共產政治，歐美的資本主義經濟，俄國共產主義經濟……都曾成許多人認爲民族前途問題唯一無二的答案，而絕不注意國際潮流本身已很複雜，而中國民族本身是有數千年歷史文化的，有其特殊的傳統精神的，中國民族前途問題的解決是需要一位很大的智慧——而把握住這大變局的智慧——而決不是任何的簡單答案所能爲功的。

梁漱溟先生此書在我看來要算第一部能深切認識中國問題的複雜性的著作。梁先生是最努力把握中國民族所遭遇的大變局，最努力想出中國數千年歷史文化的一貫精神，想如何保持，同時了解國際潮流的力量，想如何應付的。梁先生的答案是最努力求與這問題的複雜性相應的。姑無論其答案的正確性如何，而此書中所表現的這種對這問題的努力已是值得向全國人介紹而爲一切研究中國民族前途問題的人所應取法。

至於本書內容的介紹，則原書具在，詳細介紹可不必。此書本是梁先生原在「村治」上發表的論文十六篇集起來的，初版在村治月刊社出版，再版在中華書局。其中積極的提出梁先生對於中國民族前途問題之解決的方案的當然是（五）「中國問題之解決」一文，消極的批判其他對中國民族前途問題之答案的是（三）「我們政治上的第二個不通的路——歐洲近代民主政治的路」、（四）「我們政治上第三個不通的路——俄國共產黨發明的路」及附集中之「敬以請教胡適之先生」、「建設新社會才算革命——答晴中君」。（但據「村治」前所登梁漱溟先生之「中國民族前途」之目次，則尚有「村治在解決中國政治問題上的意義」、「村治在解決中國經濟問題上的意義」、「村治在解決中國文化問題上的意義」、「村治在教育及其他問題上的意義」，也是積極發揮梁先生村治主張的；尚有「我們經濟上第一個不通的路——資本主義的路」、「我們經濟上第二個不通的路——共產主義的路」也是消極批判其他對民族前途問題之答案的；但均未見發表。）（二）「中國民族自救運動之最後覺悟」是講村治的歷史哲學的基礎，也可說是梁先生在「東西文化及其哲學」中所發表的見解重加闡述。（七）「山東鄉村建設研究設立旨趣及辦法概要」、（十）「河南村治學院旨趣書」，是積極的提出村治的辦法。（六）「敢告今之言地方自治者」及附集中「答馬儒行君來信」、「敬答嚴敬齊先生」，係批判類村治而非村治之地方自治及各地村治設施方法而同時也積極指出村治有其特殊意義及較正確的設施方法的。此外（十一）「丹麥的教育與我們的教育」是借介紹丹麥教育來發揮鄉村教育的辦法的。「勉仁齊讀書錄」篇都是說明東西文化之根本不同的，而屬於講村治的哲學基礎的，並於「悼王鴻一先生」及「主編本刊之目由」都是最可見梁先生自已人格及生活態度，同時也可見梁先生如何走到村治運動的路向的。這可說是對全書各文最籠統的介紹。至於這十二篇文中當然以（二）、（三）、（四）、（五）爲最重要，是最見梁先生對於中國民族問題的複雜性認識之深切，顯出其獨出心裁之解決法的。

至於介紹後的批評，則我對於本書大部都很悅服。但也有不同情處。不過無論贊成處或懷疑處之理由，均不是在此簡短篇幅所能容許，將來當另爲文論列。我現在只能說幾點我現在對梁先生的希望：

一、梁先生的村治論是顯然建築在他的中國文化觀，梁先生的中國文化觀是建築在他的人生態度之三條路向說，而梁先生之人生態度三條路向說又建築在他的心理學說，這是我們很容易看出而梁先生也似乎說過的。然而近年梁先生的興趣因在實際事業之故，對他的理論基礎發揮的興趣少多了，所以如他前曾預備要作的著作，如孔家思想史，孔學繹旨，人心與人生，東西文化哲學之修正本，均直到現在未見出版。在我的意思並不以爲實際事業的意義比著作的意義低，我很相信在眞實的生活態度裏，無論什麼事內在的價值是相等的。也不以爲在現代中國著作的需要甚於實際問題解決的需要。從某一方面看來，只要中國實際問題可圓滿解決，梁先生談心理學哲學的著作可以不要，譬如從梁先生所信的儒家教旨看來，一切高深理論便都可融化表現在恰好的極庸常的當下的實際生活裏，所以我決無如梁先生自白一文中所謂以梁先生投身實際事業爲可惜之意。同時我也並不以爲梁先生的心理哲學是村治唯一可能的思想背景或理論基礎。梁先生不著書，村治也未嘗不能有別的思想背景或理論基礎。因爲同一的結論常可由不同的前提得來。我也並不以爲非有許多艱深的思想理論不能使一般人信仰村治。爲求普遍的信仰，艱深的理論只能爲障礙。但是我以爲世間有一種內心問題極豐富因而一時常用沉悶的外表來掩護他的深思的人，這種人常是最有能力的人，然而他的內心問題不解決，他常是不知如何安放他的實際行爲的，如梁先生便是這樣的人。對於這樣的人，梁先生如希望他們來共同幹梁先生認爲有特殊意義的村治，站在梁先生本身的立場，是有把他心理學哲學的思想理論全部發表，幫助他們內心問題的解決而成梁先生的有力量的同志者底必要的。

二、梁先生的村治始終是要保持民族精神，但是所謂民族精神，梁先生除在「東西文化及其哲學」一書中論中國文化之特點籠括的討論一部（其時梁先生尚未用民族精神一名詞），本書中零星散見論列之語外，仍無系統的討論。梁先生雖屢言此名詞並不空，但我們細讀梁先生之書，我們仍比較容易由消極一面去了解有民族精神，如中國歷史非西洋歷史階段解說，中國無宗教，無德謨克拉西，無科學。誠然從消極方面看後，積極之面目也躍然可見，然面對一般人詳細的積極的指點，始終是需要的。所以我們很希望梁先生及其繼承者能從中國歷史上去系統的討論民族精神，從具體的政治外交、社會組織、風俗習慣、文學藝術、思想派別底「史」的研究中指出民族精神。然後民族精神才是眞正確乎可指的。

三、梁先生對於中國前途問題的解決法是由經濟上使中國社會的組織構造有進展，然後使中國政治問題解決。但是如何由單純經濟力量而使國內政治安定卻很是一大問題。因爲據我看來，現在中國各地的村治運動都是在一比較安定的政治局面之下進行的，在現在中國大部地方政治是很紊亂的局面之下，普遍的村治運動如何可能，實是一個謎。

梁先生在「答晴中君」書末曾言假設有人眞切求解決此謎，梁先生還有「許多問題、許多原理、許多方法，還莫有談到十分之一」，値得我們研究思索的。我們很願研究思索，然而梁先生論文未出，如何能使我們（如晴中君等）不疑呢？後來「村治」第三卷曾見某君一文，係述梁先生之意者，亦談到如何用經濟力量使中國政治安定問題，然該文剛提到此問題，便以「待續」二字結束（下期卻未見續登）。

四、最後還有一希望，卽梁先生「中國民族前途」目次中未發表之目次，如此文前曾提到者，亦望梁先生迅速完成。

（一九三四年三月「文化通訊」第一卷第三期）

註：本篇發表時署名「君毅」。——編者

「中國歷代家書選」編輯旨趣（代序）

一、是編編輯目的，蓋有二者：

甲　教育之道，蓋亦多端。然家庭之教，當爲首要。一則天倫之內，愛敬出乎自然。愛則教之也切，敬則感其言也深。二則家人之間，性習相近，知子弟莫若父兄，故誘導恆易得其道。三則學校教育，多始成童；而習以成性，恆在孩提。啓蒙無術，養正斯難。四則今日中國之學校教育，多所不足，社會教育復無可言；教以義方，惟賴家庭。家庭施教之道，固應有取于教育科學之研究；然中國古哲，素重家教，家訓家書，亦多可作爲父兄教子弟之資鑑，今選家書，斯其一旨。

乙　今日中國家庭教育，人久不知重。學校教育，亦復除販賣知識無餘事，毫無與于整個人格之陶鎔。故青年多幼而失教，長而徒受偏枯之教。然中國昔賢之家書，正以品德之修養爲主，適足以救今代中國教育偏重知識之弊。其循循善誘諄諄告誡之處，千載以下讀之，猶足令人生感，蓋無異爲其子弟，身受昔賢之教然。今爲是編，抑一補青年失教之一端歟？

二、本編係本自漢以降晉魏六朝唐宋明清文章總集及名家專集，與各家尺牘選集、各家尺牘專集編輯而成。

三、本編所選之家書，以含有家訓意味之家書爲主。故所選家書，大均足以供立身行己齊家敎子之資鑑者。故如陸雲與其兄機書，據嚴可均全晉文所載，有四十首之多，然以其專論文章故全不錄；鮑照登大雷岸與妹書，文蓋極佳，以專述所見山水，今亦不載；夏完淳臨終與其夫人書，亦天地間之至文，以專言情，今仍割愛；顧炎武與三姪書，言關中形勢，頗有關史地，今亦未取。此外凡不含家訓意味之同類家書，好者蓋亦不少，今一概不錄。

四、本編所採家書，雖均含家訓意味，然古人家書一編之中，恆不能專作訓誨之語，常有論及學術家事之處；今爲避免割裂篇章，俾讀者得見其全計，仍照原著全錄。（至編者所本書，原不全者聽之。）

五、本編選輯，于宋代以前較寬。蓋宋以前，家書傳者極少，故除與本編宗旨不合，及太無足取者不錄外，大多入選。明代尺牘尚盛，家書亦較多。今據李漁古今尺牘尺牘初徵、黃本驥明人尺牘，周在樑尺牘新鈔、陳枚寫心集，及諸家集，選錄十數則。清代家書，則曾國藩、左宗棠之家書，早已家喻戶曉。二公之家書，均善誘善導，最足爲少年遷善改過之範；且褒然成帙，非其他清代名人零篇斷札之家書可比。今專取二書，加以選輯，雖專論學術及兵戎之事者全摒不錄，猶嫌在此編中所佔比例過大；故其他清代名人之家書，一概割愛。

六、歷代家書多同時見于數書，其取材來源，特于篇尾註明，以便讀者之覆閱。

七、歷代家書之輯就編者所見，尚無先例，是編義屬創始，取舍唯憑己見，取材尤慚疎陋。匡其不逮，斯賴賢哲。

唐君毅　二三・七・十・

（一九三四年拔提書店「中國歷代家書選」）

介紹「科學思想概論」

近以中國科學社三十週年紀念，又有不少人在報章雜誌上大聲疾呼，提出中國科學教育之重要。其實科學教育之重要，在現代中國無人不承認。關於科學教育的如何設施，是教育行政者之責，努力專門科學之研究，是純粹科學家之事，然而造成社會重視科學之風氣，提高科學在文化中之地位，則有待於對科學之精神與方法及科學之發展對於人類文化歷史之影響有整個的認識之哲學著作。

中國科學教育之未眞正發達，科學精神之未眞正滲透到中國社會文化的各方面，自然原因很多。但是直到現在還有不少的科學專家以爲中國科學之不能在中國文化中眞正生根，是由於中國哲學的阻礙，所以要使科學眞發達必須使科學絕對脫離與哲學的關係。

然而近代西洋科學之發達，確正是由於培根、笛卡兒等哲人之提倡科學精神、建立科學方法之結果，而許多科學上之定律之發現，都是由於哲學家之先提供假設。哲學並無阻礙科學之歷史事實。

哲學不僅無阻礙科學發展之歷史事實，而且要使科學精神滲透到社會文化各方面，非哲學之研究不能爲功。這理由很簡單，卽科學本身不能自己說明他自己在社會文化中的地位的重要。科學家儘管富科學精神、知運用科學方法，然不必能自覺其科學精神科學方法而說明之。要說明科學在社會文化中地位的重要，必須有入乎科學中而又出乎科學外，從整個文化著眼之哲學眼光。要說明科學精神與科學方法亦必須有入乎科學中而出乎科學外，對科學之所以爲科學加以反省之哲學眼光。而不說明科學在社會文化之重要與科學之精神與方法，則社會人士決不能眞重視科學；而科學家個人所具備之精神與所用之科學方法，終不能普遍的爲人人所具備或應用，而收得科學化社會之效果。所以從哲學眼光去討論科學的著作，對於科學之提倡正是最必需的。

何兆清先生此著作是這樣一部入乎科學中而又出乎科學外，以一種從整個文化著眼的眼光來敍述西洋科學之歷史發展，並對科學之所以爲科學加以反省而特出其精神與方法之著作。這是一部中國提倡科學數十年，最能顯示科學在文化中地位之重要及並抉發科學之精神之核心與科學方法之涵義的書，自當是一部一切想推行中國的科學教育的人與眞想了解科學之所以爲科學的人必讀的書。

本書分上下兩篇，上篇是縱的論西洋科學史的發展，由希臘直至現代，而先之以泛敍西洋文化之重智精神，此卽爲從整個文化眼光以論西洋科學之表現。次論希臘之科學思想，再次論文藝復興與時代之科學，十八世紀之科學運動，十九世紀之科學思想。在此部中，著者處處皆以其對一時代之整個文化潮流之認識爲背景，以論該時代科學上之新領域之開闢與重要科學理論之形成。其中以論十九世紀之科學思想一章尤見匠心。以此時代之距今最近，科學最發達，科學思想派別紛繁，梳理條別最費經營也。如英文 Mery「十九世紀之科學思想」一書，本號稱論此時代科學思想之名著，而該書則搜羅豐富，而重復冗雜之病則再再而犯。

下編科學之哲學則先之以總述上篇為序論。次則為統觀科學之種類，由科學演進分化之情況，以論科學之分類問題，而提出一分類系統。此系統為何先生融斯賓塞、孔德諸家之說而成，乃一以宇宙存在之等級論為根據之最賅備之科學之分類說。

再次章，則為統觀各類科學之闡理方法及結構形式。在此章中論科學所以構成之方法與組織之形式，並評論歸納演繹之相反相成，而終之以漸演生異中求同為科學闡理原理。最後一章則為統觀現代各科學對於宇宙自然之解釋，論數學、自然科學中之根本問題及其對宇宙之解釋，亦即論科學與哲學之邊界之諸問題，並指出近代科學與近代哲學相互間之貢獻何在。由近代科學與現代哲學之合作，吾人對宇宙之認識如何一層層的進展。此章為全書之結論，亦最足啓人智慧者。在此章，著者指出的任何一特殊科學之論理之不足以解釋宇宙。終歸於大自然之層次體系觀，說明自然之各種存在層次之高下與其相互關係。由此以使各種科學原理各得其應用之範圍，不相凌越而相輔為用，因以證成本編第二章著者所提出之科學分類說。最後則本此大自然之層次觀，以指出人在宇宙之地位之尊嚴與崇高。於是由純粹自然科學之理論之檢討，歸宿於人生價值之肯定，而通於中國人為萬物之靈、天地之心之說，以為建立人生哲學之張本。

總觀何先生此書，自整個文化哲學眼光，縱論西洋科學思想之發展，橫論科學之分類方法與形式及科學對宇宙之解釋，以通於宇宙論、人生哲學，經緯相錯以脈絡貫通，以顯示科學之所以爲科學於國人之前。謂之爲中國同類出版物之著作誠非阿其所好。至於其中詳細內容，今不及一一介紹。讀者當可自得之也。

（一九四五年「學燈」第二八八期）

李源澄「諸子論文集」序（註）

諸子之學，清儒量理之功限於輯佚考證、校勘訓詁。逊清之末，學者乃喜言諸子大義，然當時學者如章太炎、梁任公之詮釋諸子學說，皆以梵土或西方之學爲據。民國以還，西方之哲學、社會科學日益輸入，而言諸子者更幾無不以中西之思想較論，其中固多以參證而會通者，然持其先入之見，美之曰執假設以求證，摘零篇斷句以相附會者，遂不可勝數。余昔嘗泛覽中西哲學之舊典，而持中西哲學殊途之論。十年前曾有所述作，謂較論中西思想，寧較其異，毋較其同。蓋深病附會之言滋蔓無已，而中國學術將永淪成附庸而沉淪也。近年以來，雖於中西之正統思想之最勝義仍以爲多可持以證人類之心同理同，然亦未敢輕抒所見。常念讀古人書，有自外入者，有自内出者。此所謂自外入者，先於理有見，而求印證於古人，而逐漸去其成見，留其眞知，以通古人之心者也；自内出者，先虛懷若無知，優柔厭飫於古人之書，而豁然貫通，得其旨歸者也。自外入者知其所見之未必合古人之意，則更迭諸見以測之，此今所謂嘗試錯誤法也。誠所見廣大後，能更迭諸見，不執一以求通，固可與古人覿面相遇矣！然所見廣大談何容易，見與執俱，執一而強古人同我，遂所難免。此昔賢教人讀書之必以虛懷涵泳為訓也。夫虛懷涵泳之中，非無嘗試探測也，唯其探測恒在有意無意之間。陸象山言「深山有寶，無心於寶者得之」，其言可味也。有心於寶，則或以石為寶，如不以石為寶，則覓寶而不得，視傷而神滯，雖有寶不識矣！唯宅心於有意無意之間，其探測之機斯常活常靈，無所固滯，精義所存，常目在之，一有不合，過則舍之，其參伍會通之功，行於微隱而神不勞。此則讀書自內出者之用心之圓而神，異於讀書自外入者之方以智者也。西方學人之用心方式恒偏於方以智，故其立論，多先提出問題，敍可能之諸見，評異見之難通，再陳其所見；卽陳述史事與古人學說，亦綱目整齊，期於方智。中國哲人史家之用心，則偏於圓而神，故其立論，多直抒所見，剪除枝葉，稱心而談；而陳述史事，亦重曲暢旁通，隨人順事而宛轉，而以方以智之表志為輔；敍古人學說，亦期得神髓，罕事排比，以要言不煩，留人自悟為貴；皆圓而神之用心方式之表現也。當今之世，方以智之用心讀書著作方式，固人皆知之，而多本之以論中國固有之學術矣！然抑知圓而神之用心讀書著作方式之更與中國學術之精神相應而尤不可廢乎？

吾平昔之用心讀書寫作之方式，亦近乎方以智，讀古人書恒亦為自外入。嘗欲求用心之圓而神而未之能逮，蓋亦由素習使然，而欲由方智之極以達圓神也。友人李源澄先生，治學由經而子而史，其著述為海內人士所共見，無俟愚之喋喋。十餘年來聚談之際最所深佩者，卽其冲懷寥廓，讀書一如其為人，凡所會悟，皆自內而出，故所述作亦皆直抒所見，少所譏彈，而或者遂以綱目不張、鋒芒太歛、於殊方異域之說無所參偶，不類時人之著病之，不知此乃李先生用心方式乃尙保留古人圓而神之風，其抉發昔賢著述之大義，皆入乎其內而出乎其外，直言所見，而無與人絜長度短之意，故得絕於以流行之西方印度之思想與中國固有學術輕相比附之病。至於本書，乃李先生繼其十年前已印行之諸子概論而著，其體裁與作風，與其他作仍不相遠，讀者皆當循吾今之所言以讀之。本書之大旨，依余所見，在明儒家與諸子相激相蕩而歸於滙通之勢。論孔孟荀以明儒學之正宗；以告子與孟子之對辯，明儒墨之爭之關鍵；以管子之心術內業言道家之晚期發展而採納儒家之處；以管子中之法家言，言法家之採儒。要歸於說明晚周諸家之說之趨於相融會，然亦保留不失其宗。此於論管子二篇及儒道兩家之音樂理論一文，最見其匠心。此外，則論莊子之分形、心、氣三境界，論商鞅則特揭出摶力殺力，皆自具隻眼。至於此外之論，大皆以平實見長，更無浮泛之辭，詭異之論。讀者讀其書自知。來書囑爲序，故略弁數語如右。

註：本篇所據爲手稿。約作於一九四七年。——編者

王道「人類自救之路」再版序言

王貫之先生「人類自救之路」再版，要我寫幾句話。王先生寫此書時，我與王先生並不相識。但王先生許多主張，多與我不謀而合。所以樂於寫幾句話。

王先生此書，並未對許多人類社會文化問題，提出細密的討論，只是提出一些原則性的話。重講一些似乎已陳舊的概念，如仁愛和平之類。但是原則性的話與最陳舊的概念，亦是最切實的最新妍的。原來人類在世間其所行人道，有常道有變道，常道卽不廢江河萬古流而千古常新之道。不廢江河萬古流，非靜而不動，而是萬變不離其宗。如仁愛和平，人道須以人爲本，都是數千年古今中外之一切聖哲，一切人平心靜氣時，所承認之普遍眞理。人所能思想的範圍至廣，原不必在此根本處轉念頭，動花樣，生疑難。然而馬恩列斯，偏偏要在此根本處轉念頭，生疑難。不以人爲本，而以唯物論爲號召。不以仁愛和平爲本，而以矛盾鬬爭說明宇宙人生社會。於是生於其心，害於其政，而使人類陷於曠古絕今之大刼。我們只說共黨之政治是極權的，不民主自由，此尚是淺的批評。其根本的錯誤，乃在其不自信人是人而視人爲物，否認宇宙人生社會之常道是仁愛和平，而以矛盾鬬爭爲教。

唯因其根本上有此差誤，然後無往不差。所以我常說，只有具深度的與廣度的人文思想，可以使人類自救。此人文思想要人時時自覺其是人，人不當把人當物。並尊重人類文化之全面，而不只以經濟眼光看一切，亦不以政治控制全面文化。這是我與王先生最相同的地方。而且我相信這亦是一切人人同此心心同此理的地方。其他一切社會政治上之民主自由思想，經濟上之公平理想，國際間民族間之平等思想，都應自覺的在此人類心同理同的地方尋出根據，然後不是無源之水，無本之木。

而對王先生此書，我所最喜歡的一部份，便是第一、二部中王先生自述其經歷與第三部旅非日記。這比前面之論文，更見王先生之信念與為人。他在這些文章中並不諱言其自己的缺點，與性情不好的地方，及學問知識不足的地方。亦記上許多偶然的感想，與生活上的瑣事，而將他自己全部暴露於他人之前，不加以隱覆。我常覺人之所最可貴，只在人之本身。不僅一個人之地位名譽金錢不是人之本身。一人所在之政黨與其職業與一人之本身亦不相干。卽學問知識亦是外來之物。我看一個人，我總是先把不是屬於人之本身者皆加以剝去，再來看其人之本身。由此使我對許多人失望。然亦由此使我發現世間更多的好人，與無地位名譽學問知識的好人，也漸能了解各種不同的人之不同性質的好。我唯一所常引為憾的，是世間許多具不同性質的好人之間，不必能互相了解。不過據我經驗所得，無論什麼性質的好人，都有一公同的性質，卽他總有一率眞而不掩飾自己一任自然的地方。此卽孔子所謂直所謂誠。一個人只要能率眞，不掩飾自己，多一點一任自然之處，遲早都會為人所了解的。

因此我復相信一切好人間，最後仍是會相了解的。無論社會如何變，還是只有好人互相了解，在同地或異地，都能直接間接互相幫助，才能把社會弄好。我並不相信依任何抽象的主義，以團結一羣人，再發動一什麼革命，便可解決人類問題。活的人之問題，不是只以一抽象的主義便能加以解決的。消極的革命亦只能破壞不能建設。我們講人文主義其實不是一特殊的主義，不過是把一切事實人人承認之眞理，加以指出而已。人有誰不承認自己是人呢？人有誰不在全面文化中生活呢？毛病只出在人忘了他自己是一人，而自視爲物。忘了他在全面文化中活動，而以經濟眼光看一切，以政治權力宰制全面文化。此一忘便生出無窮毛病，不忘就對了。故講人文主義並非是一特殊的什麼主義，只是指出人心所原承認之眞理，叫大家不忘，人皆成爲眞人、文化成眞文化而已。我同時相信，莊子所謂有眞人而後有眞知。眞人乃知人之眞正的文化要求何在，亦才能眞知人類隨時不斷發生的新的文化要求何在。中山先生說知難行易，我想再補充一句人難知易。而文章之中則見性情之文難，說理論逞博學之文易，玩弄聰明說諷刺刻薄話之文尤易。這亦卽是我喜歡王先生旅非日記一類文章之故。我此外莫有什麼可說。卽將此點記下作王先生書之補白。

（一九五三年一月十六日「人生」第四卷總四〇期）

宋著「人生的藝術」序

人生問題是每一人切身的問題。每人只要對其生活，加以眞切的反省，都可獲得一些人生的智慧。人所最怕的，是不對其生活作反省，這便須要藉他人對人生的反省，來啓發自己。人與人個性各不相同，各人對人生的反省，亦勢不能一樣。但是一人之眞切的反省，必能啓發他人。宋哲美先生寫成「人生的藝術」一書，要我寫幾句話。我讀了一次，我雖不能對宋先生所說，都完全贊成，因爲我與宋先生的個性不必相同。但是宋先生所說，大均由他自己之眞實親切的反省來的，絕不同於剿襲陳言之作。宋先生興趣極廣博，其心中所能欣賞的人格型態亦極多。故對貝多芬、孔子、福特、陶淵明都分別論列其人格之本質，頗多深入之論。我想讀者們縱然性格不同，亦都可分別由其所說，啓發其對人生之反省，所以樂於一言向讀者們介紹。

唐君毅　中華民國四十二年二月序於香港

（一九五三年二月「人生」第四卷總第四三期）

錢賓四先生還曆紀念（註）

錢賓四先生生於甲午之戰後第二年，今年適爲週甲之歲。此六十年之中國，一直在內憂外患之中，而至今爲烈。錢先生一生之學問，蓋將與中國之憂患共終始。這是我們紀念錢先生六十壽辰的一點意義。

錢先生之學問方面很多，且數十年來未嘗一日廢學。其所治之學問之種類，與所發表之著述之內容，都不是此文所能詳及。錢先生自言最初爲學，是治古文辭，後乃及於中國學術之各方面。錢先生之知名於中國學術界，在其早年之「向歆父子年譜」與「先秦諸子繫年考辨」二書。此二書表面看，是直接清代學風之純考證的書，但其意義與價值，則不限於考證。向歆父子年譜一書，主要是批評康有爲氏之「新學僞經考」。康氏之以一切古文經爲劉歆僞造，是要歸到一切今文經，皆孔子之托古改制，而康氏本人又是要托孔子之教在清末變法圖強的。康氏之倡變法圖強則是百年來中國所受於列強之屈辱所激發，自其此類書所以寫作之動機說，亦未可厚非。但是由康氏所開疑新學僞經之風，相沿至於新文化運動時成疑古辨僞之學風而人喜言中國古史皆後人層累臆造；卻使後生末學，對中國過去之文籍皆先抱存疑不信之心，而對中國固有之學術文化亦先抱存疑不信之心。此其禍之及於民族精神之渙散者，蓋非康氏之始料所及，亦正與康氏保教保國之初衷相反。夫然，故新文化運動時一往偏重對中國文化學術懷疑破壞之學風之糾正，不能不有賴於新學僞經寃獄之平反。由是而見康氏以孔子托古改制之說，及一往疑古之論，亦復可疑。「疑疑，信也。信信，亦信也。」而後乃可進而求知中國之學術文化歷史之眞實價值何在，而中國今後將何循以爲凝攝其民族精神之道，乃得而言。

至於錢先生「先秦諸子繫年考辨」一書，則爲求考證諸子年代，而對「史記」年表所載戰國史年代，亦加以重訂之者。但其價值亦不純爲考證的。此書考證諸子年代，歸於說明先秦諸子之流派，皆先由儒墨思想之相激相盪而生，道家爲後起，而老子之書晚出。原清末民初之中國思想界，復多鑒於中國當時之外患內憂，慮國亡無日，而不免歸罪於歷代相傳之儒家思想，乃轉而喜推尊道家墨家，以貶抑孔子地位。而當時言道家爲百家所自來，六經皆史，老子爲史官，孔子承之而出者，蓋亦有藉之以達貶抑孔子地位之目的者。而錢先生此書考證先秦諸子之源流，則直下由孔子與其弟子開始，進而及於諸子興起之淵源與年代。此純考證之價值，或尚有賴於後人再爲之定讞。而孔老先後，亦本與其思想價值高下爲二事。然清末民初中國思想界推尊道墨之風，相沿至新文化運動而與西方輸入之懷疑主義、功利主義、個人主義、社會主義共產主義之思想相結合以傾此中華民族命脈所在之儒學，過此以往，理當有儒學之復興。則錢先生之此書之所以杜塞諸藉道家之先於儒家之言，以貶抑孔子之地位者之口者，固有其時代意義在也。

錢先生著作之最重要之階段，爲其寫「中國近三百年學術史」與「國史大綱」之一時期。寫前書是在九一八以後，寫後一書是在抗戰期間。此二書之內容，亦非今之所及。但此二書之成，同與中國民族之苦難相關。他寫前一書，重在說明清初學風之淵源於宋明者何在，與其流弊所及，以矯時流之推尊清而以抑宋明儒之見，而其意之所注，則在說明循此清學餘波之精神，終不能開中國學術之新機運，亦無以樹民族之大防，而抗敵國外患。寫後一書，則正當舉國對日抗戰之時。而此書之論中國歷史，則先說當時人妄將中西歷史妄相比附之論，而直就數千年中華民族生命之升降開合之歷程上著眼，而於其內在生機所存及受病所在上加以提撕，讀此書然後見徒事考證之學與記問之學者，尚不足以言史，而此書亦當此中華民族在存亡呼吸之際，炎黃子孫應有之一歷史著作也。

中國大陸淪陷於共黨以後，錢先生隻身流亡來港，而其此時之著作則尤注重於中國歷史精神，中國文化靈魂所在之學術思想之說明，並反覆申言中國社會發展之不容據唯物史觀之論以分其階段。中國之社會政治問題之解決，不能徒事襲取他人已成之方案，而同時注意及於中國文化與世界文化之融通等問題，承認中國未來之文化當另有一新面目。斯其胸量之所及，又非其舊作之所能限者矣。

要而言之，六十年之中國迄在內憂外患之中，而錢先生一生之學問，實與時代之憂患，如比辭而俱行。六十年來之中國，亦產生不少的學人。然時代之變太快了，我們看，多少老師宿儒，其治學只承清學之遺風，而不能再進一步；多少新進留學生，只是取西方之一家一派之學說之長來評論整個中國文化，解決中國社會政治經濟文化之問題；又多少中國夙擅辭章之士，竟甘心於入日本人所謂大東亞共榮圈；多少熱心於中國社會政治之改造者，竟急不暇擇，而去拜馬列主義為聖經，或羈留於鐵幕之中，而發為違心之論；又多少學人之治學，除了滿足個人之學問與趣外，竟忘了他自己是在自古未有之憂患時代的中國人，忘了他之治學與著述，直接間接，皆當對時代有所負責；又多少人眞知道所謂對時代負責，並非只是隨時代風勢轉，而只是先承擔時代的問題，乃退而求在學術上卓然足以自立，而有以矯正時代風勢之偏弊！我們從這些問題上想，只使我們生無窮的慨嘆。誠然，後生可畏，來者難誣，我們亦絕無悲觀之理。但是由這些問題，卻更使我們在現在不能不紀念自幼以中國讀書人之本色，獨立苦學，外絕聲華，內無假借，三十年來，學問局面一步開展一步，而一直與中國甲午戰敗以來之時代憂患共終始之錢先生。此固非只為一人祝壽之意而已。

（一九五四年十二月「民主評論」第五卷第二十三期）

註：本篇乃作者為「民主評論」所寫「代社論」。——編者

敬悼亡友韓裕文先生

一

亡友韓裕文先生，於去年十二月十八日在美逝世。聞耗不勝悲痛。一直想寫一文紀念，但又不知如何寫起。我曾兩信函其在美友人，望能把其遺稿寄來，斟酌發表，亦尚未寄到。今日檢出其數年來與我之舊信，重使我百感交集，只好拉雜寫一點以爲告慰裕文在天之靈。

裕文是山東萊蕪人，依其學歷看來他的年齡似比我小六七歲。大約在逝世時，不過四十二三歲。他在民國二十多年時，在北京大學哲學系畢業後，從熊先生十力研治佛學與儒學，在教育部任過編輯，後卽在成都華西大學及浙江大學教授哲學。在三十五六年左右卽赴美，在康乃耳意利諾等大學研究部，繼續研究哲學。今算來已近十年。他大約在對日抗戰初開始時，卽離開了山東的家庭，共黨到了山東，卽不能再回去。後來他的父母窮餓以死，他的結髮妻，亦不知下落。他二十年來亦未結婚。這是我所知關於他的身世的情形，此外便都不確知。他在美逝世時其喪葬諸事，是其在美友人嚴倚雲先生等共同料理，墓碑是胡適之先生所書撰。

裕文是一沉潛篤實而屬於內傾型的人。他很少發表文章，不輕言著作。他常自覺自己近乎魯鈍，深自謙抑。與人談話，總是自居於請益的地位。但是這正是他性情之厚的地方。而他之讀書之仔細，則我常自愧不如。我初來香港，莫有錢買新的西書，他絡續把他在美讀過的新書寄來，總前後有一二十册，由邏輯知識論書至形上學宗教哲學書都有。大都經他手親自批過；至於對於中國之古人與今人講儒學佛學的書，更是他素來尊重的。他是一眞正莫有中西古今之蔽的好學之士。以他的沉潛篤實，他應當是屬於大器晚成的形態的人。但是竟然四十多歲就死了。眞是天意難知！

據其友人嚴倚雲先生自美來信，他有英文寫的講休謨哲學一書，及論文若干篇，與在病重時寫的日記（似爲預備留給後人的），這些文稿希望將來能繼續印出。但現在在我手邊，他的一篇文章亦莫有，只有數十封信。從這些信中，可以約知道他近七八年研究學問的一些情形，與對於世界及中國的問題之意見，及他個人的種種心情。他的思想以儒學作根柢，大約此數年中其研究學問的方向，仍初是偏在西方之正宗的理想主義傳統哲學方面，由此而附及於西方之宗教思想。在二年前，他信中曾說要去參加德文的考試，可見他在四十以上之年，還肯在文字上下工夫。又提到他學語意學的事，此可見他並不忽略一時流行的學問。但是他亦明不滿於「把哲學問題，純化爲語意的邏輯分析」的美國哲學傾向。他曾來信特別嚮慕希臘哲人面對宇宙與眞實人生及文化問題的哲學精神。並承他謬獎說到我們寫文章的心情，在今世恐難有人了解，或只有希臘哲人復生，可以相契。這些話使我惶愧，亦覺不全恰當。因我們所遭遇的問題還更複雜，更是實際的。但從這些地方可以看出裕文在沉潛力學之外，仍有一超拔於時代之上的氣度。這樣下去，其成就又安能限量？然而天不假年。痛哉！

二

裕文所來的信，最多的地方是談到中國與世界問題的時候所發的一些感想，由此可知其精神上的苦悶。他的家庭是共黨破壞的，而他又是一從未參加任何政黨，而尊重自由思想，並極愛護尊重人類之精神生活的學人，當然對於唯物的極權政治，深心厭惡。他在信中曾數提到北平的友人望他回大陸的話，他始終未允回去。但是他信中亦說到臺灣的朋友望他去臺灣，他亦未去。我曾寫信望他來香港，他曾說如在美實不能生活下去時才來相依，因香港亦是殖民地。而他在美，在精神上亦總不安，常有孤獨寂寞之感，覺內心情懷，無可告語。大約他的心情，是一方對大陸之政權厭惡，一方亦常懷念故國之山川文物與鄉中之父老及其他親友。他對於過去之國民政府之政治上之人物，尤其是那些旅居美國的政治人物，終覺他們負有誤國之責任，但現在卻悠閑自若，一說到便非常憤激。他同時亦承認許多參加共黨或擁護共黨的青年，其最初的動機是嚮慕光明與理想，其口號是唯物的，而精神反是唯心的、理想主義的。而許多反共的政治上文化上之人物，則口號是中國文化的、儒家的、唯心的、理想主義的，而精神則純是現實的、利害的、唯物的。他覺得此中之死結，他莫有法子解開。他不反對講中國文化與儒家及唯心的理想主義，而且他實際上是抱此路的思想，但是他似又總覺數十年來講這些東西的人言行之多不合一，而這些理論則只成爲眞正唯物是視的人之掩護。他並不贊成青年之把其理想寄託在馬列主義與共黨政治，但是他亦看不出什麼地方可寄託青年之理想。而他在美七八年，他對於美國人之眞率、熱情、進取，固然十分欣賞，但是他亦無時不感到在自己的國家不能站立起來時，旅居異國，總是一飄零者。美國人，一般說，仍是看不起中國與中國文化的。他們說孔子之思想只是原始人之思想，只是常識，與學術無關，他尤不服。此外裕文亦不喜歡美國人的浮動，對其青年性生活之放縱、離婚之自由，更看不慣。他曾來信說要講嚴肅的人生，還是只有過去之眞正儒者爲第一。此外對於美國的哲學之閉鎖於邏輯分析的工作，學院式的研究，不能表現對於全人類的眞實問題的同情與關心，亦是他所引以爲憾的。他的信中在無數的煩惱之餘，歸根到底，是說我們自己要努力，在精神上先能自立。但是他又屢說到中國人民生活之困苦，這困苦亦是中國之赤化實際上的原因之一。所以中國人民之物質生活不改善，仍是一切學術文化，都難有前途；而物質生活的改善，仍須力求平均財富。社會主義之精神，他始終是嚮慕的，因而對於美國之財富分配的情形，他仍認爲貧富太懸殊，是不足爲法的。他的這些零零碎碎的感想，散見各信，並莫有提出多少理由。但是我今重讀其各信，加以合起來看這正是代表今日最典型的有良知的中國知識分子，應有的感想與應有的煩悶與苦惱。此中實處處有眞問題，不容輕忽泯沒。我個人在此所生之感想煩悶苦惱，亦許不如裕文的深，但是亦不比他少。但我仍常寫信與他說，無論如何，我們應當在此四面楚歌之下，各種矛盾衝突的夾縫中，披荆斬棘自求精神上的出路而別無便宜路可走。我說可能我們都成爲悲劇，但是我們亦只有勉力承擔此時代所給我們的命運。我們不當躲閃。我把我們近年寫的一些頗表示自信的文章寄給他，希望多少對他之問題的解除有所幫助。他看後亦來信表示一些贊同之意，但不必能全心服。他來信，在情感上的煩悶與苦惱，仍常常流露。而我亦未嘗不知，我們在道理上可以相當自信而心情實同樣的多所感慨。我們在此天下大亂之世，亦一點實際辦法亦莫有。原只今大家在此四顧茫茫，一無依恃的窮途上，互相抱頭痛哭。但是由裕文之逝世，我更想到只要我們一息尙存，我們決不當忘掉我們是華夏的神明子孫，我們絕對應當在此國破家亡的時候，作一個從精神到身體，徹上徹下，徹內徹外的一個人，一個中國人。斯太林，決非我們之爺爺，自由世界其他的國家而同情我們的人，亦只是我們的兄弟與朋友，而不是我們的父親，亦不必然可爲我們之老師。我們絕對應當在只有採擇，而絕無依傍的精神態度下，創造我們自己之學術文化的前途與國家民族的前途。至於成敗利鈍，原非所能逆覩。裕文，你爲感到這些無數的精神上的煩悶苦惱而因病逝世了，我望你在天之靈，在我們之內心深處與我們以幫助。我寫到此，只有停筆悲傷。

三

至於說到我與裕文個人的友誼，則我與他見面時，是約在十六年前。他隨侍熊先生，住在四川壁山來鳳驛的黃家花園。我由重慶至江津去謁歐陽先生後，便到來鳳驛謁熊先生，他當時隨熊先生學唯識。熊先生當時生活很苦，住在一花園之臺閣中，只有一個牀，熊先生睡牀，裕文每天晚上便在樓板上睡。我去住三天，亦與他同睡樓板。他除隨熊先生治學外，亦照護熊先生生活上的事。如交信、買菜，都是他的事。我在那裏住三日，吃飯時有肉食，但裕文卻只吃菜蔬，從不拈肉，因要留給熊先生吃。當時我就覺他爲人之樸實無華而對人情意甚敦厚。但莫有談什麼學問。後來他實在生活太苦，才到教育部去作事，而我那時亦在教育部任了一年的編輯的事，遂朝夕常相見。後來我回到中大教書，亦常通信。在抗戰完結那一年，重慶中大在南京復校，但要在次年一月才開課。我遂藉那年下半年的時間，應成都華西大學聘，去講學半年。而那時裕文亦到華大教書，又相處約半年。我個人雖有不少同學同事，然由同學同事而成朋友的卻很少，初非同學同事而成朋友的反較多。在我心中，眞正的朋友，必須有眞正的道義關係。而裕文則幾乎是唯一與我有兩度同事關係而成朋友的。對眞正的朋友，應當無話不可談。而裕文平時很沉默，對我亦什麼話都說。他最使我感動的話，是他一次在其寢室中對我說，他覺他無論對我說了什麼，他都很放心。我由此悟到一個人能信託人，與勉求不負人之所信託，是人與人間之最高的精神上之聯結之道。而十數年來裕文對於人所託他的事，他亦無不認眞的辦。在前年我代新亞書院寄一百元美金，請他買點哲學書。而他因想當時書院無錢多買書，遂坐火車到紐約舊書鋪，去買舊書寄來，而且多寄了書來。書收到時我覺書院現在並不如此窮，遂把他多寄的書沒收了，擬作爲我買的，在去年他病的時候，我寄了五十元美金給他買點水菓之類吃，一方面亦是補償他多寄的書款。但是他卻原封退還。他說在美國找錢，總比香港容易。及我再把此款寄去，已從此幽明永隔，我想以之作爲補助其立墓碑之用，亦仍經其友人退回，說墓碑已立好了！

我與裕文在華西大學共處之半年中，常有同赴應酬約會之事。我亦不免隨俗請請客。我記得他當時曾忠告我，說這些事，實無意思，你當求拔俗。對於一些知識分子，坐在席上時之嘻嘻哈哈，言不及義，他尤看不慣。一夜我與他同在華西壩散步，似亦談到中國知識分子，在略有名位時精神之頹墮。當時月光很好，路上兩旁之樹影，倒映地上，景色尤佳。我當時忽然感到，一切美好的自然，與人間的知識文化，皆可使人精神沉墮其中、自足其中，而此卽可致精神之腐爛。而當時所感之自然之美，卽如要使我沉墮淪陷至一無底之處。此經驗在當時如突然來臨，今日想起尚頗親切。但其涵義如何當時不能解，今則頗有所會，而見及人生道路旁之種種魔影。惜皆不得與裕文並論矣。

裕文之最後給我的信，是說在他病中，醫生曾勸他信天主教準備他世間之生活。他說他當時頗爲感動。但是他說他過一二日後，自作反省，他覺他此時還不該死，不該替自己打算。「這不是因我未過錯，實因爲霑惠於世人者太多。而尚無絲毫助益於社會及他人的緣故」。不幸，抱這樣的心情的人，終於死了。然而人有這樣超乎個人的死生以外的心情，我深信無論他在外表信不信一宗教，都是絕對不能眞有死的。另一超越的精神的世間，是定然存在的。我祝禱裕文兄的靈魂在此精神的世間眞正的平安，仍以同一的心情，去感格人們的心，間接爲人間作事。　三月十四日

（一九五六年四月「民主評論」第七卷第八期）

吳在炎先生畫展之感想

吳在炎先生夫婦最近來港展覽指畫，爲「人生」雜誌社籌募經費，「人生」雜誌的編者，要我爲畫展專刊寫幾句話。我因對於畫，無專門研究，所以以前朋友們開畫展，要我寫文時，從未寫過。今對於吳先生的畫，仍不敢妄加論列。只有對於吳先生之用指作畫一事寫幾句感想。

我們都知道最初的文字卽是圖畫。而最初之圖畫，應當是以手指在物上，劃出形象。則指畫應當是最早的文化。大約後來因人之手指，能拿樹枝石塊，以至能造刀造筆，於是人乃以刀筆代指寫字作畫。而刀筆遂成人之指。而今觀吳先生之指畫，見其用指如用筆，而指又成筆。這事是很有趣的。

本來一般畫家，在筆下能畫出花鳥人物，已是怪事。山川人物本是我們要用手去指的。但是在畫家未畫畫以前，紙上一片空白，用手去指時，我們原一無所見，亦一無所指。然而畫家以筆調墨，在紙上東指西指，便出了山川人物。這已是怪事。而吳先生之指畫，則根本不用筆，只須吳先生以他的指頭，在紙上東指西指，花鳥人物亦就出來。這就更妙了。我們的指，只能指已有之物。而吳先生之指，則能從無中指出有來。相傳呂洞賓之指能點石成金。這不奇怪，這仍不外點有成有。而吳先生之指，則能點無成有。似乎在印度思想中，有人主張，上帝之創造世界，卽是在虛空中作各種的畫，畫成了再吹入生氣，便成了天地萬物。此亦未嘗不可說。但是上帝用什麼東西作畫呢？在天地萬物未有之先，一定莫有筆。這一定是用指畫。縱然是用筆畫，亦要先用指在虛空中先畫一個筆，再拿筆來畫。不過上帝是純靈，當然我們亦不好說上帝眞有手指。但是這亦莫有關係。上帝縱然不好說有手指，但是他必有心指。如果無心指，天地萬物亦出不來。上帝以心指在虛空中畫出天地萬物，與人之以手指在白紙上畫出花鳥人物，在中國哲人看來，其實是一類的事。因畫家的手指亦原於畫家的心指。畫家的心原是師造化以爲心。

我這篇文章寫壞了。一說便說到上帝造化，下文便不好說了。只好退下來，再說一點平凡的感想。

據吳先生自己說，他不懂英文，在美國歐洲，共只有一個朋友，他就是這樣環遊世界一週，在各處展覽指畫。他共去了二年。我想他去時是只有此一雙手指，回來還是只有此一雙手指。不過此一雙手指把地球指了一周，並指出數百張的畫，留下鴻爪於處處。而吳先生於各處展覽指畫，並表演指畫時，我想一定亦有不少人用手指指他說，這就是畫指畫的吳先生。我希望香港的人士亦來看看吳先生此雙手指，並亦來用手指指一指吳先生。再用手指拿出錢來，買吳先生的畫。但是大家要知道，吳先生的手指，只會畫畫，不會拿錢。此錢是預備捐給「人生」雜誌社印書的。「人生」雜誌很窮，好像一個石頭。如果大家都能踴躍買吳先生的畫，讓「人生」雜誌社有錢印書，則大家不僅能由吳先生之畫，而知吳先生的同於造化之心，而吳先生亦把「人生」雜誌社點石成金，兼化爲呂洞賓了。就是這樣說幾句笑話，把此文交卷吧。　五月八日

（一九五六年六月「人生」第十二卷總第一三五、一三六期合刊）

註：本篇發表時署名「君毅」。——編者

張君勱先生「自唐宋迄明清新儒家思想史」書後

一

張君勱先生近以英文寫成新儒家思想史一書，旨在介紹自宋迄淸之儒家思想于西方人士。全書二巨册，已經在美出版上册，承遠道寄贈，並囑爲評介。以余不學，曷足當此。今姑就讀後所感，書陳于後，以報雅命。

（一）中國儒者素有知行並重之義，而宋明儒者尤然。故其思想與其生活行事皆息息相關。此與西方哲人之多以言行分離爲二事者實不同。故論中國宋明儒者之思想，實最不宜孤立其思想而論。昔黃梨洲著「宋元學案」、「明儒學案」，論列每家之學，亦皆著其平生行事，家庭師友，使後之學者，誦其書，讀其詩，亦知其爲人之氣象風誼，而增進對其思想之了解。然數十年來，世之爲中國思想史者，乃多捨此而不重。而中國儒者之精神面目，益不易爲人所識。而君勱先生此書，則能于敍述各家系統思想之外，對各家平日之言行之足與其系統思想相映發者，皆不厭覼縷，爲之敍述，而中國儒者之知行並重之人格，遂躍然紙上。而中國思想之特色，亦更易爲他邦人士之所識。世或有以此而謂本書所述之思想史，非純粹之思想史者，爲本書病，而吾則寧謂其非純粹，正所以爲純粹之儒家思想史也。

(二)自清以來迄今，人多有謂宋明儒之思想，非直承先秦儒家之學，而只溯其原于佛老者。此義國人今雖皆已漸悟其非，然在西方人士則自明末之耶穌會士所傳至西方對宋明儒之觀念，皆以宋明儒之見，鄰于佛老，而遠于孔孟。誤解流傳，迄今未已。君勱先生此書，則隨處由儒家之根本精神所在，以言宋明儒者與先秦儒者之未嘗有異，而對其與佛學之關係則先論佛學到中國之先中國化爲禪學，而後禪學乃轉影響于宋明儒。而此影響亦唯在宋明儒之學問方法工夫上，有所取資于禪，而不在其學問之究極旨趣與思想系統之本身之蹈襲佛學。此爲本書所諄諄致意之又一端，足以一洗世俗之誤見者也。

(三)中西之文化與思想，本不同原，而各自獨立發展。故其相異之點實多。然同此光天化日之下，同此圓頂方趾，亦同此心，同此理，則于中西之文化與思想，既當知其睽異所存，亦當明其會通所在。知其睽異，則義以相反而益彰。明其會通，則義以互證而相成。此比較之法之所以爲貴也。而介紹中國之文化與思想于世界者，尤不能不于此同異之際，三致意焉。蓋果所介中國之文化與思想，皆與他人全同者，則彼皆已有之，介之有何必要？又果所述中國文化與思想，皆與他人全異者，則彼又何能相喻？介之豈不唐勞？而君勱先生此書則于中西思想之同異處，特隨處著其用心，于論中國儒者之思想處，多舉西哲一人或數人，相與比較，如以孔子之言與蘇格拉底、柏拉圖之言較，以笛卡兒在近世哲學中之地位與周濂溪在中國宋明儒學之地位相較，以邵康節與辟薩各拉斯及斯賓諾薩相較，以二程與康德、黑格耳相較，以朱子與亞里士多德相較，以楊慈湖與席林相較，既著其同，亦兼明其異。凡此所論，固不必能一一對應而皆洽，而與私衷所見，亦有不必盡合者，而他人亦儘可持異議，然要之皆爲善巧方便之譬說足以引導他邦人士，更易于了解中國之思想者，則可無疑。而其功亦大矣。

以上所述爲愚認爲此書之主要價值之三端，此乃關于此書之根本宗旨所在者。至于在具體內容方面，則如此書之以宋明儒爲相當于西方之文藝復興者，而不取五四時代人以清學爲中國文藝復興，或五四之新文化運動爲中國之文藝復興之說；又以宋明儒學爲學聖之學，非只一般之哲學；而此外本書復詳述宋明儒對佛學之批評，朱子與陸子及陳亮之辯論，以見中國思想非卽全疏于論爭，論明道伊川之形上學之無大差異，其差異乃在工夫論，及朱子之思想不可以柏拉圖主義及新實在論之思想，加以解釋。皆足以袪迷謬而開正見。然非今之所能詳介，而待于讀此書者之自得之。

二

然愚讀此書後不能無感之一事，卽以中西思想與文字之異，求如實之介紹，與確切之互譯，實爲一莫大之艱難，而涉及義理之精微者爲尤甚。如此書所舉英人 Bruce 之譯「近思錄」，爲「近代思想」Modern Thought (P. 64)、「定性書」爲「論堅定之性」A Treatise on the Steadfast Nature (P. 199)，其望文生義實甚可驚。此書之改譯「近思錄」爲 Record of Reflective Thoughts，並釋近思之義，乃思其切近于個人生活之義。又改譯「定性書」爲 Tranquillity in Human Nature，皆明遠較 Bruce 之譯爲佳。然西文之 Reflective 就字原言乃反映，而引申爲反省之義。而中國所謂切問近思與朱子之以近思名此書，乃重在切近於己，貼切於己之義。卽高至道體，大如天地，皆當引之使近，切歸身心，以見道不遠人，爲仁不遠之意。此與張先生所釋之義合，而與西文之Reflecive之一字，則不甚相近。至 Tranquillity 之一字之主要意義爲靜，亦通于定。然在中國則在大學言靜定已略異義，而明道言定性之定又實異于濂溪之主靜。明道言定有物來順應，物各付物之義而通于敬。而 Tranquillity 之一字，則難言具此諸義。又如本書譯伊川之主敬爲 Concentration，此與敬爲主一無適之一義合，但西文之 Concentration 之一般義爲心靈之集中于一事或一對象之義，而伊川之敬則兼涵常惺惺之義。此則不重在對事物說，而重在對心之本身說。又敬之一字原有恭敬崇敬之道德意義，而 Concentration 則無有。凡此所言通張先生之書中之解釋以觀，雖皆可無問題而蓋亦難有一較善之譯名以易之者。吾今言此唯以證中西文字之理趣涵義之終難一致與譯事之難，及介紹中國思想于西方之不易也。

三

于張先生之書，愚之所尙有不慊于心者，爲張先生雖言宋明儒之學爲學聖之學，然若干處似未扣緊此義以論諸家之學。如其論二程之天理義，仍先論其宇宙論知識論上之意義，而不先論其道德實踐上之意義與道德實踐之形上學意義，似仍有所未洽。唯此問題過于複雜，亦可暫存而不論。唯愚粗讀本書一度之餘，覺其中之譯文與譯名似有可商者若干事，爰本不賢識小之義，錄之于下，以就教于張先生及讀者。

（一）十七頁譯「事神如神在」之「如」爲 as if，此爲一般之譯法。同頁又謂孔子對神取 "as if" 之態度。按 "as if" 乃宛若之義。as if 之「存在」，亦可涵本不存在而只視爲存在之義。如德哲瓦亨格 Vaihenger 之宛若哲學 Philosophy of as if 卽于本不知其存在者，視若存在之義。畢竟孔子是否肯定鬼神之存在，乃另一問題。但此「事神如神在」之「如」，似當如「中庸」引孔子言「事死如事生，事亡如事存，孝之至也」之「如」，乃謂孝子當以同于事生者之情祀死者。此乃純從人之所當爲者上說，而不及鬼神是否存在，或宛若存在之形上學問題。故此「如」乃比類之詞，而非宛若之詞。故私意宜直譯爲 as 或他辭較佳。

（二）廿一頁謂董仲舒上武帝策，建議不在六藝之科之書皆禁止流行 prohibited from circulation 按董氏賢良策只言「諸不在六藝之科，孔子之術者，皆絕其道，勿使並進。」董氏之言重在勿使並進同列爲官學。近人于此，多有考證。此不同于禁止民間之學與他家書籍之流行，而武帝納董氏議後，亦只增設五經博士爲官學，未嘗禁及民間他家之學術與書籍之流行。此不可與秦始皇之焚書之事，及今之共黨所爲，同日而語。而本頁之文，則不免使人有此聯想。

（三）四十九頁譯「誠者自成也而道自道也」爲 the Truth is what Completes itself，the Tao is what goes of Itself，並于釋文涉及亞里士多德之不動的動者。按亞氏之不動的動者，乃指純形式之上帝，其自身不動，萬物于動中實現其所享之形式，故可謂純形式之上帝使萬物動。此與中庸之誠爲物之終始，自成自道皆涵「自己成就自己」、「自己實現自己」之義者，似不甚洽。

（四）九十二頁釋韓愈「仁與義爲定名，道與德爲虛位。」爲「While the meanings of Jen and I are precise and fixed. the meanings of Tao and Te are Speculative」。按韓文道與德爲虛位，當連下文所謂「道有君子小人，而德有凶有吉」說。謂道德爲虛位者，言道不定爲君子之道，亦可爲小人之道，德可爲凶，亦可爲吉。道之位可以君子之道居之，亦可以小人之道居之，而爲虛位。德之位可以吉德居之，亦可以凶德居之，仍爲虛位。虛位言其善否吉凶無定，不似仁義之爲定善，似與 Speculative 與否不相干。

（五）百七十一頁譯張橫渠之太虛與氣爲 the Great Ethereal and Chi，按氣之義可譯爲 Ether 或 what is Ethereal。自太虛不能無氣言，譯太虛爲 Great Ethereal 亦可。然與氣對言，則太虛似仍宜譯爲 Great Void，否則虛實之名無別。

（六）百七十五頁謂張橫渠以氣爲陰陽二力所驅 Chi was driven by two forces Yin and Yang 亦未妥。因橫渠之氣卽表現爲陰陽二氣，非另有陰陽二力能驅氣也。

（七）百七十六頁釋張橫渠以爲野馬絪縕不足謂之太和，直譯野馬爲 go like wild horse，按「野馬也，塵埃也……」語出莊子逍遙游，舊釋多不以爲眞指馬，乃指室中之游氣飛揚，橫渠亦藉以喻氣之往來升降，而絪縕相涵，本書所譯似未能顯出橫渠原意。

一七九頁譯西錄所引詩經不愧屋漏一語爲 does not shame oneself before the rain drops falling from roof of one's house。按屋漏之漏舊釋爲隱也。蓋指屋之西北隅，安藏神主，人所不見之處。不愧屋漏者，卽後人所謂不欺暗室之意，不宜直自屋漏雨說。又譯玉汝于成爲 Toward future success，此成譯爲 success 易使人生不適切之聯想，似宜譯爲 Self-Realigation 較佳。
一九五頁釋易繫辭傳「繼之者善也」之「繼」Continued 爲 no more original 兼以釋明道之定性。

按在易繫傳及明道之言繼，似不重言其爲非原始的 no more original 一義，而重在爲承繼原始的 success ful to the original 之一義。

二五一頁謂朱子「大學補傳」爲補 Making the Will True，按朱子「大學補傳」乃補致知格物章非補誠意章。此蓋筆誤。

四

凡此上所及，乃愚讀君勱先生之書之餘，就其所疑雜錄若干條而成。意皆兼在證中西文字所不同及譯事之難。至于愚之所疑，果有是者，張先生此書，亦不以此小青而掩大德。故書之如此。

四月卅日

（一九五九年五月「再生」雜誌）

悼陳伯莊先生（註）

陳伯莊先生于九月五號逝世後，「大學生活」編者卽來訪，要我寫一悼念之文章。因我與伯莊先生相交往，只是最近十年的事，對其平生志業及學問，實所知甚少，所以迄未動筆。日前讀梁寒操先生所撰伯莊先生事略（「人生」雜誌二三九期）其所述及者，亦多爲我所不知。唯十年來與伯莊先生同事並常相過從，其事亦有世所不必知者。今伯莊先生逝世已五十日，姑書寫一二，以誌悼念之忱。

我知道伯莊先生之名字，是因在抗戰時代——大約在民國三十一年——曾有一文論中國哲學與中國文學之關係，在一雜誌名「思想與時代」發表，後來在該雜誌上看見伯莊先生致該刊編者之一函提到我這篇文章，並說到對于我之所論及該刊所載之錢賓四先生之文章，都不贊成。我當時亦不知伯莊先生是何人。及十一年前來香港，乃偶于一宴會上遇見。記得在宴會後我隨便談了些我對于歷史哲學的意見。過後二三天伯莊卽竟到新亞書院來看我。因他當時住處距新亞書院甚近，我旋卽請他爲新亞書院主辦之文化講座講演過一次。後來又與錢賓四先生商請伯莊先生到新亞書院任課，最初擔任英文，後來擔任社會學，直到其逝世。

回想這十年來我與伯莊先生相交往的經過，實際上彼此的性格、興趣、思想，對事情與人物的看法，都無一是相合的。記得在八九年前，雖彼此住處相距很近，但常藉書信對文化問題彼此爭辯，每一信恒長達數千言。伯莊先生當時治杜威、羅素之哲學，我對此二人之書亦實看了不少，但我不喜歡，而我所喜歡的西方哲學家，伯莊先生總以為不够現代化，而我對于現代化並無敬意。他又反對宋明理學，說其講心性不合現代心理學，我說此心性之學根本不是今所謂心理學。又伯莊先生在新亞任教時，他非常認眞負責，對學生的期望與指定閱讀的書很多，亦常責備學生，因此學生怕選他的課。選了亦常有請求退選的事。新亞書院初期，學生都是流亡學生，學生程度本來不齊，而且學生常須半工半讀，亦實很難對學生多所期望。我因負責教務的事，一方面固亦常勸導學生對伯莊先生的課特別專心，但一方面亦常不客氣的當面對伯莊先生說其教法不合孔子循循善誘的道理。又說他對于流亡學生缺乏同情。伯莊先生則說我姑息學生。有一次在我房中拍桌大罵學生及學校中之辦事人，並述及他從前開除鐵路員工若干人的事。此外我與伯莊先生彼此當面爭執的事很多。有好多同學同事亦都說伯莊先生的脾氣不好。然而伯莊先生卻有一大不可及的地方，卽他從不藏怒。無論如何與他爭執，下次相見他從不留絲毫痕跡。而他雖常見我與他爭執，卻屢曾在口頭及文字上稱許我之溫良恭儉。實際上溫良恭儉，我全說不上。不過，在我所識而比我年長之長者中，我亦只有對伯莊先生才如此放肆。對此外的人——尤其是比我年長者——我都保留一些一般的禮貌與之相處。而對伯莊先生則眞可稱為忘年之交，彼此無所顧忌。而伯莊先生之爲人令人難忘者，亦正在此。

伯莊先生早年是學科學的，後來從事經濟事業及對中國經濟問題之研究，再轉入哲學及社會學。他于六七年前卽開始編選美國哲學文選。他最初是同我商量，後來與他合作翻譯者有二三人，亦是我介紹的。他之編選此書，重心在美國現代哲學之實用主義者與科學經驗論者。後來出版之「現代學術季刊」，重心在介紹美國之行爲科學與相關連之科學方法論。其最近擬定之社會科學叢書編譯計劃，包涵科學方法論、科學的哲學與政治學、經濟學、社會學、法律學、心理學、人類學各方面，意在綜合各種關于人的科學理論之介紹，以發展出一人的科學。伯莊先生相信人是自然的產物，人可以自然爲對象而有自然科學，亦可以人爲對象而有各種關于人的科學，此各種關于人的科學亦當交關互係起來構成一整合的人的科學。對于他的編譯計劃，我亦曾列名贊助，我亦承認此是一種西方科學之發展應有的傾向。但是我相信除了成爲人的科學之對象的人之外，還有主體的人之自身，此永在科學之上，亦在一切人造的文化之上。我亦寧願稱此綜合各種關于人的科學所成者爲一種科學的哲學，而不只稱之爲科學。對于這個問題，我在三年前曾在「民主評論」寫過一篇文名「人類社會科學與人的學問及人的眞實存在」討論。這篇文章的意思是不能與伯莊先生所想者全同的，我亦莫有寄他看，他亦未必見到。我想他如見到，亦必不能全以爲然，或亦免不掉一些爭論的。

以伯莊先生的性格、思想，對學問的興趣，我實同他極少契合，只能各行其是，但是伯莊先生確曾屢在其所發表之短文稱道及我之爲人，說我可不食人間煙火。實際上不食人間煙火之境界，我亦曾心嚮往之，但我自知相距甚遠，今亦實只是與世浮沉而已。而我對伯莊先生所說之話，最難忘的則是他一次同我說其父親年齡只有五十七歲。他說他在五十七歲時卽立志將其超過其父親之餘年貢獻于國家與世界。此無意之談話中，透露伯莊先生在根抵上是儒家教化下所陶冶出的眞正中國讀書人。而我個人亦是在聽了伯莊先生這一類的話以後，才對他之爲人有眞正的敬重。從這種地方，我了解了人與人之相交，思想、性格、學問、興趣等都不是最重要的，只有在人格價值上之互相承認才是最重要的。然而此人格價值上之互相承認，卻並非只是人的科學之論題，而是屬于人的存在之本身之事。然而伯莊先生卻再不能與我爭辯了。不知伯莊先生泉下有靈，以爲然否？

我很慚愧，在我寫此悼念伯莊先生之文時還不能忘記我與他的不同之處與爭論之點，但是我們卻都同相信論語所謂「君子和而不同」、孟子所謂「君子亦仁而已矣，何必同」的話。而他自己除一面崇尚科學的致知外，亦喜歡作詩，並或亦談禪。他自己的爲人之各方面，亦只是和而不同的。實際上，每一活的人格都有不同的方面，此卽足以爲每一人與不同的其他人格互相感應之根據。人與人的關係，相異相成、相反相成的事太多了，何必一一求同呢？但是因爲我與伯莊先生性格思想及學問與趣都不同之故，在他生前，我固然未能對他的志業多所幫助，而今幽明異路，我亦不是能繼其遺志的人。伯莊先生平時談話雖似精力彌滿，但一次談到他的計劃時，他說他估量他自己只能有五年，故一切計劃亦只能有五年，不過他一定要在此五年內培植少數學生，精神上方有交代。誰知天竟此五年之不假。不知伯莊先生之學生中有念此而奮然興起者否？

註：本篇爲手稿，約作于一九六〇年十月二十五日。——編者

「伍憲子先生政論集」序（註）

中國清季學術影響及于實際政治者，以南海康有爲氏及餘姚章太炎氏爲鉅子。章氏居浙，由故老知明亡史實，習明末遺民之書，欲繼其志以規復中華，而倡革命。康氏則受業朱九江之門，由理學而經世之學，意在變法圖強，而倡立憲。孫中山先生初倡民族民權之義，蓋兼有取于二氏，後乃益之以民生，以成三民主義。康氏變法之志未遂而革命之說張，乃有民國之成立。孫章二氏之徒，演爲後之國民黨；而梁啓超氏受業康氏，民國成立後復與初倡立憲之徒，組進步黨，以與民初之國民黨相頡頏。袁氏稱帝，啓超有再造共和之功，是中華民國之建立乃二派左提右挈之功。而追源學術，則章氏上希顧亭林，而南海之師九江，則承宋學之傳，皆本在儒術。民國十三年後，中山先生改組國民黨，有聯俄容共之政策，而共產主義亦漸流行于中國，及國民革命成，而青年之所慕，乃在塞外之列寧史大林。對日抗戰，既歷八年之久，而戰後之瘡痍未復，乃有共產黨之征服中國大陸。而追原禍始，則皆由國人一念之歧出，不能追本儒術而更張之，以進謀立國于今世之道之故也。今之國民政府既退守臺灣之一隅，康梁之友生能不失儒術之傳以論政者，亦散而之四方，而張君勱伍憲子二先生則其選也。君勱先生習西方政法及哲學，其草擬民國三十八年所行之憲法草案，意在取三民主義之精神與形式，而實之以西方近代民主政制之內容，而其所學，亦融合中西，以寬博見長。憲子先生則雖居美多年，而不甚闇其語言文字，于西方政法之學術理論，蓋未嘗多所硏治，然亦以此更能固守儒術之傳，數十年如一日。其反對共黨之治及對西方政治家及其政治措施之評論，皆就其事跡之已彰者，而衡之以中國歷代儒者相傳：政治所以養人，而君王不能以養人者害人之大義。乃創人道一刊，標人性民主之名，以明政治之必歸本于人性，亦所以立人道。千言萬語，諄諄致意，情見于辭，而非只如今之盡陳西方政治學說及泛論國際形勢，貌似客觀之言而實對生民疾苦無關切感者可比。或者只見其諄諄致意者皆不出老生常談，遂以爲迂闊，實則非迂闊，仁人之言，鍥而不舍，固不得不如是也。余以晚學初未讀先生之文，十三年前來香江，乃得接先生之言論風采，並嘗獲侍坐左右，觀先生之徵談緒論，常訥訥不出諸口，而語無雕飾，孔子所謂仁者其言亦訒，于先生見之。先生常自道其兼游于簡竹居及康南海二先生之門。簡先生推明經術而不言時政，拱默自持，與南海之恢廓豪邁者異。而先生則既喜言時政，而平居澹靜木訥，蓋兼簡康二先生之風而有之。顧余昔爲文嘗于南海之大同書思想，紕其閎大不經，而先生見之亦不以爲忤，余以見先生之汪汪軌度爲不可及也，不意天不憖遺一老，伍先生于前歲遽歸道山。友人胡應漢先生嘗欲整理其遺稿以刊布于世，余亦嘗加以贊助，而玆事鉅大，非一日可遂。近者吳可平先生過訪，謂其以二年之力，輯伍先生之時論之著，都二十餘萬言，並爲集資以便付梓，囑以一言爲序。余受而讀之，同其于伍先生年來雜誌報章之著，蓋以搜羅略備，又皆一一爲之撮其要義，讀者得玆一編，亦足窺伍先生言政之大體。吳先生畢業聯合書院，以青年而尙慕先達以存文獻自任，其志蓋未可限量也。故樂爲之序云。

中華民國五十一年九月十八日　唐君毅序

註：本篇所據爲謄寫稿。——編者

「伍憲子先生傳記」敘

學問之事，知人論世，乃一要端。江山不老，代有人才。遙念先哲，近仰時賢，其義一也。清末與民初之際，乃中國數千年來未有之變局。時當十九世紀之末，歐洲人恃其武力與文化，征服美、非、澳洲、中東、印度、及東南亞。唯日本與中國，尚未隸屬於白人之天下。日本亟起維新：日趨富強。中國則老大癱瘓，瓜分之禍，迫在眉睫。二十世紀以來，歐洲人以迭經第一二次大戰，今乃漸悅然於其爭霸世界之迷夢，日漸以平等之眼光，待亞洲民族。而亞洲民族亦相繼獨立。故今之亞洲，雖復半淪於俄巨掌之下，然居自由世界者，尚可寄望於美國之聲援。而當清末之際，則國人舉目四顧，唯見列強之虎視眈眈。當時倡改革或革命之諸先知先覺，皆各存孤臣孽子之志。操心危而慮患深，其迫切之感，蓋遠甚今日海外人士之反共。觀其時列強來侵之勢，又不同於元人清人之入關。彼等只以武力入寇，尚容國之漢人以文化同化之。而此際之歐風美雨，既挾武力、經濟、宗教等文化力量以俱臨，中國文化與西方相較，又確有相形見拙之處；其勢不能不學他人之長，以補自己之短。自強之意與自慚之心相夾雜，而中國人所以謀自救之道，其問題遂極複雜糾結而難解。吾不能謂當時諸老先生之所大聲疾呼者，一一皆能切合問題之所在。然當時中國固有之文獻，尚未如今日之墜失，諸先生一方深受中國文化之陶冶，一方亦深知中國文化之不能故步自封。故皆力求自作主宰，以謀中西文化政治思想之會通，誦其詩，讀其書，知其人，蓋非新文化運動以後之全盤西化之知識分子所能及也。當時人所以謀自救國家者，有二派，一者重維新立憲，一則重革命以建立民國。而康南海、梁任公、章太炎與孫中山諸先生之持論，皆求上本於春秋禮運之義，而横通之於西方之思想。其所本所通者，人固可謂其未必皆是；而其上求為吾祖若宗之孝子慈孫，下求與世界之文化民族，共存於光天化日之下之志，固昭然若見。而今日之有志於撥中國之亂以建制立法者，仍當承此精神，以擔當日之大難。悖此者皆必歸於自誤誤人，則斷斷然也。夫知識技能之進步，後之勝昔，乃其常而不足矜。而見解之是非，亦不可一端論。知人論世之所貴，在論其人之人格精神與肝膽之見於其言其行，足以感召時世者何在。今人恒以民國既立，即證當時主維新立憲者之非。然吾嘗讀梁任公先生當時主立憲之言論，曾就中國社會文化情形，以預言革命以後，中國之亂無已，皆一一應驗如神。是知當時主張立憲而反對革命者，固有其閎識孤懷在。世之論者，固可謂立憲派之人，其智不及見清廷之顢頇，不足立憲；而滿漢種族之歧見亦不能驟消，勢不能不經一革命。然民國之建立，溯其功之成，亦實由康梁諸先生開風氣於先，革命派乃擒藻揚波於後；日月相推而明生，寒暑相推而歲成。其功之大小，亦未易論也。當時立憲派之用心，重在啓發民智民德，建立法度，則君之個人，不足為患。尅就此種重法度之建立與重啓發民智民德之精神而論，正爲政治之主體所在。而凡數十年來言革命者之用心。則皆不免重在指出統治者之禍國殃民，以爲一朝既打倒，由自信爲賢之我與我之同黨來幹，卽海宴河清，天下太平。而不知民智民德未得啓發，法度不立，則自信爲賢者，亦不崇朝而化爲禍國殃民者。後之視今，亦猶今之視昔。打倒復打打倒，革命復革革命，愈革愈壞，而生民之道日苦，四十年之史實，彰彰在人耳目。奈何愚者之終不悟也。故吾於清末之諸先生之學術思想，雖嘗皆有微詞，然自其對中國前途之功而觀，吾殊不願隨世俗之見以爲抑揚。當時章太炎鄒容諸先生言夷夏之防與種族民權之義。立憲派重政體之改革首倡立憲之義。孫中山先生合之以言民族與民權而益之以平均地權與民生之義。中山先生之特色在後者，故終有容共聯俄之論。中山先生之智初不及見俄共之害，無傷於其仁。亦猶立憲派諸先生之智，初不及見清廷之不足以言立憲；而其首倡立法治之功，非後人之所忍泯沒也。吾個人嘗感中國未來學術文化政治之進步，人不有專攻，不能各展才性之所長，以相輔而相成。故竊有志於學術，而不喜論政。然潛心觀世變，亦未嘗不感清末革命立憲二派之政治文化思想，各有其所偏重之不同，皆有功於民國之肇造。其潛流之消長與錯綜，亦方興未艾。君皆望有人繼繼繩繩，加以發揚光大，以長存而不墜。今中山先生早逝，南海任公諸先生之墓木亦拱。老成凋謝，國步艱危。每一念及，感何可言。及今，躬與清末以來立憲之業，數十年來倡民主如一日，年在七十左右，而爲世所共知者，蓋惟伍憲子、張君勱二先生。君勱先生，吾先相識。憲子先生，南來得見，乃知其學，出入康簡二先生之門。仰其氣象，蓋亦納南海之豪邁之氣，於篤實敦厚之踐履中。愷悌溫恭，老成人之典型猶在。按其言論，皆念念不忘在文化上自作主宰，以新知商量舊學，未嘗有遠近古今之蔽。惟吾教課既忙，亦罕得親近長者，嘗欲一詢其數十年來從政爲學之經歷，亦因循未果。胡先生應漢爲梁漱溟先生之弟子，以誠悃忠信之資，而困躓顚沛於香島；然行歌負薪以養親，尊德樂善，不讓古人，與伍先生常相過從。應漢素有志尚論清末以來之諸先生之精神氣度，蓋以相去不遠，皆有文獻足徵。念伍先生年已過七十，嘗懇伍先生爲一自傳；而伍先生謙讓未遑。於是求伍先生之日記撰述，鉤玄提要，積二月之力，以成此書。吾得而讀之，乃更有會於清末立憲一派諸先生之用心，與其精神肝膽之所在；及伍先生之爲學與爲人，皆皦然儒者之行，足爲來者之矜式者也。應漢此作，絀華尙實，意眞情切，而敬老尊賢之意，流露行間。其所記與伍先生之談話，幾無殊宋明儒之語錄。細玩之，多可發人深省。承囑爲序，而苦無辭以相益。乃一抒讀後所感，非敢言序；以爲讀此書之當今君子，知人論世之一助云。

（一九六三年十二月二十六日「書評雙週刊」）

趙蔚文先生二三事

趙蔚文先生逝世，忽忽過一月。新亞雙周刊定在下月五號追思會之日，出一專號，要我寫一文。我想關於趙先生之生平及其與新亞學校行政相關的事，錢先生與吳先生及他人自當另有文敍述。我今只就我個人自與趙先生相識以來，印象最深之二三小事一說，藉以見趙先生爲人之一斑，兼表個人敬悼之忱。

記得十五年前，我與錢賓四先生，初是應王淑陶先生之約，同到廣州華僑大學作短期講學，遂於該大學中與趙先生相見。趙先生當時任該校秘書長。我們曾同住一小樓約二月之久。此二月中趙先生給我印象最深的一件事，是一日他同我說，校中有幾位同事，因責怪學校當局未能按時發薪暗中準備鬧事。他說這些先生教書純是爲權利，不是爲教育。如爲教育，只要不餓死，對學校當局未能按時發薪，便亦當原諒幾分。實際上照一般之道理說，學校當局不按時發薪，教員亦有權加以責難。但是趙先生之這一段話，卻是從更高的教育家之標準上說。依此更高之標準，則眞正的教育家確是只要不餓死，便仍當安心教書。這一番意思，可能亦卽是新亞書院最初幾年的諸位同事之共同的精神。若無此一共同精神，新亞書院亦決不會存在。

我們在廣州住兩月後，便同來香港。記得當時是趙先生夫婦、錢先生，及我與舍妹五人，一同坐夜班船到此的。初到時並在趙先生家住了數日，後來我們才遷往沙田。當時是錢先生已先與張曉峯、謝幼偉諸先生辦一亞洲文商專科夜校。錢先生任校長。後來張謝二先生他去，遂約我與張丕介先生在此夜校各任一班課。再半年因有王岳峯先生之贊助，錢先生乃約我及張丕介、吳士選、楊汝梅、程兆熊、羅夢册、余天民諸先生等共在新亞書院任教。繼乃註册爲不營利學校，並公推趙先生爲董事長。此後新亞之學校行政上種種經過，上已說明，不在本文所擬述及之列。但在此中間，我個人與趙先生之間，曾有一不愉快的小事，很少人知道。大約是在九年前，新亞書院還在桂林街。當時雅禮協會已開始與新亞合作，雅禮代表郎家恆先生已來港。大家爲了多少提高學生英文程度，遂於一般英文課程外，特請趙先生擔任英文修辭學二小時，又請郎先生任英文作文上課二小時外另有習作。我因任教務的事，逕規定了趙先生的課作二學分計，郎先生之課作三學分計。此乃因郎先生亟欲提高新亞之英文程度，並自願與學生多改習作之故，我才把學分加多一點，以鼓勵學生選習。但此事後來趙先生知道，以爲我不重視他上的課，只重視郎先生的課。遂寫信與另一位同事，把我大罵一頓。本來趙先生比我年長近二十年，駡我亦可以。但趙先生在該信中，卻說我之將郎先生之課加多一學分，是爲的諂媚外國人。此語卻使我十分生氣。因無論如何，此惡語不能加在我的身上。我於此一念皆無，憑空受此寃枉，眞是奇恥大辱。而他的信又並非直寫給我，而是寫給另一同事，又好似故意使之聞之一般，使我不能分辯。這不容我不生氣。本來我爲人雖簡慢無禮，但每逢新年對幾位年長過我十五歲以上的先生，如伍憲子何魯之及趙先生，我年年都去拜年的，他們很少回拜，而我則從未缺過。那年我對趙先生生了氣，新年後卻一直不願去他家。但最後還是我的天理戰勝了我的意氣。我想趙先生對我的了解雖錯，但是他之駡諂媚外國人的人，並沒有錯。當今之世，能駡諂媚外國人的人，仍是值得敬佩的。我想他駡的並不是我，我亦不當生氣。所以我那年還是去與他拜了年，後來他亦了解了我了。大約再二年，我亦終於把此事與他再提起，我之寃曲亦算伸了。此事使我由趙先生對我之誤解我之「過」，而認識趙先生之「仁」。趙先生後來又曾同我談到他在民國十五年，曾任武漢國民政府外交部部長陳友仁之次長，漢口之英租界，便是他力主收回的。他雖在英美得了幾重博士，又教英文，然而對自己之民族國家與歷史文化之愛護與尊重，卻並不在任何研究中國學術之專門學者之下。我更覺悟到他一生不畏強禦，不屑媚外，他是有資格駡一切實際上媚外與他假定爲媚外之一切人的。就是錯駡在我的身上，初亦是應該的。我挨駡，而使我對他有此一了解，增加了七八年來我對他之敬重之心。但此七八年中，他一直多病。在他病逝前二三月，一次同我談到要辦蔚文中醫學院的計劃，其中要有中國哲學一課，並希望我去義務講此課，我亦允遵命。今言猶在耳，而先生已去，念此不禁愴然。

此外還有一事，亦可見趙先生爲人之一斑。我有一年靑朋友，曾同臺灣來的一位小姐訂婚。那位小姐到了香港，因為要取得合法的居住權，遂與我這位朋友到香港婚姻註冊署去舉行了一結婚儀式。實則二人從未同住過一日，並非眞夫婦。後來他們二人意見不合，本來只須解除婚約的事，今卻要正式離婚。他們因不知香港之法律如何才可離婚，於是我太太同那位朋友一齊去請教趙先生，並希望趙先生依其律師資格代辦理此事。但趙先生當卽告訴他們說，他平生不與人辦離婚案件，因離婚的事是不應當有的，亦最好莫有的。如要辦此事，他至多只能介紹其他律師代辦，他是不辦的。他們回來告訴我，我當時便想：這位朋友之情形如此特殊，實並未眞結婚，今不過解約而已；而且離婚經雙方同意，亦非絕對不可之事。且如趙先生不辦此類事，其他律師又何以可辦？如其他律師可辦，趙先生應亦可辦。趙先生自己不辦，而又介紹人辦，豈非以己所不欲而施之於人？他亦太迂固了。但我亦未去趙先生處說我之此意。後來又知道趙先生還有許多在其律師身份上所不肯辦的事。卽只要他認為理屈的案件，他都一律不允代為出庭辯護。由此我才了解了趙先生之律師生意一直不好的理由了。當今之律師，就是要把理屈的案件，在「屈」中辯出一「直」來，才能門庭若市。今趙先生旣不為他認為理屈之人辯護，以至連雙方同意之離婚一類無所謂理屈不屈的事，亦不肯辦理，難怪他在港執律師業，只好門可羅雀了。趙先生曾任高等法院院長等司法界要職，而一無積蓄，其清廉人皆知之。然實則趙先生不只是清廉，而實是天生的迂固，而此迂固正是其偉大處。其不為理屈之案件辯護之迂固猶可及，而其對兩造同意之實只是一解除婚約之離婚案件亦不肯辦之迂固則不可及也。

趙先生之法律學，我全不了解。我亦從未將我之寫作送給趙先生看。在學問上。我同趙先生全無交涉。在新亞書院的教育事業上，錢先生、吳先生、張丕介先生等與趙先生商量的地方亦比我爲多，我不過只是接觸到趙先生這一個「人」的幾件小事。但此幾件小事，卻對我分外的親切。趙先生泉下有靈，未知能許我對他之一二分了解否？敬以此悼念趙先生，並報新亞雙周刊編者之盛意。　十一月廿一日晨五時

（一九六四年十二月「新亞生活雙週刊」第七卷第十一期）

紀念張君勱先生八十歲辰之儒學論文專集計劃緣起（註）

中國的儒學，雖然也含有哲學的分析思辨成份，但儒學的目的，卻本不在建立理論系統，而在普遍地樹立自主的道德人格，因此，要眞能了解或褒貶儒學，也非得倚賴生活的體證和道德的實踐不可。中外古今，研究中國儒學，熟讀儒家經典者不可勝數，他們有許多智力之高、心思之細、用力之勤，收集資料之齊備，都絕不下於任何學科的學者，但眞正了解儒家眞諦者卻屈指可數，其主要原因，卽在大多數儒學研究者，皆忽視生活的體證工夫。

中國近百年來，由於國人逐漸對傳統文化失去信心，能客觀地研究儒學者已不多，能在生活上體證儒學，使儒學在具體的生命中放光輝的更如鳳毛麟爪，這樣下去，儒學終將僅成爲一供人玩弄、品鑑、分析、思辨的古董，而儒學的眞諦也將永晦而不顯。

張君勱先生自早年留學歸來，卽已感覺到其他學派人生哲學的限制，而對儒學精神有所契接。他在中國政治界奮鬪數十年，雖由於種種條件限制，未能遂其所志，定國安民，明明德於天下，但愛國愛民之心，至今不息。八十歲之高年，猶不辭辛勞，奔走講學，這正是「學不厭、教不倦」，「不知老之將至」的儒者精神。當此儒學眞諦晦暗不彰的今日，張先生以其全生命歷程來印證儒學，實爲後之學儒學者開展出一正確的道路。同人等謹願藉張先生八十壽辰，合中、日、韓、越南，與歐美各儒學學者之力，出一儒學專集，一方面紀念張先生彰顯儒學精神之功績，一方面也希冀此專集能對儒學的闡釋有所貢獻。

註：本篇約寫於一九六四年，爲手稿。——編者

陳榮捷「中國哲學論文集」序（註）

倡中國哲學於今之中國社會，不易；而倡之於海外也，尤難。原中國哲學之傳，自孔子繼夏殷周之文化而發其義，諸子分流於晚周，經術盛倡於兩漢，玄言丕振於魏晉。佛學東來，至南北朝，而梵土諸宗，咸興於中土。天臺華嚴之圓教繼盛，禪宗更攝教歸宗，而說佛法者，得自由無礙。宋儒崛起，又直上接洙泗之傳，爲天地立心，爲生民立命，繼往聖之絕學，期太平於來世。明儒意趣，益以弘遠，亦復更親切於日用常行。至於明末，而三教之論，復相輔爲用。此中國哲學之傳，誠如江水原出崑崙，千廻百轉，益歸浩瀚，固未嘗有斷也。爰及清世，而學風遽轉。學者雖亦或能接程朱陸王之傳，或更能矯宋明儒之弊，然其功力所注，要在考訂文獻，訓詁字句，於義理之天地中，蓋難言眞有以自樹。及清末而西學東來，國人既震眩而莫知所主。民國學者之言義理者，乃多於尚遠西之論，而取以爲評斷之資。其中舊學新知，比類以明者，固多有之，然混淆失實之說，亦復不少。則居今而欲重接中國哲學之傳於三百年前，談何容易。此就中國而言治中國哲學之難也。

至於欲弘揚中國哲學於今日之世界，則又更有難焉。蓋西方人之知中國之有學，始於耶穌會士以降之傳教士，以其傳教之餘力，更轉譯中土之典籍，以饗彼邦之人士。彼傳教士之來華，既不同於昔日中國僧人之歷流沙風濤之險，以就學於印度；亦不同於清末至今之留學生之裹糧離鄉，以就學於西方。蓋彼志在教，而我則志在學也。志在學者情謙而意卑，志在教則意高而氣揚。則其果能以誠敬之心，就中國之典籍之其勝義之所極者，以從事於傳譯乎？吾不能無疑也。至於外此之西方之治中國學者，或則務專精於一問題之考證，或則求博雅於東土之奇譚，近則或慮黃禍之重見，而羣趨於中國之現代之研究。若乎眞信中國之有學，而虛懷若谷，以從事於中國昔賢之義理之研討者，固亦當有之，然其爲鳳毛麟角，則斷斷然也。今在西方之學府之哲學系中，向無中國哲學一科。西方哲學家，自黑格爾以降，多謂中國無哲學；中國哲人之言，皆常識與倫理之教訓耳。原中國哲學之義理，皆尙正大而多涵攝。尙正大則銷精彩而語歸平實；多涵攝，則泯分析而意多渾融。西方哲學則正隨處見精彩而長於分析者也。精彩易露，而平實難知，分析之功易見，而渾融之妙，難期人以共喻也。則如何使彼爲西方之學者，知中國哲學之義理，其平實中所藏之精彩，而析其語之渾融者，使之昭然如見，以俟人之悟其妙，誠大不易之事。偶有不逮，而「此非哲學」之譏誹至矣。此倡中國哲學於海外之難也。

吾友陳榮捷先生，少而卒業國內教會大學，更游學西方。雖嘗一度返國任教，旋復再浮於海，講學海外者，凡四十年，初未嘗多與國內學術界之前輩長者相接，然亦正以此之故，而未嘗有清末學者，本清代學術遺風，以詆訿宋明儒學之習，亦不蹈民國學者喜以西方哲學思想，爲評斷中國哲學之標準，及輕將二者加以比附之失。乃更不以所學西方之學自足，而冥心孤注，上探宋明以前中國先哲之微言，兼發憤於譯事。於數十年中，其所譯之老子、六祖壇經、近思錄、傳習錄，及其他對中國哲學名著之選譯，都數百萬言，既已流傳歐美；而其早年所著之中國近代宗教思想，與絡續發表之中國哲學之論文，亦一一見稱於世。而今之世界人士之以中國無哲學之說，漸歸於泯息。以中西文字結構之不同，與乎哲學名辭之涵義，恒複雜而多歧，人於陳先生之譯著，與其中國哲學之論述，見仁見智，固不能期其必同。以陳先生謙沖，固亦未嘗強人以必同。然其數十年中，居彼異邦，而此異邦，匪特富強不可一世，其學術文化亦自有傳承，且日新月異，蒸蒸猛進，然又初視中國哲學若無物。此乃非中國聖教流行所及之區，則對中國之學而言，又初無殊化外不毛之地。則陳先生之所爲，亦無異墾荒於萬里之外。比之往昔，亦正遠如佛圖澄、鳩摩羅什，近如利瑪竇、湯若望之東來之類，其業績之爲效於來日之東西學術文化之溝通者，固方興而未艾；而陳先生亦垂垂老矣。近乃將其譯事之餘，以中西文字所爲之論述中國哲學之文，散見中西各刊物者，輯爲一集，加以印行，以減學者搜求之勞。更自萬里之外來書，索一言爲序。陳先生之文，既早已行世，原無待於吾爲之溢美。而吾以目疾之故，亦不能盡讀陳先生之譯著與論述，更與商量剩義。深愧無辭以相益，故略道平昔之所懷，及對陳先生弘揚學術之功之敬忱如此，幸覽者垂教焉。

中華民國五十七年十一月卅日　唐君毅拜序

註：本篇所據爲謄寫稿。——編者

「新亞國樂社演出特刊」發刊詞（註）

本校自遷農圃道校舍以來，校內師生旋即有國劇社及國樂會之組織。蓋中國之劇曲與音樂，咸有數千年之歷史，亦自有其獨特之價值。大約皆以使「耳目聰明，血氣和平，移風易俗，天下皆寧」為歸。本校教育既以對中國文化承先啓後為一宗旨，於中國之劇曲音樂之保存與提倡，義難後人。故本校校址雖在鬧市，而十年以來，弦歌之音與汽車飛機之聲，長相和答，而未嘗斷輟。並蒙校內外人士之鼓勵與贊助，多次演出，得就教方家，娛我嘉賓。自本校國劇社暫停工作後，而國樂社之責任，抑又加重。本校師生之在社者，固練習彌勤，而由社所聘請之諸校外導師之熱心指導，而更逾往昔。然聲音之道，誠如樂記所言，必期在「清明象天，廣大象地，終始象四時，周還象風雨。……大小相成，終始相生，倡和清濁，迭相為經」。是在本校國樂社同人，雖有志焉，未敢云逮，而亦不敢不勉。然復未知：自前歲演奏後，二年以來，社中同人之朝夕摩挲於簫笛琴瑟之間，其於藝事，果有進乎？抑無進乎？是亦未敢自信。唯有重持我簫笛，移我琴瑟，在我禮堂，願我嘉賓，為我再審其節奏，正其音聲。爰定於陽春三月之十二日，為本校國樂社同仁演奏之期，以重就教于大方之家。玆幸又得校內外之人士傾囊相助，使此次演奏，得如期舉行，並有餘資，以備管弦購置之用，導師車馬之資。因發行特刊，除對贊助人一表謝忱之外，兼介紹此次演奏諸樂曲之性質，而本校同仁論樂之文，亦附一二，以併就教當世。吾於音樂，素無所知，而特刊編者，以其嘗為社中監督，必囑為數言，以弁其端。固辭不獲，因代述其緣起如是云。

註：本篇所據為謄寫稿。約作於一九六七年。——編者

熊十力先生追悼會發起詞（註）

當代儒宗、哲學先輩黃崗熊十力氏於前月逝世上海旅寓，壽八十六歲。熊氏少年參加辛亥革命，旋專力治學，由道而佛，由佛而儒。民國十年後，始講學北京大學中央大學等校。其三十年前出版之新唯識論、十力語要、讀經示要諸書，對中國思想界之專門學者，其影響至深且鉅。西方印度學者論述中國現代學術思想者，亦莫不及於熊氏之學。熊氏二十年來，息影滬濱，仍有自印之乾坤衍、明心篇、韓非子評論、原儒之著行世，守死善道，未嘗一語自離其宗。其交遊與弟子門人，遍海內外，知名當世者，不可勝數。而熊氏則如神龍之潛淵，獨與天地精神相往來，玄覽全生而全歸。比聞此間新亞書院哲學系及東方人文學會，擬於本月十四日（星期日）上午十時假九龍農圃道新亞書院禮堂舉行追思會，並希熊氏之門生故舊及欽仰熊氏之學者參加紀念云。

註：本篇所據爲油印稿。寫於一九六八年。——編者

張君勱先生追悼會發起詞（註）

張君勱先生一生盡瘁於學術教育與政治，求所以立己立人立國之道。故於學術義理之微、邦國千秋之憲，靡不究心而著論，不辭奔走以呼號；其志願所存，雖未申於一旦，而聲光所被，必昭信於後世。數載以來，先生更以海外之羈身、過耋之高年，獨力創自由鐘一刊，論古今學、評天下政，益疏通而致遠大，彌惻怛而見精誠。其晚年之所論，方亹亹猶未盡，旻天不憖，竟溘然而長逝。哲人云萎，四海同悲。爰發起於三月九日下午三時假先生生前在港擔任特約講座之新亞書院大禮堂，舉行追悼會。望　先生平生友好、一日知交蒞臨參加，共唁老成。此啓。

註：本篇所據爲謄寫稿。寫於一九六九年三月。——編者

麥著「宋元理學家著述生卒年表」序

宋元明之儒學，乃義理之學，非考索記誦，所能爲功。然義理在天壤，必待其人而後明；義理無窮盡，而人之發明義理，彰之言說，亦隨時節因緣而異。則後之學者，研治先儒之學，不可不知其人而論其世。考索之功，固欲知學術之流變者之所不可廢；而知學術之流變，則正所以使學者得想見義理之流行不息於天壤，慧命之相續不斷於古今者也。

麥生仲貴，初治文史之學，旋復於天人性命之際，疑慮叢生，遂從吾治哲學，欲藉義理以養心；乃廣讀宋明儒書，亦嘗慨然有求道之志。吾因告以爲己之學，固當爲本；然居今之世，爲人之學，亦不可少；無妨兼本所素習，試爲宋元明清諸儒之儒學編年之著，既以自勵，亦便來學。麥生乃往就教於錢賓四、牟潤孫，及嚴耕望諸先生。錢先生更告以編年之著，宜有一年表之書爲先，逾二年而麥生遂有此書之成，其用力可謂勤矣。吾於史事，素極疏陋，對麥生此書，愧無所益。觀其所辨證，雖或有異議，其所採擇，亦容有未備；然要可爲治宋元之學者，卽其所備列之事迹，以觀學術之流變者，有所取資；其有益於世，應無疑義。麥生若能更進而成其明清儒學之年表，及宋元明清儒學編年之

著，以畢其全功；再一意於義理之本原，不負其究心於天人性命之初志，則吾之所望也。　民國五十八年七月　唐君毅序

書蕭立聲先生羅漢畫

蕭立聲先生，於國畫無不工，而吾尤喜其人物畫中之羅漢。西方之人物畫，以油墨成者，重形體之宛然凸現。國畫則妙在筆意，於人物之畫，重得其神趣。人物畫中之仕女，其形貌宜幽嫻端重，而其運筆墨，亦宜以規矩法度見長，則不能盡此國畫中筆墨之自由揮灑之用。唯以國畫之筆墨，爲高人逸士，與佛菩薩及羅漢者，其橫斜曲直之變化無窮，而後此筆墨之用，得無礙自在。顧道家之高人逸士，有冠有髻，昔爲之畫者，要在繪其行動衣履之姿。而佛家之羅漢，則可祖裼裸裎，不冠不履，而其頭骨之崢嶸，胸腹之坦蕩，無不可入於畫中。故言國畫中之人物畫，吾嘗以羅漢畫爲至極。羅漢之所志，在佛菩薩，而尚未有其慈悲之懷，與圓滿之德。故其貌不如佛菩薩之端嚴豐碩。羅漢之行，必殊乎世俗，而其貌，卽必古異而清奇，然亦未嘗有倨傲肆放之容。而善繪之者，亦必如羅漢之志之行，而得其神貌。若以繪佛菩薩之道爲之，是爲過；若一有倨傲肆放之容，則爲世之狂士。皆非羅漢也。

當今之世，人罕知人物之各有其品類，以想像其神彩，故能爲人物畫者絕尠，爲高人奇士與佛畫者尤尠。於羅漢之畫，昔在江南，有呂鳳子先生，能得其高古之趣。南來唯見蕭立聲先生，以其拔俗之襟期，爲此舉世不爲之畫。其所爲者，蓋皆先想像羅漢之志之行，使盤桓於心目之間，如其所如，無過與不及，然後解衣旁礴，一揮而就。故筆酣墨飽，神趣盎然，若釋迦之五百尊者之再生於今世。此豈特一藝事之極，而其使世人得緣此羅漢之貌，以知其志、其行、其道之所在，則其功德，何可勝計耶？比聞立聲先生，將有星州之游，聞星州人士多信佛，想必當多有知立聲先生之畫意所存者，共結善緣。吾忝列同事之雅，承囑爲一言，以壯行色。顧吾於畫，素無所知，姑爲妄言，以俟妄聽云爾。

（一九七〇年六月「新亞生活雙週刊」第十三卷第二期）

曉雲法師「印度藝術」序

中國於印度佛學，譯著至多；早期於佛像之雕刻與繪畫亦承自印度。然敦煌之壁畫已漸與印度藝術原有之風格不類，而後之佛畫與石刻，更多印度之所無。故論中國之藝術史者，罕詳考其淵源於印度藝術者之何所在。國人所著論印度藝術之專著，亦不多見。吾於印度藝術，所知尤少。然觀其佛像與繪畫，形相之凸凹、與色彩之濃淡蓋皆仍出自雅里安文化之傳統，與出於中國文化之傳統者不類；並以爲其在藝術境界上，蓋不如中國藝術所居者之高。然中國之佛教藝術既有來自印度者，亦宜探本溯源，並較其同異，以知中國藝學之進於印度藝術者何所在；亦如治佛學者，當知中國佛學之進於印度佛學者之何所在也。

曉雲法師早習中國之佛教藝術，二十年前嘗執教印度太戈爾大學，更遍游印度之名山古刹，於其建築、雕刻、繪畫，研習玩摩既久，而有所會心，乃於十年前更查考文籍，爲「印度藝術」一書，使國人得知印度藝術之大觀，其嘉惠士林，固已多矣。日昨來書，謂更將增補材料，擴充內容，將此書

重版，並囑一言爲序。唯余於藝術實未有知，略弁數語，眞無異佛頭着糞，亦聊志此書重版之慶云爾。民國五十九年六月三日　唐君毅

敬悼張丕介先生

友人張丕介先生逝世，轉瞬數月。我除撰一輓聯致唁外，迄未爲文悼念。因關於張先生生平及與新亞書院之教育事業之關係，友人徐復觀及牟潤孫二先生之墓誌及墓表，已有詳記，刊載於人物與思想一刊。關於張先生一生治學經過，在近將出版之新亞學術年刊，亦有張先生自述之文刊佈，希望大家對此諸文，加以細讀，則對張先生之爲人爲學與一生所從事之事業，當可有一整個之了解，無待我之重述。本文只想提出一點，是徐先生之文也已提到的，亦希望大家特加注意。

此一點是張先生雖是專研究經濟學，但張先生自始是將經濟學放在人類全部之學術與文化，與國家民族之歷史的關係中去看經濟學的地位與價值。這是許多德國經濟學者的態度，亦是傳統中國學者對經濟學的態度。所以張先生佩服李士特之連着國家民族以論經濟學。對寫現代資本主義一書之桑巴特所寫之人學一書，特加以翻譯。張先生又重譯茵夢湖一文學作品爲中文，並嘗於學原發表一文論尼采之哲學。這都可看出張先生之經濟學，有一廣大的其他學術爲背景。亦正因爲張先生學術知識的廣博，對於學術與人類文化及國家民族歷史的關係，自始加以關心；然後他才會與徐復觀先生共同創辦學原與民主評論兩刊，以盡他對學術及政治社會的責任；並參加新亞書院的創辦，以盡他對中國青年之教育的責任。

在近世中國知識分子中，我覺得有兩種型態。一種型態是只求享現成的型態。這種知識分子，亦可以成學者或專家，但他只能利用環境，從不想創造環境。另一種型態，是不只是享現成，亦不只是利用環境，而想多少求與人共創造一環境，供自己居住，亦供他人居住者。但以近世中國社會之變化太大太速，後一類知識分子之理想，常不能實現，而不免於一悲劇的命運。張先生正屬於後一類型態之知識分子。所以他在貴州原欲從事墾殖事業，後又從事地政改革之計劃與工作，最後參加新亞書院的創辦。這都是一些創造性的事業。但張先生算不算成功呢？似都不能說。這因爲近世之中國社會之變化太大太速，亦因爲任何創造性的事業，必須有同類的人，繼續參加創造，才能發揚光大。否則一切創造性的事業，無不歸之停滯或爲外間勢力所利用而變質，這是原初開始一創造性事業的人，所不能一一預料到的，亦無可奈何的。所以事業總是可失敗的。

但是任何特定的事業，雖可以失敗；人之創造的精神，卻無所謂失敗。而由事業的失敗，亦可更顯出人的精神之無所謂失敗。張先生幼年曾在武訓之義學中讀書。我在少年時，便由先父口中，知有武訓。二十年前，我在民主評論孔子聖誕號，寫了一文「孔子與人格世界」，將武訓與甘地耶穌並稱。張先生當時看了非常高興，並在其一文中，加以徵引。後來中共亦曾一度對武訓，大加推崇，旋又加以徹底推翻。張先生就讀的武訓義學，亦必不存在了。但武訓的精神首先感動了張先生去從事教育事業，而武訓的精神，亦必將繼續感動一切未來誠心從事教育事業的人。可見此精神永無所謂失敗。從此來看，則縱然新亞書院之教育事業，完全失敗，新亞創辦的精神仍無所謂失敗。何況新亞之教育事業，亦已漸有繼起的人，繼續與以新的生命，使之向前推進，未必卽歸於失敗呢！我想卽以此語寄慰張先生在天之靈。　八月廿二日

（一九七〇年九月「新亞生活雙週刊」第十三卷第五、六期合刊）

悼王貫之兄

王貫之兄逝世，轉瞬將一月。我想一般哀悼懷念與表示敬慕之文，他人可比我寫得更好。我近月中所常想的，是貫之兄畢竟是如何一個人。我最後的想法是貫之兄之一生，乃屬於中庸所謂「困而知之，勉強而行之」的人。中庸說「或生而知之，或學而知之，或困而知之，及其知之一也。或安而行之，或利而行之，或勉強而行之，及其成功一也」。貫之兄是由困知而成功的。

貫之兄之一生處於困境，可自其幼年家貧賣爲人子開始。其中許多非人生之所堪的經歷，此在貫之之有一極感動人的自述。貫之因家貧而少年輟學，游食四方。但這些還只是個人生活上的困境。人總應當有更大的困境，來自他的抱負。此一抱負似乎誇大。但誇大與否，只是他人外在的評語。貫之兄之抱負的。他改名爲道，字貫之，是取孔子「吾道一以貫之」的意思。我初知道貫之，是二十一年前張丕介兄送與我一本貫之所寫之書「人類自救之路」。在此書中，亦提到我寫的書。但我對此書之書名，當時卽有覺其有點誇大。後來貫之兄來港，我首在民主評論社與他相遇。他說想辦一刊物，中國先哲之學術可以作爲原料。我對此原料二字，亦不甚以爲然。後來他到新亞書院，說他的刊物已定名人生，希望我寫一我前所寫之人生之體驗式的文章。我卽以韻文體裁寫了人生之智慧一文，承他載爲第一期之第一文。由此奠立我個人與他及人生雜誌二十年的關係。但我當時對他所主編之人生之文，尙覺其順俗的意味嫌多。但爲了銷路，我亦未嘗多責。我知道他之辦人生，初只是賴他在菲律賓報社工作時所積蓄之數千元稿費，此外一無憑藉。直到辦了幾期以後，才得孫祈壽先生之介紹，由某機關每週買數百本，以此款作爲印刷費及稿費。後來某機關不再買了，首先不能付給稿費，全賴朋友們義務撰稿，或轉載一些我們在民主評論已發表之稿，維持篇幅。再到後來，乃得到亞洲基金會之無條件的少許資助。此資助在六七年前，亦早斷了。但人生仍賴一些遠近的師友與同情者之零星資助，繼續出刊。直到貫之逝世前半月，仍出刊至四百期。據我所知，自中國大陸變色，以前歷史較久之刊物，無不停刊。此二十年在海外之臺灣、香港、星加坡等地出版之刊物，亦無一刊能有二十年的歷史。而貫之以一人之鍥而不舍的努力，竟維持至超過二十年。其辦此刊所歷之困境之多，應當是任何人可以想像的。

但是貫之之最大的困難，還是在他的抱負。他崇拜孫中山先生，服膺三民主義，又嚮往孔子之吾道一以貫之。但他與國民黨的關係，後來幾乎全然莫有了，對此間之孔教團體，亦無關係。他只是以個人資格，表示他對孫中山及孔子之崇敬。但是當前的時代，孔子與孫中山同行厄運。此時代在本質上是一分裂的時代，人們亦可以說在此時代莫有人配講一貫之道，配說我有一貫之道，足爲人類自救之路。而貫之尤自知其學力的限度：他常自謂他不能列於今之專家學者之林，亦自謂其對於孔子以下之儒者之典籍，研究理解之工夫之尚多所不足，所以常以虛心請益的態度與師友談論，以至他不只對若干長者亦對若干道相近年相若的朋友，自稱後學或學生。其謙德爲今世所少有。然而貫之兄在自知其力不足的心境之下，仍然嚮往在孔子之一貫之道，求一人類自救之路，這只有更加深他生命所處的困境。

但是據我二十年與貫之兄相交的經驗，我覺到貫之兄之生命中還有一更深的困境。此不是自貫之之思想理想的方向說，而純是就他之爲人說。我覺到貫之亦很想把他的事業與爲人，做成一個世間的模範。這一種想法，我發現許多受傳統文化教養的師友，或知識分子都有。如梁漱溟先生便常想把他自己，變成一個可使人信托的人，或一個文化運動的領袖，以至成爲一時代之興亡所繫之人物。這一種想法，或純從客觀的時代需要着想，或純從不負平生之志着想，並非卽自私自大。但人非聖賢，而人要使自己成爲一世間的模範，欲處處行於中行之道，亦很可以墮入處處求與世間適應，求多方面照顧世間的困境。此便有待於極艱苦的奮鬪，人才能拔起。否則人宜於去掉一切作世間之模範之想，純是獨行其是。此卽狂狷的路。此比較容易而順適。然而我對貫之兄的觀感，則貫之兄是很想他的事業與爲人，足以爲範同時又由想多方面照顧世間，而使其生命恆陷入困境的。此一困境，不易被同情的了解，此本身再轉成貫之的困境。而使貫之之一生，成爲一極艱困的一生，亦可以說是有悲劇意義的一生。

但是貫之兄一生之一切艱困，皆逼迫之由困而學、由困而知、由勉強而成功，此表現在他最後所編之第四百期之人生之封面語。在他編成此期人生之前十日，他曾扶病至我處，拿出他寫的遺囑，要我簽名作證。我當然不忍簽名。但他之自知將不起，而決定立遺囑，並寫成人生之封面語，卻是對客觀的時代，而將其平生之志表出。亦將其希望此平生之志成爲來者之範之意表出。又當他在病中時，因佛教徒與基督教徒皆曾爲祈禱，而動感激之心，亦曾想皈依一宗教。然而他念當今儒學之衰，而不肯爲了求一臨終時之安慰，而被基督教徒與佛教徒之名而歿，使其一生之提倡儒學之名，不堪爲世範。此中，則有一眞誠的決斷。此決斷，不關佛儒基之是非得失。言死後之安慰，一般之儒家義原有不如其他宗教之處。生前爲儒，死後則三教同歸，亦義有可立。但貫之之決斷，於此只關於其爲人。爲人至於臨終而只想自己之一生足爲世範，此不能說是爲自己，而只能說出於一作人求成始成終，以「使世間多有一堪爲範之一人」之一無私之心。人對其生命求成始成終之精神，原在其有始終之生命之上一層面，其本身自無所謂始終。而此點在貫之兄臨終時之所爲中，卻已表現了。而貫之之一生之困學，亦卽於此見其成功。對我們一切未死者言，畢竟在我們臨終時，能否以成始成終之精神，度過我們之一生，莫有人能預斷。而此卽足以使能以成始成終之精神度其一生，如貫之者，足爲世範了。

民國六十年四月一日　（一九七一年六月「人生」第三十四卷第五期）

沈燕謀董事的生平

主席、各位先生、各位同學：

今天校中指定由我報告沈燕謀董事生平。我與沈先生雖相識有二十餘年，但實際上很少談及沈先生的往事。本校圖書館的何家驊先生與沈先生較熟，今天講的資料，多由何先生供給。但何先生所知，亦不甚完全；故希望將來有人再加以補充。我今天想講三點，以說明沈先生之爲學、爲人，可爲我們後死之人之模範，亦值得我們紀念者。

沈先生生於民國前二十年，卽清光緒十七年；歿於民國六十年；享壽八十一歲。在今日所追悼之四位先生中，以沈先生年壽最高。沈先生爲江蘇海門人，民國初年（六十年前）曾在安徽高級學校教書，該校卽後來安徽大學之前身。當時馬其昶先生做校長；同事有陳獨秀，爲後來提倡新文化運動最激烈的人；又有蘇曼殊先生，卽民國初年之天才文學家。我曾讀蘇之書信，見其常提及劉三、章太炎及沈先生。可見蘇曼殊與沈先生之交情很厚。沈先生離開安徽後，曾去美國威斯康辛大學專門學化學。回來時，本來計劃到北京大學教書，但南通方面張季直先生，卽張謇留住了沈先生。張先生是中國近代了不得的人物；他是淸末的狀元，後提倡實業救國。近代中國紗廠工業之創建，始於張先生；他首先在南通辦紗廠，後又辦南通學院。張先生留住沈先生爲其秘書，幫助發展實業與教育之事業。沈先生在南通前後有卅年歷史，故沈先生對張先生之事最詳；本校廿年前文化講座，卽曾請沈先生講張先生之事蹟。沈先生本想寫一張謇之傳記，但未悉寫了多少。沈先生之專門研究，爲陳壽之三國志，想在裴松之等之註外再著一個補注，曾積了很多稿子，惜在臨終之前，未曾完成。此是沈先生於廿二年前到香港以前之簡單歷史，算來是沈先生六十歲以前。此沈先生六十歲以前的歷史，可以說是代表一個「從研究中國學術而研究西方學術，再來辦實業，更重回到中國學術」的學術歷程。大約淸末許多學者，都有這個學術歷程。如嚴幾道先生，先學海軍，提倡海軍救國，後又譯西方之哲學與社會學政治學著作爲中文，並學爲桐城派之古文而創一論學的新文體。又如馬君武，亦先學科學，曾譯達爾文之物種原始，後來也學文學，從事教育。淸末許多學者，都是兼通文哲和科學的，同代表了當時的中國學者重兼通中西之學的精神。誠然，一人要兼通中西之學便難於專精。但我們之治學問除有所專精之外，總當於不同之人文學術略具通識。這正是當時新亞書院所提倡的人文精神。沈先生之爲學之歷程，亦卽足爲我們之一典範。這卽是我要說的第一點。

第二點是自沈先生二十二年前來香港後，當時新亞曾辦學術文化講座，每週一次，沈先生爲聽衆，幾乎每次都來。因與錢賓四先生談三國誌及其他學術問題，而十分佩服錢先生，乃稱錢先生爲師，自稱門人。實際沈先生較錢先生還長五六歲。誠然，此類之事，在中國歷代亦不少，如董蘿石比王陽明長十餘歲，而拜王陽明爲師。因師之尊，在其有道，重道故尊師，而不在年齡。但在現代能重道尊師，而不問年齡，亦很不易。沈先生在此，可謂能有此古人風。當時新亞很窮，錢先生著有一本莊子纂箋，如印出，要三千元，因無錢不能出版，沈先生乃捐出三千元。當時新亞之薪水根本不能說，三千元便等於校中一月的開支。若今本校每月開支爲四十萬，此三千元應可值四十萬元。當時我以爲沈先生很有錢，但不久後，便見沈先生把他之汽車賣了，可見他並非有錢。這是沈先生之爲人可作風範之第二點。

第三點是新亞書院初創辦時，根本沒有書，只有徐復觀先生寄存的一部四庫叢刊。後來才是我與錢先生、張先生等，在荷理活道買點舊書，親自抱回學校；其書之少，可想而知。再後才有哈佛燕京社之幫助研究所若干購書費，開始買若干古籍。但當時之其他地方，如歐美星加坡等地之學校，亦派人來香港爭購大陸流出之古書。他們出得起高價，而新亞之購書經費極少，不能出高價；故恆須與賣書之人，講點人情，希望他們顧念新亞之提倡中國文化，把書賣給新亞，不要賣給他人。現在新亞圖書館所有之古書，都可說來處不易。當時之錢先生、牟潤孫先生、與沈先生，都儘量設法爲新亞圖書館買書。但我在當時卻因代表學校爲孟氏圖書館之委員，只爲孟氏圖書館買了一批線裝書，慚愧未對當時之新亞圖書館，多所盡力。孟氏圖書館，現改爲中山圖書館。香港圖書館藏有古籍最多的，除原有之學海書樓、馮平山圖書館之外；二十年來，可能只有新亞圖書館與今之中山圖書館，嘗力求古籍之保存在香港，以免其散流外地。最近數年，中文大學圖書館，才亦力求保存若干古籍於香港。但二十年前新亞圖書館之搜購書籍，則特爲不易。因新亞沒有錢，不能出高價與人爭購。故新亞之圖書，最值得珍惜。而沈先生任圖書館館長十餘年之功，實不可沒。沈先生退休離開圖書館後，還經常回圖書館看看，依依不捨。這亦是沈先生之心情，值得令人感念之一點。此卽第三點。

完了，謝謝諸位。

（一九七一年十一月五日「新亞生活雙週刊」第十四卷第六期）

潘君璞先生周年祭（註）

潘君璞先生於去年七月病逝港寓，轉瞬八月有餘。前承朱明綸兄見告，謂將於君璞先生周年之祭，印行紀念刊一種，囑為撰一文，以共申紀念之意。顧君璞先生精研數學，而余於數學，一無所知，固不能為學術性之論文，以資紀念。予與君璞先生雖有共事十年之雅，然於先生十年前之事，則未有所知。十年以來，余與先生，固常相過從，而先生為人誠樸謙讓，未嘗一言自道其生平。故雖欲為文，亦苦難著筆。於明綸之約，亦遲遲未能有以應命。逡勞明綸三次枉顧，更相敦促。余乃大有感於明綸之紀念其師之誠。憶君璞先生逝世之時，明綸痛失其師，如喪考妣，此固見明綸之篤於師友之情，然亦當由君璞先生之待友生之道，原有在於學術知識之傳授之外者之故也。

君璞先生與明綸，同治數理之學。數理皆普遍而永恒之理，故世之治數學者，恒能蕭然物外，棲神淡泊之境。然君璞先生與明綸師友間之風義，則又更有進於此者。君璞先生與明綸，皆只教人以數學，有如世之學自然科學者之只教人以自然界之事，未嘗以其為人之道或其師友相接之風義教人也。然吾觀世之學數學與自然科學之士，則又正多較世之治人文與社會之學者，更能專心於學，而其為人亦恒質直好義，不忘故舊。此皆古人所謂「默而成之，不言而信，存乎德行」者也。余雖薄德寡學，然於學科學者，亦能知其皆自有在科學之外者，存乎其爲人之中，以心儀之而不已。君璞先生，固余所心儀之一人也。先生往矣，無緣再見於今世，以道此余之心儀之情。今唯有默存此情，以遙致於君璞先生在天之靈。尤望如君璞先生與明綸之師友風義，更能化感及人，垂爲世範。

註：本篇爲謄寫稿。約寫於一九七二年四月。——編者

「丁衍庸畫集」序(註)

丁衍鏞先生以中西畫馳名藝苑者，已數十年於茲。吾幸得共事之雅，亦轉瞬將及二十載，自顧庸陋，於丁先生之畫，初或知其美而未知其所以美，後乃漸有會於丁先生之爲畫，未嘗求盡可人意，以取媚當世。惟由蘊蓄功深，從胸襟自然流出。蓋有似蘇東坡之自道其爲文，「如行雲流水，都無定跡，行乎其所不得不行，止乎其所不得不止」。此乃天機自運，非智慮安排之所能及者也。吾於丁先生之畫，尤喜其花卉鳥蟲，深得梅聖俞詩所謂「樂意相關禽對語，生香不斷樹交花」之趣，故新妍活潑，花如初放，禽似初胎。然其行雲流水之筆，行乎不得不行，而無心；止乎不得不止，而無意。故以一般之心意求其所以美，亦尚未能真知其美之何在。此吾昔之所以幾交臂而失之者也。比者，丁先生將其近作，都爲一集，更囑以一言爲序。復深愧無辭以相益，唯念世或亦有欲知丁先生之畫之所以美，而未得其道者，則吾望其試以一無心之心，無意之意，與之相契，則必將有會於丁先生之爲畫。誠又有如東坡題文與可畫竹詩所謂「豈獨不見人，嗒然遺其身。其心與物化，無窮出清新」者在。若徒論形似，「見與兒童鄰」，則失之遠矣。

註：本篇所據爲謄寫稿。寫於一九七二年。——編者

麥著「王門諸子致良知學之發展」序

明代儒學，以王陽明爲中心。陽明之學，自言初奉朱子之言，如神明著龜；而其所自悟者，則還契於象山之旨。故吾嘗爲文論朱陸之鄭，亦可由陽明之學以通。陽明以良知言象山之心卽理，而其說此心卽理之名言，則又多出於朱子。此卽陽明學之繼往。陽明言良知之明，萬古不息，恒生生不已，亦不離現在，故聞其教者，皆可直下有所開悟興發，以自知其良知。此是陽明學之開來。此自知其良知者，自亦是良知。良知之明，既生生不已，則學者於此良知之義之所明，以成良知之學者，亦自當生生不已。此卽陽明學之傳之所以最盛，而王門之士，於此良知之所見者，更不無異同，遂衍而爲陽明學之諸流脈之故也。於此陽明學之流脈，黃梨洲明儒學案，依地域而分爲北方、楚中、南中、浙中、江右、泰州六者；而浙東、江右、泰州三者，爲最著。浙中王龍溪，嘗自謂於陽明之言致良知，「及門者誰不聞，唯我信得及」。又自謂「我是師門一唯參」，而後人或本之以謂龍溪爲陽明之嫡傳。然傳習錄中之天泉證道記，又記，陽明謂王龍溪與錢緒山二人，當互相取益，則又非謂緒山不能傳其學也。王學中泰州之傳至周海門，爲聖學宗傳，則特推尊其師羅近溪。黃梨洲爲明儒學案，又本其師劉蕺山之說，於二溪並有微詞，謂於陽明之學，唯江右不失其傳。故於鄒東廓、聶雙江、羅念菴、王塘南，皆力加表彰。梨洲爲明儒學案序，謂周海門之書，只是海門一家宗旨，自謂其書能分別各家宗旨。故世以一客觀之學術史稱之。然梨洲於各家之學案前，恒先下評語以爲抑揚，亦不免使學者以先入爲主。此則不如將此梨洲一人之評語，附於其後，更易使後之學者，先得各家宗旨之眞。梨洲於王門中，偏宗江右，亦正如於王學偏宗龍溪近溪者，同未必得其平也。

大率王門諸子，除徐愛早逝外，親炙陽明最久者，爲王龍溪、錢緒山。陽明與鄒東廓，亦多書疏往返。江右之聶雙江、羅念菴，則於陽明歿後，乃以龍溪與緒山之質證，於陽明稱弟子。泰州之王心齋，亦於見陽明前，先自有其所學。雙江、念菴言歸寂主靜，以識未發之中，近陽明初年教法。然念菴謂陽明之學，爲「聖學無疑，而速亡未至究竟」，則亦不以陽明之學自足。念菴又以陳白沙之致虛之說，爲千古獨見。此亦與陽明之未嘗一語道及白沙者不同。王龍溪集中之天泉證道記與傳習錄及東廓學案所記，頗有出入。此記謂龍溪之四無之說，乃陽明所久欲發，以時節因緣未至，而未發之傳心秘藏。天泉會後，逾年而陽明歿。此正適足反證此秘藏，非陽明平日所開之教。大約龍溪四無之說，蓋如梨洲所謂陽明之學之三變以後，言致良知之「時時知是知非，時時無是無非」之旨，而更推衍之以成。至於錢緒山、歐陽德之重在已發處，致是是非非之良知，則蓋同梨洲所謂陽明學之二變，重言良知之「知是知非」之旨者。則宗龍溪者，又可謂其未能盡此陽明之學之三變矣。至於王心齋，則因其先自有其學，故雖爲陽明弟子後，仍自持其淮南格物之說，以安身樂生爲本。其學數傳至羅近溪，而言大人之身之通天地之生德、仁德，以成其心之靈明莫掩者，見於日用尋常之中。遂以徒孤言一心之靈明者，或自把捉其靈明，而「墜光景，入鬼窟，非天明也」，此則又不同龍溪之專重以一念靈明言良知者也。大率龍溪兼以空寂言靈明，意此靈明原無可把捉。故龍溪嘗疑近溪之鬼窟之說。然近溪則遙承心齋安身樂生之教，知此心之靈明，若不與生渾融，以成大人之身，則終不免於墜光景，入鬼窟。則近溪之學與龍溪不必同，而與陽明之重以靈明言良知者，亦不必同，近溪固謂先達於「性體平常處，未見提撕」也。然陽明之良知，自能生天生地，亦原主乎一身，以有陽明所謂大學問；而泰州之學之重言安樂，亦正特有契陽明樂爲心之本體之言，及言「大學問」之旨。其學不如龍溪之務極高明，亦不同雙江、念菴之求盡精微，而希在更致廣大，而道中庸。則泰州近溪之學，與陽明之聖學，又未嘗必異也。

由上所述，則王門諸子，雖皆言良知，而其所言之良知之義，自皆與陽明之學有同有異，而亦互有同異。不可視如黃茅白葦，一望皆是。良知生生不已，此人之知其良知之所以爲良知之義之學之教，亦自當生生不已，如上所及。故陽明亦嘗謂「說此良知二字，窮刼不能盡」。陽明如不死，則王門諸子之所以說良知者，亦未必非陽明於種種時節因緣下，皆可說者也。則必謂其孰得陽明之嫡傳，亦可爭，而非必爭者也。後之學者，自以其於良知之所見，以還證陽明及王門諸子於良知之所說者，以是其所是，亦即所以致其爲後學之良知也已。而於此不必更非其所非者，則以唯其是者乃可學，其非者不可學，亦可存之而不論也。後之學者，果志在學其是者，則當知其同者固可是，其異者，亦可分別其言之所指，以見其俱是，而更觀其通；則爲後學者之所可學者多，「尊其所聞，則高明矣；行其所知，則光大矣」。

大率昔之治宋明儒學者，多重直取其言之是者，以爲躬行實踐之資；故於昔賢之學，不甚重辨其同異，於其異者，恒視爲異端而斥之。乃不免門戶之見。今之學者，於論昔賢之學，則大皆知辨其同異，而於其異者，更喜表而出之，以嚴別其流派或思想之型類；而不重觀其異而俱是之所在，更不重觀其會通。以對王門諸子之學而論，則今世有視王門諸子之學之異，如政治上之左派右派之分之不相容者，又有對勇於立異之李卓吾之學，特加稱道者。此皆見今世論學之捨同好異之風。此與昔人之存門戶之見者之好同惡異，其得失維均。如實而言，則王門諸子之論良知之義，自與陽明有同異，亦互有同異，以成其學其教之日新不已。然其原既同，則其流之異者，亦未嘗不能宛轉和會，以成其通。「通」也者，非「同」非「異」，而能通「同」與「異」。凡論學皆當始於觀同異，更於異而知其通，睽而知其類。此固不止於論王門諸子之學爲然也。

麥君仲貴，初治文史，後從予治哲學，而及於宋明儒學。其於宋明儒學之興趣，亦在哲學與歷史之間，故先嘗有「宋元理學家生卒年表」一書印行，近又從事明清理學家生卒年表之編著，以備爲宋元明清之學術作編年之用。今玆之王門諸子致良知學之發展一書，原由其在中大哲學研究部之碩士論文，所增補而成。以王門諸子論學之精微要眇，今欲明其同異，觀其會通，為之綜論，而期其圓融周遍，無所不及，自尙非麥君之意。麥君之文，強探力索之事多；深造自得之功，容尙有所未逮。然麥君之為此書，於王門諸子之原著，可搜求得者，無不遍覽。凡見其與明儒學案所錄，有出入者，一語一字之微；皆一一條記；於明儒學案論明儒之學之傳承體例，既有所商榷；於王門諸子之生平，亦本史傳，於明儒學案所述者，有所補正。其功力可謂勤矣。至於其對王門之六派學術思想之論述，則除先略述陽明之學之大旨，於北方、南中、楚中之王門學者，略舉其言，以明其講學之宗旨之所近者外；則於浙中江右之王龍溪、錢緒山、聶雙江、羅念菴、王塘南，泰州之王心齋父子、王一菴、羅近溪之學，皆各為之專論，而殿之以東林之顧憲成、高攀龍與劉蕺山對王學流弊之評論，及周海門與湛甘泉門下之許敬菴之對辯；以明王門諸子之學，在明代思想中之地位。其中於王龍溪、錢緒山之學則述其互有異同，更論其當如陽明所謂「相取為用」之故。於雙江、念菴之言歸寂主靜，存未發之中，則溯其原於先儒言寂感及已發未發之旨；於心齋之淮南格物說，亦更述及於先儒之格物之論，以資比較。此皆意在說明王門諸子之所見之義，遙通於先儒之學者。要之，則麥君此著，可謂能對王門諸子之學，通觀其大體，於其宗旨之同異，亦能本歷史文獻加以疏通而證明之。此較之黃梨洲之為明儒學案之偏尊江右，及近人之偏尊所謂左派王學，於明儒學案所不道之李卓吾之流，加以盛稱者，實可謂

更能為一客觀之論述，足以為來學之士之所資。故樂而為之序云。　癸丑正月初五日唐君毅序於香島

（一九七三年三月「華學月刊」第十六期）

從科學與玄學論戰談君勱先生的思想

所謂「科學與玄學」的論戰

我同君勱先生的接觸不如諸位先生那麼多，只在香港大概見過三次，在美國兩次，另外在重慶、上海、韓國各會見過一次，時間都很短暫，不過見面大家談談，交換一下意見。當然以後還互相通信往還。不過君勱先生已印行的各種著作和發表的文章，我倒是很早卽開始閱讀。大概在民國十二年，我在中學的時候，卽讀過君勱先生關於所謂「科學與玄學」的論戰的文章。那時君勱先生在清華大學有一次演講，講人生觀的問題，說人生的問題不能僅用科學來解決，如意志自由的問題卽不能只用科學的方法來解決。君勱先生這次演講卻激起丁在君先生的反響，在君先生認爲君勱先生是「玄學鬼」附身。那時正當五四運動之後，大家相信科學萬能，什麼問題都能用科學的方法來解決；今君勱先生講人生觀問題，認爲有些問題並非科學所能解決的，於是被稱爲「玄學鬼」。當時參與人生觀論戰的文章，大致可分成兩派，一派是梁任公、林宰平、梁漱溟、張東蓀諸位先生，他們的思想路線大致與君勱先生一致，認爲人生觀、意志自由的問題，不是科學所能解決的；另外的一派則以丁在君先生爲主將，認爲科學可以解決一切的問題，包括人生觀自由意志的問題，這一派人還包括胡適之先生、吳稚暉先生等。

科學不能解決人生問題

民國十二年的人生觀論戰，到今天民國六十五年，已經過了五十三年了。今天就算是一個十分崇拜科學的人，也不會承認人生的問題完全可以純粹用科學來解決。科學是要看人如何去用它，它並不能解決人生的態度問題。而人之如何利用科學的態度，倒是人之一個大問題。所以君勱先生的主張，在五十多年前被人稱爲「玄學鬼」，然而在今天，卽使是最主張科學主義的人，也無人會認爲科學可以解決人生的態度問題，君勱先生當年的主張，可說完全勝利。當年胡適之、吳稚暉和丁在君等幾位先生，提倡民主和科學，過於強調科學主義，這實在是一種很大的偏見。這一偏見，當然對於中國科學知識之普及，科學書之出版，科學技術之進步，有其貢獻，然而其害處也很多。科學根本是一個純技術性的東西，自由世界能利用之，共產黨亦能利用之。

民主與中國儒家思想

至于講民主，而無文化理論之基礎及道德倫理之基礎，則民主是否必需，何以不可講一黨專政，無產階級專政，大有疑問。當時君勱先生卽曾注意這個問題，他認爲民主的理論基礎是人性與人格的尊嚴，而人性與人格的尊嚴，是一道德的觀念，是一種倫理的思想。這種思想也就是德國哲學家倭鏗、康德之思想。當然，君勱先生之哲學，不能完全當他是狹義的純學院式的哲學，他是取其大體。他的哲學大體是從西方之康德、到倭鏗之理想主義，來講民主。因此自自然然就通到中國的儒家思想。如孟子之由人性之善，以講民貴的意思。民貴而人皆可以爲堯舜，卽人人皆可以爲聖王。其在今日的意義，卽人人皆可被選舉爲政治上的當位者。因此儒家之思想，也能觸發和促進民主制度之建立。君勱先生之從事實際之政治活動，其目的在促進民主憲政理想之實現。其思想理論，一方面是德國之哲學，另一方面是中國之儒家。

最早批判唯物史觀

在民國十二、三年，當時國民黨方面在廣東辦了一個刊物，名叫「建設」。「建設」雜誌有許多文章，如胡漢民、戴季陶先生皆嘗執筆。據我的記憶，其中卽有好幾篇介紹馬克思的唯物史觀，而並沒有加以批評。當然，孫中山先生在他的三民主義的演講中，曾對馬克思的唯物史觀，加以批評，說馬氏只注意人類社會之病理，而未曾注意到人類社會之生理，因此另倡民生史觀。不過中山先生所講的亦很簡單。據我的印象，當時的國民黨，對民生史觀與唯物史觀之界限，並不淸楚；其聯俄容共的政策，亦使人對國家民族的意識反而糢糊。當時的思想界，特注重國家民族的觀念的，則倡自靑年黨。在國民黨方面，重視國家民族思想的，則以西山會議派爲最早。然而在哲學理論方面，對唯物史觀加以批判的，則以張君勱先生、張東蓀先生爲最早。時間約在民國二十年左右，政治上是國民黨統一全國，然而在上海的思想界，則爲馬克思唯物史觀所征服。在當時能對抗馬克思主義唯物論者，則可說主要是張君勱先生和張東蓀先生。東蓀先生編了一本「辯證法唯物論論戰」的書；君勱先生則創辦「再生」雜誌，刊載了許多哲學的文章，其中不少是批評唯物史觀者。

想再發動一次科學與人生觀論戰

君勱先生晚年曾有一信給我，主張重印「辯證法唯物論論戰」一書，並再來一次科學與人生觀的論戰。在君勱先生的想法，認爲在臺灣有什麼人、在美國有什麼人（包括在座的施友忠先生）可以參加討論。我覆信說，科學與哲學之論戰，今日大可不必了！因爲科學與哲學的問題，結論今天已經出來了！科學有科學的範疇，哲學、倫理、政治、經濟等等亦各有其範疇，今日實不必將昔日之戰火重新挑起。由此可見，雖然已經事隔四十年，君勱先生仍然記得科學與人生觀的論戰。以後若有人寫民國思想史，則科玄論戰亦當是很重要的一章。

君勱先生的哲學思想是一種正路

君勱先生的哲學思想，對一個學哲學的人，包括我在內，來說，其細微之處，當然有些尚待商榷，因爲學哲學之人間總有許多異同；然在大體上說，其在人生觀論戰所表現的哲學思想方向，可說是一種正路。不像胡適之、丁文江諸先生之偏，強調科學主義。科學自有價值，但科學主義並非科學，而只是一種幼稚淺薄的哲學。科學只是人之科學態度、科學方法的產物。而論述科學態度與方法的性質、界限者是哲學，而非科學。至於科學之成果之價值，則顯然視人們如何使用之而定，可以用來爲善，亦可以用來爲惡，這都是很顯然的。科學以外之哲學、文學、藝術、宗教之學問應在學術世界中佔相當的地位。然五四時代之淺薄思想，于非科學者，卽稱之爲玄學，加以貶斥，卻使後來之國家學術研究，限在極小之範圍中，不能用以樹立中華民族之學術文化生命，這是很可惋惜的。

穿了一件濕衣服脫不下

我之認識君勱先生，除了早年讀過他的文章之外，第一次得以拜見，是抗戰期間在陪都重慶。當時我在重慶中大教書，教育部將我一本書名「道德自我之建立」，後在商務印書館出版，送請君勱先生和吳稚暉先生審查。稚暉先生不贊成我的見解，但亦加以欣賞。君勱先生則大加獎勵，並經他們推薦，而得了一個獎。於是我前往君勱先生的住處拜候請益，談了一些哲學的問題。後來在上海，約在行憲前後，我又前往拜候。當時他有許多政治上的煩惱，於是我勸他說，我個人未曾從事實際政治，我也不贊成你做實際的政治活動。我記得他當時對我說：「我也是沒有辦法呀，就好像穿了一件濕衣服，現在脫也脫不下，只好這樣子做下去。」其後大陸淪陷，我們在香港碰頭，他對我說：「你總是勸我搞學術，不要搞政治，現在大陸丟了，你要講學術也沒得講了，我們還是來注意政治吧？」我就說：「政治怎麼注意起呢？」

美國人講中國學問有些不成話

其後君勱先生離港赴美。大概是在二十年前，我到美國見到他，曾跟他長談，我們所談以學術爲多。他在美國居住較久，認識亦較深，他說，美國人講中國學問，有些太不成話！我到美國之後，第一個印象亦是如此，我覺得許多美國人講中國學問，他們的觀點有問題，或者是傳教士的觀點，或者是外交家的觀點，或者某一西方學術的觀點。我看了這些情形，深不以爲然，就向君勱先生提及。君勱先生說，我們應該約幾個人共寫一篇文章來討論中國學術文化的性質與應如何研究的問題。他旋即寫信與當時在臺灣的牟宗三和徐復觀兩先生徵詢意見，於是由我寫成初稿，再經君勱先生及牟、徐二先生修正若干處，定名爲「中國文化與世界」。中文本於民國四十七年一月之「民主評論」及「再生」同時刊載；英文本則先有現任瑞士蘇黎士大學中文教授賈保羅（P. Kramer）先生之節譯。全譯本則先在臺灣中國文化學院出版之英文「中國文化季刊」刊載，後又載於君勱先生在美國出版之「中國新儒家思想史」，作爲附錄。

君勱先生與孟子

最後要談談君勱先生的精神。他後來辦「自由鐘」，辦「自由鐘」之後，某年，他應香港大學及新亞書院之約，在香港講學半年。在他來香港之前，我曾與他一起赴韓國參加一個學術會議，會議的主題是「亞洲與現代化的問題」。君勱先生提出一篇論文題目是「孟子與現代化」。那時是一九六三年，他大概七十八歲。我跟幾個韓國及日本朋友商量，共出一本論文集名「儒學在世界」以紀念君勱先生八十壽辰，大家都表贊成。後來韓、日的朋友，合有四、五篇，美國則有陳榮捷先生一篇，香港則有劉百閔先生等二篇。君勱先生自己亦著一文，談的也是孟子。關於他這八十歲紀念論文集，我覺得對不起君勱先生者，是我適患眼疾，到日本、美國，甚至菲律賓各處求醫，皆未痊可，一拖三四年，一直到君勱先生過世，這一論文集才告出版，使我引爲極大的遺憾！君勱先生在此文集上談的是孟子，在韓國之學術會議中，所提之論文亦是孟子。由此證明君勱先生的精神是孟子的精神，也就是儒家的精神。在儒家之精神中，一方面有個人自得之學問，另一方面有治人治世之學問。

天下士與國士的典型

所以在君勱先生過世之後，在香港新亞書院開了一個追悼會，我當主席，左舜生先生、牟宗三先生皆講了話。我當時在追悼會中說，君勱先生是一個有多方面成就的人，說他是政治家固無不可，說他是教育家亦無不可，說他是哲學家則更無不可，但如以中國的標準來說，則我願借用一個名詞，稱他爲國士、天下士。中國之所謂國士、天下士，都是一體兩面，退則爲學術，授徒講學，著書立說；進則從政，治國平天下。我個人很慚愧，雖著了一些書，卻不能用世。不過，我仍認爲：退則爲學術，進則負天下國家之責任，應當是中國學人之理想。西方近代學術重分工，重爲知識而求知識，但依眞正中國文化的精神說，則學術貴能貫通，亦要能學以致用。在近代中國學者中有康南海（有爲）與梁任公，任公嘗說他是介乎學術與政治之間。君勱先生亦是如此。所謂介乎學術與政治之間，就是孔子與孟子的精神，這是中國儒家的眞正精神。不幸以後學術和政治被隔離了，於是國家社會產生許多問題而解決不了。雖然剛才王世憲先生說，君勱先生厭惡政治，我想這只是他情感上的問題，而不是理論上的態度。在情感上，許多人對政治都是表示厭惡的，我個人亦如此。但理論上說，學術與政治還是應該合在一起的。君勱先生在現實政治上，皆不能說是成功，但皆能退而講學著書，不忘天下事，而代表一天下士國士的典型。

（一九七六年三月「傳記文學」第二十八卷第三期）

有關方東美先生之著述二三事

方東美先生逝世，我因亦在病中，未能寫文表示哀悼紀念。日昨見七月三十一日中副所刊馮滬祥先生「生生之德永不止息」以悼方先生之長文，不啻代大家表示共同的悼念。但其中有關方先生早年之著述之二三事，與我所知之事實不合。此雖不關方先生之一生學術之大體及精神所在，但仍以求合事實爲是。

馮先生文謂「方先生之哲學三慧，寫於廿幾歲，廿四歲時得威斯康辛大學哲學博士，三十幾歲寫中國人生哲學概要，年近四十，完成科學哲學與人生。」據我所知，方先生最早發表者，乃未出國時在金陵大學當學生時所譯實驗主義一書。此書於中華書局出版，蓋由杜威來華之影響，而譯此書。當時方先生大約二十一二歲。其在金大之西洋哲學的老師，是漢米敦（Hanmilton），曾譯唯識三十論爲英文。方先生出國到威斯康辛大學，似只得了碩士學位，約二十四五歲，卽被武昌高師延聘爲教授，此約在民國十三年。熊十力先生當時亦在武昌高師任教，與方先生比鄰而居。約在民國十四五年，方先生轉而任教東南大學，十六七年任教中央黨務學校。（卽後來之中央政治學校，今之政治大學前身）在此校，卽開始講科學哲學與人生之一課，並有講義，卽後來出版之科學哲學與人生之初稿。此一講義，我曾看見，乃就西洋文化之發展，以論西洋之科學哲學思想與人生理想之關係。其寫作背景，是針對民國十二三年之所謂科學玄學之論爭。方先生在此書中，首先表示其以文學藝術境界，陶冶科學知識，融和哲學智慧的思想道路。大約在民國十七年，方先生曾回其母校金陵大學任教，十九年到中央大學任教。當時我是中大三年級生，所聽方先生之兩課，其一卽名科學哲學與人生，另一爲新實在論。但直至民國二十五年，科學哲學與人生一書，乃正式在商務印書館出版。但時間仍早於哲學三慧，亦早於中國人生哲學概要二書之出版。

在方先生寫「科學哲學與人生」一段時期中，方先生之純哲學的方向，乃由實驗主義柏格孫，轉向新實在論，而稱道尼采與懷特海。我與陳康及程石泉二先生，都曾受方先生之影響，頗欣賞新實在論。新實在論乃當時流行之西方哲學，中國之金岳霖馮友蘭，卽取之以論中國哲學中之「道」，與「理」。但我在民國二十一年離開大學後，卽轉而欣賞西方之唯心論。大約在民國二十二年，方先生乃由「科學哲學與人生」之思想道路，發展爲對中西哲學與文化作比較研究。他當時因受斯賓格勒之「西方之衰落」一書之影響，而於論西方文化時，將希臘文化與西方近代文化，視爲不同之二文化系統，與中國文化相對成三。此與梁漱溟氏之論東西文化哲學，乃以中西印爲三之說不同，遂有「生命情調與美感」、「哲學三慧」之著。方先生之「哲學三慧」一文，乃是於我亦曾參加之民國二十五年中國哲學會在南京舉行之年會中所提出，約於民國二十八年，在宗白華先生所主編時事新報之學燈發表。我是於民國二十九年，重回中大任教，於此時知方先生喜為詩，亦不再講新實在論哲學，更轉到印度哲學及佛學方面之研究，其與熊十力先生有一度之爭辯，卽在此時。大約方先生對中西印之哲學研究，其規模大體，亦定在此時，其年齡約在四十二三歲。

至於方先生後來之思想發展，表現於已發表之著述者，則一為追溯馬克思思想之根原於黑格爾哲學所生之流弊，二為追溯西方文化之根本問題於其宗教中之超神論。由此而有其「論黑格爾哲學之當前難題及歷史背景」一長文，及其在第五屆東西哲學學人會議中「論人在哲學宗教與哲學人類學的疏離」之一文。至於表示方先生一生之思想之歸宗於中國儒道釋三教者，則應為其參加第四屆東西哲學學人會議之「論中國之形上學中之世界與個體」一文，及其未發表之「中國哲學之精神之發展」一書。但方先生近三十年，在臺灣講學之詳細內容與精神所在，及其對中國學術界如中央研究院等之批評，與對後代之熱望，則以我不在臺灣，所知自遠不如馮滬祥先生，應照馮先生所說去了解。我今所補充者，只是有關方先生之著述之二三事，及其學術思想之發展之幾個階段，或有可供大家參考之處。

（一九七七年八月十九日「中央日報」）

附錄：論文審查及講評

「論孟莊老荀四家思想之言有爲無爲」

唐端正君此文以有爲無爲之別，論孟莊老荀思想之同異。世之論者多以老莊言無爲，而孟荀思想宜屬之言有爲者，唐君此文其要旨則在：以孟子之學在盡心知性而「無爲其所不爲」、「行無所事」，以說孟子之無爲；以老子之言皆「在彼取此」、「以此求彼、以無事取天下」，以說老子之似無爲而實有爲；而莊子之無爲，則眞不以物爲事，上與造物者游，而知始知化者，其不弊弊焉以天下爲事，以自求爲至人眞人，與老子之意存天下以無爲成其帝王之道者，正相對反；至荀子之有爲，則由其求外制天命以達羣治以說，其以個人之必先明分，守分而後足以成治善羣，上合於聖王之道，正與孟子之言個個盡心知性則知天，由仁義行而聖王之道在者異。是皆頗能自具手眼，以較論諸家之學。緣是而對戴東原以荀學之義疏證孟子之失，郭象以莊子自注而實未能注莊之謬，及王弼以因任自然說老之無當於老之自然義，皆擇要條辨，亦率卓然足以自立而破他。唯唐君述孟子俟命之言而不與孟子立命之義合論，徒以命爲性之所無奈何，則將不免混同孟子之俟命於莊子之安命；論郭象注莊之謬，而以郭象之言爲曲學阿世以博榮寵，則爲不必要之抑揚，而於郭象之自有其所造之境蓋有所忽；又論老子一節以老子之求長生久視爲反自然，斷同謂之玄之句而忽其言玄德與法自然之道之本義；亦尚須百尺竿頭更進一步。又論荀子一節於荀子之言治道，只重其隆禮法以使羣居和一之橫面的社會意義，而輕其承禮憲之統之縱面的歷史意義，亦義有未備。其餘如辨孟子與宋儒之別，莊子內篇與外雜篇之異，亦尚有未能精審者。凡此諸點，除面告唐君外，復陳於此。唐君如能一一進而求之，自增損文句，則盡善矣。唯就全文而言，瑕不掩瑜，應予通過。

唐君毅

中華民國四十六年丁酉十月廿八日

「論儒家之道德哲學」

奉交龔道運君「論儒家之道德哲學——著重宋明儒家心學之發展」，囑與審查。玆案龔君此著第一分序論一章，先將全文之綱領，提挈而出，已見著者綜貫之思力。其本論第一分第一章中次第分論孔子之自仁言道德、孟子之心學、中庸之自誠言心、易傳之自寂感之神言心、荀子言統類心所成之格局；並於先秦儒家之心學，能要言不煩，亦大皆諦當不誤。本論第二章之論述周濂溪、張橫渠、程明道、陸象山，第四章論王陽明、王龍溪、羅近溪、劉蕺山，亦皆能見此諸家思想之次第發展之迹。其第五章述宋明儒家心學對氣命之體會，則意在言宋明儒家對氣命之體會，或有未足，第三分結論論儒家之心性論之價值，則所見甚正。由其附錄所引用書目，知著者於有關之文獻，亦大均加以閱讀；非有數年積累之功，亦不能成此文也。

此文論述先秦與宋明之儒學之心性論，亦涉及若干宋明以來學者所聚訟之問題。而此文之若干評論，自亦有若干尚待商量討論之處。如於伊川朱子之學，固當謂其不如明道、象山、陽明之直透本原，然亦不宜抑之使卑。如此文之謂程伊川之主敬，只爲一經驗上之工夫。若此經驗是康德之義，則蓋不合伊川之主敬爲「具性之心之自持」之原旨。其論朱子之理，謂朱子之理爲所以然之存在之理，雖不誤，然於此所以然之存在之理，乃初由當然之理契入，而此當然之理，乃虛靈明覺之心所自具之性理，則本文似未能正視。朱子乃以心統性情，非心性情三分。朱子言心「方其靜也，一性渾然，道義全具」，此中之性卽理、卽道義。其語意卽：心之全具此道義此性。蓋非謂性具道義，而心不具也。朱子之格物窮理，歸在卽物而知吾當如何應之之理，卽所以顯此內具之性理。故似未可以朱子之道德論卽爲他律論。唯宋明之爲功利之學之一流之道德論，乃近乎他律之說耳。此外則第四章第三節謂聶雙江以良知須歸寂，此在雙江之言中，似無據。雙江只謂常人之意念憧憧之心，須用歸寂工夫，方能充量呈現良知之卽寂卽感之能，以通天下之物。非良知之用之自身，須更歸寂於其體也。

此外於論劉蕺山處，歸於謂「心理之爲一爲二之問題，本爲心性爲一爲二之問題」。此與宋明理學之發展之事實不合。蓋性之爲心之性，初非問題。唯理之一名，初指客觀外在之理，乃有理與性爲一爲二之問題。伊川言性卽理，性爲心之體，而不卽心，遂更有心性爲一爲二之問題。又蕺山之學自有淵原，其謂要在「以靜存未發者」爲工夫之本，此與五峯之承伊川心爲已發之說，要在「以已發上察識」爲工夫者不同。其是否爲一型，亦待細辨。

此上所述，乃本文尚可討論商量之數端。唯龔君之說，亦皆有其所本，非自逞臆說。蓋由此中之問題，皆涉及心性之精微，昔賢之說原不一致。今重加整理治定，亦難期其各人所見，皆歸於一是。

整個而言，龔君之文，其於儒學之心性論之所見，已遠超過如胡適之、馮友蘭諸氏之所及。而其對有關文獻之博涉，論述之得要，及行文之整潔，皆堪當博士論文之選。故本人提議，先加通過。上所提出尚可討論商量之數端，可由龔君更自行斟酌修正可也。

唐君毅　八月二十四日

「老子學史」

趙君此文，述戰國至東晉之老子學，網羅諸子史傳及佛道之藏有關文獻，鈎文稽義，加以綜述，用力甚勤。唯本文中文既名老子學史，似宜先陳老子本書之要義，更就後之學者其各引一端崇其所善者如何，其流而失本別出一途者如何，其發揮光大補老子之所未言者如何，其與老子之所言似異而同者如何，分別加以論述，方能見老學之歷史發展之迹相。如依英文 Exegesis 之義重在老子一書之註釋方面，則於論語孟荀之言之偶同於老子者，皆不應列入，即田駢、彭蒙、愼到、宋鈃、尹文，以及莊子內篇之論，亦皆不能等諸老子之註釋。老子與此諸家之先後姑不論，據莊子天下篇、荀子及呂覽，皆不謂此諸家之學與老子同其宗趣，似不宜徒據史記之一二言，逕斷此諸家皆老子之支流餘裔（蓋只宜視此諸家之言之旨，與老子所論多有相通相發，略見相承之迹爲止）。又趙君文所述魏晉諸家如阮籍、郭象、支遁、僧肇之論，皆得於莊子者多，得於老子者少，不同漢之學者之得於老子者多，得之莊子者少，若並列之爲老學之註釋，蓋亦未得其平。唯本文於辨析義理之工夫雖不足，然於搜集有關文獻加以考釋之功亦不可沒。其綜述太平經想爾注及老子化胡與道教之形成諸章，尤可補世之治哲學者忽視老子與道教之關係之失。又其於韓非子、管子、呂覽、淮南、史記中徵引發揮老子之言，皆一一鉤稽而出，並校勘文句，對漢晉之學者凡與老子有關皆考而述之，縱不必皆至當無遺，已能補前修所未及。如能將本文之題目改爲魏晉以前老子之註釋與道家思想，更於其中之義理之要點異同，加以指陳，當可爲一更完善之著述，亦可免於文與題不相應之譏。然今即就本文刪去先秦一部，專以周秦漢晉之老學與道教之形成爲題，以所用功力而觀，已可當一碩士論文之選，應與以陸拾伍分及格通過。至於正式刊佈，則俟諸異日可也。

唐君毅

十月九日

「朱子之理氣系統」

黎華標君「朱子之理氣系統」一文，對朱子言理氣之意義、其相互關係及其為朱子之道德宇宙論之理論基礎者何在，皆有清晰之說明。於時賢對朱子理氣論之誤解，亦隨處加以辨明。其行文謹嚴，遣辭不苟亦有足多者。應作碩士論文，加以通過，並計分為捌拾分。

唐君毅

八月廿日

「十七、八世紀中國禮儀問題對歐洲學人之影響」（註）

今天報告的問題，中國學者亦曾有提及者；但大都是廣泛討論，並未作深入的研究。至於天主教對中國禮儀問題的爭論，此純粹是天主教內部的爭執；只不過這一爭執，是由中國禮儀問題所引起而已。實際上，中國人的祭天、祭孔子、祭祖宗，並不純粹是宗教的意味；中國人對孔子有情感、有信仰，因此祭孔子，其意義是富有多重性的——這是綜合倫理的、道德的、政治的、社會的因素，而融滙爲一的具體表現，這是中國文化的特色；西方學者不了解這點，以爲此種禮儀是宗教；另一派則持相反意見。不管他們的意見如何，總之，他們爭執的重心，並不是中國文化的特質如何，而是爲了便於他們傳教吧了。所以西方傳教士到中國來傳教，順便帶點中國文物回去，這種介紹中國文化的方式，所引起的影響並不太大。至於說西方學者，如：來布尼兹、賀爾巴哈、福祿特爾等，都受了這種介紹的影響，事實上也不盡然。西方學者對中國文化的態度不一，由於他們對中國文化的瞭解不深、認識不够、所持立場不同，所以中國文化對他們所引起的反應也不一致。我們要發揚中國文化，首先就應重振我們禮的精神。所謂重振禮的精神，並不是將禮作古董去考證，而是要重視禮的實踐性。

（趙潛記錄・一九六一年五月「新亞生活雙週利」第三卷第十九期）

註：本篇錄自「研究所（第三十五次）學術月會紀要」。——編者

國家圖書館出版品預行編目資料

中華人文與當今世界補編（全二冊）
唐君毅著. – 初版. – 臺北市：臺灣學生，1988.05
面；公分 –(唐君毅全集；卷 9-10)

ISBN 978-957-15-1761-2 (全套：平裝)

1. 言論集

078　　107003631

唐君毅全集　卷九・卷十
中華人文與當今世界補編（全二冊）

著作者：唐君毅
出版者：臺灣學生書局有限公司
發行人：楊雲龍
發行所：臺灣學生書局有限公司
臺北市和平東路一段七五巷一一號
郵政劃撥戶：〇〇〇二四六六八號
電話：（〇二）二三九二八一八五
傳真：（〇二）二三九二八一〇五
E-mail：student.book@msa.hinet.net
http://www.studentbook.com.tw

本書局登記證字號：行政院新聞局局版北市業字第玖捌壹號

定價：新臺幣一〇〇〇元

一九八八年五月全集初版
二〇一八年四月全集初版二刷

11904

ISBN 978-957-15-1761-2 (全套：平裝)